Kohlhammer

Der Autor:
Theo Kienzle, Jurist, Mosbach-Waldstadt, arbeitet als Dozent in den Spezialgebieten Sozial-, Medizin- und Betreuungsrecht für mehrere Aus-, Fort- und Weiterbildungseinrichtungen sowie im Rahmen von Inhouse-Seminaren in Krankenhäusern und Heimen.

Theo Kienzle

Das Recht in der Heilerziehungs- und Altenpflege

Lehrbuch für die Aus- und Weiterbildung

6., überarbeitete Auflage

Verlag W. Kohlhammer

Dieses Werk einschließlich aller seiner Teile ist urheberrechtlich geschützt. Jede Verwendung außerhalb der engen Grenzen des Urheberrechts ist ohne Zustimmung des Verlags unzulässig und strafbar. Das gilt insbesondere für Vervielfältigungen, Übersetzungen, Mikroverfilmungen und für die Einspeicherung und Verarbeitung in elektronischen Systemen.

Die Wiedergabe von Warenbezeichnungen, Handelsnamen oder sonstigen Kennzeichen in diesem Buch berechtigt nicht zu der Annahme, dass diese von jedermann frei benutzt werden dürfen. Vielmehr kann es sich auch dann um eingetragene Warenzeichen oder sontige gesetzlich geschützte Kennzeichen handeln, wenn sie nicht als eigens als solche gekennzeichnet sind.

6., überarbeitete Auflage 2010

Alle Rechte vorbehalten
© 1996/2010 W. Kohlhammer GmbH Stuttgart
Gesamtherstellung: W. Kohlhammer Druckerei GmbH + Co. KG, Stuttgart
Printed in Germany

ISBN 978-3-17-021323-4

Vorwort

Mit der inzwischen sechsten Auflage dieses Fachbuchs sollen wieder zwei Ziele verfolgt werden, nämlich sowohl den erforderlichen Stoff für die Ausbildung zu vermitteln als auch ein Nachschlagewerk für die berufliche Praxis im Bereich der Pflege und Betreuung kranker, alter und behinderter Menschen zu erstellen. Die tägliche Arbeit mit behinderten, alten oder psychisch kranken Menschen ist geprägt von einer Vielzahl von rechtlichen Vorgaben. Die wichtigen rechtlichen Bestimmungen im Bereich der Pflege und Betreuung dieser Personengruppen werden deshalb in diesem Fachbuch dargestellt.

Nur mit der Kenntnis des rechtlichen Hintergrunds und der daraus resultierenden Verantwortung ist es möglich, sich vor den „rechtlichen Gefahren", die den Mitarbeitern selbst drohen, zu schützen und gleichzeitig zu wissen, welche Rechte der anvertrauten Menschen es zu schützen gilt und welche Vorgaben gegenüber Arbeitgeber, Behörden etc. zu beachten sind.

In der 6. Auflage wurden in gewohnter Weise die aktuellen Änderungen im Betreuungs-, Haftungs- und Arbeitsrecht sowie die Änderungen im Sozialrecht berücksichtigt. Eingearbeitet wurden insbesondere das neue Familienverfahrensgesetz (anstatt des FGG) sowie vor allem die Änderungen im Arbeits- und Sozialrecht bzw. die aktuelle Rechtsprechung dazu.

Der Verfasser dankt denjenigen, die durch ihre Anregungen dazu beigetragen haben, dass dieses Buch den Anforderungen der Praxis gerecht wird.

Um die Orientierung im Buch zu erleichtern, werden folgende Symbole verwendet:

   steht für **Praxisbeispiele**

   steht für **Wiederholungsfragen**

   steht für **Definitionen**

   steht für **Gesetzestexte**.

Zur Vertiefung sind die Fundstellen, d. h. Urteile in Zeitschriften, Verfasser von Zeitschriftenaufsätzen, in Fußnoten angegeben.

Mosbach-Waldstadt, im März 2010

Theo Kienzle

Inhaltsverzeichnis

Vorwort 5

Abkürzungsverzeichnis 13

Teil 1	Gemeinschaftskunde	17
1	**Prinzipien der deutschen Demokratie**	17
1.1	Demokratie	17
1.2	Rechtsstaat	19
1.2.1	Gesetzgebung	20
1.2.2	Sonstige Staatsorgane	20
1.2.2.1	Exekutive	20
1.2.2.2	Judikative	22
1.2.3	Rechte des Bundes, der Länder, der Städte und Gemeinden	23
1.3	Sozialstaat	24
1.4	Politische Einflussnahme	25
1.5	Grundrechte	26
2	**Öffentliche Verwaltung**	29

Teil 2	Rechtsgrundlagen	31

Teil 3	Zivilrecht	33
1	**Zivilrechtliche Handlungsfähigkeit**	33
1.1	Rechtsfähigkeit	33
1.2	Handlungsfähigkeit	36
1.2.1	Geschäftsfähigkeit	36
1.2.1.1	Geschäftsunfähigkeit	36
1.2.1.2	Beschränkte Geschäftsfähigkeit	38
1.2.1.3	Volle Geschäftsfähigkeit	39
1.2.2	Deliktsfähigkeit	40
1.2.2.1	Deliktsunfähigkeit	40
1.2.2.2	Beschränkte Deliktsfähigkeit	41
1.3	Rechtliche Betreuung	42
1.3.1	Voraussetzungen der Betreuung	42
1.3.2	Betreuungsverfahren	43
1.3.3	Umfang der Betreuung	45
1.3.4	Betreuer	47
1.3.5	Aufgabenbereiche des Betreuers	49
1.3.6	Pflichten des Betreuers	50
1.3.7	Medizinische Maßnahmen	51
1.3.8	Vorsorgevollmacht – Betreuungsverfügung	55

1.4	Freiheitsbeschränkungen	56
1.4.1	Grundlagen	56
1.4.1.1	Einwilligung	58
1.4.1.2	Notstand	59
1.4.1.3	Richterlicher Beschluss	62
1.4.2	Unterbringungsarten	66
1.4.2.1	Unterbringung durch den Betreuer	67
1.4.2.2	Unterbringung nach dem Unterbringungsgesetz	69
2	**Haftung im Zivilrecht**	**74**
2.1	Übersicht	74
2.2	Grundlagen der Haftung für Pflegekräfte	76
2.2.1	Verletzung der Rechtsgüter	76
2.2.2	Rechtfertigungsgründe	77
2.2.3	Verschulden	80
2.2.4	Deliktsfähigkeit	84
2.2.5	Rechtsfolgen	84
2.2.6	Verjährung	86
2.2.7	Gesamtschuldverhältnis	86
2.2.8	Haftungsfreistellung der Pflegekräfte	87
2.2.9	Beweislast	90
2.2.10	Dokumentation	92
2.3	Haftung des Vorgesetzten	93
2.4	Haftung des Trägers	95
2.4.1	Vertragliche Haftung	95
2.4.2	Deliktische Haftung	96
2.4.3	Organisationsverschulden	96
2.4.4	Verkehrssicherungspflicht	97
2.5	Besondere Haftungsbereiche	100
2.5.1	Medizinische Maßnahmen	100
2.5.1.1	Einverständnis des Bewohners	100
2.5.1.2	Ärztliche Verordnung	102
2.5.1.3	Delegationsfähigkeit	106
2.5.1.4	Durchführungs- und Anordnungsverantwortung	110
2.5.2	Qualität in der Pflege und Betreuung	112
2.5.3	Schutz der Privatsphäre	119
2.5.3.1	Datenschutzgesetze und Sozialdatenschutz	119
2.5.3.2	Zivilrechtlicher Datenschutz	121
2.5.3.3	Arbeitsrechtliche Verschwiegenheitpflicht	122
2.5.4	Aufsichtspflicht	122
2.5.5	Sexualität behinderter Menschen	132
2.5.6	Gewalt in der Pflege und Betreuung	135
3	**Vertragsrecht**	**136**
3.1	Rechtliche Grundlagen	136
3.2	Vertragsabschluss und Vertragswirkungen	137
3.3	Leistungsstörungen	140
3.4	Erlöschen von Forderungen	142
3.5	Einreden	144
3.6	Übergang von Forderungen	145
3.7	Beendigung des Vertrages	146
3.8	Pflichtverletzungen	147
3.8.1	Allgemeines	147
3.8.2	Verletzung vorvertraglicher Pflichten	148
3.8.3	Gewährleistung	148

3.9	Vertragsarten	149
3.9.1	Kaufvertrag	149
3.9.2	Schenkung	149
3.9.3	Miete	151
3.9.4	Dienstvertrag	152
3.9.5	Heimvertrag	153
4	**Familienrecht**	**154**
4.1	Sorgerecht	154
4.2	Unterhalt	156
4.3	Ehefähigkeit	158
5	**Erbrecht**	**159**
5.1	Allgemeines	159
5.2	Gesetzliche Erbfolge	159
5.2.1	Grundlagen	159
5.2.1.1	Verwandte	159
5.2.1.2	Adoptivkinder	160
5.2.1.3	Ehepartner	160
5.2.1.4	Nichteheliche Lebensgemeinschaft	161
5.2.1.5	Nichteheliche Kinder	162
5.2.2	Erbausschlagung	162
5.2.3	Erbrecht des Staates	163
5.2.4	Pflichtteilsanspruch	163
5.3	Gewillkürte Erbfolge	165
5.3.1	Testierfähigkeit	165
5.3.2	Testamentsformen	166
5.3.2.1	Eigenhändiges Testament	166
5.3.2.2	Notarielles Testament	167
5.3.2.3	Gemeinschaftliches Testament	167
5.3.2.4	Nottestament	168
5.3.3	Widerruf des Testaments	169
5.3.4	Inhalt des Testaments	169
5.3.5	Erbvertrag	171
5.4	Maßnahmen im Todesfall	171
6	**Rechtsweg im Zivilrecht**	**172**
Teil 4	**Strafrecht**	**173**
1	**Straftat**	**173**
1.1	Tatbestand	173
1.1.1	Objektiver Tatbestand	174
1.1.2	Subjektiver Tatbestand	175
1.2	Rechtswidrigkeit	180
1.2.1	Notwehr	181
1.2.2	Notstand	182
1.2.3	Einwilligung	182
1.3	Schuld	184
2	**Rechtsfolgen**	**185**
3	**Strafverfahren**	**186**

4	Jugendstrafrecht	188
5	Besondere strafrechtliche Probleme	193
5.1	Sterbehilfe	193
5.1.1	Aktive Sterbehilfe	194
5.1.2	Indirekte Sterbehilfe	195
5.1.3	Passive Sterbehilfe	196
5.1.4	Behandlungsabbruch	197
5.1.5	Beihilfe zum Suizid	199
5.2	Sexuelle Selbstbestimmung Behinderter	201
5.2.1	Sexueller Missbrauch von Schutzbefohlenen (§ 174 StGB)	201
5.2.2	Sexueller Missbrauch von Gefangenen, behördlich Verwahrten oder Kranken und Hilfsbedürftigen in Einrichtungen (§ 174 a StGB)	202
5.2.3	Sexueller Missbrauch unter Ausnutzung eines Beratungs-, Behandlungs- oder Betreuungsverhältnisses (§ 174 c StGB)	202
5.2.4	Sexueller Missbrauch von Kindern (§ 176 StGB)	204
5.2.5	Sexueller Missbrauch von Jugendlichen (§ 182 StGB)	204
5.2.6	Sexuelle Nötigung bzw. Vergewaltigung (§ 177 StGB)	205
5.3	Schutz der Privatsphäre	206
5.3.1	Schweigepflicht	206
5.3.2	Briefgeheimnis	210
Teil 5	**Verwaltungs- und Sozialrecht**	213
1	Einleitung	213
2	Verwaltungs- und Sozialverfahren	214
3	Sozialversicherung	217
3.1	Grundlagen	217
3.2	Krankenversicherung	219
3.3	Unfallversicherung	221
3.4	Rentenversicherung	225
3.4.1	Rente wegen Alters	226
3.4.2	Rente wegen Erwerbsminderung	226
3.4.3	Rente wegen Todes	227
3.5	Arbeitslosenversicherung	229
3.6	Sozialversicherung von Behinderten	232
3.7	Pflegeversicherung	232
4	Sozialhilfe	237
4.1	Hilfe zum Lebensunterhalt	239
4.2	Grundsicherung im Alter und bei Erwerbsminderung	242
4.3	Eingliederungshilfe	243
4.4	Hilfe zur Pflege	244
4.5	Einsatz des Einkommens und Vermögens	245

4.6	Sozialhilfeträger	246
4.7	Kostenersatz	247
5	**Rehabilitation und Teilhabe behinderter Menschen**	**248**
5.1	Grundlagen	248
5.2	Verfahren	249
5.3	Leistungen	250
5.3.1	Allgemeines	250
5.3.2	Vergünstigungen im öffentlichen Leben	252
5.4	Teilhabe am Arbeitsleben	252
5.4.1	Private Arbeitsverhältnisse	252
5.4.2	Werkstätten für behinderte Menschen (WfbM)	253
6	**Jugendhilferecht**	**255**
7	**Heimrecht**	**257**

Teil 6 Arbeitsrecht ... 265

1	**Allgemeines**	**265**
2	**Arbeitsvertrag**	**267**
2.1	Abschluss und Inhalt	267
2.2	Dauer des Arbeitsverhältnisses	270
2.3	Arbeitnehmerschutzrechte	272
2.3.1	Mutterschutzgesetz	277
2.3.2	Schwerbehindertengesetz	280
2.3.3	Arbeitszeitrecht	280
2.3.4	Unfallverhütungsvorschriften	282
2.3.5	Gewerbeordnung	283
2.3.6	Arbeitsstättenverordnung	283
2.3.7	Arbeitsschutzgesetz	283
2.3.8	Medizinproduktegesetz	285
2.3.9	Beschäftigtenschutzgesetz	286
2.3.10	Allgemeines Gleichbehandlungsgesetz	288
3	**Umfang der Tätigkeit und Direktionsrecht**	290
4	**Tarifverträge**	291
5	**Betriebliche Mitbestimmung**	**292**
5.1	Grundlagen	292
5.2	Rechte der Arbeitnehmervertretungen	293
5.3	Betriebsvereinbarungen	295
6	**Vergütung und Entgeltfortzahlung**	**295**
6.1	Grundlagen	295
6.2	Entgeltfortzahlung	296
7	**Urlaub**	297

8	**Beendigung des Arbeitsverhältnisses**	300
8.1	Ordentliche Kündigung	300
8.2	Außerordentliche Kündigung	305
8.3	Aufhebungsvertrag	307
8.4	Befristung	307
8.5	Kündigungsschutz	308
8.6	Berufs- oder Erwerbsunfähigkeit	309
8.7	Arbeits- und Dienstzeugnis	309
8.8	Verjährungs- und Ausschlussfristen	310

Literatur ... 313

Stichwortverzeichnis ... 315

Abkürzungsverzeichnis

a. a. O.	am angeführten Ort
AFG	Arbeitsförderungsgesetz
AG	Amtsgericht
AGBG	Gesetz zur Regelung des Rechts der Allgemeinen Geschäftsbedingungen
AMG	Arzneimittelgesetz
AP	Arbeitsrechtliche Praxis, Nachschlagewerk des Bundesarbeitsgerichts
APflege	Zeitschrift: Altenpflege
ArbSchG	Arbeitsschutzgesetz
ArbStättV	Arbeitsstättenverordnung
ArztR	Zeitschrift: Arztrecht
BAG	Bundesarbeitsgericht
BAT	Bundesangestelltentarifvertrag
BayObLG	Bayerisches oberstes Landesgericht
BBiG	Berufsbildungsgesetz
BDSG	Bundesdatenschutzgesetz
BPersVG	Bundespersonalvertretungsgesetz
BeschG	Beschäftigtenschutzgesetz
BetrVerfG	Betriebsverfassungsgesetz
BGB	Bürgerliches Gesetzbuch
BGBl	Bundesgesetzblatt
BGH	Bundesgerichtshof
BGHZ	Entscheidungssammlung des Bundesgerichtshofs in Zivilsachen
BKVO	Berufskrankheitenverordnung
BSG	Bundessozialgericht
BSGE	Entscheidungssammlung des Bundessozialgerichts
BSHG	Bundessozialhilfegesetz
BtMG	Betäubungsmittelgesetz
BtMVV	Betäubungsmittel-Verschreibungs-Verordnung
BVerfG	Bundesverfassungsgericht
BVerfGE	Entscheidungssammlung Bundesverfassungsgericht
BWG	Bundeswahlgesetz
DAVorm	Der Amtsvormund, Rundbrief des Dtsch. Instituts für Vormundschaftswesen
DienstV	Dienstvereinbarung
DMW	Zeitschrift: Deutsche Medizinische Wochenschrift
DS	Deutsches Sonntagsblatt
Dtsch.	Deutsch(en)
EFZG	Entgeltfortzahlungsgesetz
EMRK	Europäische Menschenrechtskonvention
Ethik Med	Zeitschrift: Ethik in der Medizin
EzA	Entscheidungssammlung zum Arbeitsrecht

FamG	Gesetz über das Verfahren in Familiensachen und in den Angelegenheiten der freiwilligen Gerichtsbarkeit (Familienverfahrensgesetz)
FEVS	Fürsorgerechtliche Entscheidungen der Verwaltungs- und Sozialgerichte
GewO	Gewerbeordnung
GVG	Gerichtsverfassungsgesetz
HeimG	Heimgesetz
HeimMindBauV	Heimmindestbauverordnung
HeimmitwV	Heimmitwirkungsverordnung
HeimPersVO	Heimpersonalverordnung
HFEG	Hessisches Freiheitsentziehungsgesetz
JArbSchG	Jugendarbeitsschutzgesetz
JAVollzO	Justizanstaltsvollzugsordnung
LAG	Landesarbeitsgericht
LBerufG	Landesberufsgericht für Ärzte
LG	Landgericht
LJHG-BW	Landesjugendhilfegesetz Baden-Württemberg
LPartG	Lebenspartnerschaftsgesetz
LQV	Leistungs- und Qualitätsvereinbarung
LVwVfG BW	Landesverwaltungsverfahrensgesetz Baden-Württemberg
LWV Hessen	Landeswohlfahrtsverband Hessen
MDR	Zeitschrift: Monatsschrift des Rechts
MedR	Zeitschrift: Medizinrecht
MPG	Medizinproduktegesetz
MuSchG	Mutterschutzgesetz
m.w.N.	mit weiteren Nachweisen
NJW	Zeitschrift: Neue Juristische Wochenschrift
NJW	Zeitschrift: Neue Juristische Wochenschrift – Rechtsprechungsreport
NStZ	Neue Zeitschrift für Strafrecht
NZA	Neue Zeitschrift für Arbeitsrecht
OLG	Oberlandesgericht
PostO	Postordnung
PStG	Personenstandsgesetz
RVO	Reichsversicherungsordnung
PflR	Zeitschrift: Pflegerecht
PflRi	Pflegebedürftigkeitsrichtlinien
R & P	Zeitschrift: Recht und Psychiatrie
SchwbG	Schwerbehindertengesetz
SchwbWV	Werkstättenmitwirkungsverordnung zum Schwerbehindertengesetz
SGB	Sozialgesetzbuch
SozR	Entscheidungssammlung der Richter des Bundessozialgerichts
StGB	Strafgesetzbuch
StPO	Strafprozessordnung
TVöD	Tarifvertrag öffentlicher Dienst
TzBfG	Teilzeit- und Befristungsgesetz
UBG-BW	Unterbringungsgesetz Baden-Württemberg
UnterbrG Bay	Unterbringungsgesetz Bayern

VersR	Zeitschrift: Versicherungsrecht
VO	Verordnung
VwVfG	Verwaltungsverfahrensgesetz
WBVG	Wohn- und Betreuungsvertragsgesetz
WRV	Weimarer Reichsverfassung
ZPO	Zivilprozessordnung
ZuSEG	Gesetz über die Entschädigung von Zeugen und Sachverständigen

Teil 1   Gemeinschaftskunde

1   Prinzipien der deutschen Demokratie

1.1   Demokratie

> Der Begriff Demokratie bedeutet, dass die Staatsgewalt vom Volk ausgeht, abgeleitet von dem griechischen Wort „demos" = „Volk".

Definition

Da in Deutschland mit dem Grundgesetz eine **repräsentative Demokratie** festgelegt wurde, wird die „Gewalt" auf Abgeordnete übertragen. Die wahlberechtigten Bürger wählen für eine Legislaturperiode einen Vertreter, den **Abgeordneten**, der dann stellvertretend für sie im Parlament (Bundestag, Landtag etc.) sitzt. Diese Abgeordneten und sonstigen Volksvertreter werden in

- allgemeinen,
- unmittelbaren,
- geheimen,
- freien und
- gleichen

Wahlen gewählt (Art. 38 Abs. 1 GG). Diese Wahlgrundsätze lassen sich wie folgt erläutern:

Wahlgrundsätze

- **allgemein:** Jeder Bürger, der das achtzehnte Lebensjahr vollendet hat und die deutsche Staatsbürgerschaft besitzt, kann wählen (aktives Wahlrecht) oder gewählt werden (passives Wahlrecht).
- **unmittelbar:** Die Abgeordneten werden direkt in das Parlament gewählt.
- **frei:** Niemand kann gezwungen werden zu wählen oder sich für eine bestimmte Partei zu entscheiden.
- **gleich:** Jede Stimme zählt gleich.
- **geheim:** Der Wähler muss seine Wahlentscheidung nicht offenbaren und er muss durch Wahlkabinen etc. bei der Stimmabgabe vor einer Kenntnisnahme durch Dritte geschützt werden.

Die verfassungsrechtlichen Grundlagen des **Wahlrechts** finden sich im Grundgesetz:

Verfassungsrechtliche Grundlagen des Wahlrechts

- Art. 20 Abs. 2 GG: *„Alle Staatsgewalt geht vom Volke aus. Sie wird vom Volke in Wahlen und Abstimmungen und durch besondere Organe der Gesetzgebung, der vollziehenden Gewalt und der Rechtsprechung ausgeübt."*
- Art. 21 Abs. 1 GG: *„Die Parteien wirken bei der politischen Willensbildung des Volkes mit."*
- Art. 38 Abs. 1 GG: *„Die Abgeordneten des Deutschen Bundestages werden in allgemeiner, unmittelbarer, freier, gleicher und geheimer Wahl gewählt."*

- Art. 38 Abs. 2 GG: *„Wahlberechtigt ist, wer das achtzehnte Lebensjahr vollendet hat; wählbar ist, wer das Alter erreicht hat, mit dem die Volljährigkeit eintritt."*

Die Ausgestaltung des speziellen Wahlrechts und die Verwirklichung der obigen Grundsätze erfolgt durch das **Bundeswahlgesetz**. Dort ist unter anderem festgelegt, dass zur Durchführung der Wahl das Bundesgebiet in einzelne Wahlkreise eingeteilt wird.

Aktives Wahlrecht

Wahlberechtigt ist jeder Bürger, somit jeder Deutsche, nach Vollendung des **achtzehnten Lebensjahres**. Auch Deutsche, die sich im Ausland aufhalten, sind wahlberechtigt. Weitere Voraussetzung ist, dass seit mindestens drei Monaten ein Aufenthalt im Bundesgebiet als Deutscher vorliegt. **Wählen kann** aber **nicht** derjenige, der vom Wahlrecht durch

- richterliche Aberkennung,
- die Bestellung eines Betreuers für alle Angelegenheiten oder
- den Maßregelvollzug (§§ 20, 63 StGB)

ausgeschlossen ist. Die richterliche Aberkennung kann gemäß § 45 Abs. 5 StGB nur bei besonderen Straftaten, folglich nur in Ausnahmefällen, erfolgen. Außerdem ist nach § 13 Nr. 2 BWG derjenige nicht wahlberechtigt, für den ein Betreuer für **alle** Angelegenheiten bestellt ist.

Die Ausübung der Wahl erfolgt durch die persönliche Stimmabgabe im Wahlkreis oder mittels Briefwahl bei Verhinderung der Stimmabgabe. **Behinderte Personen** können gemäß § 33 Abs. 2 BWG eine Person ihres Vertrauens zum Wahlvorgang mit in die Kabine nehmen und sich von dieser helfen lassen. Für das **passive Wahlrecht** (Wählbarkeit) gilt als Altersgrenze wieder die Vollendung des achtzehnten Lebensjahres.

Passives Wahlrecht

Erst- und Zweitstimme

Bei der Wahl zum Parlament des Bundes und der Länder hat jeder Bürger **zwei Stimmen**: Die Erststimme für den Wahlkreisabgeordneten, wobei der Kandidat des Wahlkreises mit der Mehrheit der Stimmen gewählt ist (**Mehrheitswahl**), sowie die Zweitstimme für die Landesliste der Partei. Die Anzahl der Zweitstimmen für eine Liste legt die Anzahl der Abgeordneten dieser Partei im Bundestag fest (**Verhältniswahl**).

Kommunalwahlen in Baden-Württemberg

Ein besonderes Wahlsystem gilt bei Kommunalwahlen in Baden-Württemberg (Stadtrat, Gemeinderat etc.):

- Es können die Stimmen **kumuliert**, d. h. einem Bewerber bis maximal drei Stimmen zugewiesen werden. Dadurch sind zwei Stimmen „zu viel", weshalb zwei andere Bewerber gestrichen werden müssen.
- Außerdem kann **panaschiert** werden. Ein Bewerber kann von einer anderen Liste übernommen werden. Dafür muss jedoch ein anderer Kandidat auf der Liste gestrichen werden, auf der der Kandidat hinzukommt.

Der Name „Bundesrepublik" kennzeichnet den Staat als Republik. Abgeleitet ist er vom lateinischen res publica. Res publica bedeutet, dass das Staatsoberhaupt nicht durch Erbfolge bestimmt wird, wie in der Monarchie, sondern gewählt wird.

> **Res publica** bedeutet, dass das Staatsoberhaupt nicht durch Erbfolge bestimmt wird wie in der Monarchie, sondern gewählt wird.

Definition
Staatsoberhaupt

Das deutsche Staatsoberhaupt, der **Bundespräsident**, wird durch die **Bundesversammlung** gewählt. Die Bundesversammlung setzt sich jeweils zur Hälfte aus den Abgeordneten des Bundestages und den Vertretern der Bundesländer zusammen (Art. 54 GG). Die **Amtsdauer** des Bundespräsidenten beträgt **fünf Jahre**, und er kann nur einmal wiedergewählt werden.

1.2 Rechtsstaat

Nach Art. 20, 28 Abs. 1 Satz 1 GG ist die Bundesrepublik Deutschland ein Rechtsstaat. Dieser ist durch **drei Grundsätze** gekennzeichnet:

- Gewaltenteilung,
- Bindung der Gesetzgebung an die verfassungsmäßige Ordnung und
- Gesetzmäßigkeit der Verwaltung.

Grundsätze des Rechtsstaates

Die **Gewaltenteilung** besagt, dass drei Gewalten existieren, die voneinander zu trennen sind. Diese Gewalten sind

- die gesetzgebende Gewalt = Legislative,
- die ausführende Gewalt = Exekutive und
- die richterliche Gewalt = Judikative.

Diese Organe sollen ihre Aufgaben unabhängig voneinander erfüllen und sich gegenseitig kontrollieren. Die Gewaltenteilung ist deshalb ein wesentliches Instrument zur Sicherung der Demokratie.

Die **Bindung der Gesetzgebung an die verfassungsmäßige Ordnung** soll sichern, dass der Gesetzgeber sich nicht über die Verfassung hinwegsetzen kann.

Die **Gesetzmäßigkeit der Verwaltung** soll den Bürger vor willkürlichen Handlungen schützen, denn die Verwaltung darf nur im Rahmen der Gesetze handeln.

Eine enge Verbindung besteht zwischen den Vorgaben einer Rechtsordnung in zivilisierten Staaten und gesellschaftlichen Begriffen wie **Ethik, Sitte** und **Moral**. Die anerkannten moralischen und sittlichen Grundsätze wie auch christliche Werte (z. B. 10 Gebote) sind innerhalb der Rechtsordnung in den Grundrechten (z. B. Menschenwürde, Freiheitsrecht), dem Zivilrecht (z. B. Schutz des Lebens, Körpers und von vertraglichen Verhältnissen mit der Folge von Schadensersatz bei deren Verletzung etc.), im Strafrecht (z. B. Schutz des Eigentums und des Lebens) sowie im Verwaltungs- und Polizeirecht umgesetzt worden. Das Recht stellt gerade die Verankerung ethischer, sittlicher und moralischer Grundsätze in einer Gesellschaft dar.

Recht als Verankerung ethischer, sittlicher und moralischer Grundsätze

1.2.1 Gesetzgebung

Für den Erlass von Gesetzen ist die Legislative (Gesetzgebung) zuständig. Die Legislative ist vom Volk gewählt. Auf Bundesebene ist dies der **Bundestag**, auf Länderebene der **Landtag**, in Städten und Gemeinden der **Stadtrat bzw. Gemeinderat**.

Beteiligung der Länder

Die Länder sind im Gesetzgebungsverfahren über den **Bundesrat** an jedem Gesetz beteiligt. Sofern das entsprechende Gesetz die besonderen Interessen der Länder betrifft (Zustimmungsgesetze), hat der Bundesrat sogar das Recht, ein vom Bundestag beschlossenes Gesetzes zu blockieren. Ist in einem solchen Fall keine Einigung zwischen Bundestag und Bundesrat möglich, so muss der **Vermittlungsausschuss** eingeschaltet werden (Art. 77 Abs. 2 GG). Der Vermittlungsausschuss setzt sich aus Mitgliedern des Bundestages und des Bundesrates zusammen.

Gesetzgebungsverfahren

Die Anregung zum Erlass neuer Gesetze, die **Gesetzesinitiative**, kann von

- der Bundesregierung,
- dem Bundestag (mindestens 5 % der Abgeordneten) und
- dem Bundesrat ausgehen.

Bei der Gesetzesinitiative wird ein Gesetzentwurf vorgelegt, der dann in erster Lesung, der ersten Beratung im Bundestag, behandelt wird. Danach kommt er in einen der Fachausschüsse. Anschließend gibt es eine zweite und dritte Lesung im Bundestag. Nach der dritten Lesung kommt es zur **Schlussabstimmung**, d. h. der Verabschiedung. Gesetze, die das Grundgesetz ändern, müssen mit einer Zwei-Drittel-Mehrheit der Stimmen des Bundestages verabschiedet werden und die Bundesländer müssen ebenfalls mit einer Zwei-Drittel-Mehrheit zustimmen.

Die beschlossenen Gesetze werden vom Bundeskanzler **gegengezeichnet** und vom Bundespräsidenten ausgefertigt und damit rechtsgültig. Mit der **Verkündung** im **Bundesgesetzblatt** tritt das Gesetz in Kraft, sofern kein späterer anderer Zeitpunkt bestimmt ist.

1.2.2 Sonstige Staatsorgane

1.2.2.1 Exekutive

Die Exekutive ist als ausführende Gewalt für die Durchführung der Gesetze verantwortlich. Auf **Bundesebene** zählen zur Exekutive

- der Bundespräsident,
- die Bundesregierung und
- die Bundesverwaltung.

Auf **Länder- und Kreisebene** zählen zur Exekutive

- die Landesregierung,
- die Landesverwaltung einschließlich der Regierungspräsidien,
- die Polizei und
- sonstige Behörden und Ämter (Regierungspräsidium, Stadtverwaltung etc.).

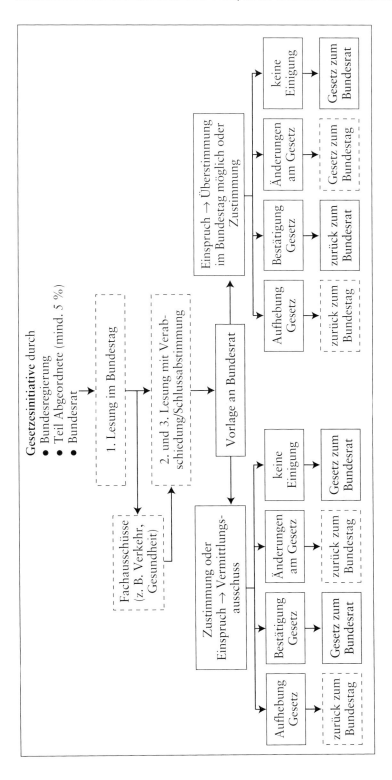

Abbildung 1: Gesetzgebungsverfahren

Bundespräsident Die Funktion des **Bundespräsidenten** ist schwach. Er hat im Wesentlichen nur **repräsentative Aufgaben**, d. h. er vertritt die Bundesrepublik nach außen. Er hat außerdem die Pflicht zur Ausfertigung von Gesetzen nach deren Verabschiedung.

Bundesregierung Der **Bundeskanzler** wird nach der Wahl des Bundestages auf Vorschlag des Bundespräsidenten vom Bundestag gewählt und anschließend vom Bundespräsidenten ernannt. Der Bundeskanzler ist dem Bundestag während seiner Amtszeit verantwortlich. Soll eine **Ablösung des Bundeskanzlers** erfolgen, gibt es zwei Möglichkeiten:

- Ein neuer Bundeskanzler wird gewählt (**konstruktives Misstrauensvotum**) oder
- der Kanzler selbst stellt die **Vertrauensfrage**. Er stellt den Antrag, ihm das Vertrauen auszusprechen. Stimmt die Mehrheit des Bundestages gegen ihn, kann der Bundespräsident auf Vorschlag des Bundeskanzlers den Bundestag innerhalb von 21 Tagen auflösen (Art. 68 GG). Dann sind Neuwahlen erforderlich. Die **Auflösung** kann durch die Wahl eines neuen Bundeskanzlers verhindert werden.

Der Bundeskanzler **schlägt** die **Bundesminister** vor, die anschließend vom Bundespräsidenten formell ernannt werden (Art. 64 GG). Der Bundeskanzler bestimmt auch die **Richtlinien** der Politik (Art. 65 GG), d. h. die Grundzüge der Tätigkeit der Regierung.

Aufgaben der Bundesregierung sind

- Erarbeiten von Gesetzesvorlagen,
- Erlass von Rechtsverordnungen,
- Aufsicht über die Länder hinsichtlich der Ausführung von Bundesgesetzen,
- Erlass von Verwaltungsvorschriften.

1.2.2.2 Judikative

Die Rechtsprechung (Judikative) ist die höchste Kontrollinstanz. An ihrer Spitze steht das **Bundesverfassungsgericht**, das darüber wacht, ob Legislative und Exekutive die Verfassung bei Gesetzen und Maßnahmen beachten.

In den Bundesländern wiederum existieren weitere **Verfassungs-** oder **Staatsgerichtshöfe**, die die Einhaltung der Landesverfassung kontrollieren. Die **Richter** des Bundesverfassungsgerichts werden je zur Hälfte vom Bundestag und vom Bundesrat gewählt.

Die Rechtsprechung ist in verschiedene **Gerichtszweige** und verschiedene Instanzen gegliedert. Höchste Instanz ist das jeweilige Bundesgericht. Es werden die ordentliche Gerichtsbarkeit mit Straf- und Zivilabteilung sowie die Verwaltungs-, die Finanz-, die Arbeits- und die Sozialgerichtsbarkeit unterschieden.

Die Tabelle 1 zeigt den Gerichtsaufbau.

Bundesverfassungsgericht				
Bundesgerichtshof	Bundesverwaltungsgericht	Bundesfinanzhof	Bundesarbeitsgericht	Bundessozialgericht
Oberlandesgericht	Oberverwaltungsgericht Verwaltungsgerichtshof		Landesarbeitsgericht	Landessozialgericht
Landgericht	Verwaltungsgericht	Finanzgericht	Arbeitsgericht	Sozialgericht
Amtsgericht				
Strafabteilung / Zivilabteilung				
ordentliche Gerichtsbarkeit	Verwaltungsgerichtsbarkeit	Finanzgerichtsbarkeit	Arbeitsgerichtsbarkeit	Sozialgerichtsbarkeit

Tabelle 1: Gerichtsaufbau

1.2.3 Rechte des Bundes, der Länder, der Städte und Gemeinden

Die Bundesrepublik Deutschland ist ein **Bundesstaat**. Sie setzt sich aus 16 **Bundesländern** zusammen:

Bundesländer

- Baden-Württemberg
- Bayern
- Berlin
- Brandenburg
- Bremen
- Hamburg
- Hessen
- Mecklenburg-Vorpommern
- Niedersachsen
- Nordrhein-Westfalen
- Rheinland-Pfalz
- Saarland
- Sachsen
- Sachsen-Anhalt
- Schleswig-Holstein
- Thüringen.

Die Bundesländer besitzen für bestimmte Bereiche eine verfassungsrechtlich geschützte **Selbstständigkeit**. So können die Länder in manchen Bereichen eigenständig Gesetze erlassen, wie beispielsweise die

- Landespolizeigesetze
- Kommunalgesetze
- Unterbringungsgesetze und
- Schul- und Kultusgesetze.

Die Länder müssen sich in ihrem Kompetenzbereich bundesfreundlich verhalten. Deshalb müssen die Schulgesetze so weit übereinstimmen, dass ein Schüler ohne Probleme in ein anderes Bundesland wechseln kann.

Gebietskörperschaften — Die **Gemeinden** und **Städte** sind so genannte Gebietskörperschaften. Durch Art. 28 Abs. 2 GG haben sie das Recht, alle Angelegenheiten *„der örtlichen Gemeinschaft im Rahmen der Gesetze in eigener Verantwortung zu regeln"*. Diese so genannte **Selbstverwaltung** umfasst auch die finanzielle Eigenverantwortung. Dies bedeutet, dass die Gemeinde oder Stadt durch **Satzungen** Angelegenheiten wie die Nutzung des Friedhofs, Abgaben und Gebühren, Abfallbeseitigung, Bebauung des Gemeindegebietes, Wasserversorgung und Beseitigung von Abwässern etc. regeln kann. Die Satzung darf jedoch nicht gegen höherrangiges Recht, beispielsweise Gesetze, verstoßen. Das zuständige „Gesetzgebungsorgan" der Gemeinde bzw. Stadt ist der Gemeinderat bzw. Stadtrat.

1.3 Sozialstaat

Verfassungsrechtliche Grundlage — Das Grundgesetz legt in Art. 20 Abs. 1 fest, dass die Bundesrepublik Deutschland ein demokratischer und **sozialer** Bundesstaat ist. Damit wurde die verfassungsrechtliche Grundlage für den Sozialstaat geschaffen. Das **Sozialstaatsgebot** verpflichtet den Staat, wirtschaftlich schwachen Menschen ein menschenwürdiges Dasein zu ermöglichen. Jeder soll einen **wirtschaftlichen** und **kulturellen Mindeststandard**, zumindest das **Existenzminimum**, haben. Besonders den Hilfsbedürftigen, den sozial Schwachen und Behinderten soll diese besondere Fürsorge des Staates zukommen, und es sollen soziale Gegensätze ausgeglichen werden. Unterstützt wird die oben genannte Pflicht durch das **Benachteiligungsverbot** für Behinderte in Art. 3 Abs. 3 Satz 2 GG:

Niemand darf wegen seiner Behinderung benachteiligt werden.
Dadurch wurden die Rechte behinderter Menschen erheblich gestärkt.

Sozialversicherungen — Merkmal des Sozialstaats sind insbesondere die **Sozialversicherungen**. Diese sind

- die Arbeitslosenversicherung,
- die Krankenversicherung,
- die Rentenversicherung,
- die (gesetzliche) Unfallversicherung und
- die Pflegeversicherung.

Personen, die unterhalb des Existenzminimums leben müssten, sollen im „untersten sozialen Netz" der Sozialhilfe oder der Grundsicherung aufgefangen werden.

Das Sozialstaatsprinzip übt auch einen Einfluss auf die Wirtschaftsordnung aus. Die Wirtschaftsordnung der Bundesrepublik ist die **soziale Marktwirtschaft**.

Soziale Marktwirtschaft bedeutet, dass der Staat die (gesetzlichen) Rahmenbedingungen dafür schafft, dass sich eine funktionsfähige Wirtschaft als soziale Wettbewerbswirtschaft ohne marktbeherrschende Einflüsse entfalten kann.

Definition

1.4 Politische Einflussnahme

Der Bürger hat in einem demokratischen Staat verschiedene Möglichkeiten, politisch Einfluss zu nehmen.

Zuerst und im Wesentlichen bestimmt der Bürger die Art der Politik durch sein Wahlrecht. Dazu kann er sich einer politischen **Partei** anschließen, d. h. dort Mitglied werden. Die Parteien werden im Grundgesetz in Art. 21 GG als Teil der verfassungsmäßigen Ordnung garantiert. Nach diesem Verfassungsartikel wirken die Parteien bei der politischen Willensbildung des Volkes mit und ihre Gründung ist frei. Ihre innere Ordnung muss demokratischen Grundsätzen entsprechen.

Wahlrecht

Zusätzlich können sich die Menschen in Form einer so genannten Bürgerinitiative organisieren. Die Bürgerinitiative ist ein Zusammenschluss von Personen, die ein gemeinsames Ziel verfolgen.

Bürgerinitiative

In der Praxis bekannt sind Bürgerinitiativen gegen den Bau einer Autobahn oder Bahntrasse, gegen den Betrieb eines Atomkraftwerkes oder nur zur Installation eines gesicherten Fußgängerüberweges zum Schutz der Kinder. Die Bürgerinitiativen haben den Vorteil, dass der Bürger dort direkt auf die Politik Einfluss nehmen kann.

Ein wesentliches Instrument der Bürgerinitiativen ist die Nutzung der **Medien**, d. h. Presse, Radio und Fernsehen, um auf ihre Ziele aufmerksam zu machen und auf die Politik Druck auszuüben. Auch ansonsten sind die Medien ein wesentliches Instrument zur Sicherung der Demokratie, weshalb sie im Grundgesetz über Art. 5 GG (freie Meinungsäußerung) geschützt sind:

Medien

Jeder hat das Recht, seine Meinung in Wort, Schrift und Bild frei zu äußern und zu verbreiten und sich aus allgemein zugänglichen Quellen ungehindert zu unterrichten. Die Pressefreiheit und die Freiheit der Berichterstattung durch Rundfunk und Film werden gewährleistet. Eine Zensur findet nicht statt.

Schließlich hat jeder Bürger das Recht, sich an einen der **Petitionsausschüsse** des Bundes[1] oder der Bundesländer zu wenden. Dort wird seine Beschwerde geprüft und unter Umständen Abhilfe angeregt.

Petitionsausschüsse

---

[1] Petitionsausschuss Bundestag: Deutscher Bundestag, Petitionsausschuss, Platz der Republik 1, 11011 Berlin; Fax.: 030/22776053, Email: Vorzimmer@peta.bundestag.dbp.de

1.5 Grundrechte

Grundrechte als Abwehr- und Anspruchsrechte

Grundlage der Demokratie der Bundesrepublik Deutschland sind die Grundrechte. Sie sind so genannte **Abwehrrechte** gegen Willkür des Staates. Teilweise wirken Grundrechte auch unmittelbar zwischen den Bürgern.

Praxisbeispiel

> Ein Arbeitgeber darf Frauen weder am Arbeitsplatz noch bei der Auswahl benachteiligen, da dies gegen den Gleichheitsgrundsatz des Art. 3 GG verstößt.

Die Grundrechte sind eng verwandt mit den **Menschenrechten**. Das Grundgesetz hat die Menschenrechte in besonderem Umfang geschützt.

Die Grundrechte sind nicht nur Abwehrrechte, d. h. sie schützen den Bürger vor staatlichen Eingriffen, sondern auch **Anspruchsrechte**, d. h. sie geben den Bürgern Ansprüche gegen den Staat. An dieser Stelle sollen nur einige wichtige Grundrechte dargestellt werden, die ihre Wirkung insbesondere im Bereich der Heilerziehungs- und Altenpflege sowie der Krankenpflege entfalten.

Menschenwürde

Schutz der Menschenwürde (Art. 1 GG): Die Würde jedes Menschen stellt das höchste Gut in der Wertordnung des Grundgesetzes dar.

Art. 1 GG

(1) Die Würde des Menschen ist unantastbar. Sie zu achten und zu schützen ist Verpflichtung aller staatlichen Gewalt.

(2) Das Deutsche Volk bekennt sich darum zu unverletzlichen und unveräußerlichen Menschenrechten als Grundlage jeder menschlichen Gemeinschaft, des Friedens und der Gerechtigkeit in der Welt.

Die Würde jedes Menschen ist unabhängig von Eigenschaften (Krankheit, Behinderung, Geschlecht, Rasse), Alter und Einsichtsfähigkeit als eines der höchsten Rechtsgüter geschützt. Die Menschenwürde hat Auswirkungen auf alle Lebensbereiche, auf die Sammlung von persönlichen Informationen, auf die Möglichkeiten der Einflussnahme auf medizinische Behandlungen, auf die Unterbringung psychisch kranker Menschen und die Art und Weise des Umgangs mit Heimbewohnern, wie z. B. die Wahrung der Intimsphäre, den Verzicht auf vermeidbare freiheitsbeschränkende Maßnahmen, die Nahrungsangebote sowie die Freizeit- und Wohnraumgestaltung.

Persönlichkeitsrecht

Recht auf freie Entfaltung der Persönlichkeit (Art. 2 Abs. 1 GG): Jeder Bürger hat das Recht, seinen Lebensbereich selbst nach seinen Wünschen und Bedürfnissen zu gestalten, soweit er dadurch nicht andere in ihren Rechten verletzt.

(1) Jeder hat das Recht auf die freie Entfaltung seiner Persönlichkeit, soweit er nicht die Rechte anderer verletzt und nicht gegen die verfassungsmäßige Ordnung oder das Sittengesetz verstößt.

Art. 2 Abs. 1 G

Dieser Artikel garantiert das Recht auf Selbstbestimmung, auch des Behinderten und alten Menschen in einer Einrichtung. Diese Selbstbestimmung umfasst die Gestaltung der Freizeit, die Verwendung des persönlichen Geldes (Taschengeld, Barbetrag etc.), die Partnersuche, die Gestaltung des Wohnraums und die Auswahl der Kleidung, Musik etc.

Freiheitsrechte

Freiheit der Person, Leben, körperliche Unversehrtheit (Art. 2 Abs. 2 GG): Diese Rechtsgüter werden besonders geschützt, Einschränkungen sind nur aufgrund von Gesetzen und eines Richterspruchs möglich.

(2) Jeder hat das Recht auf Leben und körperliche Unversehrtheit. Die Freiheit der Person ist unverletzlich. In diese Rechte darf nur aufgrund eines Gesetzes eingegriffen werden.

Art. 2 Abs. 2 GG

Aus diesem Grund muss für die Unterbringung psychisch kranker Menschen oder gar der Zwangsbehandlung eine gesetzliche Grundlage bestehen. Dies gilt selbstverständlich auch für sonstige Zwangsmaßnahmen und freiheitsbeschränkende Maßnahmen. Ergänzt wird dieses Grundrecht durch den Anspruch auf Nachprüfung aller staatlichen Maßnahmen durch ein Gericht (Art. 19 Abs. 4 GG) und das Recht, dass immer ein Richter über freiheitsentziehende Maßnahmen entscheiden muss (Art. 104 GG). Durch Art. 2 Abs. 2 GG werden auch die staatlichen Organe dazu verpflichtet, Leben, körperliche Unversehrtheit und Freiheit zu schützen.

Gleichheitsgrundsatz

Gleichheitsgrundsatz (Art. 3 GG): Dieses Grundrecht verbietet die Ungleichbehandlung gleicher Sachverhalte, insbesondere Ungleichbehandlungen wegen des Geschlechts, der Rasse und der Religion. Danach sind alle Menschen gleich.

(1) Alle Menschen sind vor dem Gesetz gleich.
(2) Männer und Frauen sind gleichberechtigt. ...
(3) Niemand darf wegen seines Geschlechtes, seiner Abstammung, seiner Rasse, seiner Sprache, seiner Heimat und Herkunft, seines Glaubens, ... benachteiligt oder bevorzugt werden. Niemand darf wegen seiner Behinderung benachteiligt werden.

Art. 3 GG

Besonders wichtig ist das Verbot der Benachteiligung Behinderter. Dieses Grundrecht soll nicht nur die Diskriminierung behinderter Menschen verhindern, sondern diesen auch Rechte auf gesellschaftliche Maßnahmen geben. Dies kommt auch im neuen Sozialgesetzbuch IX (SGB IX), dem Gesetz zur „Rehabilitation und Teilhabe behinderter Menschen" zum Ausdruck.

Glaubensfreiheit

Glaubens-, Gewissens- und Bekenntnisfreiheit (Art. 4 GG): Dieses Grundrecht schützt die Freiheit der Religionsausübung und der weltanschaulichen Überzeugung. Es beinhaltet auch die Möglichkeit, Zivildienst anstatt Wehrdienst zu wählen.

(1) Die Freiheit des Glaubens, des Gewissens und die Freiheit des religiösen und weltanschaulichen Bekenntnisses sind unverletzlich.
(2) Die ungestörte Religionsausübung wird gewährleistet.
(3) Niemand darf gegen sein Gewissen zum Kriegsdienst mit der Waffe gezwungen werden.

In der Praxis der Alten- und Heilerziehungspflege sowie in psychiatrischen Einrichtungen ist aufgrund dieses Grundrechts unter anderem die freie Religionsausübung zu ermöglichen.

Schutz von Ehe und Familie

Schutz von Ehe und Familie (Art. 6 GG): Die Ehe und die Familie sind vom Staat zu schützen. Die Erziehung der Kinder ist Aufgabe der Eltern.

(1) Ehe und Familie stehen unter dem besonderen Schutze der staatlichen Ordnung.
(2) Pflege und Erziehung der Kinder sind das natürliche Recht der Eltern und die zuvörderst ihnen obliegende Pflicht....
(3) Gegen den Willen der Erziehungsberechtigten dürfen Kinder nur .... von der Familie getrennt werden, wenn die Erziehungsberechtigten versagen oder wenn die Kinder aus anderen Gründen zu verwahrlosen drohen.
(4) Jede Mutter hat Anspruch auf den Schutz und die Fürsorge der Gemeinschaft.

Der Staat hat durch dieses Grundrecht auch die Verpflichtung, die Familie insbesondere in wirtschaftlicher Hinsicht zu fördern und bei behinderten Müttern zu prüfen, ob diese nicht mit staatlichen Hilfen in der Lage sind, ihre Kinder selbst zu versorgen. Die Wegnahme des Kindes von der Mutter darf deshalb nur das letzte Mittel sein.

Brief-, Post- und Fernmeldegeheimnis

Brief-, Post- und Fernmeldegeheimnis (Art. 10 GG): Mitteilungen, die auf dem Postweg oder über das Telefon gemacht werden, sind vor den Staatsorganen geschützt. Ausnahmen müssen gesetzlich geregelt werden.

(1) Das Briefgeheimnis sowie das Post- und Fernmeldegeheimnis sind unverletzlich.
(2) Beschränkungen dürfen nur aufgrund eines Gesetzes angeordnet werden.

Dies bedeutet, dass auch der Bewohner eines Heims das Recht zu ungehindertem Empfang von Post und zum Telefonieren ohne „Mithörer" hat. Wer dies nicht beachtet, begeht sogar eine Straftat nach § 202 StGB.

Berufswahlfreiheit

Freiheit der Berufswahl (Art. 12 GG): Danach kann jeder seinen Beruf selbst ohne Einfluss des Staates wählen. Der Staat darf den Zugang zum Beruf auch nicht durch zu hohe Hürden erschweren.

(1) Alle Deutschen haben das Recht, Beruf, Arbeitsplatz und Ausbildungsstätte frei zu wählen. Die Berufsausübung kann durch Gesetz oder aufgrund eines Gesetzes geregelt werden.
(2) Niemand darf zu einer bestimmten Arbeit gezwungen werden, außer im Rahmen einer herkömmlichen allgemeinen, für alle gleichen öffentlichen Dienstleistungspflicht.
(3) Zwangsarbeit ist nur bei einer gerichtlich angeordneten Freiheitsentziehung zulässig.

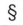
Art. 12 GG

Dies bedeutet auch, dass bei Prüfungsordnungen und der Prüfung selbst alle rechtsstaatlichen Regeln zu beachten und willkürliche Entscheidungen verboten sind.

Unverletzlichkeit der Wohnung

Unverletzlichkeit der Wohnung (Art. 13 GG): Danach ist die Wohnung jedes Menschen ein besonders geschützter Bereich.

(1) Die Wohnung ist unverletzlich.
(2) Durchsuchungen dürfen nur durch den Richter, bei Gefahr im Verzuge auch durch die in den Gesetzen vorgesehenen anderen Organe angeordnet und nur in der dort vorgeschriebenen Form durchgeführt werden.

Art. 13 GG

Der Begriff Wohnung ist auch dahingehend zu verstehen, dass auch die Zimmer der jeweiligen Heimbewohner geschützt sind und Dritte diese nur mit deren Zustimmung betreten dürfen.

2 Öffentliche Verwaltung

Die öffentliche Verwaltung, d. h. die Ämter und Behörden, ist Teil der Exekutive und an **rechtsstaatliche Grundsätze** gebunden. Dies bedeutet, dass sie den betroffenen Bürgern zu dienen, ihre Aufgaben effizient wahrzunehmen und bei ihren Entscheidungen die Verhältnismäßigkeit der Mittel zu beachten hat, d. h. keine Entscheidungen treffen darf, die den Bürger unangemessen benachteiligen. Sie muss außerdem stets im **pflichtgemäßen Ermessen** entscheiden, was bedeutet, dass bei jeder Entscheidung alle Aspekte gewürdigt werden, auch diejenigen, die zu Gunsten des Bürgers sprechen. Es gilt in diesem Zusammenhang sowohl im allgemeinen Verwaltungsverfahren als auch im Sozialverfahren der **Untersuchungsgrundsatz**, d. h. die Behörde muss den Sachverhalt umfassend ermitteln. Im Verwaltungsverfahren gilt nach § 24 VwVfG:

Grundsätze und Pflichten

(1) Die Behörde ermittelt den Sachverhalt von Amts wegen. ...
(2) Die Behörde hat alle für den Einzelfall bedeutsamen, auch die für die Beteiligten günstigen Umstände zu berücksichtigen.

Im Sozialverfahren ist dazu analog in § 20 SGB X geregelt:

> *(1) Die Behörde ermittelt den Sachverhalt von Amts wegen. ...*
> *(2) Die Behörde hat alle für den Einzelfall bedeutsamen, auch die für die Beteiligten günstigen Umstände zu berücksichtigen.*

Die zuständige Behörde ist darüber hinaus dazu verpflichtet, den Bürger zu **beraten** und die erforderlichen **Auskünfte** zu erteilen. Dies regelt im allgemeinen Verwaltungsverfahren § 25 VwVfG:

> *Die Behörde soll die Abgabe von Erklärungen, die Stellung von Anträgen oder die Berichtigung von Erklärungen oder Anträgen anregen, wenn diese offensichtlich nur versehentlich oder aus Unkenntnis unterblieben oder unrichtig abgegeben oder gestellt worden sind. Sie erteilt, soweit erforderlich, Auskunft über die den Beteiligten im Verwaltungsverfahren zustehenden Rechte und die ihnen obliegenden Pflichten.*

und im Sozialverfahren § 14 SGB I:

> *Jeder hat Anspruch auf Beratung über seine Rechte und Pflichten nach diesem Gesetzbuch. Zuständig für die Beratung sind die Leistungsträger, denen gegenüber die Rechte geltend zu machen oder die Pflichten zu erfüllen sind.*

Bei Verletzung der Beratungspflicht kann der Bürger sogar eine Art von Schadenersatzanspruch, den **sozialrechtlichen Herstellungsanspruch** geltend machen.

Die weiteren Einzelheiten zum Verwaltungs- und Sozialverfahren sind weiter unten in Teil 5, Abschnitt 1 und 2 behandelt.

Teil 2   Rechtsgrundlagen

Die Rechtsordnung regelt das gesamte menschliche Zusammenleben von der Geburt bis zum Tod. Durch verschiedene **Rechtsvorschriften** soll gewährleistet werden, dass die menschlichen Beziehungen in „geregelten Bahnen" verlaufen. Diese Rechtsvorschriften stellen gewissermaßen die Spielregeln des gesellschaftlichen Miteinanders dar. Es handelt sich dabei um **Gesetze, Verordnungen, Satzungen, Gewohnheitssätze** und **vertragliche Gestaltungen,** die zusammen mit den Artikeln des **Grundgesetzes,** der Verfassung, die Rechtsordnung bilden.

Rechtsordnung

Es werden zwei **Rechtsgebiete** unterschieden:

Rechtsgebiete

- das Privatrecht und
- das öffentliche Recht.

Die Abgrenzung zwischen den Rechtsgebieten hat in der Praxis Bedeutung

- für die Möglichkeit der Inanspruchnahme gerichtlicher Hilfe, d. h. welches Gericht zuständig ist, und
- dafür, wie Rechte durchgesetzt werden müssen, dabei auch, welche **Rechtssubjekte** sich gegenüberstehen.

Zum **öffentlichen Recht** zählen beispielsweise das Schulrecht, Baurecht, das Polizeirecht und das Gesundheitsrecht. Das Strafrecht kann als Sonderbereich des öffentlichen Rechts angesehen werden. Es gilt auch im Verhältnis zwischen Staat und Bürger. Mithilfe von speziellen Rechtsnormen, wie beispielsweise im Strafgesetzbuch, wird sozialschädliches Verhalten bestraft oder durch Bußgelder geahndet. Im öffentlichen Recht gilt grundsätzlich das **Über-/Unterordnungsverhältnis.** Es gilt im Verhältnis zwischen Staat und Bürger oder zwischen staatlichen Institutionen. Ansprüche aus dem öffentlichen Recht, beispielsweise eine Klage gegen die Ablehnung einer Baugenehmigung für ein Heim oder die nicht bestandene Prüfung zum examinierten Alten- oder Heilerziehungspfleger, sind vor den **Verwaltungsgerichten** geltend zu machen. Für den Sonderbereich des Sozialrechts inklusive der Sozialhilfe stehen die **Sozialgerichte** und für den steuerlichen Bereich die **Finanzgerichte** zur Verfügung.

Öffentliches Recht

Im **Privatrecht** stehen sich **gleichgeordnete Personen** gegenüber. Einer der wichtigsten Teile des **Privatrechts** ist das Bürgerliche Recht mit seiner Hauptrechtsquelle, dem Bürgerlichen Gesetzbuch (BGB). Zum Bereich des Privatrechts zählt aber nicht nur das Bürgerliche Recht, sondern auch beispielsweise das Handelsrecht, das Gesellschaftsrecht und das Arbeitsrecht. Auseinandersetzungen privatrechtlicher Art müssen von den **Zivilgerichten** als Teil der **ordentlichen Gerichtsbarkeit** entschieden werden, wobei erste Instanz entweder das **Amts-** oder **Landgericht** ist. Eine Klage, z. B. auf Schadenersatz, muss beim Amtsgericht eingereicht werden wenn der Streitwert über 5.000,00 Euro liegt, beim

Privatrecht

Landgericht. Für arbeitsrechtliche Streitigkeiten ist das **Arbeitsgericht** zuständig. Der strafrechtliche Anspruch des Staates wird vor den **Strafgerichten** verhandelt. Die Zuständigkeit der Strafgerichte, wiederum bei den Amts- und Landgerichten als erste Instanz, besteht auch für so genannte Privatklagen wegen Beleidigung oder Hausfriedensbruch.

Zu den Einzelheiten des Aufbaus der Gerichtsbarkeit wird auf Tabelle 1 (Instanzenweg) in Teil 1, 1.2.2.2 verwiesen.

Gleiche Rechte für alle Bürger

Alle Bürger haben in der Bundesrepublik Deutschland gemäß Art. 3 GG die gleichen Rechte und Pflichten. Kein Bürger darf ohne sachlichen Grund ungleich zu anderen behandelt bzw. benachteiligt werden. Das Grundgesetz garantiert jedem Bürger angemessenen Rechtsschutz. Zur Durchsetzung rechtlicher Ansprüche stehen dem Bürger die Gerichte zur Verfügung. Für jedes der oben genannten Rechtsgebiete existiert eine spezielle Gerichtsbarkeit.

Teil 3   Zivilrecht

Das Zivilrecht regelt das Verhältnis zwischen den einzelnen Bürgern bzw. zwischen Bürgern und Vereinigungen. Die wesentlichen Grundlagen sind im Bürgerlichen Gesetzbuch (BGB) festgelegt. Dieses ist in folgende Abschnitte gegliedert:

Inhalt des BGB

- Allgemeiner Teil,
- Recht der Schuldverhältnisse,
- Sachenrecht,
- Familienrecht und
- Erbrecht.

Beispielhaft für den Inhalt des BGB sind die Voraussetzungen für den Abschluss von Verträgen bzw. deren Rückabwicklung, die Vertragsarten, die Beziehungen zwischen Eltern und Kind sowie der Ehegatten untereinander, die Rechtswirkungen des Eigentums und die Vermögensübertragung im Falle des Todes zu nennen.

Im Allgemeinen Teil des Bürgerlichen Gesetzbuchs werden Aussagen dazu getroffen, welche Person rechts- und handlungsfähig ist. Im Recht der Schuldverhältnisse ist unter anderem die deliktische Haftung (vgl. Teil 3, 2) geregelt. Das Sachenrecht befasst sich mit dem Eigentum an beweglichen Sachen und Grundstücken. Das Familienrecht hat Bedeutung für die Betreuung (vgl. Teil 3, 1.3), für die Rechtsfolgen der Ehe und die Unterhaltspflicht (vgl. Teil 3, 4.2) sowie das Recht der elterlichen Sorge (vgl. Teil 3, 4.1). Das Erbrecht, d. h. Fragen der gesetzlichen Erbfolge und Arten von Testamenten, wird in diesem Lehrbuch in Teil 3, 5 abgehandelt.

1   Zivilrechtliche Handlungsfähigkeit

1.1   Rechtsfähigkeit

Durch die Rechtsfähigkeit ist jedes Rechtssubjekt Träger von Rechten und Pflichten. Rechte und Pflichten sind in der Rechtsordnung an ein **Rechtssubjekt** gebunden. Nur ein Rechtssubjekt kann die von der Rechtsordnung eingeräumten Rechte ausüben. Es werden dabei zwei Gruppen unterschieden:

Rechtssubjekte

- natürliche Personen und
- juristische Personen.

Natürliche Personen sind alle Menschen. Unter den Begriff **juristische Personen** fallen insbesondere Vereinigungen von Personen wie Vereine, staatliche Institutionen, Kirchen, Gesellschaften (z. B. GmbH, AG, KG) und Stiftungen, auch die öffentlichen Träger von Heimen, Krankenhäusern etc. Natürliche und juristische Personen sind Träger von Rechten und Pflichten, sie besitzen somit die Rechtsfähigkeit.

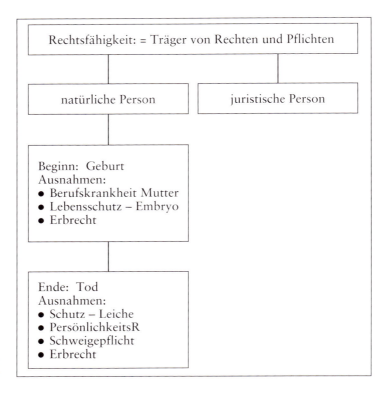

Abbildung 2: Rechtsfähigkeit

Natürliche Personen

Bei natürlichen Personen ist die Rechtsfähigkeit **unabhängig vom körperlichen und geistigen Zustand** gegeben, d. h. auch ein schwerstbehinderter Mensch ist rechtsfähig und damit Träger von Grundrechten, insbesondere derjenigen auf Menschenwürde und körperliche Unversehrtheit bzw. Leben.

Beginn der Rechtsfähigkeit

Die Rechtsfähigkeit beginnt beim Menschen gemäß § 1 BGB grundsätzlich mit der Vollendung der **Geburt** (Abbildung 2), wobei als Ausnahmen gelten:

- Das Leben des ungeborenen Kindes ist von der **Verfassung** (vgl. Art. 2 Abs. 2 GG; §§ 218 ff. StGB) geschützt. Das Recht auf Leben nach Art. 2 Abs. 2 GG existiert damit bereits vor der Geburt.
- Im Rahmen der **Unfallversicherung** besteht außerdem der Schutz des Embryos bei einem Arbeitsunfall bzw. einer Berufskrankheit (§ 12 SGB VII).
- Der Embryo bzw. Fetus ist zudem bereits **erbberechtigt**, d. h. er „er erbt mit", obwohl er noch nicht geboren ist und sein Erbe nicht selbst in Besitz nehmen kann (§ 1923 BGB).
- Er hat im Rahmen der unerlaubten Handlung bei der **deliktischen Haftung** nach §§ 823 ff. BGB Schutz und damit Ansprüche auf Unterhaltszahlungen gemäß § 844 Abs. 2 BGB, sofern der Unterhaltspflichtige, beispielsweise der Vater, getötet wird.

Die Rechtsfähigkeit endet mit dem **Tod**, und dabei sind wiederum die Ausnahmen:

Ende der Rechtsfähigkeit

- Die **Leiche** ist durch § 168 StGB geschützt:

  (1) Wer unbefugt aus dem Gewahrsam des Berechtigten den Körper oder Teile des Körpers eines verstorbenen Menschen, eine tote Leibesfrucht, Teile einer solchen oder die Asche eines verstorbenen Menschen wegnimmt oder wer daran beschimpfenden Unfug verübt, wird mit Freiheitsstrafe bis zu drei Jahren oder mit Geldstrafe bestraft.

  Die unangemessene Behandlung einer Leiche ist folglich mit Strafe bedroht. Vergleichbares gilt für die Entnahme von Organen. Das Transplantationsgesetz sieht dies nur bei Zustimmung der Berechtigten vor.

- Das allgemeine **Persönlichkeitsrecht** besteht gleichfalls über den Tod hinaus. Auch ein Verstorbener darf nicht verunglimpft werden.
- Ebenfalls gilt nach dem Tod noch die **Schweigepflicht** (§ 203 Abs. 4 StGB).
- Schließlich kann der Verstorbene in Form eines Testamentes etc. über sein Vermögen dessen Empfänger nach dem Tod bestimmen.

Sofern Rechtsfähigkeit besteht, besitzt die natürliche oder juristische Person gleichzeitig auch die **Parteifähigkeit**. Dies bedeutet, dass ein Mensch bereits kurz nach der Geburt selbst in einem Rechtsstreit Kläger oder Beklagter sein kann, wobei jedoch keine Aussage getroffen ist, ob der Betroffene, z. B. ein Kind, selbst oder durch andere Personen seine Rechte geltend macht.

Parteifähigkeit

Das zweijährige Kind K kann gegenüber seinem Vater Unterhaltsansprüche geltend machen. Der Vater hingegen kann Anfechtungsklage gegen das Kind erheben und dabei behaupten, er sei nicht der leibliche Vater.

Praxisbeispiel

Der schwer geistig behinderte B klagt auf Zahlung von Schmerzensgeld, weil er im Wege eines Arzneimittelversuchs geschädigt worden ist.

Praxisbeispiel

Die Rechtsfähigkeit beim Menschen hat daher nicht nur theoretische, sondern auch erhebliche praktische Bedeutung

Juristische Personen

Der Beginn der Rechtsfähigkeit einer juristischen Person ist **an bestimmte Rechtsakte gebunden**. So erhält ein Verein seine Rechtsfähigkeit mit der Eintragung in das Vereinsregister. Sie endet bei juristischen Personen mit der Auflösung.

Beginn und Ende der Rechtsfähigkeit

Wiederholungsfragen

- Welche beiden Personengruppen werden bei der Rechtsfähigkeit unterschieden?
- Welche Bedeutung hat die Rechtsfähigkeit?
- Was versteht man unter einer „juristischen Person"?
- Wann beginnt und endet die Rechtsfähigkeit und welche Ausnahmen kennen Sie?
- Was bedeutet „Parteifähigkeit"?

1.2 Handlungsfähigkeit

Von der Rechtsfähigkeit zu unterscheiden ist die **Handlungsfähigkeit** eines Menschen. Ob eine Person Träger von Rechten ist, sagt allein nichts darüber aus, ob das Rechtssubjekt, beispielsweise der Mensch, in der Lage ist, diese Rechte selbst auszuüben. Dies ist eine Frage der Handlungsfähigkeit. Die Wahrnehmung von Rechten durch einen selbst setzt Handlungsfähigkeit voraus.

Definition

Handlungsfähigkeit besteht, sobald ein Mensch in der Lage ist, Rechtsgeschäfte selbst abzuschließen, d. h. Handlungen mit rechtlicher Wirkung vorzunehmen und für sein Handeln selbst verantwortlich zu sein, mit der Folge, für verursachte Schäden Ersatz zu leisten.

Bereiche der Handlungsfähigkeit

Die Handlungsfähigkeit gliedert sich in die beiden Bereiche:
- Geschäftsfähigkeit und
- Deliktsfähigkeit.

Diese werden nachfolgend unter Berücksichtigung der Altersstufen und/oder geistiger Einschränkungen dargestellt.

1.2.1 Geschäftsfähigkeit

Definition

Kann ein Mensch rechtlich verbindliche Handlungen vollziehen, ist die **Geschäftsfähigkeit** als Teil der Handlungsfähigkeit gegeben.

Die Geschäftsfähigkeit beginnt nicht wie die Rechtsfähigkeit mit dem Augenblick der Geburt, sondern ist an bestimmte Altersstufen und/oder an die geistigen Fähigkeiten gebunden.

Stufen der Geschäftsfähigkeit

Es werden drei Stufen unterschieden:
- Geschäftsunfähigkeit,
- beschränkte Geschäftsfähigkeit und
- volle Geschäftsfähigkeit.

1.2.1.1 Geschäftsunfähigkeit

Kinder unterhalb des siebten Lebensjahres sind geschäftsunfähig, d. h. ihre Rechtsgeschäfte sind **nichtig** (§§ 104, 105 BGB) und die wechselseitigen Leistungen müssen zurückerstattet werden.

1 Zivilrechtliche Handlungsfähigkeit

Abbildung 3:
Handlungsfähigkeit

Praxisbeispiel

Der sechsjährige Klaus kauft im Spielwarengeschäft von Geld, das er zum Geburtstag geschenkt bekommen hat, ein Dart-Spiel. Sobald die Eltern auf das Alter und damit die Geschäftsunfähigkeit hinweisen, muss der Kaufpreis zurückerstattet und auch das Spiel zurückgegeben werden. Der Kaufvertrag ist nichtig.

Bei einer schweren **krankhaften Störung der Geistestätigkeit** wie

- einer psychischen Erkrankung oder
- einer geistigen Behinderung,

kann gleichfalls Geschäftsunfähigkeit vorliegen. Dabei kommt es auf das **Ausmaß** der Erkrankung bzw. Behinderung an. Leichtere Formen führen in der Regel nicht zur Geschäftsunfähigkeit. Falls jedoch eine Geschäftsunfähigkeit vorliegt, ist ein gesetzlicher Vertreter, meist ein **Betreuer**, notwendig. Bei volljährigen geschäftsunfähigen Personen, z. B. Personen mit Betreuung bzw. Heimbewohnern oder erheblich psychisch Kranken, besteht allerdings aufgrund der neuen Vorschrift des § 105 a BGB die Besonderheit, dass ein sogenanntes Geschäft des täglichen Lebens, das mit geringen Mitteln bewirkt werden kann, wirksam wird, sobald

Leistung und Gegenleistung erfüllt sind. Dies gilt nur dann nicht, wenn eine erhebliche Gefahr für die Person oder das Vermögen des Geschäftsunfähigen besteht, beispielsweise in der manischen Phase einer bipolaren affektiven Störung, bei Personen mit Spielsucht oder ähnlichem.

1.2.1.2 Beschränkte Geschäftsfähigkeit

Wirksamkeit des Rechtsgeschäfts

Minderjährige zwischen dem siebten und dem achtzehnten Lebensjahr sind nach § 106 BGB beschränkt geschäftsfähig. Rechtsgeschäftliche Erklärungen dieser Altersgruppe sind **schwebend unwirksam**. Das Geschäft bzw. der Vertrag wird erst (voll) wirksam, wenn die Zustimmung durch den gesetzlichen Vertreter (Eltern, Vormund) erteilt wird. Es wird allerdings endgültig unwirksam, wenn sie verweigert wird. Gesetzliche Vertreter sind auch zur Vertretung der geschäftsunfähigen Kinder beim Abschluss von Verträgen befugt, wobei manche Verträge vom Familiengericht genehmigt werden müssen.

Ausnahmefälle

Das Gesetz sieht in § 110 BGB einen **Ausnahmefall** von der beschränkten Geschäftsfähigkeit vor. Wird einem Minderjährigen zwischen dem siebten und achtzehnten Lebensjahr oder einem psychisch kranken bzw. geistig behinderten Menschen ein bestimmter Geldbetrag zur **freien Verfügung** zugeteilt, kann er dieses Geld **ohne** die Zustimmung des gesetzlichen Vertreters verbrauchen und damit Geschäfte ausführen. Diese Vorschrift ist auf das **Taschengeld** und auf den **Barbetrag** nach § 35 Abs. 2 SGB XII sowie weitere Beträge zur freien Verfügung anzuwenden. Es ist daher auch für den Bewohner einer Einrichtung nicht erforderlich, die Verwendung des Barbetrages oder Taschengeldes nachzuweisen. Der Bewohner muss über die Verwendung des Taschengeldes keinerlei Rechenschaft ablegen und muss jederzeit Zugriff auf diese Beträge haben. Diese Vorschrift ist selbst dann anzuwenden, wenn der Bewohner vom Taschengeld Beträge **anspart**, um eine größere Anschaffung zu machen. In der **Praxis** muss bei behinderten Menschen allerdings eine pragmatische Lösung insoweit gefunden werden, dass in Absprache mit dem jeweiligen Bewohner eine bestimmte Zweckbestimmung für Teilbeträge (beispielsweise für Freizeiten etc.) gefunden wird. Der Betreuer ist allerdings nicht dazu berechtigt, dem Bewohner ohne vernünftige Gründe die Verwendung des Taschengeldes für eine Freizeit zu untersagen oder diesen zur Freizeit zu zwingen, da einerseits der Betreute selbst über die Verwendung bestimmen kann und der Betreuer nach § 1901 BGB die Wünsche und das Wohl des behinderten Menschen berücksichtigen muss.

Schließlich muss der gesetzliche Vertreter einem Rechtsgeschäft **nicht** zustimmen, das dem Minderjährigen lediglich einen **rechtlichen Vorteil** bringt (§ 107 BGB). Entscheidend sind dabei allein die rechtlichen Folgen, nicht die wirtschaftlichen. Deshalb sind Schenkungen an den Minderjährigen bzw. an den Heimbewohner mit Betreuung (mit Ausnahme einer Grundstücksschenkung) ohne Zustimmung der Eltern bzw. des Betreuers wirksam.

Vermögens- und Personensorge

Bei Minderjährigen steht folglich die **Vermögenssorge** zusammen mit der **Personensorge** entweder den **Eltern** als gesetzlichen Vertretern oder einem **Vormund** zu. Bei Personen, die zwar volljährig, aber aufgrund einer Erkrankung oder Behinderung nicht geschäftsfähig sind, wird diese Funktion durch den **Betreuer** erfüllt.

Eine besondere Form der „beschränkten Geschäftsfähigkeit" ist die **Sozialmündigkeit** nach § 36 Abs. 1 SGB I. Durch diese Vorschrift wird Minderjährigen, die das fünfzehnte Lebensjahr vollendet haben, eine beschränkte Handlungsfähigkeit eingeräumt. Dies bedeutet, dass ab diesem Alter Anträge auf **Sozialleistungen** gestellt werden und derartige Leistungen entgegen genommen werden können. Die gesetzlichen Vertreter sollen jedoch informiert werden. Die Handlungsfähigkeit geht durch die genannte Vorschrift sogar so weit, dass die Minderjährigen ab dem fünfzehnten Lebensjahr sogar vor dem Sozialgericht **prozessfähig** sind.

Sozialmündigkeit

Außerdem liegt in der Regel ab dem 14. Lebensjahr die notwendige **Einsichts- bzw. Einwilligungsfähigkeit** vor, d. h. der jeweilige Jugendliche kann selbst, unter Umständen mithilfe des Familiengerichts, in medizinische Maßnahmen auch gegen den Willen der Eltern einwilligen oder diese verweigern. Bei medizinischen Maßnahmen können daher die Eltern ab dem 14. Lebensjahr nicht mehr allein „über den Kopf des Kindes hinweg" entscheiden.

Einsichtsfähigkeit

Bei Betreuungen kann das **Betreuungsgericht** nach § 1903 Abs. 1 BGB einen Einwilligungsvorbehalt anordnen. Dadurch wird der Betreute durch §§ 1903 Abs. 1, Satz 2 BGB i. V. m. § 108 Abs. 1 BGB einem Minderjährigen zwischen dem siebten und dem achtzehnten Lebensjahr gleichgestellt und damit beschränkt geschäftsfähig. Seine Rechtsgeschäfte sind deshalb bis zur Genehmigung durch den Betreuer gleichfalls **schwebend unwirksam**. Näheres dazu in Teil 3, 1.3.3.

Einwilligungsvorbehalt

1.2.1.3 Volle Geschäftsfähigkeit

Personen, die das **achtzehnte Lebensjahr vollendet** haben, sind voll geschäftsfähig, sofern nicht die oben genannten psychischen oder geistigen Beeinträchtigungen bestehen. Sofern volle Geschäftsfähigkeit besteht, können voll verantwortlich Rechtsgeschäfte abgeschlossen werden, und die Volljährigen haften selbst im gesamten von der Rechtsordnung vorgesehenen Umfang. Ausnahmen sind nur in Einzelfällen möglich.

Die Geschäftsfähigkeit besteht **nur bei natürlichen Personen**. Juristische Personen können am Rechtsverkehr nur über ihre gesetzlichen Vertreter, beispielsweise beim Verein über den Vorstand oder bei der Gesellschaft über den Geschäftsführer, teilnehmen.

Vor Gericht entspricht der Geschäftsfähigkeit die **Prozessfähigkeit**, d. h. die Fähigkeit, wirksam vor Gericht zu handeln. Jeder Mensch kann unabhängig vom Alter und der psychischen Gesundheit klagen und verklagt werden. Da jeder Mensch die Rechtsfähigkeit besitzt, ist jeder parteifähig. Er kann jedoch nicht in jedem Falle die notwendigen Prozesshandlungen selbst vornehmen. Hierzu ist er nur befugt, sofern zusätzlich die Prozessfähigkeit vorliegt. Prozessfähig ist derjenige, der geschäftsfähig ist (§ 51 ZPO).

Prozessfähigkeit

Praxisbeispiel

Das achtjährige Kind kann zwar selbst als Kläger gegenüber seinem Vater auf Zahlung von Unterhalt auftreten, muss sich aber von der Mutter gesetzlich vertreten lassen, da ansonsten die Klage aufgrund seiner Prozessunfähigkeit unzulässig wäre.

Liegt keine oder nur beschränkte Geschäftsfähigkeit vor, muss der Betroffene sich durch seinen gesetzlichen Vertreter wie Eltern oder Vormund, Betreuer, Ergänzungspfleger oder Prozesspfleger vertreten lassen.

Wiederholungsfragen

- Welche Stufen der Geschäftsfähigkeit gibt es, welche Altersgrenze gilt?
- Wie ist das Rechtsgeschäft eines Geschäftsunfähigen zu beurteilen?
- Wann kann ein Minderjähriger selbst Verträge abschließen?
- Wer ist gesetzlicher Vertreter bei Kindern, wer bei Betreuten?

1.2.2 Deliktsfähigkeit

Definition

Die **Deliktsfähigkeit** ist die volle Verantwortlichkeit für die Verursachung eines fremden Schadens.

Sie ist **nur bei natürlichen Personen** gegeben. Sie ist gleichfalls **Teil der Handlungsfähigkeit**. Deliktsfähigkeit liegt nur vor, wenn eine Person **in der Lage ist zu erkennen**, dass sie einen anderen rechtswidrig schädigt. Fehlt diese Einsicht, ist der Schädiger, beispielsweise der psychisch kranke oder geistig behinderte Mensch, nicht verantwortlich, er ist deshalb nicht zum Ersatz des Schadens verpflichtet. Diese Eigenverantwortlichkeit kann jedoch nicht im Umfang und mit derselben Großzügigkeit, d. h. mit weiten Altersgrenzen, geregelt werden wie bei der Geschäftsfähigkeit, denn der Geschädigte hat Anspruch darauf, dass nur in Ausnahmefällen der Schaden nicht ersetzt wird und er ihn selbst zu tragen hat.

Altersstufen der Deliktsfähigkeit

Es werden wie bei der Geschäftsfähigkeit drei (Alters)Stufen unterschieden:

- Deliktsunfähigkeit,
- beschränkte Deliktsfähigkeit und
- volle Deliktsfähigkeit.

Im Einzelnen gilt, dass derjenige, **der geschäftsfähig** ist, in der Regel **auch** gleichzeitig **deliktsfähig** ist. Umgekehrt jedoch kann auch der beschränkt Geschäftsfähige unter bestimmten Voraussetzungen deliktsfähig sein. Die beschränkte Geschäftsfähigkeit ist also nicht mit der beschränkten Deliktsfähigkeit gleichzusetzen. Die Deliktsfähigkeit ist der **Regelfall**, die Deliktsunfähigkeit hingegen die Ausnahme.

1.2.2.1 Deliktsunfähigkeit

Stets deliktsunfähig sind **Kinder unterhalb des siebten Lebensjahres**. Dieses gilt auch für **Erwachsene**, die im Zustand der **Bewusst-**

losigkeit oder in einem Zustand **schwerer krankhafter Störung der Geistestätigkeit** einer natürlichen oder juristischen Person einen Schaden zufügen (§ 827 BGB). Folglich sind deliktsunfähig

- schwer psychisch kranke Menschen (z. B. akute Psychose),
- erheblich seelisch behinderte Menschen (z. B. Alzheimer-Krankheit) und
- schwer geistig behinderte Menschen.

Eine bloße Minderung der Geistes- und Willenskraft sowie krankhafte Gleichgültigkeit ist dafür aber nicht ausreichend. Auch eine bestehende **Betreuung** allein führt nicht automatisch zur Deliktsunfähigkeit.

Wurde der Schaden im Zustand der Deliktsunfähigkeit verursacht, haftet nicht der Schädiger, sondern derjenige, der ihn zu beaufsichtigen hatte. Es liegt dann ein Fall der **Aufsichtspflichtverletzung** vor (vgl. Teil 3, 2.5.4). Dies allerdings nur dann, wenn die Aufsicht tatsächlich verletzt wurde, d. h. beim Aufsichtspflichtigen (beispielsweise Pflegekraft) ein Verschulden vorliegt.

Haftung Deliktsunfähigkeit

Praxisbeispiel

Ein fünfjähriger Junge zerkratzt den Lack eines Kraftfahrzeuges. Der Halter des PKW kann von ihm selbst keinen Ersatz für den Schaden, d. h. die Kosten für eine neue Lackierung, fordern. Diese Zahlung müsste also durch die Eltern des Kindes erfolgen, wenn sie ihre Aufsichtspflicht verletzt hätten.

Es haftet aber der Deliktsunfähige selbst, wenn nach besonderen Umständen die **Billigkeit** einen Ersatz des Schadens erfordert. Die Voraussetzungen dafür sind in § 829 BGB geregelt:

Billigkeitshaftung

... für einen von ihm verursachten Schaden ... nicht verantwortlich ist, hat gleichwohl ... den Schaden insoweit zu ersetzen, als die Billigkeit nach den Umständen, insbesondere nach den Verhältnissen der Beteiligten, eine Schadloshaltung erfordert und ihm nicht die Mittel entzogen werden, deren er zum angemessenen Unterhalte sowie zur Erfüllung seiner gesetzlichen Unterhaltspflichten bedarf.

Es müssen bei der Prüfung der Billigkeit folglich alle Umstände, insbesondere die Vermögensverhältnisse von Schädiger und Geschädigtem, abgewogen werden. Sofern die Vermögensverhältnisse desjenigen, der den Schaden verursacht hat, erheblich besser sind als diejenigen des Geschädigten, ist die Zahlung von Schadenersatz aufgrund der so genannten Billigkeit notwendig und es tritt die **Billigkeitshaftung** ein.

1.2.2.2 Beschränkte Deliktsfähigkeit

Der Minderjährige ist **zwischen dem siebten und dem achtzehnten Lebensjahr** beschränkt deliktsfähig, d. h. nur für den verursachten Schaden verantwortlich, **sofern** er die **erforderliche Einsicht** bei der Tat hatte (§ 828 BGB). Der Schädiger, also der Minderjährige, muss daher im Zeitpunkt der Handlung die geistige Entwicklung besitzen, die es ihm ermöglicht, das Unrecht seiner Handlung gegenüber den Mitmenschen zu erkennen und gleichzeitig die Verpflichtung, für die Folgen selbst einzustehen. Es wird daher vergleichbar mit dem Strafrecht die **geistige Reife** überprüft und gewürdigt.

Wiederholungsfragen

- Wer ist „deliktsunfähig"?
- Welche Personen haften wann für Deliktsunfähige?
- Was bedeutet beschränke Deliktsfähigkeit?
- Wann haften beschränkt Deliktsfähige?

1.3 Rechtliche Betreuung

Im Vordergrund des Betreuungsgesetzes steht das **Wohl** des Betroffenen. Die **Personensorge**, d. h. die persönliche Betreuung, soll nun ein erhebliches Gewicht haben. Die rechtliche Betreuung soll dem Schutz und der Hilfe von Erwachsenen dienen. Sie stellt den Ersatz für die bis Ende 1991 mögliche Vormundschaft und Gebrechlichkeitspflegschaft dar. Ziel des Gesetzgebers war, die Rechte von (psychisch) kranken und behinderten Menschen zu verbessern. Nach der amtlichen Begründung zum Betreuungsrecht sollen Rechtseingriffe nur noch dort erfolgen, wo sie **unausweichlich** sind.²

Ziel des Betreuungsgesetzes

1.3.1 Voraussetzungen der Betreuung

Voraussetzung der rechtlichen Betreuung ist eine **psychische Krankheit** oder eine geistige, seelische oder körperliche **Behinderung**, aufgrund derer die eigenen Angelegenheiten nicht mehr besorgt werden können (§ 1896 BGB). Die Krankheit oder Behinderung allein führt aber noch nicht zur Bestellung eines Betreuers, denn zusätzlich muss es dem Kranken oder Behinderten **unmöglich** sein, die (rechtlichen) **Angelegenheiten selbst zu erledigen**. Es muss folglich immer die Unfähigkeit zur Besorgung der Angelegenheiten zu den gesundheitlichen Einschränkungen hinzukommen.

Praxisbeispiel

Frau K leidet an einer chronischen Psychose. Dennoch kann sie ihr Leben selbst gestalten und ihre finanziellen Angelegenheiten regeln. Deshalb ist ein Betreuer nicht möglich.

Die Bestellung des Betreuers darf nur dann erfolgen, sofern eine Besorgung der Angelegenheiten nicht auf eine **andere Weise**, beispielsweise durch einen **Bevollmächtigten** (Rechtsanwalt, Bekannter, Verwandter oder Familienangehöriger) oder andere Hilfen erfolgen kann. Eine dieser denkbaren anderen Möglichkeiten ist die **Vollmacht** für einen Familienangehörigen. Nach dem Willen des Gesetzgebers soll die Betreuung gemäß den §§ 1896 ff. BGB lediglich durchgeführt werden, wenn andere Möglichkeiten nicht zur Verfügung stehen. Die **Betreuung** soll also das **letzte Mittel** zur Regelung der Angelegenheiten sein.

---

2 BT-Drucksache 11/4528, S. 52

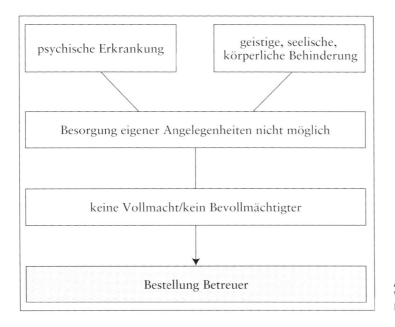

Abbildung 4:
Voraussetzungen der Betreuung

Zusammenfassend ist festzustellen, dass ein Betreuer bestellt wird, wenn

- ein(e) **Volljährige(r)**
- aufgrund einer geistigen, seelischen oder körperlichen **Behinderung** oder einer **psychischen Erkrankung**
- seine Angelegenheiten **nicht selbst besorgen** kann und
- **keine Vollmacht oder ähnliches** für diesen Fall erteilt wurde.

Zusammenfassung

Die Voraussetzungen der Betreuung lassen sich graphisch darstellen (Abbildung 4).

Die rechtliche Betreuung soll nicht für rein **tatsächliche Tätigkeiten** wie Körperpflege, Kochen oder ähnliches angeordnet werden, sondern nur, wenn ein **gesetzlicher Vertreter** oder **Beistand** notwendig ist.

1.3.2 Betreuungsverfahren

Der Antrag auf Bestellung eines Betreuers muss grundsätzlich **vom Betroffenen selbst** gestellt werden. Sofern er „seinen Willen nicht kundtun" kann, ist die Bestellung **von Amts wegen** erforderlich. Die Anregung, d. h. der „Antrag" dazu, kann von **Familienangehörigen** und sonstigen Personen (z. B. **Pflegekräften, Nachbarn**) erfolgen.

Der neunzehnjährige B ist geistig behindert. Bisher hat seine Mutter die Angelegenheiten für ihn erledigt. Da sie selbst erkrankt, fühlt sie sich nun überfordert. Sie wendet sich deshalb an das Betreuungsgericht zur Bestellung eines Betreuers für ihren Sohn. Dieses bestellt einen Betreuer mit dem Aufgabenkreis Vermögenssorge.

Praxisbeispiel

Das Betreuungsverfahren wird vor dem **Amtsgericht** (hier: **Betreuungsgericht**) durchgeführt, in dessen Bezirk der Betroffene seinen gewöhnlichen Aufenthalt hat (§ 272, Abs. 1, Ziff. 2 FamG). Der Betroffene ist selbst bei einer Geschäftsunfähigkeit in vollem Umfang **verfahrensfähig** (§ 275 FamG), d. h. er kann selbst Anträge stellen, Rechtsmittel einlegen und Vollmachten erteilen. Es gelten im Betreuungsverfahren zwei wichtige Verfahrensgrundsätze:

Verfahrensgrundsätze
- Es muss eine persönliche Anhörung erfolgen und
- ein Gutachten eingeholt werden.

Es muss beim Betroffenen im Verlauf des Verfahrens gemäß § 278 FamG immer eine **persönliche Anhörung** erfolgen, damit der Richter sich einen eigenen, unmittelbaren Eindruck verschaffen kann. Dabei kann der Betroffene auch Wünsche hinsichtlich des Betreuers äußern.

Praxisbeispiel

> Herr B leidet an einer akuten Psychose und wird deshalb, nachdem seine Wohnung völlig verwahrlost ist und er darin im Schmutz liegend und völlig entkräftet gefunden worden ist, in ein psychiatrisches Krankenhaus eingeliefert. Es wird vom Sozialdienst eine Betreuung beim Amtsgericht angeregt. Die Betreuungsrichterin besucht Herrn B im Krankenhaus und erörtert mit ihm die Betreuung und deren Auswirkungen. Er kann dabei seine Einwände vorbringen und gegebenenfalls einen Betreuer vorschlagen.

Die **Anhörung** kann gemäß § 278 Abs. 4 FamG **nur unterbleiben**, wenn entweder nach ärztlichem Gutachten hiervon erhebliche Nachteile für die Gesundheit des Betroffenen zu befürchten sind oder der Betroffene nach dem unmittelbaren Eindruck des Gerichts offensichtlich nicht in der Lage ist, seinen Willen zu äußern.

Zur Feststellung der Notwendigkeit einer rechtlichen Betreuung muss ein **Sachverständigengutachten** eingeholt werden (§ 280 FamG). Ein Gutachten nach den Akten oder ein kurzes ärztliches Attest ist nicht ausreichend. Der Gutachter muss den Betroffenen selbst untersuchen, wobei zur Untersuchung eine Unterbringung angeordnet und der Betroffene bei der Weigerung zwangsweise vorgeführt werden kann.

Im Betreuungsverfahren sind auch die Eltern und der Ehegatte des Betroffenen, die Kinder, die Betreuungsbehörde sowie Vertrauenspersonen des Betreuten anzuhören. In besonderen Fällen muss vom Gericht zur Wahrung der Interessen des Betroffenen ein **Verfahrenspfleger** bestellt werden (§ 276 Abs. 1 FamG). Dies gilt besonders dann, wenn die Schutzbedürftigkeit des Betroffenen groß ist, weil entweder die Angelegenheit erhebliche Auswirkungen hat (z. B. Aufenthaltsbestimmung) oder die geistige Behinderung bzw. psychische Erkrankung schwer ist. Bei einer leichten Behinderung oder Erkrankung ist daher eine Pflegerbestellung nicht notwendig.[3] Sofern ein **Verfahrensbevollmächtigter** (z. B.

---

[3] Jürgens u. a. (1994), Rdn. 352

Rechtsanwalt) beauftragt wird, muss kein Verfahrenspfleger bestellt werden (§ 276 Abs. 4 FamG).

Die Entscheidung des Gerichts muss dem Betroffenen, dem Betreuer, dem Verfahrenspfleger und der Betreuungsbehörde sowie unter Umständen weiteren Behörden (z. B. Führerscheinstelle) mitgeteilt werden. Die **Anordnung der Betreuung** muss spätestens **nach sieben Jahren überprüft** werden (§ 295 Abs. 2 FamG).

Gegen Entscheidungen des Betreuungsgerichts ist das Rechtsmittel der **Beschwerde** möglich. Gegen die Anordnung eines Einwilligungsvorbehalts (vgl. 1.3.3) jedoch die **sofortige Beschwerde**, d. h. diese muss innerhalb einer Frist von **zwei Wochen** eingelegt werden. Die Beschwerde muss immer **schriftlich** eingelegt werden. Die Betreuung ist unabhängig davon **aufzuheben**, sobald deren **Voraussetzungen entfallen** sind (§ 1908 d Abs. 1 BGB). Die Aufhebung der Betreuung hat von Amts wegen, d. h. ohne speziellen Antrag, bei Kenntnis des Gerichts von der Besserung des Gesundheitszustandes etc. zu erfolgen.

Rechtsmittel

| Die Psychose des Herrn B bessert sich erheblich, so dass keine weitere stationäre oder ambulante Behandlung mehr erforderlich ist. Sein Betreuer oder er selbst kann dies dem Betreuungsgericht mitteilen. Das Gericht überprüft die Mitteilung und hebt die Betreuung dann sofort auf. |

Praxisbeispiel

1.3.3 Umfang der Betreuung

Im Rahmen der rechtlichen Betreuung werden grundsätzlich **zwei Arten** unterschieden.

Bei der ersten, gewissermaßen der Grundform, ändert die Betreuung nichts an der Geschäftsfähigkeit. Ist der Betreute, insbesondere bei einer Betreuung wegen einer Körperbehinderung, noch geschäftsfähig, ist der Betreuer lediglich **Beistand**, bei Geschäftsunfähigkeit, beispielsweise einer erheblichen psychischen Erkrankung oder geistigen Behinderung, ist der Betreuer **gesetzlicher Vertreter**. Es werden jedoch **keine Beschränkungen der Geschäftsfähigkeit vom Betreuungsgericht** getroffen, sondern diese ergibt sich aus der Erkrankung oder Behinderung, die Grund für die Behinderung war.

Arten der Betreuung: Grundform und...

Die zweite Art stellt die rechtliche Betreuung mit **Einwilligungsvorbehalt** dar. Das Betreuungsgericht kann einen Einwilligungsvorbehalt anordnen, wenn dies zur Abwendung einer **erheblichen Gefahr für** die **Person** oder das **Vermögen** des Betreuten erforderlich ist. Dies gilt allerdings nicht bei der Gefährdung Dritter, beispielsweise potenzieller Erben.[4] Der Betreute muss dann stets die **Einwilligung des Betreuers** einholen, damit beispielsweise rechtsgeschäftliche Willenserklärungen (Verträge etc.) wirksam werden. Bis zur Erteilung dieser Einwilligung sind die Rechtsgeschäfte wie bei einem Minderjährigen schwebend

... Einwilligungsvorbehalt

---

[4] Jürgens u. a. (1994), Rdn. 97

unwirksam. Ohne Einwilligung kann der Betreute nur Rechtsgeschäfte abschließen, die für ihn lediglich **rechtliche Vorteile** bringen (z. B. Schenkungen) oder nur **geringfügige Angelegenheiten** des täglichen Lebens betreffen (§ 1903 Abs. 3 BGB). Auch in der Verfügung über das Taschengeld oder den **Barbetrag** im Rahmen der Sozialhilfe (§ 35 Abs. 2 SGB XII) ist der Betreute nicht durch den Einwilligungsvorbehalt beschränkt. Er kann deshalb ohne Beschränkungen oder die Zustimmung dritter Personen, auch des Personals der Einrichtung, über derartige Beträge verfügen.

Praxisbeispiel

> Der Bewohner eines Heimes kauft sich wöchentlich verschiedene Zeitschriften und verwendet dafür den Barbetrag. Selbst wenn der Betreuer der Ansicht ist, dies sei eine unnötige Ausgabe, haben weder er noch das Heim die Befugnis, den Kauf zu verhindern, indem das Taschengeld für den Bewohner verwaltet wird.

Das Arbeitseinkommen, beispielsweise der Lohn der Werkstatt für Behinderte (WfbM), kann jedoch vom Betreuer verwaltet werden. Sofern dieser aber die Vergütung dem Betreuten überlässt, kann der Heimbewohner etc. frei darüber verfügen.[5]

Selbst wenn ein Einwilligungsvorbehalt besteht, betrifft dieser nach der Vorschrift des § 1903 Abs. 2 BGB **weder Testamente** noch die **Eheschließung**:

§

„...

(2) Ein Einwilligungsvorbehalt kann sich nicht erstrecken auf Willenserklärungen, die auf Eingehung einer Ehe oder Begründung einer Lebenspartnerschaft gerichtet sind, auf Verfügungen von Todes wegen und auf Willenserklärungen, zu denen ein beschränkt Geschäftsfähiger nach den Vorschriften des Buches vier und fünf nicht der Zustimmung seines gesetzlichen Vertreters bedarf.
(3) Ist ein Einwilligungsvorbehalt angeordnet, so bedarf der Betreute dennoch nicht der Einwilligung seines Betreuers, wenn die Willenserklärung dem Betreuten lediglich einen rechtlichen Vorteil bringt. Soweit das Gericht nichts anderes anordnet, gilt dies auch, wenn die Willenserklärung eine geringfügige Angelegenheit des täglichen Lebens betrifft."

Betreuung und Geschäftsfähigkeit

Der Betreute kann deshalb grundsätzlich heiraten und ein Testament machen. Es muss dann in jedem **Einzelfall geprüft** werden, ob die Erkrankung oder Behinderung, die Grundlage der Betreuung ist, die Testierfähigkeit oder Ehefähigkeit ausschließt. Die **Ehefähigkeit** wird nach allgemeinem Recht (§ 1304 BGB) beurteilt. Eine Betreuung verhindert daher grundsätzlich nicht die Heirat. Der Standesbeamte hat nur zu prüfen, ob keine **Geschäftsunfähigkeit** vorliegt, im Falle der Heirat prüft daher der Standesbeamte, ob Ehefähigkeit vorliegt. Maßgebend ist dabei allein der Grad der Behinderung oder das Ausmaß der

---

[5] vgl. dazu BGH, NJW 1977, 622, 623

psychischen Erkrankung. Der Betreute kann selbst bei einem Einwilligungsvorbehalt weiter **Testamente** errichten, wenn nicht wegen der Erkrankung oder Behinderung eine Testierunfähigkeit nach § 2229 Abs. 4 BGB vorliegt, die jedoch auf alle Personen anwendbar ist und unabhängig von einer Betreuung gilt.

> Zwei behinderte Menschen mit einem Down-Syndrom wollen standesamtlich getraut werden. Sofern beide nicht geschäftsunfähig sind, muss die Trauung vollzogen werden.

Praxisbeispiel

Der Einwilligungsvorbehalt darf nur bestimmte Bereiche betreffen.[6]

Zusammenfassend wird festgestellt, dass der Einwilligungsvorbehalb nicht verhindern kann, dass die Betreuten

- heiraten oder eine Lebenspartnerschaft begründen,
- ein Testament machen,
- frei über ihr Taschengeld verfügen und
- Rechtsgeschäfte durchführen können,
  - die nur einen rechtlichen Vorteil bringen oder
  - geringfügige Angelegenheiten des Lebens betreffen.

Der **Betreuer** vertritt den Betreuten gerichtlich und außergerichtlich als **gesetzlicher Vertreter**, allerdings vollständig nur in den Fällen der Geschäftsunfähigkeit des Betreuten. Bei geschäftsfähigen Personen ist der Betreuer zwar auch gesetzlicher Vertreter, jedoch kann daneben der Betreute selbst wirksame Willenserklärungen abgeben[7], auch wenn diese dem Betreuer widersprechen. Dies kann in der Praxis zu doppelten und teilweise widersprüchlichen Willenserklärungen führen. Die **Geschäftsfähigkeit** bleibt trotz Bestellung eines Betreuers grundsätzlich erhalten[8], sofern sie nicht bereits vor Bestellung des Betreuers aufgrund der Erkrankung oder Behinderung eingeschränkt war oder sie durch die Anordnung eines Einwilligungsvorbehalts eingeschränkt wird.

Betreuung und Geschäftsfähigkeit

Einzelheiten zum Eherecht werden später im Kapitel „Familienrecht" (Teil 3, 4.) behandelt.

Der Betreute kann, sofern er nicht infolge der Erkrankung oder Behinderung in seiner Geschäftsfähigkeit eingeschränkt ist, **Schenkungen** durchführen. Dies gilt allerdings nicht für Schenkungen an das Pflegepersonal der Einrichtung, d. h. des Heims, oder die Einrichtung selbst. Derartige Schenkungen sind durch § 14 HeimG verboten.

1.3.4 Betreuer

Das Betreuungsrecht unterscheidet **drei Arten** von Betreuern:

Arten von Betreuern

- natürliche Person,
- Vereinsbetreuer,
- Behördenbetreuer.

---

[6] Schell (1992), § 1903, Anm. 1

[7] Jürgens u. a. (1994), § 1902, Rdn. 4

[8] Palandt (2000), § 1902, Rdn. 5

Natürliche Person

Zum Betreuer ist grundsätzlich eine **natürliche Person** zu bestellen (§ 1897 Abs. 1 BGB). Die **Wünsche** des Betroffenen sind dabei zu berücksichtigen, sofern dies nicht seinem Wohl zuwiderläuft. Das Betreuungsgericht muss berücksichtigen, wenn der Betroffene eine bestimmte Person nicht zum Betreuer wünscht. Äußert der Betroffene keine Wünsche, muss das Gericht den Betreuer nach den **persönlichen Bindungen** auswählen, jedoch **Interessenkonflikte** zu vermeiden versuchen. Aus diesem Grund dürfen Pflegekräfte des Heimes, in dem sich der Betroffene befindet, nicht zu Betreuern ausgewählt werden (§ 1897 Abs. 3 BGB). Der ausgewählte Betreuer ist grundsätzlich zur Übernahme der Betreuung verpflichtet, sofern dieses ihm zugemutet werden kann. Zwangsmaßnahmen sind allerdings im Gesetz nicht vorgesehen. Bei den natürlichen Personen als Betreuer wird unterschieden zwischen

- ehrenamtlichen Betreuern und
- Berufsbetreuern.

Der **ehrenamtliche Betreuer** hat nach §§ 1908 i, 1835 a BGB, 5 JVEG lediglich einen Anspruch auf Ersatz seiner Aufwendungen in Höhe von derzeit 323,00 Euro jährlich. Er kann somit grundsätzlich keine Vergütung beanspruchen, so dass das Amt im Regelfall ehrenamtlich zu führen ist. Die Vergütung ist damit erheblich schlechter als bei sonstigen Ehrenämtern, wie beispielsweise Schöffen. Auf dieser Grundlage ist es verständlicherweise nur schwer möglich, ehrenamtliche Betreuer zu finden.[9]

Vormünder- und Betreuervergütungsgesetz

Die Vorschrift des § 1836 Abs. 2 BGB sieht bei **Berufsbetreuern** eine Vergütung vor. Diese ist zu zahlen, wenn die Tätigkeit des Betreuers nur im Rahmen seiner Berufsausübung geführt werden kann. Dann ist eine angemessene Vergütung nach dem Zeitaufwand zu zahlen. Diese Vergütung ist in der Höhe unterschiedlich. Sie hängt von der beruflichen Vorbildung ab. Durch das „Vormünder- und Betreuervergütungsgesetz"[10] erhalten die Betreuer lediglich noch eine Vergütungspauschale mit einer festgesetzten Stundenzahl, abhängig von der bisherigen Dauer der Betreuung sowie danach, ob der Betreute zuhause oder im Heim lebt. Der Stundensatz beträgt nun bei nachgewiesenem Hochschulstudium 44,-Euro je Stunde.

Verein

Ist die Betreuung durch eine natürliche Person nicht möglich, kann ein **Betreuungsverein** damit beauftragt werden (§ 1900 Abs. 2 BGB). Der Verein beauftragt dann mit der Durchführung einzelne Mitglieder oder sonstige Mitarbeiter.

Behördenbetreuer

Kann die Betreuung jedoch weder durch eine natürliche Person noch durch einen Verein erfolgen, wird die zuständige **Betreuungsbehörde** zum Betreuer bestellt. Die Behörde ist gegenüber dem jeweiligen Mitarbeiter, der die Betreuung durchführt, nicht weisungsbefugt[11]. Die Betreuungsbehörde ist außerdem zuständig für

---

[9] Vater, Zur Orientierung 1993, 13

[10] vom 21. April 2005 (BGBl. I S. 1073, 1076)

[11] Schach, DAVorm 1989, 123; BayObLG, DAVorm 1968, 385

- die **Beratung** und **Fortbildung** der Betreuer,
- für **Ermittlungen** im Auftrag des Betreuungsgerichts und
- die **Auswahl** neuer Betreuer.[12]

Die Betreuungsbehörde soll von sonstigen Behörden unabhängig sein.

1.3.5 Aufgabenbereiche des Betreuers

Der Betreuer wird für **bestimmte Aufgabenbereiche** bestellt. Diese können beispielsweise sein:

Beispiele

- Aufenthaltsbestimmung,
- Zuführung zur medizinischen Behandlung,
- Vermögenssorge,
- Durchsetzung von Ansprüchen gegen Bevollmächtigten des Betreuten,
- Rentenantragstellung und
- Schriftverkehr mit bestimmten Behörden.

Die Aufgabenbereiche des Betreuers müssen **so konkret wie möglich** angegeben werden.[13] Dem Betreuer darf ein Aufgabenbereich nur zugewiesen werden, sofern dies aufgrund der Erkrankung bzw. Behinderung des Betroffenen notwendig ist (§ 1896 Abs. 2 Satz 1 BGB). Der Aufgabenbereich, für den der Betreuer bestellt ist, dokumentiert selbstverständlich die Grenzen seiner Befugnisse, insbesondere im Rahmen von Heilbehandlungen bzw. medizinischen Maßnahmen und dem Aufenthalt.

Grenzen der Befugnisse des Betreuers

> Für die Heimbewohnerin C besteht eine Betreuung mit dem Aufgabenbereich „Vermögenssorge". Der Betreuer ist deshalb nicht befugt, über medizinische Maßnahmen zu entscheiden.

Praxisbeispiel

Das Betreuungsrecht sieht selbst in Fällen einer umfassenden Betreuung Bereiche vor, in denen der Betreuer nur mit der **Genehmigung des Betreuungsgerichts** tätig werden darf. Aufgrund des verfassungsrechtlichen Ranges des Post- und Fernmeldegeheimnisses darf der Betreuer nur mit betreuungsgerichtlicher Genehmigung die Post oder den Fernmeldeverkehr kontrollieren (§ 1896 Abs. 4 BGB). Der Betreuer ist ebenfalls nicht befugt, einen Telefonanschluss zu verweigern.

Das Betreuungsgericht muss außerdem die Genehmigung zu folgenden Maßnahmen erteilen:

- Untersuchung des Gesundheitszustandes (§ 1904 BGB),
- schwer wiegende ärztliche Eingriffe (§ 1904 BGB),[14]
- Sterilisation (§ 1905 BGB),
- Auflösung der Wohnung (§ 1907 BGB),
- Geschäfte über 2.500,00 Euro (§ 1813 Abs. 1 Nr. 2 BGB) und
- Grundstücksverträge (§ 1821 BGB).

Bis zur Genehmigung durch das Betreuungsgericht wird das Rechtsgeschäft nicht wirksam.

---

[12] vgl. Jürgens u. a. (1994), Rdn. 592 ff.

[13] BayObLG, R&P 1994, 195

[14] vgl. Kapitel 1.3.7

1.3.6 Pflichten des Betreuers

Wohl des Betreuten und persönliche Betreuung im Mittelpunkt

Der Betreuer ist nach § 1901 Abs. 2 Satz 1 BGB dazu verpflichtet, die Angelegenheiten so zu regeln, wie dies dem **Wohl des Betreuten** entspricht. Der Betreute muss nach § 1901 Abs. 2 Satz 2 BGB die Möglichkeit haben, sein Leben selbst im Rahmen seiner geistigen und körperlichen Fähigkeiten zu gestalten. Seine **Wünsche** sind vom Betreuer daher grundsätzlich zu respektieren, was sich aus dem Wortlaut des § 1901 BGB ergibt:

(1) Der Betreuer hat die Angelegenheiten des Betreuten so zu besorgen, wie es dessen Wohl entspricht. Zum Wohl des Betreuten gehört auch die Möglichkeit, im Rahmen seiner Fähigkeiten sein Leben nach seinen eigenen Wünschen und Vorstellungen zu gestalten.
(2) Der Betreuer hat Wünschen des Betreuten zu entsprechen, soweit dies dessen Wohl nicht zuwiderläuft und dem Betreuer zuzumuten ist. ... Ehe der Betreuer wichtige Angelegenheiten erledigt, bespricht er sie mit dem Betreuten, sofern dies dessen Wohl nicht zuwiderläuft.

Dies gilt nach dem Gesetzeswortlaut und allgemeinem Recht lediglich dann nicht, wenn die Ausführung des Wunsches

- für den Betreuer **unzumutbar** ist oder
- dem **Wohl des Betreuten widerspricht** oder
- ein **Verstoß gegen Gesetze** zur Folge hätte.

Die Grenzen für die Zumutbarkeit sind weit gezogen. Eine Unzumutbarkeit liegt insbesondere nicht vor, wenn der Wunsch des behinderten oder alten Menschen den moralischen Vorstellungen des Betreuers widerspricht.

Praxisbeispiel

> Die Wohngruppe beabsichtigt eine Freizeit durchzuführen. Der Betreuer eines erwachsenen Behinderten lehnt dies ab und verweigert die Zahlung des erforderlichen Kostenbeitrags, obwohl der Behinderte über ausreichend Barvermögen verfügt. Die Freizeit dient auch pädagogischen Zielen. Aus diesem Grund verstößt die Weigerung des Betreuers gegen das Wohl des Behinderten. Die Verweigerung ist rechtswidrig und das Betreuungsgericht muss Maßnahmen treffen, um dem Betreuten die Teilnahme zu ermöglichen.

Die Verpflichtung des Betreuers, das Wohl und die Wünsche zu berücksichtigen, umfasst auch das Gespräch mit dem Betroffenen über geplante Maßnahmen. Er muss daher regelmäßig **persönlichen Kontakt** mit dem Betreuten aufnehmen, ihn folglich in angemessenen Abständen **besuchen**. Diese Regelung stellt gemeinsam mit dem wichtigen Grundsatz der **Personensorge** (§ 1897 BGB) eine wichtige Regelung des Betreuungsgesetzes dar. Es soll nicht die Vermögensverwaltung, sondern die **persönliche Betreuung** im Vordergrund stehen.

Beachtet der Betreuer seine Pflichten nicht oder ist der Betreute mit bestimmten Maßnahmen nicht einverstanden, kann der Betreute, d. h. der Heimbewohner oder Patient, **beim Betreuungsgericht Beschwerde** einlegen, also die Rechtmäßigkeit der Vorgehensweise des Betreuers überprüfen lassen. Dieses Recht steht selbstverständlich auch dem Pflege- und Betreuungspersonal etc. zu.

1.3.7 Medizinische Maßnahmen

Bei einer Heilbehandlung, einer medizinischen Maßnahme, soll der Betreuer gleichfalls die Wünsche des Betreuten berücksichtigen. Untersuchungen, Behandlungen und Eingriffe dürfen sogar nur mit der **Einwilligung** des Betroffenen, also des Betreuten, vorgenommen werden, wenn er trotz geistiger Behinderung oder psychischer Erkrankung **einwilligungsfähig** ist.[15]

Ob der Betreute einwilligungsfähig ist und deshalb eine derartige (wirksame) Einwilligung erteilen kann, hängt von dessen **natürlicher Einsichts-** und **Steuerungsfähigkeit** ab. Er hat die notwendige Einwilligungsfähigkeit, sofern er die beabsichtigten diagnostischen oder therapeutischen Maßnahmen in groben Zügen, d. h. hinsichtlich der Bedeutung und Tragweite des Eingriffs, erfassen kann.[16] Die **Geschäftsfähigkeit** ist dazu **nicht** erforderlich. Für die Einwilligungsfähigkeit sind daher geringere geistige Fähigkeiten als für die Geschäftsfähigkeit notwendig.

Einwilligungsfähigkeit

> Beim Heimbewohner B soll ein operativer Eingriff zur Beseitigung eines Leistenbruchs vorgenommen werden. B ist nur leicht geistig behindert und in der Lage, zu erfassen, was diese Operation bedeutet und warum sie notwendig ist. Da er die natürliche Einsichtsfähigkeit hat, muss er selbst (mit)entscheiden, obwohl er nicht in der Lage ist, vertragliche Verpflichtungen einzugehen.

Praxisbeispiel

Derzeit wird ein Verfahren geprüft, mit dem unter anderem das Informationsverständnis der Patienten erfasst und ein Messverfahren zur Bestimmung der Einwilligungsfähigkeit entwickelt werden soll.[17]

Wie beim Gesunden ist gleichfalls eine vorherige **Aufklärung** über die medizinische Maßnahme und deren Risiko erforderlich. Bei einem einwilligungsfähigen behinderten oder psychisch kranken Menschen kann **nicht** an seiner Stelle der **Betreuer einwilligen**, da es sich bei der körperlichen Unversehrtheit und dem Selbstbestimmungsrecht nach Art. 2 GG um ein höchstpersönliches, verfassungsrechtlich geschütztes Rechtsgut handelt. Sofern der Behinderte oder Kranke die medizinische Behandlung ablehnt, müssen Maßnahmen unterlassen werden, sofern keine Lebensgefahr besteht. Bei **akuter Gefahr** für die Gesundheit oder das Leben des Betroffenen muss der **Arzt** gerufen werden.

Einwilligungsfähige Person

---

[15] Schell (1992), S. 55; Kirchhof, S. 25; Jürgens u. a. (1994), Rdn. 200; Schmidt/Böcker (1993), Rdn. 436
[16] BGHZ 29, 33 = NJW 1959, 811
[17] Süddeutsche Zeitung vom 20.07.1999, S. V2/10

Praxisbeispiel

> Die leicht geistig behinderte Bewohnerin verweigert die Einnahme eines blutdrucksenkenden Medikamentes, obwohl sie dessen Bedeutung kennt. Der zuständige Heilerziehungspfleger muss dieses akzeptieren und bei der nächsten Gelegenheit den behandelnden Arzt und den Betreuer informieren. Ein Gabe unter Zwang oder die heimliche Verabreichung ist unzulässig, obwohl eine Betreuung besteht und der Betreuer zugestimmt hat.

Eine Behandlung gegen den Willen eines einwilligungsfähigen Heimbewohners oder Patienten stellt immer sowohl eine strafrechtliche Körperverletzung nach § 223 StGB als auch eine Verletzung der Rechtsgüter Körper und Gesundheit im Sinne des § 823 Abs. 1 BGB[18] dar.

Einwilligungsunfähige Personen

Es wurde im Betreuungsrecht mit § 1904 BGB eine **spezielle Vorschrift** geschaffen, die regelt, unter welchen Voraussetzungen der Betreuer bei einwilligungsunfähigen Behinderten oder psychisch Kranken medizinischen Maßnahmen zustimmen darf und wie weit seine Befugnisse reichen:

Die Einwilligung des Betreuers in eine Untersuchung des Gesundheitszustandes, eine Heilbehandlung oder einen ärztlichen Eingriff bedarf der Genehmigung des Betreuungsgerichts, wenn die begründete Gefahr besteht, dass der Betreute aufgrund der Maßnahme stirbt oder einen schweren und länger dauernden gesundheitlichen Schaden erleidet. Ohne die Genehmigung darf die Maßnahme nur durchgeführt werden, wenn mit dem Aufschub Gefahr verbunden ist.

Bei der oben genannten Personengruppe, d. h. den einwilligungsunfähigen Betreuten, kann der Betreuer in die medizinische Maßnahme mit Ausnahme der **genehmigungspflichtigen Sonderfälle** wirksam einwilligen. Ein Sonderfall ist nach § 1904 BGB gegeben, wenn entweder die **konkrete Gefahr**

- des Todes oder
- schwerer gesundheitlicher Schäden

besteht. Eine betreuungsgerichtliche Genehmigung ist daher erforderlich, wenn die nahe liegende Möglichkeit der Schädigung des Bewohners oder Patienten besteht. Die Gefährdung muss deshalb höher als das Durchschnittsrisiko liegen.[19] Bei Risikooperationen oder bestimmten Therapien besteht ein derartig erhöhtes Risiko. Dies gilt beispielsweise für[20]

- Herz- und Nierentransplantation,
- Gefäßchirurgische Eingriffe an den großen (arteriellen) Gefäßen,
- Transplantationen von unpaaren Organen (Herz, Leber) und Knochenmark,
- radikale Eingriffe und Behandlungsmaßnahmen bei fortgeschrittenen Krebserkrankungen; systematische Chemothera-

---

[18] vgl. Teil 3, Kapitel 2.2.1

[19] Münchener-Kommentar/ Schwab § 1904, Rdn. 12

[20] Jürgens u. a. (1994), § 1904, Rdn. 7

pie/Bestrahlung; u. U. die Entfernung von inneren Organen oder Organteilen,
- Intravasale Diagnostik mit Ausnahme einfacher Rechtsherzkatheteruntersuchungen, interventionelle Radiologie,
- Behandlung mit in Deutschland nicht zugelassenen Medikamenten,
- Amputationen (streitig),
- Elektrokrampfbehandlungen[21].

Da der zu befürchtende Gesundheitsschaden schwer sein muss, um die Behandlung genehmigungspflichtig werden zu lassen, muss insbesondere bei der **Gefahr des Verlustes**

- eines Körpergliedes durch Amputation,
- eines oder beider Augen bzw. der Sehfähigkeit
- innerer Organe oder
- der Sprache

oder bei einer **konkreten Gefahr** der

- Lähmung
- Entstellung oder
- Folgeschäden

zuerst eine Genehmigung des Betreuungsgerichts erfolgen, bevor die medizinische Behandlung durchgeführt werden darf.

Ob eine Nichtbehandlung ebenfalls als Behandlung im Sinne des § 1904 BGB aufzufassen ist und daher genehmigungspflichtig sein kann, ist streitig. Die Heilbehandlung mit Neuroleptika kann genehmigungspflichtig sein.[22] Sie ist insbesondere dann genehmigungspflichtig, sofern sie schwere und länger dauernde Schäden verursachen können.

> Beim Behinderten B ist eine Operation an der Wirbelsäule erforderlich. Beim geplanten Eingriff besteht ein Risiko der Querschnittslähmung als Folge dieses Eingriffs von ungefähr 50 %. Deshalb muss das Betreuungsgericht die Operation zuerst genehmigen.

Praxisbeispiel

Wegen der möglichen Folgeschäden, insbesondere der zumindest langfristig eintretenden Veränderung der Persönlichkeit, muss eine entsprechende Genehmigung gleichfalls bei der **Gabe von Psychopharmaka**, zumindest der Neuroleptika, erfolgen. Die Genehmigung ist etwa bei Glianimon®, Atosil®, Neurocil®, Leponex®, Dipiperon®, Haldol®, Taxilan®, Truxal® etc. erforderlich.[23] Genehmigungspflichtig sind wegen der Risiken gleichfalls die **Elektrokrampftherapie**.[24] Der **Arzt** hat die Pflicht, den Betreuer auf die Notwendigkeit einer betreuungsgerichtlichen Genehmigung bei einwilligungsunfähigen Personen hinzuweisen. Umgekehrt selbstverständlich ebenfalls.

---

[21] LG Hamburg FamRZ 1994 1204; a.A. Dodegge FamRZ 1996, 74

[22] Jürgens u. a. (1994), § 1904, Rdn. 7

[23] Damrau/Zimmermann, Betreuungsrecht, § 1904, Rdn. 6

[24] Jürgens u. a., Rdn. 207

Ohne die betreuungsgerichtliche Genehmigung dürfen lediglich **unaufschiebbare Maßnahmen** durchgeführt werden. Unabhängig davon setzen Einwilligungen des Betreuers in medizinische Maßnahmen selbstverständlich einen entsprechenden Aufgabenbereich (medizinische Behandlung) des Betreuers voraus.[25]

Nach der neueren Rechtsprechung[26] ist es grundsätzlich möglich, dass der Betreuer einem **Abbruch von lebenserhaltenden bzw. -verlängernden Maßnahmen** mit Genehmigung des Betreuungsgerichts zustimmt, somit den Tod des Betreuten herbeiführt. Näheres dazu unter Sterbehilfe[27] mit näherer Abgrenzung.

Die **Sterilisation** ist nur unter eingeschränkten **Voraussetzungen** möglich, wenn:

- die Sterilisation dem Willen des/der Betreuten nicht widerspricht,
- der/die Betreute dauerhaft einwilligungsunfähig sein wird,
- eine Schwangerschaft befürchtet werden muss,
- die Schwangerschaft zu einer Gefährdung der Betreuten in Form von
  - Lebensgefahr (z. B. Suizid) oder
  - schwer wiegenden Beeinträchtigungen des körperlichen oder seelischen Gesundheitszustandes führt,
- eine anderweitige Verhütung möglich ist.
- Es muss die Methode gewählt werden, die eine Refertilisation zulässt (§ 1905 Abs. 2 BGB).

Dieser schwer wiegende Eingriff in das Selbstbestimmungsrecht und die körperliche Integrität der Betroffenen ist deshalb nur in Ausnahmefällen und in engen Grenzen zulässig.

Praxisbeispiel

> Die Behinderte B hat regelmäßig sexuelle Kontakte. Die Mutter als Betreuerin beantragt deshalb die Sterilisation bzw. deren Genehmigung. Da jedoch aufgrund einer Schwangerschaft keine gesundheitliche Gefahr und die Möglichkeit der Gabe von Verhütungsmitteln besteht, ist der Antrag vom Betreuungsgericht abzulehnen.

Da Zwangssterilisationen nicht zulässig sind, dürfen Sterilisationen dem **natürlichen Willen** des Betroffenen nicht widersprechen. Jede Art von Abwehr oder Gegenwehr schließt eine Sterilisation aus. Schließlich gelten strenge **Verfahrensgarantien**. Es muss ein spezieller **Verfahrenspfleger** bestellt werden (§ 297 Abs. 5 FamG). Erst wenn diese Voraussetzungen vorliegen, kann eine Genehmigung des Betreuungsgerichts zur Sterilisation erfolgen. Der Eingriff darf dann erst **zwei Wochen** nach der Wirksamkeit der betreuungsgerichtlichen Genehmigung durchgeführt werden. Dem Betroffenen soll damit die Möglichkeit der **Beschwerde** eingeräumt werden. Es wird verhindert, dass die Sterilisation vor rechtskräftigem Abschluss des Verfahrens vollzogen wird.

---

[25] Jürgens u. a., Rdn. 199

[26] OLG Frankfurt/Main in NJW 1998, S. 2747

[27] vgl. Teil 4, Kapitel 5.1

1.3.8 Vorsorgevollmacht – Betreuungsverfügung

Wie bereits in Teil 3, 1.3.1 erwähnt, ist die Errichtung einer rechtlichen Betreuung dann nicht möglich, wenn anderweitige Hilfen zur Verfügung stehen. Dies könnte eine so genannte **Vorsorgevollmacht** oder Alterstestament oder eine normale Generalvollmacht sein. Sofern eine Vollmacht, gleichgültig mit welcher Bezeichnung, vorliegt, kann **für** diejenigen **Bereiche**, die dort geregelt sind, **keine rechtliche Betreuung** errichtet werden.

Vorsorgevollmacht

Praxisbeispiel

> Frau M ist schwer am Alzheimer-Syndrom erkrankt und daher nicht mehr in der Lage, ihre persönlichen Angelegenheiten zu regeln. Sie hat vorsorglich vor mehreren Jahren ihrer Tochter A eine Generalvollmacht „zur Regelung aller finanziellen Angelegenheiten" erteilt. Die Tochter kann daher alle Bankgeschäfte etc. für ihre Mutter durchführen. Es darf in finanzieller Hinsicht, d. h. zur Vermögensverwaltung, keine rechtliche Betreuung errichtet werden. Für die nicht in der Vollmacht geregelten medizinischen Maßnahmen muss jedoch zur Ergänzung ein Betreuer, unter Umständen die Tochter A, bestellt werden.

Nach der seit dem 1.01.1999 bestehenden Rechtslage kann der Bevollmächtigte auch berechtigt werden, für den Betroffenen **medizinische und freiheitsbeschränkende Maßnahmen** durchführen zu lassen, also wie dieser selbst darin einwilligen. Er muss allerdings besonders gefährliche medizinische Maßnahmen gleichfalls vom Betreuungsgericht genehmigen lassen (§ 1904 Abs. 2 BGB).

Der Betroffene kann zusätzlich zur Vollmacht oder stattdessen eine so genannte Betreuungsverfügung ausstellen. Nach § 1897 Abs. 4 BGB hat jeder das **Recht**, eine **Person vorzuschlagen**, die zum Betreuer bestellt werden kann. Das Betreuungsgericht muss diesem Vorschlag entsprechen, wenn dieser nicht dem Wohl des Volljährigen zuwiderläuft. Er kann allerdings wieder keine Person vorschlagen, die in derselben Einrichtung beschäftigt ist (§ 1897 Abs. 3 BGB). Jeder, der ein Schriftstück besitzt, in dem jemand für den Fall seiner Betreuung Vorschläge zur Auswahl des Betreuers oder Wünsche zur Wahrnehmung der Betreuung geäußert hat, muss dieses Schriftstück unverzüglich an das Betreuungsgericht abliefern (§ 1901 a BGB).

Betreuungsverfügung

Im Zusammenhang mit Vollmacht und Betreuungsverfügung ist noch das Patiententestament von Interesse. Dieses stellt zusammen mit einer Vollmacht zur Regelung der wirtschaftlichen und medizinischen Angelegenheiten eine sinnvolle Regelung des letzten Lebensabschnittes dar und **schützt** bei korrekter Abfassung vor Maßnahmen **gegen den ausdrücklichen oder mutmaßlichen Willen eines Menschen**.[28]

Patiententestament

---

[28] Näheres dazu in Teil 4, Kapitel 5.1.4

Wiederholungsfragen

- Wann kann ein Betreuer bestellt werden, wer entscheidet darüber?
- Welche drei Arten von Betreuern gibt es?
- Schließt die Betreuung eine Heirat aus?
- Wie muss die Betreuung vom Betreuer geführt werden?
- Was gilt bei medizinischen Maßnahmen hinsichtlich der Einwilligung?
- Was muss vom Gericht genehmigt werden?
- Wer kann nicht zum Betreuer bestellt werden?
- Welche Bedeutung hat die Vorsorgevollmacht?
- Was gilt bei Sterilisationen?

1.4 Freiheitsbeschränkungen

1.4.1 Grundlagen

Bei der **Gefahr der Selbst- oder Fremdgefährdung** ist eine Einschränkung der persönlichen Freiheit des Bewohners oder Patienten unter bestimmten Voraussetzungen zulässig. Zu diesen **Freiheitsbeschränkungen** zählen beispielsweise:

Freiheitsbeschränkungen

- Bettgitter,
- Fixierungen,
- Verschließen von Zimmer oder Station bzw. Gruppe,
- Verwendung von Trickschlössern,
- Verhindern des Ausgangs durch körperliche Gewalt oder psychischen Druck,
- die Gabe von Psychopharmaka (Sedativa),
- Steckbrett,
- Feststellen der Bremse am Rollstuhl,
- spezieller Schlafsack sowie
- die Wegnahme von Kleidung und Schuhen oder Hilfsmitteln.

Bei dem **Bettgitter** ist eine differenzierte Betrachtungsweise erforderlich. Es ist nicht in jedem Fall als eine freiheitsbeschränkende Maßnahme anzusehen. Entscheidend ist die Zielrichtung. Das Bettgitter ist dann nicht als freiheitsbeschränkende Maßnahme anzusehen, sofern es **nur** verhindern soll, dass ein pflegebedürftiger Bewohner oder Patient aus dem Bett fällt.[29] Nur wenn es verhindern soll, dass ein Patient oder Bewohner das Bett verlässt, ist es eine genehmigungspflichtige Freiheitsbeschränkung. Dies gilt entsprechend für den **Bauchgurt** eines Rollstuhlfahrers. Wenn ihm dadurch die Nutzung des Rollstuhls erst ermöglicht und seine Bewegungsfreiheit durch den Gurt erweitert wird, ist naturgemäß gleichfalls keine Genehmigung des Betreuungsgerichts erforderlich. Bei Einrichtungen, deren Außentüren zwar verschlossen sind, jedoch durch einen **Pförtner** geöffnet werden, und diese

---
[29] Dodegge, MDR 1992, 437

1 Zivilrechtliche Handlungsfähigkeit

Außentüren lediglich dazu dienen, fremde Personen fernzuhalten, ist ebenfalls keine richterliche Genehmigung erforderlich.[30]

Aufgrund der **Freiheitsrechte** aus Art. 2 GG, die auch den behinderten oder psychisch kranken oder alten Menschen zustehen, sind freiheitsbeschränkende Maßnahmen nur in wenigen **Ausnahmefällen** zulässig. Länger andauernde oder wiederholte Beschränkungen, die als **Freiheitsentziehung** eingestuft werden können, sind nach Art. 104 GG **nur mit richterlicher Genehmigung** zulässig. Erfolgt eine Freiheitsentziehung ohne richterliche Genehmigung oder wird die persönliche Freiheit ansonsten in unzulässiger Weise beschränkt, liegt strafrechtlich eine **Freiheitsberaubung** gemäß § 239 StGB vor:

Zulässigkeit von Freiheitsbeschränkungen

(1) Wer widerrechtlich einen Menschen einsperrt oder auf andere Weise des Gebrauchs der persönlichen Freiheit beraubt, wird mit Freiheitsstrafe ... oder mit Geldstrafe bestraft.
(2) Wenn die Freiheitsentziehung über eine Woche gedauert hat oder wenn eine schwere Körperverletzung (§ 224) des der Freiheit Beraubten durch die Freiheitsentziehung oder die ihm während derselben widerfahrene Behandlung verursacht worden ist, so ist auf Freiheitsstrafe ... bis zu zehn Jahren zu erkennen.

Der Tatbestand dieser Strafvorschrift ist immer dann erfüllt, wenn eine Person **widerrechtlich** daran gehindert wird, von ihrer **persönlichen Freiheit Gebrauch zu machen**. Es ist dabei unerheblich, mit welchen Mitteln die Freiheitsbeschränkung erfolgt und ob der Bewohner oder Patient gerade davon Gebrauch machen will.

Freiheitsberaubung

Praxisbeispiel

> Eine Bewohnerin stört den täglichen Arbeitsablauf des Personals dadurch, dass sie ständig hinter den Heilerziehungspflegern herläuft, sie durch unzusammenhängende Reden belästigt sowie hin und wieder eine Pflegekraft festhält, damit diese ihr mehr Aufmerksamkeit schenkt. Zur Vermeidung dieser Störungen wird die Bewohnerin in ihrem Zimmer für mehrere Stunden eingeschlossen. Diese Freiheitsbeschränkung ist nicht erforderlich und daher widerrechtlich. Es liegt eine strafbare Freiheitsberaubung vor.

Es wird die **potenzielle Bewegungsfreiheit geschützt**, somit wird allein der Entzug der Gebrauchsmöglichkeit bestraft. Das Einschließen des Schlafenden ist deshalb auch eine Freiheitsberaubung, sofern er dies nicht wünscht. Eine Freiheitsberaubung kann nur nicht gegenüber Personen begangen werden, die keine eigene Selbstbestimmung über ihren Aufenthalt haben. Dazu zählen Kleinstkinder, Bewusstlose und Betrunkene[31] sowie Koma-Patienten und Personen mit schwerster geistiger und körperlicher Behinderung. Gegenüber allen anderen Personen, auch psychisch

---

[30] Schmidt/Böcker (1993), Rdn. 260

[31] Schönke/Schröder (2001), § 239, Rdn. 3; Dreher/Tröndle (2001), § 239, Rdn. 1

Kranken und Behinderten, ist eine Freiheitsberaubung gegeben, wenn der Betroffene die Fähigkeit hat, seinen Aufenthalt willkürlich zu verändern, er aber daran gehindert wird. Ob er den aktuellen Willen dazu hat, ist unerheblich.[32]

Rechtmäßige Freiheitsbeschränkungen

Eine Freiheitsbeschränkung ist **nicht widerrechtlich**, und es fehlt damit die Rechtswidrigkeit, wenn folgende Fälle vorliegen:
- **Einwilligung** des Bewohners/Patienten,
- rechtfertigender **Notstand** gemäß § 34 StGB oder
- **richterlicher Beschluss**.

Abbildung 5: Freiheitsbeschränkung

1.4.1.1 Einwilligung

Einsichtsfähigkeit

Die Einwilligung des Bewohners oder Patienten ist ein ausreichender Rechtfertigungsgrund für freiheitsbeschränkende Maßnahmen wie Fixierungen oder Bettgitter.[33] **Voraussetzung** ist jedoch, dass der **Bewohner einsichtsfähig** ist. Dazu ist, wie bereits oben[34] dargelegt, nicht die Geschäftsfähigkeit erforderlich, sondern lediglich die **natürliche Einsichts- und Urteilsfähigkeit**.[35] Der Bewohner oder Patient muss in der Lage sein, wenigstens in **groben Zügen** die Bedeutung und Tragweite der Maßnahme, für die seine Einwilligung eingeholt wird, zu erfassen. Dies bedeutet, dass selbst bei geistig Behinderten oder psychisch kranken Personen oft eine wirksame Einwilligung für bestimmte Maßnahmen, wie beispielsweise Bettgitter oder Fixierungen im Rollstuhl, erlangt werden kann. Um entwürdigende Situationen bei den Patienten oder Bewohnern zu vermeiden, sollte vor einem Antrag auf richterliche Genehmigung von Zwangsmaßnahmen der Versuch unternommen werden, von dem **Betroffenen selbst** die Zustim-

---

32 Jürgens u. a. (1994), Rdn. 520

33 Schell (1992), S. 69; Jürgens u. a. (1994), Rdn. 495

34 vgl. Teil 3, Kapitel 1.3.7

35 Schönke/Schröder (2001), Vor §§ 32, Rdn. 39; Jürgens u. a. (1994), Rdn. 495

mung zu erhalten. Es entspricht zumindest der moralischen Verpflichtung eines jeden Mitarbeiters in einer Einrichtung der Behindertenhilfe oder für psychisch Kranke, die **Menschenwürde** und das allgemeine **Persönlichkeitsrecht** der Bewohner bzw. Patienten zu achten. Bei Bewohnern oder Patienten, mit denen keinerlei Verständigung möglich ist oder die aufgrund ihrer Erkrankung oder Behinderung nicht in der Lage sind, eine wirksame Einwilligung abzugeben, ist die Einsichts- und damit Einwilligungsfähigkeit selbstverständlich ausgeschlossen.

> Ein Bewohner ist nachts aus dem Bett gefallen und es ist zu befürchten, dass sich dies wiederholt und er sich dadurch verletzt. Die Pflegekräfte und der Bewohner vereinbaren, dass er mit einem Bauchgurt fixiert wird, den er selbst öffnen kann. Diese Freiheitsbeschränkung ist wegen der Einwilligung des Bewohners gerechtfertigt und daher zulässig.

Praxisbeispiel

Sogar bei einer wirksam erteilten Einwilligung muss dem Bewohner jederzeit die **Möglichkeit des Widerrufs** dieser Einwilligung eingeräumt werden. Ein derartiger Widerruf ist grundsätzlich zu beachten, sofern nicht eine Notsituation vorliegt, d. h. eine **konkrete Gefahr** für den Bewohner bzw. Patienten oder andere Personen droht. Falls mit dem Bewohner selbst keine Verständigung möglich oder er nicht einwilligungsfähig ist, kann nur sein **gesetzlicher Vertreter**, also bei Minderjährigen die Eltern oder bei Erwachsenen der Betreuer, die Einwilligung zu (kurzfristigen) freiheitsbeschränkenden Maßnahmen erteilen. Nach § 1906 Abs. 4 BGB wird die Zustimmung des Betreuers jedoch erst **nach betreuungsgerichtlicher Genehmigung** wirksam. Das Betreuungsgericht muss **jede** Unterbringung oder unterbringungsähnliche Maßnahme genehmigen.[36] Sonstige Personen, wie beispielsweise Angehörige, sind zur Einwilligung **nicht** befugt. Eine freiheitsentziehende Maßnahme, die genehmigt werden muss, liegt allerdings nur vor, sofern der Bewohner entgegen seinem **natürlichen Willen** daran gehindert wird, den Aufenthaltsort zu wechseln.[37] Dies bedeutet, dass der Heimbewohner oder Patient in der Lage sein muss, einen Willen dahingehend zu entwickeln, sich fortzubewegen. Fehlt ein derartiger Fortbewegungswille, ist die Zustimmung des Betreuers für freiheitsbeschränkende Maßnahmen ausreichend. Genauso ausreichend ist die Zustimmung des Betreuers zu **kurzen** freiheitsbeschränkenden Maßnahmen.

Weitere Voraussetzungen

1.4.1.2 Notstand

Freiheitsbeschränkungen sind **ausnahmsweise** und **kurzfristig** auch im Falle des (strafrechtlichen) **rechtfertigenden Notstandes** nach § 34 StGB zulässig:

Rechtfertigender Notstand

---

[36] näheres unter Teil 3, 1.4.1.3

[37] OLG Hamm, FamRZ 1993, 1490

Wer in einer gegenwärtigen, nicht anders abwendbaren Gefahr für Leben, Leib, Freiheit, Ehre, Eigentum oder ein anderes Rechtsgut eine Tat begeht, um die Gefahr von sich oder einem anderen abzuwenden, handelt nicht rechtswidrig, wenn bei Abwägung der widerstreitenden Interessen, namentlich der betroffenen Rechtsgüter und des Grades der ihnen drohenden Gefahren, das geschützte Interesse das beeinträchtigte wesentlich überwiegt. Dies gilt jedoch nur, soweit die Tat ein angemessenes Mittel ist, die Gefahr abzuwenden.

Dies gilt in Notfällen, d. h. in Situationen, in denen der Bewohner oder Patient sich selbst oder andere **gefährdet**. Kann die Gefährdung **nur** mit freiheitsbeschränkenden Maßnahmen abgewendet werden, können derartige Maßnahmen zulässigerweise ergriffen werden. Bei freiheitsbeschränkenden Maßnahmen, die mit dem rechtfertigenden Notstand nach § 34 StGB begründet werden, gilt der **Grundsatz der Verhältnismäßigkeit**. Es darf folglich nur eine Maßnahme ergriffen werden, die zwar geeignet ist, die Gefahr abzuwenden, jedoch so wenig wie möglich in die Freiheit des Bewohners eingreift. § 34 StGB schreibt eine **Rechtsgüterabwägung** vor. Dies bedeutet bei Freiheitsbeschränkungen:

- Das zu schützende Rechtsgut muss **höher zu bewerten** sein als die persönliche Freiheit des Bewohners. Bei der Gefahr einer Beschädigung geringwertiger Sachen kann zum Beispiel eine Fixierung oder das Einschließen im Zimmer nicht damit gerechtfertigt werden, es liege ein Notstand vor.
- Auch muss beachtet werden, dass Freiheitsbeschränkungen, die mit dem rechtfertigenden Notstand begründet werden, nur für **kurze Zeit** zulässig sind.

Beispiele

Beispiele für Situationen, die **kurzfristige Maßnahmen** über § 34 StGB **rechtfertigen**, sind

- plötzliche Aggressionen des Bewohners, wodurch er andere Personen (auch Pflegekräfte) oder sich selbst gefährdet,
- der Versuch eines **Suizides** bzw. **autoaggressiver Handlungen** oder
- akute **Weglaufgefahr** (mit Gefährdung).

Geschäftsführung ohne Auftrag

Der Notstand stellt einen strafrechtlichen Rechtfertigungsgrund[38] dar. Zivilrechtlich sind freiheitsbeschränkende Maßnahmen zum Schutz des Bewohners oder Dritter eine **Geschäftsführung ohne Auftrag**,[39] da im Interesse des Bewohners oder Patienten gehandelt wird. Dem strafrechtlichen Rechtfertigungsgrund entspricht im Zivilrecht die Geschäftsführung ohne Auftrag in §§ 677 ff. BGB, die Geschäftsführung ohne Auftrag ist somit in derartigen Fällen das Gegenstück des Notstandes. Nach § 677 BGB kann für jemand ein „Geschäft" geführt werden ohne dessen Auftrag, sofern es dessen **vermuteten Willen** entspricht::

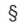
Wer ein Geschäft für einen anderen besorgt, ohne von ihm beauftragt oder ihm gegenüber sonst dazu berechtigt zu sein, hat das Geschäft so zu führen, wie das Interesse des Geschäftsherrn mit

---

[38] näheres vgl. Teil 4, 1.2.2   [39] vgl. auch im Teil 3, 2.2.2

Rücksicht auf dessen wirklichen oder mutmaßlichen Willen es erfordert.

Selbst gegen den Willen des Betroffenen kann man bei „öffentlichem Interesse" tätig werden (§ 678 BGB):

Ein der Geschäftsführung entgegenstehender Wille des Geschäftsherrn kommt nicht in Betracht, wenn ohne die Geschäftsführung eine Pflicht des Geschäftsherrn, deren Erfüllung im öffentlichen Interesse liegt, oder eine gesetzliche Unterhaltspflicht des Geschäftsherrn nicht rechtzeitig erfüllt werden würde.

Deshalb kann bei Eigen- oder Fremdgefährdung des Bewohners oder Patienten grundsätzlich die notwendige Maßnahme sowohl aufgrund des Notstandes als auch der Geschäftsführung ohne Auftrag getroffen werden. Dies ist bei Fremdgefährdung unter anderem zum Schutz Dritter sogar verpflichtend, da infolge einer unterlassenen Sicherungsmaßnahme die Gefahr bzw. der Vorwurf einer Straftat wegen unterlassener Hilfeleistung (§ 323 c StGB) oder Körperverletzung durch Unterlassen (§§ 223, 13 StGB) besteht bzw. der Dritte deshalb **Haftungsansprüche** geltend machen kann. Entsprechendes gilt bei der Eigengefährdung.

Bei Angriffen gegen das Pflegepersonal oder gegen Dritte steht dem Pflegepersonal zusätzlich ein **Notwehrrecht** aus § 32 StGB oder § 227 BGB zu.[40]

Bei der Durchführung der Fixierung können sich haftungsrechtliche Probleme bei Tod oder Schädigung des Patienten bzw. Bewohners in der Fixierung ergeben. Bei manischen Patienten oder bei starken Aggressionen muss eine **ständige optische Kontrolle** erfolgen, sofern keine medikamentöse Sedierung möglich ist. Der Betroffene muss ständig überwacht werden, um Gefährdungen zu verhindern.[41] Die Fixierung soll unter anderem aus diesem Grund das **letzte Mittel** darstellen und eine sorgfältige Abwägung der Risiken durch den Arzt erfolgen, der die Anordnung zu treffen hat.

Fixierung

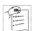

Bei einer Bewohnerin B besteht erkennbar eine Suizidgefahr. Es wird veranlasst, dass sie für einige Tage das Heim nicht verlässt. Es handelt sich zwar um eine Freiheitsbeschränkung, die jedoch wegen der Gefahr für das Leben der B durch den Notstand gerechtfertigt ist.

Praxisbeispiel

Ein Patient im psychiatrischen Krankenhaus greift plötzlich eine Schwesternschülerin an und ist nicht zu beruhigen. Er wird deshalb sediert. Auch diese Maßnahme ist durch Notstand gerechtfertigt.

Praxisbeispiel

---

40 näheres dazu in Kienzle/ Paul-Ettlinger (2006), S. 71 ff., 88 ff.

41 OLG Köln, in R&P 1993, 81

1.4.1.3 Richterlicher Beschluss

Bei **längeren Zeiträumen** muss ohne die Einwilligung des Bewohners oder Patienten immer eine richterliche Genehmigung entweder nach § 1906 BGB im Rahmen der Betreuung[42] oder aufgrund eines Unterbringungsgesetzes[43] erfolgen.

Richterliche Genehmigung im Rahmen der Betreuung

Nach § 1906 BGB sind Unterbringung und sonstige freiheitsbeschränkende Maßnahmen zum **Wohl des Bewohners oder Patienten** im Rahmen der Betreuung **auf Antrag** des Betreuers mit **Genehmigung des Betreuungsgerichts** möglich:

§

(1) Eine Unterbringung des Betreuten durch den Betreuer, die mit Freiheitsentziehung verbunden ist, ist nur zulässig, solange sie zum Wohl des Betreuten erforderlich ist, weil
  1. *aufgrund einer psychischen Krankheit oder geistigen oder seelischen Behinderung des Betreuten die Gefahr besteht, dass er sich selbst tötet oder erheblichen gesundheitlichen Schaden zufügt, oder*
  2. *eine Untersuchung des Gesundheitszustandes, eine Heilbehandlung oder ein ärztlicher Eingriff notwendig ist, die ohne die Unterbringung des Betreuten nicht durchgeführt werden kann und der Betreute aufgrund einer psychischen Krankheit oder geistigen oder seelischen Behinderung die Notwendigkeit der Unterbringung nicht erkennen oder nicht nach dieser Einsicht handeln kann.*

(2) Die Unterbringung ist nur mit Genehmigung des Betreuungsgerichts zulässig. Ohne die Genehmigung ist die Unterbringung nur zulässig, wenn mit dem Aufschub Gefahr verbunden ist; die Genehmigung ist unverzüglich nachzuholen.

(3) ...

(4) Die Absätze 1 bis 3 gelten entsprechend, wenn dem Betreuten, der sich in einer Anstalt, einem Heim oder einer sonstigen Einrichtung aufhält ... durch mechanische Vorrichtungen, Medikamente oder auf andere Weise über einen längeren Zeitraum oder regelmäßig die Freiheit entzogen werden soll.

Genehmigungspflichtiger längerer Zeitraum

Dies gilt dann, wenn freiheitsbeschränkende Maßnahmen über einen längeren Zeitraum oder wiederholt notwendig werden. Die Definition des **genehmigungspflichtigen längeren Zeitraumes** ist im Schrifttum nicht einheitlich. Teilweise wird bereits die Dauer von mehr als einem halben Tag[44] als genehmigungspflichtig angesehen. Grundsätzlich müssen Maßstab der Art. 104 GG, dort Abs. 2 S. 3 und Abs. 3 S. 1 sein. Danach ist ein Festgenommener spätestens am Tag nach der Festnahme dem Richter vorzuführen. Deshalb muss auch im Falle einer unterbringungsähnlichen Maßnahme bei einer Dauer von mehr als einem Tag oder einer Nacht die Genehmigung des Betreuungsgerichts beantragt werden. Dies erfordert nicht nur der genannte Art. 104 GG, sondern auch das Grundrecht auf **freie Entfaltung der Persönlichkeit**. Bei Fixierungen oder vergleichbaren Maßnahmen wird dagegen derart schwer wiegend und „hautnah" in ein elementares Recht des

---

[42] vgl. Teil 3, 1.4.2.1
[43] vgl. Teil 3, 1.4.2.2
[44] Schmidt/Böcker (1993), Rdn. 260

Betroffenen, das Recht auf körperliche Bewegungsfreiheit, eingegriffen, dass dieses Grundrecht erhebliche Bedeutung zur Bemessung des maximalen Zeitraums ohne Genehmigung hat. Insoweit hat auch in der stationären Alten- und Behindertenhilfe § 2 Abs. 1 HeimG Bedeutung, da der Heimträger die Würde und das Selbstbestimmungsrecht des Bewohners beachten muss. Heilerziehungs- und Altenpfleger sowie Krankenpflegekräfte sollten in der Praxis auch stets berücksichtigen, dass bei unzulässigen Freiheitsbeschränkungen eine strafbare Freiheitsberaubung vorliegen kann, sobald ein längerer Zeitraum im Sinne von § 1906 Abs. 4 BGB vorliegt und trotzdem keine ordnungsgemäße richterliche Genehmigung oder ähnliches vorliegt. Stets genehmigt werden müssen Freiheitsentziehungen, die länger als einen Tag dauern.

Fraglich kann auch sein, wann eine Genehmigung wegen „regelmäßiger" Freiheitsbeschränkung eingeholt werden muss. Erfolgt eine freiheitsentziehende Maßnahme entweder stets zur selben Zeit (z.B. die Eingangstür wird nachts verschlossen) oder aus wiederkehrendem Anlass (z.B. bei Gefahr, aus dem Bett zu fallen), liegt eine Regelmäßigkeit vor. Nicht nur die Wiederholung der Maßnahme bei bestimmten Anlässen, auch ungeplante Wiederholungen, lösen die Genehmigungspflicht aus.[45]

Betreuungsrichterliche Genehmigung

Die betreuungsrichterliche Genehmigung muss immer vom Betreuer beantragt oder von der Einrichtung beim Betreuungsgericht angeregt werden, falls **weder die Einwilligung des Bewohners noch die Voraussetzungen eines Notstandes vorliegen oder Zweifel an der Einwilligungsfähigkeit** bestehen. Dies setzt allerdings eine bestehende Betreuung voraus. In diesen Fällen dürfen freiheitsbeschränkende Maßnahmen, insbesondere solche, die einer Freiheitsentziehung gleichzusetzen sind, nur ergriffen werden, sofern eine richterliche Genehmigung beim zuständigen Betreuungsgericht beantragt ist (wenn ein Abwarten nicht möglich ist) oder bereits erteilt ist.

Die Genehmigung ist auch dann notwendig, wenn eine **Freiheitsbeschränkung** in einem Fall des rechtfertigenden Notstands, d. h. in einer Gefahrensituation getroffen wurde, jedoch zum Schutz des Bewohners **fortgesetzt** oder **mehrmals wiederholt** werden muss. Dies gilt insbesondere dann, wenn unterbringungsähnliche Maßnahmen mehr als 2–3-mal erfolgen sollen.[46]

Praxisbeispiel

> Wird die Bewohnerin aufgrund eines drohenden Suizids im Zimmer eingeschlossen, muss bei fortbestehender Suizidgefahr unverzüglich eine richterliche Genehmigung für das weitere Einschließen eingeholt werden.

Das Gericht darf allerdings die Unterbringung oder unterbringungsähnliche Maßnahmen nur beschließen, wenn dies dem **Wohl des Bewohners** dient. Freiheitsbeschränkungen sind folglich nur bei **Eigengefährdung** zulässig. Bis zur Entscheidung des

---

45 Palandt, BGB, § 1906, Rdn. 21

46 Schmidt/Böcker (1993), Rdn. 260

Gerichts kann die ergriffene Maßnahme, sofern erforderlich, fortgesetzt werden. In **Zweifelsfällen**, d. h. in denjenigen Fällen, in denen fraglich ist, ob die Freiheitsbeschränkung (noch) zulässig ist, sollte immer das Betreuungsgericht um Stellungnahme gebeten werden[47], indem ein Antrag auf die richterliche Genehmigung der Maßnahme gestellt wird.

Praxisbeispiel

> Das Bett des Bewohners B muss zu seinem eigenen Schutz ein Bettgitter erhalten. Herr B ist stark verwirrt, jedoch ist ein Betreuer bisher nicht bestellt worden, da seine Mutter M alle Angelegenheiten erledigt hat. M stimmt zwar dem Bettgitter zu, was allerdings nicht ausreichend ist. Die Heimleitung muss eine Genehmigung beim Betreuungsgericht beantragen und darf nur vorläufige Schutzmaßnahmen treffen.

Nur wenn entweder die Einwilligung des Bewohners, ein rechtfertigender Notstand oder eine richterliche Genehmigung vorliegt, darf die persönliche Freiheit eines Heimbewohners beschränkt werden. Die Intensität der Freiheitsbeschränkung ist dabei für die Frage der rechtlichen Zulässigkeit nur von zweitrangiger Bedeutung. Auch muss bei **geschlossener Unterbringung** in einem Heim oder einem psychiatrischen Krankenhaus eine **zusätzliche betreuungsgerichtliche Genehmigung** für bestimmte Maßnahmen erfolgen, die weitere Einschränkungen der persönlichen Freiheit zur Folge haben.[48]

Besonderheiten bei Gabe von Psychopharmaka

Besondere rechtliche Probleme ergeben sich im Umgang mit psychisch Kranken und geistig Behinderten bei der Gabe von **Psychopharmaka**, insbesondere denjenigen mit sedierender Wirkung. Diese Arzneimittelgruppe ist als „**unterbringungsähnliche Maßnahme**" im Sinne von § 1906 Abs. 4 BGB anzusehen, sofern **Zielrichtung** die **Einschränkung der persönlichen Freiheit** ist. Eine Heilbehandlung, bei der die Einschränkung des Bewegungsdranges nur **Nebenwirkung** ist, muss allerdings nicht genehmigt werden.[49] Bei der Gabe von Psychopharmaka mit der Zielsetzung der Freiheitsbeschränkung ist eine **betreuungsrichterliche Genehmigung** erforderlich. Diese ist nur dann nicht notwendig, sofern der Bewohner einwilligungsfähig ist und der Einnahme zustimmt. Außerdem ist zu beachten, dass Psychopharmaka hochwirksame Medikamente mit teilweise erheblichen Nebenwirkungen sind. Bei falscher Applikation können Intoxikationen mit schwer wiegenden gesundheitlichen Beeinträchtigungen auftreten, die zu haftungsrechtlichen Problemen führen können. Aus diesem Grunde ist es bei der Applikation besonders wichtig, dass eine genaue **ärztliche Verordnung** besteht, die dann korrekt beachtet wird. Sofern die verordnete Dosis oder die bekannten medizinischen Probleme bei der Gabe nicht beachtet werden und dadurch Gesundheitsschäden beim Bewohner oder Patienten verursacht

---

[47] Linnhoff, APflege 1992, 391, 394
[48] Schmidt/Böcker (1993), Rdn. 261a m. w. N.
[49] Jürgens u. a. (1994), Rdn. 519; Schell, S. 69, (1992); Schmidt/Böcker (1993), Rdn. 260

werden, **haftet die Pflegekraft** zivil- und strafrechtlich. Bei auftretenden Komplikationen sind Pflegekräfte verpflichtet, unverzüglich den zuständigen Arzt zu rufen. Wird dies unterlassen, haftet das Pflegepersonal auch in diesem Fall, sofern gesundheitliche Schäden auftreten.

> Die Altenpflegerin P verabreicht ein hochwirksames Sedativum ohne ärztliche Verordnung, da sie der Ansicht ist, die Bewohnerin B sei zu unruhig. Die Bewohnerin erleidet einen Kreislaufkollaps und bleibt danach ein Pflegefall, so dass erhebliche zusätzliche Kosten für Heilmittel etc. aufgewandt werden müssen. Die zuständige Krankenkasse fordert von P erfolgreich die Erstattung der zusätzlichen Kosten. Die Angehörigen erstatten zudem Strafanzeige wegen fahrlässiger Körperverletzung.

Praxisbeispiel

Die **Verordnung** ist stets sorgfältig zu **dokumentieren**.

Bei Gabe von Psychopharmaka ohne ärztliche Verordnung und ohne Einwilligung des Bewohners bzw. Patienten liegt gleichzeitig eine Straftat der **Körperverletzung** und der **Freiheitsberaubung** vor. Dieses gilt insbesondere dann, wenn diese Medikamente aus sachfremden Erwägungen, um beispielsweise den Dienst angenehmer verrichten zu können, verabreicht werden. Eine **Zwangsbehandlung mit Psychopharmaka** ist folglich grundsätzlich nur mit Genehmigung durch das Betreuungsgericht zumindest (vorläufig) durch den Betreuer möglich. Zwangsbehandlungen sind ferner möglich in akuten Notsituationen oder bei Bewohnern bzw. Patienten, die nach dem Unterbringungsgesetz zwangsweise in einer psychiatrischen Einrichtung untergebracht sind. In derartigen Fällen ergeben die Unterbringungsgesetze eine ausreichende Rechtsgrundlage.[50] In diesen Notsituationen muss die Genehmigung gemäß § 1904 Satz 2 BGB nicht nachgeholt werden.

Zwangsbehandlung mit Psychopharmaka

Bei allen freiheitsbeschränkenden Maßnahmen, gleichgültig ob mechanisch oder mittels Psychopharmaka, sollte stets die **Menschenwürde** und das Recht auf **freie Entfaltung der Persönlichkeit** Maßstab in der Betreuung von Behinderten sowie alten oder psychisch kranken Menschen sein. Das Betreuungsrecht hat unter anderem in diesem Bereich zum Ausdruck gebracht, dass das Selbstbestimmungsrecht kranker und behinderter Menschen gewährleistet werden soll.[51] Aus diesem Grund können freiheitsbeschränkende Maßnahmen nicht allein damit gerechtfertigt werden, dass es sich um erzieherische Maßnahmen handelt oder sie „nur zum Wohl des Patienten" erfolgen. Die Motive sind ohne Bedeutung. **Entscheidend** ist lediglich, ob eine der **drei genannten rechtlichen Grundlagen** (Einwilligung, Notstand oder richterlicher Beschluss) für die Einschränkung der persönlichen Freiheit vorliegt.

Rechtliche Grundlagen und Abstufungen der Freiheitsbeschränkung

Zum Schutz der Würde und des Rechts des Bewohners auf freie Entfaltung der Persönlichkeit sollten **Maßnahmen** zu dessen Schutz **abgestuft und auf die jeweilige Situation angepasst** erfolgen:

---

[50] s. unten Kapitel 1.4.2.2 zu „Heilbehandlung"

[51] Heilmann, Geistige Behinderung 1991, 311

1. Bei **weglaufgefährdeten Bewohnern** muss zuerst abgeklärt werden, ob überhaupt eine Gefährdung besteht. Dazu kann der Bewohner begleitet oder beobachtet werden. Zu seiner Sicherheit sollte vor dem Beantragen von freiheitsbeschränkenden Maßnahmen geprüft werden, ob nicht die Möglichkeit eines Spazierganges mit anderen Bewohnern oder eines Orientierungstrainings besteht. Sinnvoll könnte außerdem die Schaffung von Alternativen (Beschäftigung im Garten oder im Haus) sein.[52]

2. Bei **aggressivem Verhalten** sind zuerst die Ursachen festzustellen. Aufgrund der Ursachen dürfte es in der Praxis oft möglich sein, sinnvoll auf aggressive Handlungen zu reagieren und geeignete Maßnahmen zur Vorbeugung zu finden. Ein wichtiger Aspekt dabei dürfte der respektvolle Umgang mit dem behinderten Menschen einschließlich der Achtung seiner Intimsphäre sein.[53]

Mit dem Einsatz aller pädagogischen und psychologischen Möglichkeiten können in der Praxis mit Sicherheit Maßnahmen verhindert werden, die den Bewohner in seiner persönlichen Freiheit einengen. Freiheitsbeschränkende Maßnahmen sollten stets das **letzte Mittel** sein, wenn andere Methoden nicht durchführbar sind oder erfolglos bleiben.

1.4.2 Unterbringungsarten

Definition

Die **Unterbringung** stellt die zwangsweise, dauerhafte Beschränkung oder Entziehung der persönlichen Freiheit eines Menschen dar.

Beispiele

Als Beispiele sind hier zu nennen:
- Einweisung in eine geschlossene stationäre Einrichtung,
- Einschließen im Zimmer oder
- Verhindern eines Verlassens des Hauses.

Abbildung 6: Unterbringungsarten

---

[52] Arbeitshilfe (1991), 1.1   [53] A. a. O. (1991), 2.1

Die Verwendung **elektronischer Sicherungsmittel**, beispielsweise der „Chip am Kleid", dürfte entgegen zahlreicher Meinungen in Rechtsprechung und Literatur nicht als Unterbringung zu werten sein, da dadurch lediglich eine Kontrolle gewährleistet wird und nur im Bedarfsfall eingegriffen wird.

Da die persönliche Freiheit jedes Menschen grundgesetzlich mit Art. 2 GG garantiert ist, kann eine Unterbringung **nur auf richterliche Anordnung** erfolgen, was auch in Art. 104 GG ausdrücklich vorgesehen ist. Bei der Unterbringung muss hinsichtlich der Voraussetzungen und der Zuständigkeit für den Antrag zwischen der Unterbringung im Rahmen der **Betreuung** und derjenigen nach dem jeweiligen **Landesunterbringungsgesetz** unterschieden werden.

1.4.2.1 Unterbringung durch den Betreuer

Bei dieser Form der Unterbringung beantragt der Betreuer beim Amtsgericht (Betreuungsgericht) die (zwangsweise) Unterbringung des Betroffenen in einem Heim oder psychiatrischen Krankenhaus. Sie ist nach § 1906 Abs. 1 BGB nur möglich, sofern sie zum **Wohl des Betroffenen** notwendig ist. Zu dem Wortlaut der Vorschrift und den Einzelheiten dazu kann auf Teil 3, 1.4.1.3 verwiesen werden.

Das Gesetz nennt in § 1906 Abs. 1 BGB als mögliche Unterbringungsgründe

- die **Selbstschädigung** aufgrund einer psychischen Erkrankung oder Behinderung,
- eine **notwendige medizinische Maßnahme** oder
- eine **gesundheitliche Untersuchung**.

Unterbringungsgründe

Beim Unterbringungsgrund medizinische Maßnahme ist **weitere Voraussetzung**, dass der Betroffene wegen seiner psychischen Erkrankung oder geistigen bzw. seelischen Behinderung die Notwendigkeit nicht einsehen kann.

Aufgrund des Wortlauts des § 1906 Abs. 1 BGB ist deshalb eine **Unterbringung** allein **aufgrund** der **Gefahr** einer Schädigung anderer Personen, der so genannten **Fremdschädigung, nicht zulässig**. In derartigen Fällen muss die nachfolgend dargestellte Unterbringung nach dem jeweiligen Landesunterbringungsgesetz erfolgen.

Im Verlauf des Unterbringungsverfahrens muss eine **persönliche Anhörung** des Betroffenen erfolgen und ein **Sachverständiger** hinzugezogen werden. Das Gericht kann nur dann auf die Anhörung verzichten, wenn der Sachverständige erklärt, dass diese bei dem Betroffenen gesundheitliche Schäden verursachen könnte oder nach dem Eindruck des Richters eine Verständigung nicht möglich ist. Diese fehlende Anhörung muss die Ausnahme sein.

Anforderungen beim Unterbringungsverfahren

Praxisbeispiel

Herr B wird vom Betreuer in einem psychiatrischen Krankenhaus eingeliefert. Da er die Behandlung nur widerwillig akzeptiert, jedoch bereits erhebliche Verwahrlosung zeigt, muss der Betreuer die Unterbringung zu seinem Wohl beantragen, um weitere gesundheitliche Nachteile zu verhindern.

Praxisbeispiel

Für Frau P besteht bereits eine Betreuung. Ihr psychischer Gesundheitszustand verschlechtert sich, so dass eine ständige Aufsicht erforderlich ist. Da Frau P sich bereits zweimal dadurch gefährdet hat, dass sie im Winter nur leicht bekleidet in den Straßen umhergeirrt ist, beantragt der Sohn als Betreuer die Unterbringung in der geschlossenen Station eines Heimes.

In dem **Unterbringungsbeschluss** muss genau die **Art der Unterbringung**, beispielsweise in welchem Heim, und deren **Dauer** genannt werden. Die gesetzliche (maximale) Regeldauer der richterlich angeordneten Unterbringung beträgt ein Jahr, lediglich bei einer erkennbar lang andauernden Erkrankung (z. B. chronische Psychose, Demenz, geistige Behinderung) zwei Jahre (§ 329 Abs. 1 FamG). Über den Zeitraum von zwei Jahren hinaus darf eine Unterbringung nicht angeordnet werden. Das **Gericht** muss nach Ablauf der **Unterbringungsdauer** gegebenenfalls diese neu anordnen bzw. **verlängern**. Im Fall der Verlängerung ist nochmals das gesamte Unterbringungsverfahren durchzuführen, einschließlich der Anhörung des Sachverständigen und des Betroffenen. Es soll dadurch eine **ständige Kontrolle durch das Betreuungsgericht** gewährleistet werden.

Die Unterbringung sollte nur in demjenigen **Umfang** angeordnet werden, in dem sie notwendig ist. Ist daher das Festhalten innerhalb des Gebäudes ausreichend, darf kein Einschließen im Zimmer angeordnet werden. Es gilt der **Grundsatz der Verhältnismäßigkeit**, d. h. es darf nur diejenige Maßnahme der Freiheitsbeschränkung angewandt werden, die zwar die Gefährdung beseitigt, aber nur soweit erforderlich in die Rechte des Bewohners bzw. Patienten eingreift.

Praxisbeispiel

Ein desorientierter Bewohner verlässt häufig das Heim und gefährdet sich dadurch. In diesem Fall kommt höchstens die Aufnahme auf eine geschlossene Station in Betracht, selbst dies nur, wenn das Weggehen nicht durch Kontrolle der Eingangstür verhindert werden kann. Eine Fixierung auf einem Stuhl verletzt den Verhältnismäßigkeitsgrundsatz, da die Gefahr durch mildere Mittel abgewendet werden kann.

Praxisbeispiel

Der Patient P des psychiatrischen Krankenhauses K verhält sich gegenüber einem anderen Patienten sehr aggressiv. In diesem Fall würde es den Verhältnismäßigkeitsgrundsatz verletzen, wenn er in sein Zimmer eingeschlossen wird, wenn es zum Schutz des anderen Patienten ausreicht, P von ihm zu trennen und zu überwachen.

Im **Eilfall** wird durch eine **einstweilige Anordnung** eine **vorläufige Unterbringung** durch das Betreuungsgericht angeordnet (§ 331 FamG). **Voraussetzung** ist, dass ein ärztliches Zeugnis über die Erkrankung vorliegt, dringende Gründe für eine endgültige Unterbringung sprechen und beim Abwarten des Unterbringungsbeschlusses eine Gefährdung des Betroffenen zu erwarten ist. Es muss auch bei der vorläufigen Unterbringung grundsätzlich eine persönliche Anhörung des Betroffenen erfolgen. Diese Art der Unterbringung ist höchstens für die **Dauer** von drei Monaten zulässig. Das normale Unterbringungsverfahren muss dann unverzüglich nachgeholt werden.

Vorläufige Unterbringung

Auch im Falle der Unterbringung stehen dem Betroffenen noch zahlreiche Rechte zu. Der **Briefverkehr** des Betroffenen darf wegen des Grundrechts des Postgeheimnisses (Art. 10 GG) nicht kontrolliert werden und die Eingangspost muss ihm unverzüglich ausgehändigt werden. Schließlich ist es ebenso nicht zulässig, die persönlichen **Freiheitsrechte** mehr als notwendig zu beschränken. Sobald sich der Betroffene in seinen Rechten verletzt sieht, kann er das Betreuungsgericht anrufen und dort um das Einschreiten gegen rechtswidrige Maßnahmen bitten.

Rechte der Betroffenen

Die Unterbringung kann mit dem Rechtsbehelf der **sofortigen Beschwerde** nach § 63 FamG angefochten werden. Diese muss innerhalb einer Frist von einem Monat in schriftlicher Form beim Betreuungsgericht eingelegt werden. Sie ist unzulässig, sofern sie verspätet oder nicht in der Schriftform erfolgt.

Anfechtung der Unterbringung

1.4.2.2 Unterbringung nach dem Unterbringungsgesetz

Gesetzliche Grundlage einer Unterbringung können auch die **Unterbringungsgesetze der Bundesländer** sein. Im Folgenden soll beispielhaft und schwerpunktmäßig die Unterbringung nach den Unterbringungsgesetzen Baden-Württemberg (UBG-BW), Hessen (HFEG)) und Bayern (UnterbrG Bay) dargestellt werden. Die Gesetze der einzelnen Bundesländer sind sehr ähnlich.

Eine Unterbringung darf nach §§ 1 UBG-BW, 1 HFEG; Art. 1 UnterbrG Bay nur erfolgen, wenn bei dem Betroffenen eine **geistige** oder **seelische**

Voraussetzungen

- **Krankheit,**
- **Behinderung** oder
- **Störung** von erheblichem Ausmaß

vorliegt. Zur Störung zählt auch die **Drogenabhängigkeit**.

Zusätzliche Voraussetzung ist, dass durch die psychische Krankheit, geistige bzw. seelische Behinderung oder Störung

- Leben oder
- Gesundheit

des Betroffenen **erheblich gefährdet** ist oder eine erhebliche Gefahr für die Rechtsgüter anderer besteht. Für die Unterbringung muss deshalb entweder

- **Eigengefährdung** oder
- **Fremdgefährdung**

vorliegen. Zur **Eigengefährdung** zählen beispielsweise die Gefahr eines Suizids oder autoaggressive Handlungen.

Praxisbeispiel

> Der Heimbewohner B wird zunehmend depressiv und hat bereits zweimal versucht, mithilfe einer tödlichen Tablettendosis Selbstmord zu begehen. Die Heimleitung sieht sich zu einer notwendigen intensiveren Betreuung wegen des Fehlens einer speziellen Station nicht in der Lage. Der Vater von B stellt daraufhin einen Antrag beim zuständigen Ordnungsamt auf Unterbringung und begründet diesen mit der Depression.

Die **Fremdgefährdung** liegt bei gewalttätigen Angriffen gegen Dritte oder bei Sachbeschädigungen vor. Bei Sachbeschädigungen muss wegen des auch im Unterbringungsrecht geltenden Verhältnismäßigkeitsgrundsatzes beachtet werden, dass nur bei der Beschädigung von Sachen von bedeutendem Wert eine Unterbringung erfolgen kann, d. h. wenn der Wert des Rechtsgutes in einem angemessenen Verhältnis zum Freiheitsentzug steht. Bei geringfügigen Rechtsgutverletzungen ist eine Unterbringung deshalb abzulehnen.[54] Geringfügige Sachbeschädigungen muss die Gesellschaft hinnehmen.

Weiter muss nach der Rechtsprechung des Bundesverfassungsgerichts auch hinsichtlich der Notwendigkeit von Alternativen der **Verhältnismäßigkeitsgrundsatz** gelten[55]. Eine Unterbringung darf deshalb dann nicht erfolgen, wenn die Gefahr auf andere Weise, beispielsweise der Betreuung durch Familienangehörige, abgewendet werden kann (§ 1 Abs. 4 2. HS UBG-BW, Art. 3 Abs. 1 UnterbrG Bay).

Unterbringungsverfahren

Die Unterbringung wird von der unteren Verwaltungsbehörde, d. h. dem zuständigen Ordnungsamt **beantragt**. Den Antrag kann auch die Einrichtung stellen, in der sich der Betroffene bereits befindet.

Die Unterbringung muss dann in **Baden-Württemberg** in so genannten **anerkannten Einrichtungen** (§ 2 UBG-BW) erfolgen. Dies sind insbesondere

- die **Zentren** für Psychiatrie, Zentren für soziale Psychiatrie, Landeskliniken etc.,
- die **Universitätskliniken** und
- das **Zentralinstitut** für seelische Gesundheit
- sowie **sonstige Einrichtungen**, die vom Regierungspräsidium zugelassen sind.

Das Unterbringungsverfahren wird eingeleitet durch den **Antrag der unteren Verwaltungsbehörde**, d. h. des Ordnungsamtes der Stadtverwaltung oder des Landratsamtes bzw. in Bayern der

---

[54] BGH, R&P 1992, 64
[55] BVerfGE 65, 44; 70, 311 m. w. N.

Kreisverwaltungsbehörde (Art. 5 UnterbrG Bay). Dorthin kann man sich selbstverständlich auch wenden, sofern die Unterbringung eines Heimbewohners wegen Fremdgefährdung notwendig ist. Möglich ist auch der Antrag einer der oben genannten anerkannten Einrichtungen (beispielsweise eines Psychiatrischen Krankenhauses), sofern der Betroffene sich bereits in der Einrichtung aufhält. Im Antrag ist der **Sachverhalt**, mit dem die Unterbringung begründet wird, darzustellen. Außerdem ist ein **Gutachten** des **Gesundheitsamtes** oder eines **Facharztes** der **Psychiatrie**, der in einer anerkannten Einrichtung tätig ist, beizufügen. Sofern das ärztliche Zeugnis noch nicht bei Antragstellung vorliegt, muss es unverzüglich nachgereicht werden.

Dem Betroffenen ist für das Unterbringungsverfahren ein **Pfleger**, ein so genannter **Verfahrenspfleger**, beizuordnen, sofern dieses zur Wahrung von dessen Interessen erforderlich ist (§ 317 FamG). Dieser hat die Aufgabe, den größtmöglichen Rechtsschutz für den Betroffenen zu gewährleisten. Über diesen Weg kann auch ein **Rechtsanwalt** beigeordnet werden.

Es gilt auch im Unterbringungsverfahren der **Amtsermittlungsgrundsatz** nach § 26 FamG. Das Gericht muss alle zur Feststellung der Tatsachen erforderlichen Ermittlungen durchführen und die geeigneten Beweise erheben. Das Gericht muss den Betroffenen nach § 319 FamG grundsätzlich **persönlich anhören**. Sofern durch die Anhörung erhebliche Nachteile für seinen Gesundheitszustand zu befürchten sind oder er seinen Willen zu äußern nicht in der Lage ist, kann die Anhörung unterbleiben (§ 34 FamG i. V. m. § 319, III FamG). Im Fall von gesundheitlichen Nachteilen ist nur die Anhörung des Verfahrenspflegers erforderlich. Außerdem haben noch weitere Personen, wie beispielsweise der Betreuer und der Leiter der Einrichtung, in der er sich aufhält sowie der Ehegatte und Vertrauenspersonen ein Recht zur Stellungnahme (§ 320 FamG).

Das Betreuungsgericht **ordnet** die Unterbringung durch **Beschluss** entweder an, wobei die Dauer festgelegt wird, oder es **weist** den **Antrag zurück**, wenn die Voraussetzungen nicht vorliegen. Gegen den Unterbringungsbeschluss oder die Ablehnung der Unterbringung ist wieder die **sofortige Beschwerde** möglich, die innerhalb einer Frist von zwei Wochen in schriftlicher Form eingelegt werden muss. Bei Ablehnung der Unterbringung kann die Beschwerde nur von derjenigen Behörde, die den Unterbringungsantrag gestellt hat, eingelegt werden. Auch den oben genannten Personen, wie beispielsweise dem Betreuer, steht das Beschwerderecht zu.

In besonderen Fällen ermöglicht das Gesetz ein Eilverfahren, d. h. die Unterbringung durch **einstweilige Anordnung**. In diesem Verfahren kann entschieden werden, obwohl noch nicht alle Voraussetzungen, insbesondere das **ärztliche Gutachten**, für eine endgültige Entscheidung vorliegen. Ein ärztliches Zeugnis muss jedoch immer vorgelegt werden (§ 331, Ziff. 2 FamG). Es muss eine hohe Wahrscheinlichkeit dafür vorliegen, dass **Gründe für eine Unterbringung** bestehen und ein **förmliches Unterbringungsverfahren anhängig**, d. h. beantragt sein. Der Unterbringungs-

Eilverfahren

antrag kann auch zusammen mit dem Antrag auf einstweilige Anordnung gestellt werden. Auch muss es notwendig sein, dass die Unterbringung sofort erfolgt, insbesondere wenn **Gefahr in Verzug** ist. Dieses gilt insbesondere bei **akuter Eigen-** oder **Fremdgefährdung**. Die Unterbringung durch einstweilige Anordnung darf längstens für einen **Zeitraum** von sechs Wochen mit einer Möglichkeit der Verlängerung bis zu höchstens drei Monaten erfolgen. Die einstweilige Anordnung ist aufzuheben, sobald die Gründe für die Unterbringung weggefallen sind.

Das Unterbringungsgesetz sieht in Baden-Württemberg die Möglichkeiten der **fürsorglichen Aufnahme** und der **Zurückhaltung** (§ 4 UBG-BW) einer Person vor bzw. in Bayern der **sofortigen vorläufigen Unterbringung** (Art. 10 UnterbrG Bay) oder in Hessen der **Unterbringung bei Gefahr im Verzug** (§ 10 HFEG).

Rechtslage in Baden-Württemberg

Zuerst die Rechtslage in Baden-Württemberg:

- **Zurückhaltung** bedeutet, dass eine Person, die sich bereits, beispielsweise zur freiwilligen Therapie, innerhalb der Einrichtung befindet, dort festgehalten werden kann, bis über die Unterbringung entschieden ist.
- Bei der **fürsorglichen Aufnahme** wird die stationäre Behandlung begonnen, bevor der Unterbringungsbeschluss vorliegt. Der Betroffene wird dazu in die Einrichtung aufgenommen.

Praxisbeispiel

Eine Person wird durch die Polizei im Krankenhaus abgeliefert, nachdem sie völlig verwirrt versucht hat, sich vor die Straßenbahn zu legen. In diesem Fall erfolgt die sofortige fürsorgliche Aufnahme wegen Suizidgefahr.

Voraussetzung für die Zurückhaltung ist stets, dass dringende Gründe für eine psychische Erkrankung oder geistige Behinderung mit einer erheblichen Gefährdung vorliegen. Der Betroffene muss dann von einem Arzt der Einrichtung untersucht werden und die Unterbringungsbedürftigkeit durch ein **ärztliches Zeugnis** bestätigt werden (§ 4 Abs. 2 UBG-BW). Die Einrichtung, beispielsweise das Psychiatrische Krankenhaus oder das Psychiatrische Zentrum, muss dann spätestens bis zum Ablauf des dritten Tages nach der Zurückhaltung einen **Unterbringungsantrag** absenden bzw. stellen. Wird der Antrag nicht fristgerecht gestellt, muss der Bewohner bzw. Patient entlassen werden, da ansonsten eine strafbare **Freiheitsberaubung** vorliegt.

Bei der **fürsorglichen Aufnahme** gelten die **Voraussetzungen** entsprechend. In diesem Fall muss unverzüglich ein Unterbringungsantrag gestellt werden.

Eine Person kann gleichfalls **zur Beobachtung untergebracht** werden. Dieses ist möglich, wenn gewichtige Anhaltspunkte für eine Notwendigkeit der Unterbringung vorliegen. Auf Antrag der oben genannten Behörde bzw. Einrichtung kann das Gericht die Unterbringung zur Beobachtung bis zu einer Dauer von sechs Wochen anordnen. Dem Antrag ist wiederum ein ärztliches Zeugnis beizufügen.

In Hessen ist in Eilfällen die Vorschrift des § 10 HFEG anwendbar:

Rechtslage in Hessen

Liegen die Voraussetzungen für eine Unterbringung nach § 1 Abs. 1 oder 2 mit hoher Wahrscheinlichkeit vor und ist Gefahr im Verzug, kann die allgemeine Ordnungsbehörde oder die Polizeibehörde die sofortige Ingewahrsamnahme anordnen und vollziehen. In diesem Fall ist unverzüglich eine richterliche Entscheidung über die Zulässigkeit und Fortdauer der sofortigen Ingewahrsamnahme herbeizuführen.

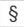

Diese Vorschrift ist dann anwendbar, wenn mit hoher Wahrscheinlichkeit „geisteskranke, geistesschwache, rauschgift- oder alkoholsüchtige Personen" fremd- oder eigengefährdend sind und Gefahr in Verzug ist, d. h. nicht abgewartet werden kann, bis auf normalem Weg, durch ordnungsgemäßen richterlichen Beschluss, eine Unterbringung erfolgen kann. Wegen der Rechtsgarantien aus Art. 2 und 104 GG kann diese Art der Unterbringung selbstverständlich nur kurzzeitig, d. h. bis zum Ablauf des nächsten Tages, erfolgen. Diese Art der Unterbringung ist dann unzulässig, sofern eine Unterbringung durch einstweilige Anordnung nach § 70 h FGG möglich ist.

Bei der Auswahl der Einrichtung, in der der Betroffene untergebracht werden soll, sind gemäß § 6 Abs. 1 UBG-BW dessen **Wünsche** soweit möglich gemeinsam mit **therapeutischen Gesichtspunkten** zu berücksichtigen. Die Unterbringung hat so zu erfolgen, dass in die persönliche Freiheit so wenig wie möglich eingegriffen wird (§ 7 Abs. 1 UBG-BW; Art. 4 UnterbrG Bay). Der Betroffene hat nur diejenigen Maßnahmen zu dulden, die erforderlich sind, um Sicherheit und Ordnung in der Einrichtung zu gewährleisten und ihn zu schützen (§ 7 Abs. 2 UBG-BW; Art. 19 UnterbrG Bay). Dies bedeutet auch, dass freiheitsbeschränkende Maßnahmen auf ein Mindestmaß zu begrenzen sind.

Auswahl der Einrichtung

Der untergebrachte Patient muss nach § 8 Abs. 1 UBG-BW (Art. 13 UnterbrG Bay) die erforderlichen Maßnahmen zur **Heilbehandlung** dulden, die nach den Regeln der ärztlichen Kunst erforderlich sind. Es kann deshalb im Extremfall sogar unmittelbarer Zwang angewendet werden (vgl. § 12 UBG-BW). Der Betroffene ist dabei grundsätzlich über die medizinische Maßnahme **aufzuklären**. **Operationen** dürfen nur nach vorheriger **Zustimmung** (Einwilligung) des Betroffenen vorgenommen werden. Dies gilt auch für sonstige Maßnahmen, die zur Therapie sowie Diagnostik notwendig sind und mit einer **erheblichen Gefahr** für Leib und Leben verbunden sind.

Zustimmung zu Diagnostik und Therapie

Herr P wurde wegen einer paranoiden Schizophrenie untergebracht. Der Arzt beabsichtigt, eine Arteriographie zur Feststellung der Durchblutung des Gehirns durchzuführen. Da diese diagnostische Maßnahme ein erhöhtes Risiko für den Patienten bedeutet, muss die Einwilligung von Herrn P eingeholt werden.

Praxisbeispiel

Die **Einwilligung** des Untergebrachten ist grundsätzlich bei folgenden medizinischen Maßnahmen **erforderlich**:

- Elektrokrampftherapie,
- Arteriographie und Pneumoenzephalographie,
- Lumbal- und Subokzipalpunktion,
- Psychopharmakotherapie während einer Schwangerschaft.

In Hessen darf nach § 17 HFEG im Rahmen der Unterbringung auch die Heilbehandlung einschließlich des Entziehungsverfahrens erfolgen. Grenze sind auch hier Eingriffe, die mit erheblicher Gefahr für Leben oder Gesundheit verbunden sind. Diese dürfen nur mit Einwilligung des Untergebrachten oder seines gesetzlichen Vertreters vorgenommen werden.[56]

Entlassung

Die Unterbringung ist **aufzuheben** und der Betroffene zu **entlassen**, sobald die Voraussetzungen weggefallen sind oder keine wirksame gerichtliche Entscheidung (mehr) vorliegt. Die Einrichtung kann jedoch gegebenenfalls einen Antrag auf **Verlängerung** beim zuständigen Gericht stellen. Die Verlegung eines untergebrachten Bewohner bzw. Patienten auf eine offene Station führt in der Regel dazu, dass der Unterbringungsbeschluss wirkungslos wird.[57]

Wiederholungsfragen

- Welche beiden Arten von Unterbringung werden unterschieden?
- Was ist der Unterschied zwischen beiden?
- Welcher Grundsatz gilt bei der Unterbringung?
- Wie kann in Eilfällen eine vorläufige Unterbringung erfolgen?
- Welche medizinischen. Maßnahmen sind gegen den Willen des Betroffenen nicht möglich?

2 Haftung im Zivilrecht

2.1 Übersicht

Unterteilung

Die zivilrechtliche Haftung lässt sich grob unterteilen in diejenige aus:

- **Delikt** (deliktische Haftung) und
- **Vertrag** (vertragliche Haftung).

Der Geschädigte hat in beiden Fällen Anspruch auf die Zahlung von **Schadenersatz** als Rechtsfolge der Haftung. Beim Delikt besteht im Falle der Verletzung des Rechtsgutes Körper und des Rechtsgutes Freiheit zusätzlich ein Anspruch auf die Zahlung eines angemessenen **Schmerzensgeldes**.

---

56 vgl. dazu DurchführungsVO v. 7.09.1954 (GVBl. II 352-2)

57 vgl. dazu Beschluss des OLG Hamm vom 18.08.1999, Az.: 15 W 233/99 in OLG Report Hamm 1999, 396

2 Haftung im Zivilrecht

Ein Bewohner wird infolge der Unachtsamkeit der Heilerziehungspflegerin durch heißes Wasser verletzt. Er hat Anspruch auf Erstattung der Kosten für die medizinische Behandlung und zusätzlich auf Zahlung eines Betrages für die erlittenen Schmerzen.

Praxisbeispiel

Ein Patient erhält das falsche Medikament und hat danach gesundheitliche Nachteile. Er hat gleichfalls Anspruch auf Schadenersatz und Schmerzensgeld.

Praxisbeispiel

Ein Heimbewohner erleidet durch Pflegefehler einen Dekubitus. Auch ihm stehen Schadenersatz und Schmerzensgeld zu.

Praxisbeispiel

Haftungsgegner

Die **vertraglichen Schadenersatzansprüche** können nur zwischen den **Vertragspartnern**, d. h. zwischen Bewohner bzw. Patient auf der einen und Träger (Heimträger oder Krankenhausträger) auf der anderen Seite, geltend gemacht werden.

Der **deliktische Anspruch** wird jedoch gegenüber demjenigen geltend gemacht, der Rechtsgüter eines anderen verletzt, einen anderen also geschädigt hat. Dieser Anspruch richtet sich direkt gegen den Schadensverursacher, d. h. beispielsweise gegen die beteiligten Pflegekräfte, da diese selbst die Schädigung verursachen, aber auch gegen deren Vorgesetzte.

Die Großküche einer Anstalt beachtet die Regeln für die Aufbewahrung von Lebensmitteln nicht. Es tritt daraufhin bei einigen Bewohnern eine Magen-Darm-Erkrankung auf. Die Behandlungskosten sind vom Träger dem Bewohner selbst bzw. seiner Krankenkasse wegen Verletzung seiner vertraglichen Pflicht zum Schutz der Bewohner zu erstatten.

Praxisbeispiel

Wird ein Bewohner geschädigt, weil die Pflegekraft ein Medikament verwechselt, so werden sowohl der Träger als auch die Pflegekraft zur Zahlung von Schadenersatz verpflichtet. Die Pflegekraft aufgrund der Gesundheitsschädigung des Bewohners, die eine unerlaubte Handlung, ein Delikt, darstellt. Der Träger hat für die Pflegekraft als seine Verrichtungsgehilfin bzw. Erfüllungsgehilfin einzustehen, da er durch sie seine vertraglichen Pflichten verletzt hat.

Praxisbeispiel

Es sind daher bei der zivilrechtlichen Haftung hinsichtlich der Haftungsgegner grundsätzlich zu unterscheiden:

- vertragliche Haftung: → Träger
- deliktische Haftung: → Verursacher (Pflegekraft),

wobei zu den Möglichkeiten der Haftung der Anstalt bzw. des Krankenhaus- oder Heimträgers für die Pflichtverletzungen des Personals auf Teil 3, 2.3 und Teil 3, 2.4 verwiesen wird.

Haftung von geistig behinderten oder psychisch kranken Menschen

Davon zu unterscheiden ist die Haftung von geistig behinderten oder psychisch kranken Menschen. Sie können lediglich aus Delikt bei Schädigung anderer Personen (auch der Mitarbeiter der Einrichtung) haften. Ihre Haftung ist jedoch aufgrund einer unter Umständen bestehenden Deliktunfähigkeit[58] eingeschränkt, d. h. sie haften dann nicht, wenn sie aufgrund geistiger Defizite nicht verantwortlich für die Schädigung Dritter sind. Besteht aber die Deliktsfähigkeit, beispielsweise weil die psychische oder geistige Einschränkung nicht so schwer ist, haften auch psychisch kranke oder geistig behinderte Menschen für Delikte, unerlaubte Handlungen. Dies gilt auch bei Schädigungen des Personals.

2.2 Grundlagen der Haftung für Pflegekräfte

Grundlage

Grundlage der Haftung aus **Delikt** sind die Vorschriften über die **unerlaubte Handlung** in den §§ 823 ff. BGB.

Nach § 823 BGB ist zum Schadenersatz verpflichtet, wer

... vorsätzlich oder fahrlässig das Leben, den Körper, die Gesundheit, die Freiheit, das Eigentum oder ein sonstiges Recht eines anderen widerrechtlich verletzt.

2.2.1 Verletzung der Rechtsgüter

Grundvoraussetzung ist folglich die Schädigung eines der dort genannten Rechtsgüter:

- Leben
- Freiheit
- Körper
- Eigentum
- Gesundheit
- sonstiges Recht (z.B. Persönlichkeitsrecht)

Es wird somit durch die Rechtsgutverletzung die **zivilrechtliche Haftung** ausgelöst. Der Schadenersatzanspruch entsteht ebenso dann, wenn gegen ein **Schutzgesetz**, beispielsweise ein Strafgesetz, verstoßen wird.

Praxisbeispiel

> Der Gesundheits- und Krankenpfleger K schlägt den Patienten P. Er begeht dadurch eine Straftat, eine Körperverletzung nach § 223 StGB. Diese Vorschrift ist ein Schutzgesetz nach § 823 Abs. 2 BGB, so dass er nicht nur strafrechtlich zur Verantwortung gezogen wird, sondern auch zivilrechtlich, d. h. zur Zahlung von Schadenersatz und Schmerzensgeld verpflichtet ist.

---

[58] vgl. Teil 3, 1.2.2.1

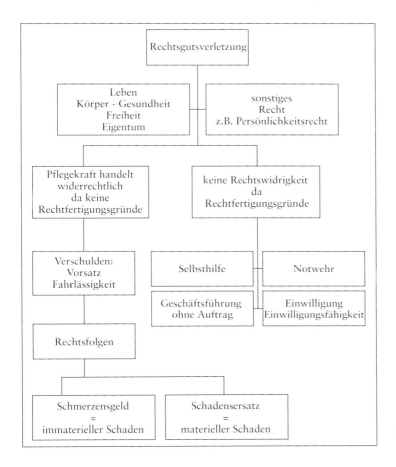

Abbildung 7:
Haftung aus Delikt

Der Heilerziehungspfleger versäumt es, die Balkontür in dem Zimmer einer Bewohnerin im 2. OG zu verschließen. Die Bewohnerin stürzt hinunter und verletzt sich erheblich. Durch diese Nachlässigkeit wurde die Bewohnerin widerrechtlich am Rechtsgut „Körper" geschädigt, so dass eine unerlaubte Handlung vorliegt und die deliktische Haftung ausgelöst wird.

Praxisbeispiel

2.2.2 Rechtfertigungsgründe

Weitere Voraussetzung für die zivilrechtlichen Haftung ist, dass der Schädiger **widerrechtlich**, d. h. **rechtswidrig**, gehandelt hat. Die Widerrechtlichkeit liegt stets dann vor, wenn kein **Rechtfertigungsgrund** vorliegt. Rechtfertigungsgründe können sein:

- Notwehr
- Geschäftsführung ohne Auftrag
- Notstand
- Einwilligung
- Selbsthilfe.

Bei allen genannten Rechtfertigungsgründen fehlt die Widerrechtlichkeit der Schädigung, so dass **keine** Haftung, d. h. **Zahlung von Schadenersatz**, möglich ist. Liegt allerdings kein Rechtfertigungsgrund vor, kommt eine zivilrechtliche Haftung in Betracht.

Dabei können diese im Einzelnen wie folgt in Grundzügen dargestellt werden:

Notwehr
Die **Notwehr** ist in § 227 Abs. 2 BGB für den zivilrechtlichen Bereich wie folgt geregelt:

Notwehr ist diejenige Verteidigung, welche erforderlich ist, um einen gegenwärtigen rechtswidrigen Angriff von sich oder einem anderen abzuwenden.

Definition

Die **Notwehr**[59] ist danach die zulässige Verteidigung gegen einen gegenwärtigen und rechtswidrigen Angriff.

Rechtfertigungsgrund kann aber nur die erforderliche Verteidigung sein, die mit angemessenen Mitteln erfolgt. Eine Verteidigung ist daher nicht mehr zulässig, wenn der Angriff bereits abgeschlossen ist und die Verteidigung eine Art von Rache oder eine Erziehungsmaßnahme darstellt. Sofern die Abwehr des Angriffs mit zulässigen Mitteln erfolgt, kann der betroffene Heilerziehungs- oder Altenpfleger bzw. das Gesundheits- und Krankenpflegepersonal nicht für Verletzungen, die der Patient oder Heimbewohner erleidet, zur Verantwortung gezogen werden.

Notstand
Der zweite wichtige Rechtfertigungsgrund ist der (zivilrechtliche) **Notstand** nach § 228 BGB:

Wer eine fremde Sache beschädigt oder zerstört, um eine durch sie drohende Gefahr ... abzuwenden, handelt nicht widerrechtlich, wenn ... erforderlich ist und der Schaden nicht außer Verhältnis zu der Gefahr steht.

Diese Vorschrift gestattet die **Zerstörung** oder **Beschädigung** einer fremden Sache zur **Abwendung** einer **Gefahr**. Es gilt jedoch der **Verhältnismäßigkeitsgrundsatz**, d. h., es muss ein angemessenes Verhältnis zwischen Gefahr und Zerstörung bzw. Beschädigung bestehen.

Geschäftsführung ohne Auftrag
Als besondere Form des Notstandes im Zivilrecht ist das Rechtsinstitut der **Geschäftsführung ohne Auftrag** zu nennen. Die Voraussetzungen liegen gemäß § 677 BGB für denjenigen vor, der

... ein Geschäft für einen anderen besorgt, ohne von ihm beauftragt ... zu sein.

Derjenige, der für einen anderen tätig ist, ist dazu verpflichtet,

... das Geschäft so zu führen, wie das Interesse des Geschäftsherrn mit Rücksicht auf dessen wirklichen oder mutmaßlichen Willen ...

---

[59] Näheres dazu in Kienzle/Paul-Ettlinger (2006)

es erfordert. Bedeutsam ist in der pflegerischen Praxis der **mutmaßliche Wille** des Bewohners oder Patienten. Der Begriff „Geschäftsbesorgung" darf nicht dahingehend verstanden werden, dass nur die Erledigung von Rechtsgeschäften damit gemeint ist.

Die Geschäftsführung ohne Auftrag ist ein gesetzlicher Auffangtatbestand[60] für Handlungen verschiedener Art. So zählt die Bergung eines Fahrzeuges nach einem Unfall ebenso zu der Geschäftsbesorgung wie die ärztliche Behandlung bewusstloser Patienten.[61] Entscheidend für die Berechtigung ist lediglich, ob die Geschäftsbesorgung zumindest dem mutmaßlichen Willen des Betroffenen entspricht. Davon ist bei einer **konkreten Gefahr** für den Bewohner auszugehen. Denn es besteht grundsätzlich die Pflicht zur Hilfeleistung bei Unfällen oder sonstiger Gefahr, so dass eine derartige Gefahr ein ausreichender Grund für die Besorgung „fremder Angelegenheiten" ist.[62] Die genannte Hilfspflicht ergibt sich aus der strafrechtlichen Vorschrift des § 323 c StGB:

Wer bei Unglücksfällen oder gemeiner Gefahr oder Not nicht Hilfe leistet, obwohl dies erforderlich und ihm ... zuzumuten, insbesondere ohne erhebliche eigene Gefahr und ohne Verletzung anderer wichtiger Pflichten möglich ist, wird mit Freiheitsstrafe ... oder mit Geldstrafe bestraft.

Selbst wenn der Betroffene nicht mit der Geschäftsführung einverstanden ist, muss dieses nach der gesetzlichen Regelung in § 679 BGB nicht beachtet werden, wenn die Geschäftsbesorgung „im öffentlichen Interesse" liegt. Das **öffentliche Interesse** ist anzunehmen bei der Gefahr für Leben und Gesundheit, beispielsweise

- einem Suizidversuch,
- Autoaggressionen,
- Aggressionen gegen Dritte oder
- Eigengefährdung durch Feuer etc.

Die Geschäftsführung ohne Auftrag hat für Heilerziehungs- und Altenpfleger sowie Krankenpflegekräfte den Vorteil, dass nicht nur die Handlung durch einen Rechtfertigungsgrund gedeckt ist, sondern zusätzlich die Möglichkeit besteht, den **Ersatz eventueller (Un)Kosten** aufgrund der Geschäftsführung nach § 683 BGB zu erlangen.

> Der Autofahrer A weicht dem Heimbewohner B aus, der ihm plötzlich vor das Auto läuft. Er kollidiert dadurch mit einem Verkehrsschild, wodurch sein PKW beschädigt wird. Da das Ausweichen eine Geschäftsführung ohne Auftrag darstellt, muss B die dadurch entstehen Unkosten des A, d. h. die Reparatur des PKW, bezahlen, sofern er ausreichendes Vermögen besitzt und deliktsfähig ist.

Praxisbeispiel

Ein weiterer Rechtfertigungsgrund ist die **Einwilligung**. Sie muss allerdings **freiwillig** erfolgen, und der Betroffene muss einwil-

Einwilligung

---

[60] Palandt (2000), Einf. § 677, Rdn. 2

[61] BGHZ 33, 251

[62] Palandt (2000), § 677, Rdn. 11

ligungsfähig sein.[63] Bei medizinischen Maßnahmen ist die Einwilligung nur nach vorheriger **Aufklärung** wirksam. Durch die Einwilligung gibt der Betroffene die rechtlich wirksame Zustimmung in die Verletzung seiner Rechtsgüter. Lediglich in die Verletzung des Rechtsguts „Leben" kann nicht wirksam eingewilligt werden. Auch kann die Einwilligung in eine Körperverletzung unter Umständen sittenwidrig sein.

Praxisbeispiel

> Der Bewohner stimmt einer „Körperverletzung" dadurch zu, dass er die Einwilligung zur Injektion erteilt.

Praxisbeispiel

> Ein Patient erklärt bei der Aufnahme auf die Suchtstation seine Zustimmung zur Durchsuchung seines Gepäcks und der Vernichtung von Alkohol und Drogen.

Praxisbeispiel

> Ein Heimbewohner stimmt dem Bettgitter als Beschränkung seiner Bewegungsfreiheit zu.

Selbsthilfe

Schließlich kann die Widerrechtlichkeit einer Rechtsgutverletzung entfallen, wenn der „Täter" im Wege der **Selbsthilfe** nach § 229 BGB handelt:

Wer zum Zwecke der Selbsthilfe eine Sache wegnimmt, zerstört oder beschädigt oder wer zum Zwecke der Selbsthilfe einen Verpflichteten, welcher der Flucht verdächtig ist, festnimmt oder den Widerstand des Verpflichteten gegen eine Handlung, die dieser zu dulden verpflichtet ist, beseitigt, handelt nicht widerrechtlich, wenn obrigkeitliche Hilfe nicht rechtzeitig zu erlangen ist und ohne sofortiges Eingreifen die Gefahr besteht, dass die Verwirklichung des Anspruchs vereitelt oder wesentlich erschwert werde.

Die Selbsthilfe ist zulässig für denjenigen, der einen Anspruch hat, der nicht rechtzeitig mithilfe der Gerichte oder Behörden durchgesetzt werden kann. Sie kann daher nur dort Anwendung finden, wo die **Gefahr** einer **Vereitelung** des Anspruchs droht. Im Wege der Selbsthilfe kann die **Beschädigung** einer fremden **Sache** (z. B. Aufbrechen einer Schranktür) oder die **Festnahme** einer Person (z. B. bei Fluchtgefahr) gerechtfertigt werden.

2.2.3 Verschulden

Praxisbeispiel

> Der Heilerziehungspfleger versäumt es, die Balkontür in dem Zimmer einer Bewohnerin im 2. OG zu verschließen. Die Bewohnerin stürzt hinunter und verletzt sich erheblich. Durch diese Nachlässigkeit wurde die Bewohnerin widerrechtlich am Rechtsgut „Körper" geschädigt, so dass eine unerlaubte Handlung vorliegt und die deliktische Haftung ausgelöst wird.

Liegt eine widerrechtliche Handlung vor, besteht also kein Rechtfertigungsgrund, ist für die Haftung entscheidend, ob der Schädiger zusätzlich **schuldhaft**, folglich mit

---
[63] vgl. Teil 3, 1.3.7

- **Fahrlässigkeit** oder
- **Vorsatz**

gehandelt hat.

Die **Fahrlässigkeit** ergibt sich aus der Vorschrift des § 276 BGB, in der die Voraussetzungen festgelegt sind:

Fahrlässigkeit

... Fahrlässig handelt, wer die im Verkehr erforderliche Sorgfalt außer Acht lässt.

Bei der Fahrlässigkeit ist die Schädigung zwar nicht gewollt, jedoch hat der Täter eine **Pflichtwidrigkeit** dadurch begangen, dass er die **im Verkehr erforderliche Sorgfalt außer Acht** gelassen hat, wodurch eine andere Person an einem ihrer Rechtsgüter geschädigt wurde. Für den Umfang der Sorgfalt, die der Schädiger, beispielsweise eine Pflegekraft, anzuwenden hat, gilt im Zivilrecht der **objektive Sorgfaltsmaßstab**. Dies bedeutet, dass jeder darauf vertrauen darf, dass der andere die erforderlichen Fähigkeiten besitzt, seine (beruflichen) Pflichten zu erfüllen.[64] Der Sorgfaltsmaßstab richtet sich im medizinischen und pflegerischen Bereich nach dem Erwartungshorizont eines durchschnittlichen Patienten[65] und nach dem anerkannten medizinischen Standard des jeweiligen Fachgebietes.[66] Notwendig sind diejenigen Maßnahmen, die bei gewissenhafter Handhabung aus berufsfachlicher Sicht erwartet werden dürfen.[67] Es gelten dabei im Umgang mit Behinderten die durchschnittlichen Fähigkeiten der Berufsgruppe der Heilerziehungspfleger, bei alten Menschen diejenigen der Altenpfleger und bei (psychisch) kranken Menschen diejenigen der Fachkräfte für Gesundheits- und Krankenpflege. Die Rechtsprechung sieht als **Maßstab** diejenige Sorgfalt, die ein gewissenhafter Angehöriger der Berufsgruppe beachten würde.[68] Besondere Fähigkeiten des Täters können zu seinem Nachteil gewertet werden, so dass er dadurch ein besonders hohes Maß an Sorgfalt hätte anwenden müssen. Von untergeordneten Mitarbeitern kann nicht dieselbe Sorgfalt wie von leitenden Mitarbeitern erwartet werden, jedoch gilt in diesem Fall unter Umständen das **Übernahmeverschulden**.

> Beim **Übernahmeverschulden** Hier wird eine Aufgabe übernommen, obwohl Zweifel daran bestehen, ob sie ordnungsgemäß durchgeführt werden kann oder ob die dafür erforderliche Qualifikation besteht.

Definition

Die Fahrlässigkeit liegt gerade in der voreiligen und unbedachten Übernahme der Tätigkeit.

Im Zusammenhang mit dem Übernahmeverschulden muss auch diejenige Seite, die Tätigkeiten auf andere überträgt, betrachtet werden. Es liegt in derartigen Fällen unter Umständen ein **Delegationsverschulden** vor.

---

[64] vgl. Palandt, BGB, § 276 Rdn. 15
[65] vgl. BGH, NJW 1991, 1535
[66] vgl. BGH, NJW 1995, 776
[67] vgl. BGH, NJW 1999, 1778
[68] BGH, NJW 1972, 151; OLG Köln, NJW-RR 1990, 793

Definition

Von einem **Delegationsverschulden** ist dann auszugehen, wenn Tätigkeiten auf eine nicht hinreichend qualifizierte Person (Adressat) übertragen werden.

Der Adressat der Delegation muss für die Tätigkeit hinsichtlich seiner

- fachlichen Qualifikation,
- körperlichen und psychischen Fähigkeiten und
- Zuverlässigkeit

geeignet sein. Zumindest Zweifel bestehen deshalb bei der Eignung für eine Vielzahl von Tätigkeiten im pflegerischen Bereich bei Praktikanten, Auszubildenden bzw. Schülern und Personen ohne jede Ausbildung (z. B. Zivildienstleistende, soziales Jahr etc.). Bei diesen muss genau geprüft werden, ob die erforderliche Qualifikation für die Tätigkeit, die übertragen werden soll, vorliegt. Kein Delegationsverschulden liegt hingegen vor, sofern Tätigkeiten auf Personen mit entsprechender beruflicher Qualifikation, insbesondere examinierte Fachkräfte, übertragen werden. In diesem Fall kann auf die Zuverlässigkeit etc. vertraut werden, sofern nicht im Einzelfall konkrete Zweifel aufgrund vorheriger Erfahrungen etc. bestehen.

Fahrlässigkeit

Zur Fahrlässigkeit sind stets zwei Elemente erforderlich:

- Vorhersehbarkeit und
- Vermeidbarkeit.

Zur **Vorhersehbarkeit** zählt, dass das Pflegepersonal entsprechende Vorsorge zur Verhinderung von Schäden treffen muss. Dies gilt insbesondere für die Verhinderung einer Gefährdung von suizidgefährdeten oder weglaufgefährdeten Personen, die sich im Straßenverkehr etc. schädigen könnten.

Praxisbeispiel

Die für die Essensversorgung zuständigen Zivis rollen die Essenswagen aus dem Lieferwagen und stellen sie auf einer Straße mit Neigung ab. Einer der Essenswagen rollt unbemerkt den Berg hinunter und beschädigt einen PKW. Der Zivi hat fahrlässig gehandelt. Die Schädigung durch den ungesichert stehenden Essenswagen war vorhersehbar und auch durch geeignete Maßnahmen vermeidbar.

Anforderungen bei Suizid

Besondere Anforderungen gelten **beim Suizid**. Das Personal einer Einrichtung hat die Pflicht, alle Gefahren von denjenigen Patienten oder Bewohnern abzuwenden, die diesen wegen ihrer Suizidgefährdung drohen.[69] Allerdings müssen Schutzmaßnahmen nur in den Grenzen des Erforderlichen und Zumutbaren getroffen werden.[70] Insbesondere in Psychiatrischen Kliniken kann ein Suizid nicht mit völliger Sicherheit ausgeschlossen werden.[71] Dies bedeutet, dass der Schaden, insbesondere eine Gefährdung des Betroffenen oder bei Aggressionen gegenüber Dritten, nur im

---

[69] BGH, NJW 1994, 794 m. w. N.

[70] BGH, a. a. O.

[71] Wolfslast, NStZ 1984, 96; Bohle, MedR 1990, 298

Rahmen der Vermeidbarkeit verhindert werden muss. Besonders im Bereich des **erlaubten Risikos**, somit in Bereichen, wo sich ein völliger Ausschluss der Gefährdung aus übergeordneten Gründen nicht erreichen lässt, muss ein Restrisiko bleiben. Als Beispiel wäre die Notwendigkeit des Ausgangs bei einer stationären psychiatrischen Behandlung zur Rehabilitation zu nennen. Intensive Überwachungsmaßnahmen gefährden eine erfolgreiche Therapie bei Personen mit psychischen Erkrankungen.[72] Bei vorsehbarer Gefahr müssen trotzdem diejenigen Maßnahmen getroffen werden, die einerseits die Gefahr beseitigen, andererseits nicht mehr als notwendig in das **Persönlichkeitsrecht** des Betroffenen eingreifen. Es gilt folglich auch insoweit der **Verhältnismäßigkeitsgrundsatz** mit der notwendigen **Güterabwägung**, was bedeutet, dass stets der Eingriff in die Rechte des Bewohners oder Patienten mit dem Umfang der Gefährdung verglichen werden muss. Werden allerdings zumutbare und notwendige Schutzmaßnahmen unterlassen, ist der Vorwurf der Fahrlässigkeit gerechtfertigt und es tritt eine Haftung gegenüber dem Bewohner oder Patienten ein.

Es werden bei der Fahrlässigkeit verschiedene **Formen**, d. h. leichte, mittlere und grobe Fahrlässigkeit, unterschieden. Eine **grobe Fahrlässigkeit** liegt vor, wenn die im Verkehr erforderliche Sorgfalt in besonders schwerem Maß verletzt worden ist und dasjenige nicht beachtet wurde, was jedem hätte einleuchten müssen.[73]

Formen der Fahrlässigkeit

> Die Altenpflegerin bewahrt Arzneimittel nicht verschlossen auf. Einer der Bewohner nimmt deshalb ein Medikament und kann nur mithilfe des Notarztes gerettet werden. Die Pflegekraft hat einfachste Regeln der Aufbewahrung von Medikamenten verletzt und deshalb grob fahrlässig gehandelt.

Praxisbeispiel

Von der Rechtsprechung entwickelte **Beispiele** für die grobe Fahrlässigkeit sind:

- Überfahren einer Ampel mit Rotlicht,
- Verstoß gegen Unfallverhütungsvorschriften,
- Unterlassen der Desinfektion einer Einstichstelle bei i. m.-Injektionen,
- Tätigkeit und Fahren unter Alkoholeinfluss,
- Pflegekraft erscheint unter Drogeneinfluss zum Dienst,
- Baden eines Bewohners in zu heißem Wasser,
- Mitarbeiter eines ambulanten Dienstes wechselt während der Fahrt den Sender des Autoradios und verursacht dabei einen Unfall,[74]
- Gabe eines Arzneimittels ohne vorheriges Lesen des Etiketts[75],
- Nichtbehandlung trotz Bitte des Patienten.[76]

Bei der zweiten Form des Verschuldens, dem **Vorsatz**, handelt der Täter mit **Wissen** und **Wollen**, d. h., der Schaden oder die Verlet-

Vorsatz

---

[72] BGH, a. a. O.
[73] BGH, NJW-RR 1988, 919
[74] PQSG – Online-Magazin für die Altenpflege, www.pqsg.de, „Haftung"
[75] vgl. Böhme (1991), 4.4.1; OLG Köln, NJW 1969, 1586
[76] vgl. Böhme (1991), IV

zung eines der geschützten Rechtsgüter ist beabsichtigt oder wird zumindest gebilligt.

Praxisbeispiel

> Ein Heilerziehungspfleger versetzt einem Behinderten einen Schlag in das Gesicht, da dieser ihn angespuckt hat. Es liegt eine vorsätzliche Schädigung des Rechtsgutes „Körper" vor, so dass eine unerlaubte Handlung gegeben ist.

2.2.4 Deliktsfähigkeit

Weitere Voraussetzung des Verschuldens ist gemäß §§ 827, 828 BGB die **Deliktsfähigkeit**.

Definition

> **Deliktunfähig** sind Personen, die in einem Zustand der schweren krankhaften Störung der Geistestätigkeit (§ 827 BGB) einen Schaden verursachen, oder Kinder, die das siebte Lebensjahr noch nicht vollendet haben.[77]

Behinderte und psychisch kranke Menschen müssen daher oft nicht aus Delikt bzw. unerlaubter Handlung haften, selbst wenn die übrigen Voraussetzungen wie Rechtsgutverletzung, Widerrechtlichkeit etc. vorliegen.

2.2.5 Rechtsfolgen

Definition

> Erst wenn diese Voraussetzungen erfüllt sind, d. h. die Pflegekraft ein Rechtsgut widerrechtlich und schuldhaft verletzt hat, liegt eine **unerlaubte Handlung** (**Delikt**) vor.

Schmerzensgeld

Es kann durch den Geschädigten Schadenersatz gefordert werden. Diese **deliktische Haftung** gibt die Möglichkeit des Ersatzes **materiellen Schadens** (§ 823 Abs. 1 BGB) und der Zahlung eines **Schmerzensgeldes** nach § 253 BGB. Das **Schmerzensgeld** soll einen Ausgleich für die körperliche Beeinträchtigung, d. h. Schmerzen, gesundheitliche (unter Umständen dauernde) Schäden etc. sein. Deshalb ist seine Höhe vom Umfang der Verletzungen und der Dauer der Beeinträchtigung abhängig.

Schadenersatz

Im Wege des **Schadenersatzes** muss der Geschädigte so gestellt werden, als ob das schädigende Ereignis nie eingetreten wäre (§ 249 Satz 1 BGB), d. h. als ob nie ein Delikt gegenüber ihm begangen worden wäre. Der Heilerziehungs- oder Altenpfleger bzw. Gesundheits- und Krankenpfleger muss im Haftungsfall unter anderem Ersatz für beschädigte Sachen (z. B. Kleidung, Brille, Gebiss) und die notwendigen Behandlungskosten leisten sowie sonstige Vermögensnachteile, wie entgangener Gewinn, Unterhalt oder Nutzungsausfall, ausgleichen. Sofern der Geschädigte nicht mehr erwerbstätig sein kann, muss ihm eine Rente gezahlt werden.

---

[77] vgl. Teil 3, 1.2.2

> Der Altenpfleger verletzt seine Aufsichtspflicht, wodurch ein Bewohner auf eine verkehrsreiche Straße läuft. Der Fahrer eines PKW kann zwar ausweichen, jedoch schleudert das Fahrzeug und prallt gegen einen Lichtmast. Der Fahrer erleidet schwere Verletzungen, so dass er erwerbsunfähig ist. Deshalb muss ihm nicht nur der Schaden am PKW erstattet, sondern auch eine lebenslange Rente vom Altenpfleger bezahlt werden.

Praxisbeispiel

Es haftet im Deliktsrecht, im Gegensatz zur vertraglichen Haftung, grundsätzlich derjenige, der handelt, somit den **Schaden verursacht**. Dies ist in der pflegerischen Praxis im Zweifel die Pflegekraft „vor Ort". Die deliktische Haftung kann durch eine **Berufshaftpflichtversicherung** begrenzt werden. Diese zahlt an den Bewohner Schadenersatz und Schmerzensgeld, sofern die versicherte Pflegekraft einen Schaden verursacht hat. Diese Versicherung leistet auch Ersatz für die Kosten der Abwehr von unberechtigten Ansprüchen wie Rechtsanwalts- und Gerichtskosten.

Haftender im Deliktsrecht und Versicherungsmöglichkeiten

Für Schäden, die der Bewohner anderen gegenüber verursacht und die Ersatzansprüche gegen den Heimbewohner auslösen können, sollte seitens der Einrichtung eine **Privathaftpflichtversicherung** für den **Bewohner** abgeschlossen bzw. deren Abschluss durch den Betreuer oder die Angehörigen vorgeschlagen werden. Diese hat allerdings nur dann Leistungen zu erbringen, sofern der Bewohner zum Zeitpunkt des Schadenseintritts **deliktsfähig** war.

Bei Schäden, die der Bewohner bzw. Patient gegenüber dem Pflegepersonal verursacht, sind zwei Fallgruppen zu unterscheiden.

Schäden gegenüber dem Pflegepersonal

Ist der Bewohner oder **Patient deliktsfähig**, d. h. verantwortlich für sein Tun, haftet er nach den unten dargestellten Regeln selbst. Er muss deshalb wie „außen" auch dem geschädigten Mitarbeiter eines Heims oder eines Krankenhauses Schadenersatz und/oder Schmerzensgeld bezahlen, gegebenenfalls über seine Privathaftpflichtversicherung. Dies bedeutet, dass die Pflegekraft grundsätzlich in derartigen Fällen einen **direkten Anspruch gegen den Bewohner bzw. Patienten** auf **Schadenersatz** hat. Dieser lässt sich in der Praxis jedoch wegen der häufig vorhandenen Vermögenslosigkeit des Schadensverursachers nicht verwirklichen oder der Bewohner bzw. Patient ist deliktsunfähig und damit nicht verantwortlich.

Deshalb erhebt sich die Frage, ob und gegebenenfalls in welchem Umfang der Arbeitgeber stattdessen Ersatz leisten muss. Zum einen besteht ein Anspruch gegen den Arbeitgeber im Falle dessen **Verschuldens**, d. h. wenn diesem zumindest Fahrlässigkeit vorgeworfen werden kann. Dies ist beispielsweise gegeben bei unterlassenem Hinweis auf das Vorliegen einer Gefährdung. Ohne ein Verschulden hat der Arbeitgeber aber nur Ersatz zu leisten, wenn der Schaden bei einer gefährlichen Arbeit entstanden ist und ungewöhnlich war.[78] Für so genannte eingebrachte Sachen

---

[78] BAG AP Nr. 2 zu § 611 BGB Gefährdungshaftung = BAGE (GS) 12, 15; Nr. 3 zu § 611 BGB Gefährdungshaftung

trifft nach Schaub[79] den Arbeitgeber eine **Obhuts- und Verwahrungspflicht** bei

- persönlich unentbehrlichen,
- unmittelbar arbeitsdienlichen, aber nicht notwendigen und
- mittelbar arbeitsdienlichen Sachen.

Persönlich unentbehrliche Sachen

Dabei sind persönlich unentbehrliche Sachen diejenigen, die der Arbeitnehmer dazu benötigt, um zur Arbeitsstelle zu kommen (wie PKW, Fahrrad, Motorrad etc.) oder zur Arbeitsleistung fähig zu sein. Zu letzterem zählt naturgemäß die Kleidung, sowohl Arbeitskleidung als auch normale Straßenkleidung. Ebenso zählen zu den persönlich unentbehrlichen Sachen ein angemessener Geldbetrag und die Uhr. Bei der Uhr kann im Krankenhaus, in der Altenpflege und der Heilerziehungspflege davon ausgegangen werden, dass sie sogar unter den Begriff unmittelbar arbeitsdienlich einzustufen ist, da beispielsweise bei einem epileptischen Anfall eine exakte und sofortige Zeitkontrolle von entscheidender Bedeutung sein kann. Für die genannten Gegenstände muss der Arbeitgeber einerseits **Verwahrungsmöglichkeiten**[80] schaffen und andererseits **für Sachschäden Ersatz**, beispielsweise für zerrissene Kleidung,[81] leisten. Diese Pflicht zum Ersatz ist jedoch in zwei Fällen **eingeschränkt**: Einmal dort, wo den Beschäftigten ein **Mitverschulden** trifft, und zum zweiten dort, wo es sich um Gegenstände handelt, die **nur eingeschränkt arbeitsdienlich** waren. So ist es in der Praxis der Betreuung und Pflege üblich und auch richtig, dass Dinge wie Schmuck und Uhren ohne Sekundenzeiger etc. nicht ersetzt werden. Dasselbe gilt für teure Kleidung, da angemessene Kleidung auf der Station oder Wohngruppe denselben Zweck erfüllt.

Zusammenfassend ist festzustellen, dass bei Beschädigungen des Eigentums der Mitarbeiter in den meisten Fällen ein Kostenersatz vom Arbeitgeber gefordert werden kann.

2.2.6 Verjährung

Verjährungsfristen

Die Verjährungsfrist beträgt bei der **deliktischen Haftung** drei Jahre, gerechnet seit Kenntnis des Geschädigten vom Schaden, im Zweifelsfall seit dem Ereignis. Nach Ablauf der Verjährungsfrist kann der Anspruch auf Schadenersatz aus einer unerlaubten Handlung nicht mehr geltend gemacht werden.

Vertragliche Schadenersatzansprüche verjähren inzwischen gleichfalls in 3 Jahren (§ 195 BGB).

2.2.7 Gesamtschuldverhältnis

Erfolgt die Schädigung eines Bewohners oder Patienten durch mehrere Pflegekräfte, so entsteht ein **Gesamtschuldverhältnis**.

---

[79] a. a. O. § 108 IV 2

[80] LAG Bremen AP 2 zu § 618 BGB

[81] vgl. u. a. bei BAG in NJW 1999, S. 814

Die Heilerziehungs- und Altenpfleger sind dann dem Bewohner gemeinsam, unter Umständen zusammen mit ihrem Arbeitgeber, dem Krankenhaus- bzw. Heimträger, zur Zahlung von Schadenersatz und Schmerzensgeld verpflichtet. Der Bewohner hat als Geschädigter dabei die Möglichkeit, **entweder von jeder Pflegekraft** Ersatz eines Teils des Schadens zu fordern **oder eine Pflegekraft allein** in Anspruch nehmen. Sofern der Geschädigte den vollen Ersatz des Schadens von einer Person fordert, hat diese Anspruch auf Rückerstattung (Regress) gegen die anderen Mitschädiger. Dabei kann sie von jedem ihrer Kollegen den jeweiligen Anteil (bei zwei von 1/2, bei drei von 1/3 etc.) fordern.

Die Beschäftigten A und B fixieren grundlos einen Bewohner, der dabei verletzt wird. Da sie widerrechtlich seine Freiheit und seinen Körper verletzt haben, sind sie zu Schadenersatz und der Zahlung eines angemessenen Schmerzensgeldes verpflichtet. Der Bewohner kann jede einzeln oder beide zusammen, d. h. jede mit einem Anteil von ½ in Anspruch nehmen. Sofern A allein zahlen muss, kann sie von B die Hälfte zurückfordern.

Praxisbeispiel

2.2.8 Haftungsfreistellung der Pflegekräfte

Eine Besonderheit der Haftung der Alten- und Heilerziehungspfleger sowie der Gesundheits- und Krankenpflegenden besteht nach den Grundsätzen über die **gefahrgeneigte Tätigkeit**. Unter bestimmten Voraussetzungen hat die Gesundheits- und Krankenpfleger/in bzw. der Heilerziehungs- oder Altenpfleger einen Anspruch auf

Grundsätze über die gefahrgeneigte Tätigkeit

- Freistellung oder
- Regress.

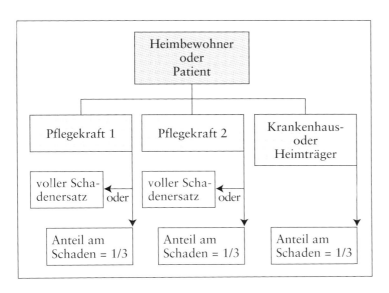

Abbildung 8: Gesamtschuldverhältnis

Bei der **Freistellung** muss der Arbeitgeber, d. h. der Heim- oder Krankenhausträger, denjenigen Schaden, den der Bewohner fordert, für seine Beschäftigten (Pflegepersonal) ersetzen, bevor diese selbst (gerichtlich) in Anspruch genommen werden, sie folglich von der Ersatzpflicht freistellen.

Praxisbeispiel

> Die Altenpflegerin A lässt die Gebissprothese eines Bewohners fallen, so dass diese zerstört wird. Sowohl der Bewohner als auch seine Krankenkasse fordern den Ersatz der Kosten für eine neue Prothese in der Höhe von 4.000,00 Euro. Der Heimträger ist verpflichtet, A freizustellen, d. h. den Betrag über 4.000,00 Euro an den Bewohner und die Krankenkasse zu bezahlen, damit A nicht selbst bezahlen muss.

Beim **Regress** ist der Arbeitgeber zur Rückerstattung des Schadenersatzbetrages verpflichtet, falls bereits gezahlt werden musste.

Praxisbeispiel

> Die Altenpflegerin A lässt die Gebissprothese fallen und muss, da der Heimträger sich weigert, zuerst selbst die Kosten in der Höhe von 4.000,00 Euro zahlen. Sie kann dann vom Arbeitgeber, d. h. Heimträger, vor dem Arbeitsgericht Regress fordern bzw. dort einklagen.

Beide Ansprüche können gegebenenfalls vor dem Arbeitsgericht durchgesetzt werden.

Voraussetzungen

Die Ansprüche auf Freistellung oder Regress bestehen uneingeschränkt dann, wenn nur **leichte Fahrlässigkeit**, d. h. geringe Schuld, vorliegt. Bei **mittlerer Fahrlässigkeit** muss der Schaden nach den Umständen des Einzelfalles geteilt werden. Der Schaden ist nach Billigkeitsgrundsätzen und im Rahmen der Zumutbarkeit zwischen Arbeitgeber und Arbeitnehmer, d. h. zwischen Heim- bzw. Krankenhausträger und Pflegekraft, zu teilen.[82] Bei **Vorsatz** haften Pflegekräfte trotz einer gefahrgeneigten Tätigkeit allein ohne Freistellungsanspruch. Der Vorsatz muss sich allerdings auf die Schädigung beziehen. Das vorsätzliche Missachten von Vorschriften reicht nicht aus, um die Erleichterungen durch die Grundsätze der gefahrgeneigten Tätigkeit zu verweigern.[83] Bei einer **groben Fahrlässigkeit**, somit bei einer schweren Pflichtverletzung, trifft dies grundsätzlich ebenfalls zu. Der Arbeitgeber, d. h. Heim- oder Krankenhausträger, muss sich jedoch unter Umständen das Fehlen einer **Betriebshaftpflichtversicherung** entgegenhalten lassen, wenn diese ohne Rückgriff auf die Pflegekräfte den Ersatz des Schadens übernommen hätte.[84] Dies bedeutet, dass bei fehlender Haftpflichtversicherung der Arbeitgeber trotz grober Fahrlässigkeit den Schaden allein tragen muss. Außerdem kann selbst bei grober Fahrlässigkeit der Arbeitgeber dazu verpflichtet sein, den Arbeitnehmer ganz oder teilweise von der Zahlung des Schadens freizustellen. Dies gilt dann, wenn der

---

[82] BAG, NJW 1988, 2818
[83] BAG, Urt. v. 18.4.2002, Az.: 8AZR348/01
[84] BAG, NJW 1988, 2820

Verdienst des Beschäftigten in einem deutlichen Missverhältnis zum Risiko steht.[85] Eine Begrenzung der Haftung muss deshalb gelten, wenn dem Arbeitnehmer hohe Sachwerte anvertraut werden[86] oder er ansonsten ein hohes Risiko trägt. Dies gilt im Heim- und Krankenhausbereich wegen der möglichen hohen Schadenssummen bei schwerer Schädigung des Bewohners oder Patienten, beispielsweise einer Querschnittslähmung nach einem Suizidversuch, grundsätzlich dann, sofern der Schaden ungefähr das dreifache des Nettomonatseinkommens überschreitet.

Praxisbeispiel

> Die Pflegekraft fährt eine Bewohnerin zum Augenarzt. Sie verursacht durch eine geringfügige Unachtsamkeit einen Verkehrsunfall, bei dem die Bewohnerin verletzt wird. Die Pflegekraft kann von ihrem Arbeitgeber fordern, dass er die entstandenen Kosten einschließlich des Schadenersatzes erstattet, da die Fahrt mit dem Kraftfahrzeug eine gefahrgeneigte Tätigkeit ist.

Praxisbeispiel

> Eine Gesundheits- und Krankenpflegerin teilt äußerst unachtsam während einer Unterhaltung mit ihrer Kollegin die Medikamente aus. Durch ein fehlerhaftes Medikament erleidet der Patient einen derartigen gesundheitlichen Schaden, dass sie zu einem Schmerzensgeld von 50.000,00 Euro zusätzlich zum Ersatz des materiellen Schadens verurteilt wird. Unter Berücksichtigung ihres Einkommens und der Schadenssumme liegt ein derartiges Missverhältnis vor, dass trotz der schweren Pflichtverletzung sie von dem Krankenhausträger Rückerstattung fordern kann.

Das Bundesarbeitsgericht hat eine zusätzliche Form der Fahrlässigkeit entwickelt: die grobe (**gröbste**) **Fahrlässigkeit**, als besonders grobe Fahrlässigkeit und subjektiv unentschuldbare Pflichtverletzung.[87] Liegt eine derartige besonders schwere Pflichtverletzung vor, muss der Arbeitnehmer, d. h. die betroffene Pflegekraft, den Schaden – selbst einen großen Schaden – allein tragen und kann ihn nicht vom Arbeitgeber zurückfordern.

Neue Form der Fahrlässigkeit

Es muss ausdrücklich darauf hingewiesen werden, dass die **Haftungsfreistellung nur gegenüber dem Heim- oder Krankenhausträger** gilt. Der Geschädigte selbst hat Anspruch auf vollen Ersatz seines Schadens von der Pflegekraft, gleichgültig, ob es sich um eine gefahrgeneigte Tätigkeit handelt oder nicht.

Sofern die Grundsätze der gefahrgeneigten Tätigkeit anwendbar sind, besteht auch im umgekehrten Fall für den Heim- oder Krankenhausträger keine Möglichkeit, bei der verursachenden Pflegekraft Regress zu nehmen. Dieser Regress ist nicht möglich, da die Pflegekraft einen Anspruch auf Freistellung hat.

---

[85] BAG, NJW 1990, 468   [86] BAG, NJW 1990, 468 (469)   [87] BAG, NJW 1998, 1810

2.2.9 Beweislast

Beweislast beim Bewohner

Wird ein Schadenersatzanspruch geltend gemacht, ist der Bewohner oder Patient dazu verpflichtet, vollen Beweis dafür zu erbringen, dass er durch eine Pflichtverletzung des Pflegepersonals geschädigt worden ist. Er hat folglich die **Beweislast**. Der Beweis wird in der Praxis durch Zeugenaussagen, Sachverständigengutachten, Schriftstücke (z. B. Dokumentation), eigene Aussagen der betroffenen Pflegekraft usw. erbracht. Die unbewiesene Behauptung des Bewohners oder seiner Angehörigen bzw. des eventuellen Betreuers ist nicht ausreichend, um einen Schadenersatzanspruch auszulösen.

Umkehr der Beweislast

Da die Beweisführung im Heim oder Krankenhaus aufgrund der besonderen Verhältnisse in der Praxis häufig schwirig sein kann, hat die Rechtsprechung in Sonderfällen die Umkehr der Beweislast vorgesehen. Die **Umkehr der Beweislast** kann zum Vorteil des Patienten oder Bewohners erfolgen, wenn folgende Fallkonstellationen vorliegen:

- Vorliegen von **groben Fehlern**: Ein grober Fehler liegt stets dann vor, wenn Sorgfaltspflichten in besonders schwer wiegendem Maß verletzt werden, so z. B. offenkundig erforderliche Maßnahmen zum Schutz des behinderten oder kranken Menschen nicht ergriffen werden. Da in derartigen Fällen eine Umkehr der Beweislast eintritt, muss das Pflegepersonal teilweise selbst beweisen, dass es den Eintritt des Schadens nicht verursacht hat.
- Sie tritt auch dann ein, wenn **Lücken** in der **Dokumentation** bestehen. Dies wird von der Rechtsprechung damit begründet, dass für den Patienten die Aufklärung des Sachverhaltes und damit der Ursache seiner Schädigung unzumutbar erschwert wird.[88] Zur **sorgfältigen Dokumentation** zählen die Nennung der Gefahrenlage, beispielsweise der Gefahr eines Dekubitus oder die angeordnete Prophylaxe und deren Durchführung.

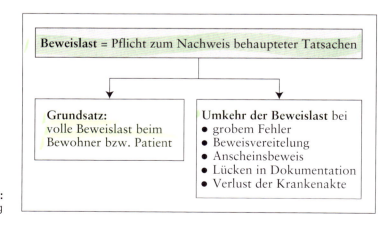

Abbildung 9: Beweislastverteilung

---

[88] st. Rspr., z. B. BGH, NJW 1984, S. 1403

Sofern derartige Eintragungen fehlen, ist dies ein Indiz dafür, dass die prophylaktischen Maßnahmen nicht getroffen wurden.[89] Der Träger des Krankenhauses oder des Heims muss deshalb den Beweis dafür erbringen, dass dennoch die Gefährdung erkannt worden ist und entsprechende Pflegemaßnahmen getroffen worden sind. Im Ergebnis gilt bei Lücken in der Dokumentation, dass das, was nicht dokumentiert ist, als nicht durchgeführt anzusehen ist.

Praxisbeispiel

Beim Heimbewohner H der Behinderteneinrichtung B fehlt eine Dokumentation darüber, dass das verordnete Antiepileptikum auch tatsächlich regelmäßig gegeben wurde. H erleidet einen schweren epileptischen Anfall und stirbt. Wegen des fehlenden Eintrags zur Gabe des Medikamentes kann zunächst davon ausgegangen werden, dass die Verabreichung unterlassen wurde, B durch sein Personal pflichtwidrig gehandelt hat und für den Tod des H und die wirtschaftlichen Folgen somit haften muss. B müsste durch andere Beweismittel nachweisen, dass trotz des fehlenden Eintrages das Medikament gegeben wurde.

- Diese nachteiligen Folgen mit allen Konsequenzen der Haftung können durch die genaue Beachtung der Sorgfalts- und Dokumentationspflichten verhindert werden.
- Genauso wie bei Lücken in der Dokumentation tritt die Umkehr der Beweislast beim vollständigen **Verlust der Kranken- oder Bewohnerakte** ein. Dazu existieren inzwischen mehrere Entscheidungen.[90] Das Krankenhaus hat nach dieser Rechtsprechung die Pflicht zur Sicherung der Krankenakten. Dies wird wohl auch für Heime zutreffen. Zudem kehrt sich die Beweislast um, wenn **Akten verfälscht** werden.
- Schließlich gilt noch der so genannte **Anscheinsbeweis**. Danach können aus bestimmten Geschehensabläufen rechtliche Schlüsse gezogen werden, wenn allein der Ablauf eine bestimmte Beurteilung nahe legt.

Praxisbeispiel

Der Heimbewohner erleidet unterwegs einen epileptischen Anfall und verstirbt daran. Der Heilerziehungspfleger hat trotz bekannter Gefahr keine Medikamente mitgeführt. Aufgrund dieses Fehlers und des Todes muss davon ausgegangen werden, dass der Heilerziehungspfleger den Tod verschuldet hat, da der erste Anschein dafür spricht, dass mit dem entsprechenden Medikament der Tod verhindert worden wäre.

---

[89] BGH, NJW 1986, S. 2365

[90] beispielsweise BGH, NJW 1995, 778; NJW 1996, S. 779; NJW 1996, 1589

2.2.10 Dokumentation

Wie bereits ausgeführt, kommt einer sorgfältigen und ordnungsgemäßen Dokumentation in vielfältiger Hinsicht wesentliche Bedeutung zu. Es können sowohl Fehler in der Dokumentation zu einer Umkehr der Beweislast führen[91] als auch eine gute Dokumentation umgekehrt das Pflege- und Betreuungspersonal entlasten, sofern sich aus der Dokumentation die Verordnungen des Arztes und die Verantwortlichen für bestimmte Maßnahmen bzw. Fehler ergeben. Deshalb muss darauf geachtet werden, dass der behandelnde Arzt stets zumindest mit seinem Handzeichen die Anordnungen bestätigt.

Dokumentationspflicht

Das Heim und auch das Krankenhaus sind gesetzlich zur Dokumentation verpflichtet. Für den Heimbereich ergibt sich dies unter anderem aus der Pflegeversicherung, d. h. aus §§ 104, 105 SGB XI und aus § 80 SGB XI i. V. mit einer entsprechenden Qualitätsvereinbarung sowie aus dem Heimrecht, insbesondere §§ 2, 13 HeimG. Für die ambulante Pflege besteht die Dokumentationspflicht unter anderem aus § 132 a SGB V und § 137 f SGB V sowie § 85 SGB XI. Ärzte sind zur Dokumentation sowohl aufgrund des § 10 der Musterberufsordnung und § 73 SGB V verpflichtet. Der Arzt muss zusätzlich seine Behandlung als vertragliche Pflicht gegenüber dem Patienten dokumentieren. Krankenhäuser sind zur Dokumentation insbesondere durch §§ 294, 302 SGB V verpflichtet.

Haftungsrechtliche Relevanz der Dokumentation

Als Zwischenergebnis ist somit festzuhalten, dass eine unzulängliche Dokumentation negative Auswirkungen auf die Beweislage bei Haftungsfällen haben kann, sie eine vertragliche Pflicht gegenüber Bewohnern bzw. Patienten darstellt und das Pflege- und Betreuungspersonal mit einer sorgfältigen Dokumentation auch den Nachweis von professionellem Handeln und von vertretbaren Entscheidungen erbringen kann.

Die Dokumentation ist eine Urkunde nach § 415 ZPO, d. h. es wird grundsätzlich vermutet, dass die Eintragungen dort korrekt sind. Diese Beweisvermutung wird aber bei Widersprüchlichkeit der Eintragungen nach § 419 ZPO entkräftet. Dies gilt auch bei festgestellten Manipulationen.

Inhalte der Dokumentation

Die Dokumentation als vertragliche und gesetzliche Pflicht gegenüber dem Patienten bzw. Bewohner sowie den Sozialleistungsträgern, wie beispielsweise Pflegekassen und Krankenversicherung, soll insbesondere eine vollständige Übersicht der Pflegemaßnahmen enthalten, d. h. der Pflegeplanung und -verläufe für Bewohner und Patienten, der Verabreichung der Medikamente inklusive der ordnungsgemäßen Verordnung durch den Arzt, Anwendung von freiheitsentziehenden Maßnahmen einschließlich des Grundes und der jeweiligen Verantwortlichen, eigene und fremde Beobachtungen, besondere Vorkommnisse sowie Anweisungen der Ärzte, jeweils mit Handzeichen. Zum notwendigen

---

[91] s. oben, Kapitel 2.2.9

Bestandteil der ordnungsmäßen Dokumentation[92] zählen dabei vor allem:

- Anzeichen wie akute Verwirrtheit o. ä.
- Mund- und Zahnstatus
- Trinker, Gewicht, Probleme bei der Nahrungsaufnahme
- verabreichte Psychopharmaka
- Verhaltensauffälligkeiten (z. B. Herumwandern, Weglaufen etc.)
- Schmerzen
- Wachzeit, Aktivitäten bzw. Beschäftigungen
- Sturzrisiken

Sofern wesentliche Aussagen fehlen, kann dies, wie bereits oben ausgeführt, zur Umkehr der Beweislast führen, d. h. das Heim oder Krankenhaus muss nachweisen, dass trotz der Lücken in der Dokumentation ein korrektes Verhalten im Umgang mit dem Bewohner oder Patienten vorliegt, also kein „Fehler" gemacht wurde. Die Dokumentation muss deshalb

- richtig,
- vollständig,
- zeitnah und
- kontinuierlich

sein, um die erwähnten rechtlichen Nachteile zu vermeiden. Es gilt deshalb die Dokumentationswahrheit und Dokumentationsklarheit.

Hervorzuheben ist, dass das Pflege- und Betreuungspersonal im eigenen Interesse, d. h. zur Vermeidung eines unberechtigten Vorwurfs und der sich daraus ergebenden Haftung, darauf beharren muss, dass Ärzte und sonstige verantwortliche Personen Anweisungen, Verordnungen etc. beweiskräftig dokumentieren. Deshalb sind beispielsweise telefonische Verordnungen ungeeignet.

2.3   Haftung des Vorgesetzten

Die **deliktische Haftung aufgrund einer unerlaubten Handlung** betrifft nicht nur die Mitarbeiter der Einrichtung (Heilerziehungspfleger, Altenpfleger oder Gesundheits- und Krankenpflegepersonal), die direkten Kontakt zum Behinderten oder Patienten haben, sondern nach § 831 BGB auch ihre **Vorgesetzten**. Bei einer unerlaubten Handlung haften in bestimmten Fällen also auch die Gruppen-, die Heim-, Stations-, Wohnbereichs- und die Pflegedienstleitung sowie der Vorstand der Einrichtung bzw. der Direktor.

---

[92] vgl. dazu Großkopf/ Schanz, Dokumentation – Entbürokratisierung durch Professionalisierung, RDG 02/2006, S. 34 f.

Fälle der deliktischen Haftung der Vorgesetzten

Heilerziehungs- und Altenpfleger sowie Gesundheits- und Krankenpflegepersonal sind **Verrichtungsgehilfen**, d. h., sie unterliegen hinsichtlich ihrer Tätigkeit den Weisungen der jeweiligen Vorgesetzten. Die Vorgesetzten haften daher im Falle einer Schädigung der Bewohner oder Patienten durch die Pflegekraft gleichfalls aus Delikt, wenn **nicht** die

- ordnungsgemäße Personalauswahl,
- ordnungsgemäße Anleitung und/oder
- ordnungsgemäße Überwachung

nachgewiesen werden kann. Es wird dabei durch den jeweiligen Vorgesetzten indirekt für **fremdes Verschulden** gehaftet, d. h. für dasjenige des Pflegepersonals als Verrichtungsgehilfe. Der Vorgesetzte hat zu beweisen, dass er sich ordnungsgemäß verhalten hat oder der Schaden unabhängig von dem fehlerhaften Verhalten als Vorgesetzter entstanden ist. Ist dieser Beweis nicht möglich, muss die Gruppen- und Wohnbereichsleitung bzw. Stations- und Pflegedienstleitung sowie die Heimleitung gegenüber dem Bewohner und Patienten zivilrechtlich (mit)haften.

Praxisbeispiel

> Die Heilerziehungspflegerin A übt die Funktion der Gruppenleitung aus und lässt die Auszubildende S bereits zu Beginn der Ausbildung selbstständig die Medikamente an die Bewohner oral verabreichen. S verwechselt eines der Arzneimittel, wodurch eine Bewohnerin derart geschädigt wird, dass eine mehrmonatige stationäre Behandlung notwendig ist. Die zuständige Krankenkasse kann von A Ersatz der Kosten des Krankenhausaufenthaltes fordern, da die Überwachung und Anleitung von S mangelhaft war. A haftet für S als Vorgesetzte mit, da S Verrichtungsgehilfin ist.

Vom Vorgesetzten wird deshalb **erwartet**, dass Pflegende bzw. Betreuende stets nur jene Aufgaben erledigen, die aufgrund ihrer Ausbildung erwartet werden können, medizinische Maßnahmen einschließlich der Tablettenvergabe nur mit ärztlicher Verordnung erfolgen und Pflegemaßnahmen bzw. medizinische Tätigkeiten dokumentiert werden.[93] Zum **Nachweis der ordnungsgemäßen Anleitung und Überwachung** empfehlen sich schriftliche Aufzeichnungen der Stations-, Gruppen- oder Wohnbereichsleitung bzw. Pflegedienst- oder Heimleitung.[94] Nur aufgrund derartiger Nachweise dürfte im Haftungsfall eine Erfüllung der gesetzlichen Verpflichtung zur Überwachung möglich sein.

In den Fällen der Haftung für Verrichtungsgehilfen, d. h. für den nachgeordneten Mitarbeiter bzw. für dessen Fehler, und der Haftung als Vorgesetzter wegen Organisationsverschuldens (vgl. Teil 3, 2.4.3) haftet der Vorgesetzte zusammen mit den Heilerziehungs- und Altenpflegern oder Krankenpflegekräften, falls auch diese ein Verschulden trifft. Zwischen ihnen liegt dann wieder ein **Gesamtschuldverhältnis** (§ 421 BGB) vor.[95]

---

[93] Markus (1988), S. 209

[94] Beispiel dazu bei Hofmann, APflege 1992, S. 252

[95] vgl. auch Teil 3, 2.2.7

2.4 Haftung des Trägers

Die Haftung des Trägers kann aufgrund verschiedener Rechtsgrundlagen entstehen.

2.4.1 Vertragliche Haftung

Der Träger der Einrichtung schließt mit dem Bewohner zur Durchführung der Betreuung und Pflege einen **Heimvertrag** und der Träger des Krankenhauses mit dem Patienten einen **Krankenhausaufnahmevertrag** ab. Er haftet gegenüber dem Bewohner oder Patienten auf der Grundlage dieses Vertrages für Schädigungen aufgrund einer Verletzung vertraglicher Pflichten, da er dessen Vertragspartner ist. Der Bewohner oder Patient hat Anspruch auf die umfassende und **sorgfältige Betreuung** durch das Heim oder Krankenhaus. Sofern bei der Betreuung Fehler unterlaufen, haftet der Träger für den entstandenen Schaden wegen der **Verletzung vertraglicher Pflichten**. Der Geschädigte hat aber aufgrund der vertraglichen Haftung nur einen Anspruch auf Ersatz des **materiellen Schadens**, somit der wirtschaftlichen Nachteile, **nicht** auf die Zahlung von Schmerzensgeld. Die **Verjährungsfrist** beträgt auch bei der vertraglichen Haftung 3 Jahre, so dass der Geschädigte in dieser Zeit seine Ansprüche geltend machen muss.

Der Heim- oder Krankenhausträger erfüllt seine Pflichten aus dem Heimvertrag oder Krankenhausvertrag mittels der Heilerziehungs- und Altenpfleger oder des Gesundheits- und Krankenpflegepersonals. Deshalb sind diese Mitarbeiter als Bindeglied zwischen ihm und den Bewohnern bzw. Patienten **Erfüllungsgehilfen** mit der Folge einer Haftung für deren Verschulden, d. h. deren schädigendes Verhalten gegenüber den Bewohnern oder Patienten, was sich aus § 278 BGB ergibt:

Der Schuldner hat ein Verschulden seines gesetzlichen Vertreters und der Personen, deren er sich zur Erfüllung seiner Verbindlichkeit bedient, in gleichem Umfange zu vertreten wie eigenes Verschulden.

Der Träger wird folglich so behandelt, als ob er selbst seine vertraglichen Pflichten verletzt hat. Er ist für alle Personen in seinem

Vertragsverletzung von Erfüllungsgehilfen

§

Haftung des Trägers bei
- → Verletzung der Verkehrssicherungspflicht
- → Organisationsverschulden
- → Delikt von Verrichtungsgehilfen
- → Vertragsverletzung von Erfüllungsgehilfen

Abbildung 10: Haftungsmöglichkeiten des Trägers

Bereich voll verantwortlich. Die **Möglichkeit des Entlastungsbeweises** besteht bei der vertraglichen Haftung **nicht**.

2.4.2 Deliktische Haftung

Zusätzlich zur vertraglichen Haftung besteht eine Haftung aus **Delikt**.[96] Der Träger haftet für vermutetes eigenes Verschulden im Zusammenhang mit fremdem Verschulden des Pflegepersonals, weil er für die Sorgfalt seiner Mitarbeiter einzustehen hat. Die Mitarbeiter sind im Verhältnis zum Träger **Verrichtungsgehilfen**. Der Träger des Heims oder Krankenhauses hat folglich nach § 831 BGB zu beweisen, dass er seine Mitarbeiter **ordnungsgemäß ausgewählt, angeleitet** und **überwacht** hat.

Haftung des Trägers zusätzlich neben seinem Personal

Ist dieser Nachweis nicht möglich, haftet er zusätzlich zum Heilerziehungs- oder Altenpfleger bzw. Gesundheits- und Krankenpflegepersonal gegenüber dem geschädigten Bewohner oder Patienten. Der Träger haftet nicht, wenn bewiesen werden kann, dass der Schaden auch bei der Anwendung der notwendigen **Sorgfalt** entstanden wäre (§ 831 Abs. 1, Satz 2 BGB). Wäre der **Bewohner ohnehin geschädigt** worden, d. h., das Verhalten des Personals war nicht Ursache für die Schädigung des Bewohners, haftet der Einrichtungsträger als Arbeitgeber nicht für seine Heilerziehungs-, Altenpfleger und sein Gesundheits- und Krankenpflegepersonal, denn ihm kann in diesen Fällen kein „Mitverschulden" an der Pflichtverletzung des Personals angelastet werden.

Sofern der Mitarbeiter einen Bewohner bzw. Patienten durch eine Verletzung seiner Sorgfaltspflichten schädigt und der Träger der Einrichtung, des Heimes oder Krankenhauses für ihn als Verrichtungs- oder Erfüllungsgehilfe haften muss, kommt wiederum ein **Gesamtschuldverhältnis** zu Stande, so dass der Bewohner gegen Träger und Pflegekraft gemeinsam zivilrechtlich vor dem Amtsgericht oder Landgericht Klage erheben kann.

2.4.3 Organisationsverschulden

Zu den Möglichkeiten der **Haftung des Trägers aus Delikt** zählt das Organisationsverschulden.

Definition

> Ein **Organisationsverschulden** liegt stets dann vor, wenn durch eine fehlerhafte Organisation die ordnungsgemäße Betreuung der Bewohner oder Patienten nicht gewährleistet ist und dadurch ein Schaden beim Bewohner oder Patienten entsteht.

Der Träger einer Einrichtung ist im Rahmen seiner Organisationspflichten dazu verpflichtet, **ausreichende Hilfsmittel** und **Personal** zur Verfügung zu stellen, so dass im Haftungsfall, d. h. bei Schädigung eines Bewohners oder Patienten, eine Entlastung

---

[96] vgl. Teil 3, 2.2

nicht mit dem Hinweis auf personelle Unterbesetzung möglich ist.[97] Die Einrichtung muss den Einsatz des Personals einschließlich des Nacht- und Wochenenddienstes so organisieren, dass für die Patienten und Bewohner **keine Gefährdung** auftreten kann.[98] Dies gilt gleichfalls für den Einsatz oder den Vorrat von Hilfsmitteln. Sofern diese Pflicht verletzt wird, liegt ein Organisationsverschulden vor.

Das Heim ist kaum mit qualifizierten Pflegekräften ausgestattet. Der Nachtdienst wird deshalb häufiger von einer Pflegekraft ohne Ausbildung erbracht. Ein Bewohner versucht einen Suizid, bei dem die Pflegekraft aufgrund ihrer fehlenden Ausbildung falsch reagiert. Der Bewohner wird durch einen Sprung aus dem Fenster schwer verletzt und bleibt gelähmt. Das Heim hat die entstandenen Pflegekosten aus Organisationsverschulden zu erstatten, da keine examinierte Pflegekraft vorhanden war.	Praxisbeispiel

Der Krankenhausträger sieht im Nachtdienst keine Pause vor, d. h., es steht keine Ersatzkraft zur Verfügung, damit die Gesundheits- und Krankenpflegerin zur Pause die Station verlassen kann. Sie verlässt die Station trotzdem, nachdem sie den Mangel vorher gerügt hat. In ihrer Abwesenheit kommt ein Patient zu Schaden. Der Krankenhausträger haftet aus Organisationsverschulden, weil er den Nachtdienst hätte anders organisieren müssen, die Pflegekraft hingegen nicht.	Praxisbeispiel

2.4.4 Verkehrssicherungspflicht

Zum Organisationsverschulden zählt auch die Verletzung von Verkehrssicherungspflichten.

Die **Verkehrssicherungspflicht** bedeutet, dass derjenige, der eine Gefahrenquelle schafft oder eine Gefahr nicht beseitigt, Vorkehrungen treffen muss, um die Schädigung dritter Personen zu verhindern.	Definition

Aufgrund der Verkehrssicherungspflicht muss bei **Glatteis oder Schnee** gestreut werden, gleichgültig, ob es sich um private oder öffentliche Wege handelt, wenn sie für die Allgemeinheit oder einen begrenzten Personenkreis zugänglich sind.[99] Es müssen **bauliche Mängel** beseitigt und bauliche Schwachstellen gesichert werden. Aus diesem Grund müssen in Kindergärten, Behinderteneinrichtungen oder vergleichbaren Einrichtungen die Glastüren aus bruchsicherem Glas[100] und Fenster in den Obergeschossen gesichert sein.[101] Nach der neueren Rechtsprechung muss der Träger einer Einrichtung dafür Sorge tragen, dass das Personal

Beispiele für Verkehrssicherungspflichten

---

[97] Markus (1988), S. 211
[98] OLG Düsseldorf, NJW 1986, 776
[99] BGHZ 40, 379, BGH, NJW 1985, 270; 1985, 484
[100] LG Tübingen, VersR 1962, 268
[101] BGH, MDR 1969, 209

oder Patienten bzw. Bewohner sowie Besucher nicht auf dem Flur infolge **Reinigungsarbeiten**[102] oder Fußbodenglätte in einzelnen Räumen stürzen.[103] Gleiches gilt für Gefahren, die von umherstehenden bzw. -liegenden Gegenständen ausgehen.

Der Träger haftet auch dann, wenn ein Bewohner durch einen Heilerziehungspfleger unsachgemäß geführt oder gehalten wird, so dass es zum Sturz kommt und er sich verletzt.[104] Der Träger muss in diesem Fall den Nachweis dafür erbringen, dass das Pflegepersonal sich pflichtgemäß, folglich mit der erforderlichen Sorgfalt, verhalten hat.[105] Der Heimträger hat zwar aus dem jeweiligen Heimvertrag gegenüber dem Heimbewohner Obhutspflichten zum Schutz von dessen körperlicher Unversehrtheit. Ebenso besteht eine inhaltsgleiche allgemeine Verkehrssicherungspflicht zum Schutze der Bewohner vor Schädigungen, die diesen wegen Krankheit oder einer sonstigen körperlichen oder geistigen Einschränkung durch sie selbst oder durch die Einrichtung und bauliche Gestaltung des Altenheims drohen.[106] Allein die Tatsache des Sturzes hat deshalb bisher zur Schlussfolgerung geführt, dass eine Verletzung des Heim- oder Krankenhausvertrages vorliegt. Nach einer neueren Entscheidung des Bundesgerichtshofs sind diese Pflichten allerdings auf die in Pflegeheimen üblichen Maßnahmen, die mit einem vernünftigen finanziellen und personellen Aufwand realisierbar sind, begrenzt.[107] Maßstab müssen das Erforderliche und das für die Heimbewohner und das Pflegepersonal Zumutbare sein.[108] Dabei ist insbesondere auch zu beachten, dass beim Wohnen in einem Heim die Würde sowie die Interessen und Bedürfnisse der Bewohner vor Beeinträchtigungen zu schützen und die Selbständigkeit, die Selbstbestimmung und die Selbstverantwortung der Bewohner zu wahren und zu fördern sind.[109]

Ausschluss von übertriebenen Sicherungmaßnahmen

Dabei sind „übertriebene" Sicherungsmaßnahmen vor Stürzen und ähnlichem bereits durch die Menschenwürde und das Selbstbestimmungsrecht ausgeschlossen. Es kann nach der Ansicht des Bundesgerichtshofs nicht generell, sondern nur aufgrund einer sorgfältigen Abwägung sämtlicher Umstände des jeweiligen Einzelfalls entschieden werden, welche konkrete Verpflichtung bestand, einerseits die Menschenwürde und das Freiheitsrecht eines alten, behinderten und kranken Menschen zu achten und andererseits sein Leben und seine körperliche Unversehrtheit zu schützen. Wenn der Unfallhergang im einzelnen nicht mehr aufklärbar ist, kommt keine Umkehr der Beweislast in Betracht,

---

[102] OLG Düsseldorf, ArztR 1993, 5
[103] OLG Stuttgart, ArztR 1994, 279
[104] BGH, NJW 1991, 1540 f = VersR 1991, 310 f; OLG Dresden NJW-RR 2000, 761
[105] BGH, NJW 1991, 1541; BGH, ArztR 1992, 136
[106] OLG Koblenz NJW-RR 2002, 867, 868
[107] BGH, Urt. v. 28. April 2005, Az.: III ZR 399/04; OLG München VersR 2004, 618, 619; LG Essen VersR 2000, 893
[108] vgl. OLG Koblenz, a. a. O.
[109] dazu § 2 Abs. 1 Nr. 1 und 2 HeimG i. d. F. vom 5. November 2001

da allein aus dem Umstand, dass ein Heimbewohner im Bereich des Heims gestürzt ist und sich dabei verletzt hat, nicht auf eine schuldhafte Pflichtverletzung des Pflegepersonals geschlossen werden kann.[110] Wenn der Bewohner sich nicht in einer konkreten Gefahrensituation, die gesteigerte Obhutspflichten auslöst, befindet, muss er beweisen, dass das Heim bzw. Krankenhaus ihn schuldhaft geschädigt hat und seine Verkehrssicherungspflichten verletzt hat.[111] Dies bedeutet in der Praxis der Pflege und Betreuung von alten, kranken und behinderten Menschen, dass eine sorgfältige Dokumentation der Gefährdungslage erforderlich ist und gegebenenfalls, welche prophylaktischen Maßnahmen getroffen wurden. Insoweit kann allerdings nach dem derzeitigen Stand der Pflegewissenschaft gefordert werden, dass mit geeigneten Maßnahmen das Sturzrisiko erfasst wird und gegebenenfalls eine Prophylaxe mit Sturzprotektoren etc. erfolgt.

Zur Verkehrssicherungspflicht zählt auch der **Schutz von Treppen**, um beispielsweise zu verhindern, dass Rollstuhlfahrer dort hinunterfahren. Probleme können ebenso im **Schwimmbad** auftreten, wo psychisch Kranke und geistig Behinderte besonders sorgfältig beaufsichtigt werden müssen.[112] Selbst bei **externen Veranstaltungen** trifft die Organisatoren die Verpflichtung, dafür Sorge zu tragen, dass auf dem Weg vom oder zum Parkplatz keiner der gehbehinderten Teilnehmer stürzt.[113] Zu den Verkehrssicherungspflichten eines Krankenhauses gehört ebenfalls, dass die Patienten nicht durch **andere Patienten oder Besucher** geschädigt werden.[114] Derartige Pflichten dürften ebenso Heime und sonstige Einrichtungen für Behinderte treffen. Das Heim oder Krankenhaus muss als Grundstückseigentümer wirksame, **auf Dauer angelegte Schutzmaßnahmen** ergreifen, um Kinder, Bewohner und Patienten vor den Folgen ihrer Unbesonnenheit und Unerfahrenheit zu bewahren.[115]

Grenzen

Allerdings kann im Rahmen der Verkehrssicherungspflicht nicht eine Sicherung erwartet werden, die jeden Unfall ausschließt und alle denkbaren Möglichkeiten umfasst. Es können lediglich diejenigen Maßnahmen zum Schutz vor Gefahren erwartet werden, die den Erwartungen des betroffenen Personenkreises entsprechen und **wirtschaftlich zumutbar** sind. Es besteht auch keine Verpflichtung gegenüber Personen, die sich **unbefugt** im gefährlichen Bereich aufhalten.

Die Unterschiede der beiden Haftungsbereiche können mit nachfolgender **Tabelle 2** dargestellt werden.

---

[110] BGH, Urt. v. 28. April 2005, Az.: III ZR 399/04
[111] vgl. dazu auch OLG Hamm NJW-RR 2003, 30, 31; OLG München a. a. O
[112] OLG Köln, MDR 1992, 561
[113] BGH, NJW 1990, 905
[114] BGH, NJW 1976, 1145
[115] BGH, NJW 1991, 2340; BGH, NJW 1995, 2631

Tabelle 2:
Haftungsebenen

	Deliktische Haftung	Vertragliche Haftung
Haftungsgegner	Heilerziehungs- und Altenpfleger sowie Krankenpflegepersonal und/oder gegen Heimträger bzw. Krankenhausträger	Heim- und Krankenhausträger
Haftung aus	unerlaubter Handlung	Heimvertrag Krankenhausvertrag
Pflegekraft ist	Verrichtungsgehilfe	Erfüllungsgehilfe
Entlastung bei	korrekter Auswahl, Anleitung, Überwachung	keine möglich
Rechtsfolgen	Schadenersatz, Schmerzensgeld	Schadenersatz
Verjährung	3 Jahre	3 Jahre

2.5 Besondere Haftungsbereiche

2.5.1 Medizinische Maßnahmen

Der behandelnde Arzt ist in der Regel nicht in der Lage, sämtliche Tätigkeiten selbst durchzuführen, die zur medizinischen Versorgung des Bewohners oder Patienten erforderlich sind. Er ist daher unter bestimmten Voraussetzungen berechtigt, medizinische Tätigkeiten auf nicht-ärztliches Personal zu übertragen. Bei dieser **Delegation** gilt im Einzelnen das in Abbildung 11 Dargestellte.

2.5.1.1 Einverständnis des Bewohners

Es muss sowohl die **Einwilligung** des Patienten oder Bewohners hinsichtlich der **medizinischen Maßnahme** als auch hinsichtlich der **Durchführung durch das Pflegepersonal** gegeben sein. Dies ist erforderlich, da jede medizinische Maßnahme grundsätzlich eine **Körperverletzung** darstellt, die nur durch die Einwilligung des Patienten ihre Rechtswidrigkeit verliert. Außerdem gebietet das Selbstbestimmungsrecht des Bewohners oder Patienten aus Art. 2 GG, medizinische Maßnahmen nicht ohne seine Zustimmung durchzuführen. Diese Einwilligung ist allerdings nur rechtswirksam, wenn eine **Aufklärung** des Bewohners oder Patienten durch den **Arzt** vorausgegangen ist.[116]

Mutmaßliche Einwilligung

Es kann nur in Ausnahmefällen von einer stillschweigenden Einwilligung ausgegangen werden. Eine derartige **mutmaßliche**

---

[116] Schell (1991), S. 24; Böhme (1991), A.II.3.6.4 (4)

Abbildung 11:
Problembereich Delegation

Einwilligung gilt lediglich bei den Bewohnern bzw. Patienten, mit denen eine Verständigung nicht möglich und der gesetzliche Vertreter, wie Eltern (bei Minderjährigen) oder Betreuer (bei Volljährigen), nicht erreichbar sowie die Maßnahme dringend zur Abwendung gesundheitlicher Nachteile, z. B. in Notfällen, angezeigt ist.[117]

> Der **mutmaßliche Wille** ist derjenige, der vom Bewohner oder Patienten geäußert worden wäre, wenn eine Verständigung mit ihm möglich gewesen wäre.

Definition

Sofern keine gegenteiligen Anhaltspunkte vorliegen, kann davon ausgegangen werden, dass der mutmaßliche Wille eines Menschen darauf gerichtet ist, die Krankheit zu heilen und die Beschwerden zu beseitigen oder zu lindern. Es muss daher die Überlegung angestellt werden, ob ein „verständiger Patient" in der konkreten (Notfall-)Situation einwilligen würde.[118] Sofern dieses möglich ist, muss immer der Patient bzw. Bewohner selbst oder sein gesetzlicher Vertreter in die medizinische Maßnahme einwilligen. Die Durchführung aufgrund des mutmaßlichen Willens muss eine **Ausnahme** bleiben. Die Angehörigen sind selbst in denjenigen Fällen, in denen Betreuer oder Eltern eines Minderjährigen unerreichbar sind, nicht dazu befugt, für den Bewohner ein Einverständnis zu erklären. Sie können lediglich Anhaltspunkte für den mutmaßlichen Willen liefern.

---

[117] Geiß (1989), S. 106

[118] Steffen, MedR 1983, 88 ff.

Praxisbeispiel

Der Bewohner soll aufgrund der Verordnung des Arztes Insulin-Injektionen erhalten. Da dies in seine körperliche Integrität und seine Gesundheit eingreift, sind sie als Körperverletzung einzustufen. Daher liegt nur mit dem Rechtfertigungsgrund der Einwilligung keine strafbare Handlung vor.

Praxisbeispiel

Die Heimbewohnerin B erleidet einen hypoglykämischen Schock. Es kann deshalb davon ausgegangen werden, dass es dem Willen der B entspricht, die Gefahr sofort zu beseitigen und eine Glukose-Injektion durchzuführen.

Praxisbeispiel

Patient A wird von der Polizei im Zentrum für soziale Psychiatrie eingeliefert. Man erkennt, dass er nicht nur starke Wahnvorstellungen hat, sondern darunter auch leidet. Deshalb kann davon ausgegangen werden, dass es seinem mutmaßlichen Willen entspricht, ihn zu behandeln.

Entscheidend ist folglich nur der Wille oder der mutmaßliche Wille des Bewohners oder Patienten. Bei **Minderjährigen** ist zwar grundsätzlich der Wille der Eltern als gesetzliche Vertreter maßgebend, jedoch muss eine **Einschaltung des Familiengerichts** erfolgen, sofern die Eltern eine medizinische Behandlung ablehnen und das Kind bzw. der Jugendliche dadurch einen gesundheitlichen Schaden erleiden kann oder das Leben bedroht ist.[119] Zusätzlich ist zu beachten, dass bei Minderjährigen ab dem 14. Lebensjahr in der Regel davon auszugehen ist, dass die Einwilligungsfähigkeit des Jugendlichen selbst gegeben ist.[120]

2.5.1.2 Ärztliche Verordnung

Da es sich bei sämtlichen medizinischen Maßnahmen grundsätzlich um ärztliche Tätigkeiten handelt, hat allein der Arzt die Entscheidungsbefugnis darüber, welche Therapiemaßnahmen durchzuführen sind. Er hat die Gesamtverantwortung für Diagnose und Therapie.[121] Fehlt es an einer ärztlichen Verordnung, dürfen Gesundhetis- und Krankenpflegekräfte bzw. Heilerziehungs- und Altenpfleger nicht tätig werden.

Bedarfsverordnungen

Es kann vom Arzt gefordert werden, dass eine **genaue Verordnung** erfolgt und der Arzt diese gegebenenfalls selbst abändert.[122] Die in der Praxis üblichen **Bedarfsverordnungen** mit einem Spielraum hinsichtlich der Dosis sind grundsätzlich nicht zulässig und für das Pflegepersonal **haftungsrechtlich gefährlich**, da in diesem Fall die Verantwortlichkeit vom Arzt auf die Pflegekräfte verlagert wird. Bei Bedarfsmedikationen übernimmt das Pflegepersonal ein vermeidbares Risiko. Diejenigen Personen, die in das hierarchische System des Krankenhauses eingebunden sind, haften

---

[119] Oberlandesgericht Celle, NJW 1995, S. 792
[120] vgl. dazu Teil 3, 1.2
[121] Rieger, NJW 1979, S. 582; Steffen, MedR 1996, S. 265
[122] Steffen, a. a. O.

nur für eigene Fehler deliktisch.[123] Eine Haftung besteht deshalb dann, wenn die Behandlung zur selbstständigen Ausführung überlassen worden ist, wenn durch voreiliges Handeln den ärztlichen Anweisungen zuwidergehandelt wird, pflichtwidrig der gebotene Einwand unterlassen wird oder ein Übernahmeverschulden nachgewiesen werden kann.[124] Die Unzulässigkeit der Bedarfsmedikation ergibt sich vor allem daraus, dass der jeweilige Arzt für Diagnose und Therapie zuständig ist.[125] Eine Bedarfsmedikation ist nur zulässig, wenn gewissermaßen ein „Fahrplan" für die Gabe aufgestellt wird.

> Der Arzt verordnet eine Medikation bei Bedarf, sofern ein genau bestimmter Blutdruckwert überschritten wird. Dies ist zulässig.

Praxisbeispiel

> In das Verordnungsblatt wird eingetragen „... ml bei Unruhe". Dies ist keine korrekte Bedarfsmedikation und damit unzulässig.

Praxisbeispiel

Sobald die Verordnung getroffen ist, muss diese unbedingt in die **Dokumentation** eingetragen[126] und **vom Arzt abgezeichnet** werden. Im Falle einer Komplikation kann die Pflegekraft den Nachweis für ihr fehlendes Verschulden bzw. das eventuelle Verschulden des Arztes mit diesen schriftlichen Aufzeichnungen führen. Die **Verordnung** soll immer **schriftlich** erfolgen,[127] d. h. vom Arzt abgezeichnet werden. Dies liegt wegen der Möglichkeit der zivil- und der strafrechtlichen Haftung im Interesse des Gesundheits- und Krankenpflegepersonals bzw. der Heilerziehungs- und Altenpfleger.

Problematisch ist in der Praxis, wenn seitens der Ärzte **keine schriftliche Verordnung** erfolgt. Diese ist nicht nur aus haftungsrechtlichen Gründen sinnvoll, sondern zusätzlich aufgrund bestimmter Rechtsvorschriften zwingend. Sofern ohne Wissen des Arztes oder ohne dessen schriftliche Verordnung **verschreibungspflichtige Medikamente** durch Heilerziehungs- und Altenpfleger verabreicht werden, verstößt dies bereits gegen das Arzneimittelrecht. Nach § 48 AMG dürfen verschreibungspflichtige Arzneimittel nur nach Vorlage einer **ärztlichen oder zahnärztlichen Verschreibung** abgegeben werden. Für Medikamente, die **Betäubungsmittel** sind oder solche enthalten, ist die Verschreibungspflicht in §§ 12 f. BtMG besonders geregelt. Für die Verschreibung ist ein spezielles **Formblatt** (§ 8 BtMVV) notwendig. Der Arzt hat die Verantwortung für die Verwendung des Formblattes. Lässt der verantwortliche Arzt es an den notwendigen Sicherungs-, Kontroll- und Überwachungsmaßnahmen feh-

Fehlen einer schriftlichen Verordnung

---

[123] Steffen/Dressler, Arzthaftungsrecht, RdNr. 89 m. w. N.; Pfälz. OLG, ArztR 2000, 69
[124] Pfälz. OLG, ArztR 2000, 69, 70
[125] vgl. dazu Rieger, NJW 1979, 582; Böhme (1991), C.IV.1 und F.I.4; Steffen, MedR 1996, 265; BGH, NJW 1976, 2245
[126] Steffen a. a. O.
[127] Böhme (1991), S. 222 m. w. N.

len und kommt ein Bewohner oder Patient durch die Einnahme eines ohne ärztliche Verordnung verabreichten Medikaments zu Schaden, so trifft den Arzt hierfür neben dem Alten- oder Heilerziehungspfleger bzw. Gesundheits- und Krankenpflegepersonal die zivil- und strafrechtliche Verantwortung.[128]

Unabhängig davon, dass das Pflege- und Betreuungspersonal aus haftungsrechtlichen Gründen stets eine schriftliche Verordnung fordern sollte und für bestimmte Arzneimittelgruppen die Verschreibung vom Gesetz zwingend vorgeschrieben wird, ist es erforderlich, **pflegerische und medizinische Maßnahmen stets zu dokumentieren**. Der Arzt ist dazu verpflichtet, die Medikation in das Krankenblatt oder ähnliche Dokumentationssysteme aufzunehmen.[129] Insoweit besteht beim Krankenhaus eine vertragliche Dokumentationspflicht zu Gunsten des Patienten.[130] Dies muss in gleicher Weise für sonstige Einrichtungen gelten, die medizinische und pflegerische Betreuung durchführen. Der Arzt ist insbesondere nicht dazu befugt, mündliche Anordnungen zu erteilen, sofern er nicht zumindest persönlich kontrolliert, ob die Anweisung korrekt notiert worden ist.[131]

Der **Arbeitgeber** ist dazu verpflichtet, die beschäftigten Ärzte im Rahmen seiner **Fürsorgepflicht** zur schriftlichen Dokumentation zu verpflichten.[132]

Praxisbeispiel

Der Heilerziehungspfleger ruft abends denjenigen Arzt, der Bereitschaftsdienst hat, an und teilt ihm mit, dass ein Bewohner erkrankt sei und die Symptome ernst erscheinen. Der Arzt erkundigt sich über das Telefon nach den Symptomen und verordnet auf diese Weise mehrere Medikamente. Da sich der Zustand des Bewohners stetig verschlechtert und der Arzt nach einem zweiten Anruf ein Abwarten vorschlägt, ruft der Heilerziehungspfleger den Notarzt, der sofort eine Einweisung in das Krankenhaus veranlasst. Der Arzt des Bereitschaftsdienstes wird wegen unterlassener Hilfeleistung angezeigt und erhält eine Geldstrafe.

Fern- und Telefondiagnose unzulässig

Schließlich ist der Arzt dazu verpflichtet, sich selbst einen Eindruck vom Patienten bzw. Heimbewohner zu verschaffen. Er muss daher die Diagnose persönlich erstellen. Es muss ausdrücklich darauf hingewiesen werden, dass aufgrund mehrerer Entscheidung[133] das Unterlassen von Hausbesuchen[134] und die Ferndiagnose bzw. die Telefondiagnose unzulässig ist sowie ein Schmerzensgeld, eine berufsrechtliche Maßnahme und ein strafrechtlicher Vorwurf der unterlassenen Hilfeleistung nach § 323 c StGB möglich ist. Jede Pflegekraft kann die Durchführung von Verordnungen ver-

---

[128] Rieger, DMW 1977, 585
[129] BGH, NJW 1986, 2365 (2366); Schneider (1990), S. 75
[130] BGH, NJW 1978, 2337 (ständige Rechtsprechung)
[131] Böhme (1991), C.IV.1
[132] Böhme (1991)
[133] AG Jever, ArztR 1991, 360; OLG Köln, a. a. O.; LBerufG Koblenz, ArztR 1991, 361
[134] LBerufsG Stuttgart, ArztR 2000, 77 (Geldbuße: 1.000,00 DM)

weigern, sofern der Arzt den Patienten nicht selbst untersucht, stattdessen beispielweise Diagnose und Therapie telefonisch erledigt. Diagnose und Therapie sind, wie bereits ausgeführt, Sache des Arztes, er trägt die Gesamtverantwortung für Diagnose und Therapie.[135]

Bei der Verordnung von Arzneimitteln hat der Arzt die **Packungsbeilage**, insbesondere die Nebenwirkungen und die Höchstdosis zu **beachten**.[136] Dies führt selbstverständlich dazu, dass das so genannte Assistenzpersonal, z. B. Gesundheits- und Krankenpflegepersonal, Heilerziehungs- und Altenpfleger, gleichfalls über eventuelle Nebenwirkungen, Unverträglichkeiten und die Höchstdosis zu informieren sind. Dies ergibt sich eindeutig aus der Tatsache, dass das Krankenpflegepersonal bzw. der Heilerziehungs- und Altenpfleger die Verrichtungsgehilfen des Arztes sind. Die **Sorgfaltspflichten** des Arztes gehen allerdings noch weiter. Er ist dazu verpflichtet, die Medikamente vor dem **Zugriff Unbefugter** zu schützen und nur **geeignete Behälter** zu verwenden. Im Krankenhausbereich ist anerkannt, dass vorgerichtete Medikamente stets unter **Kontrolle** des Gesundheits- und Krankenpflegepersonals bleiben müssen und nicht im öffentlichen Bereich stehen dürfen, da sonst Unbefugten der Zugriff möglich ist. Tropfen dürfen wegen der möglichen Veränderung in der Luft nur zur vorgeschriebenen Zeit abgegeben und daher nicht vorgerichtet werden.

Bei der Gabe von **Psychopharmaka** ist besonders zu beachten, dass es sich um hochwirksame Arzneimittel mit teilweise erheblichen Nebenwirkungen handelt. Zudem wird durch die Gabe von Psychopharmaka in der Regel die Bewegungsfreiheit, beispielsweise bei Sedativa, eingeschränkt, so dass die ungerechtfertigte Verabreichung als strafbare **Freiheitsberaubung** gewertet werden kann. Dies gilt insbesondere in den Fällen, in denen die Gabe von Psychopharmaka die pädagogische Arbeit mit den behinderten Menschen ersetzen, teilweise Personalmangel ausgleichen, soll. Die Applikation derartiger Arzneimittel sollte erst dann erfolgen, sofern andere therapeutische und pädagogische Methoden versagen. Mit Ausnahme von Notfällen muss aus den genannten Gründen bei **wiederholter** oder **dauernder Gabe** von Psychopharmaka mit sedierender Zielrichtung eine **betreuungsgerichtliche Genehmigung** (§ 1906 Abs. 4 BGB) beantragt werden, sofern der Betroffene einwilligungsunfähig ist. Die Verordnung des Arztes und die Zustimmung des Betreuers sind **nicht ausreichend**, sofern die Wirkung des Medikamentes die persönliche Bewegungsfreiheit beeinträchtigt. Dies gilt auch bei der längeren Verabreichung von **Neuroleptika**,[137] da bei dieser Medikamentengruppe mit Folgeschäden (Persönlichkeitsveränderungen, Spätdyskinesien etc.) zu rechnen ist. Es handelt sich dabei um einen „schweren und länger andauernden gesundheitlichen

Gabe von Psychopharmaka und Neuroleptika

---

[135] Steffen, MedR 1996, 265   [136] Laufs (1993), Rdn. 352 m. w. N.   [137] LG Berlin, R&P 1993, 39

Schaden" im Sinne von § 1904 BGB[138], so dass selbst der Betreuer nur mit der Genehmigung des Betreuungsgerichts zustimmen kann.

Im Rahmen der Verordnung von Arzneimitteln soll schließlich noch Erwähnung finden, dass die **klinische Prüfung von Arzneimitteln**, der so genannte Arzneimittelversuch, **nur bei einwilligungsfähigen** Personen möglich ist (§ 40 Abs. 2 AMG). Diese Vorschrift dient dem Schutz von psychisch Kranken und geistig Behinderten, so dass diese Personengruppe von derartigen Untersuchungen ausgeschlossen ist.

Als vorläufige Zusammenfassung kann festgestellt werden, dass die Verordnung und Verabreichung von Arzneimitteln mit großer Sorgfalt vorzunehmen ist, um Patient bzw. Bewohner zu schützen. Die Anwendung der größtmöglichen Sorgfalt schützt gleichzeitig die Pflegekräfte vor haftungsrechtlichen Ansprüchen.

2.5.1.3 Delegationsfähigkeit

Notwendigkeit der Durchführung durch einen Arzt: beeinflussende Faktoren

Es ist nur in besonderen Fällen möglich, dass ärztliche Tätigkeiten auf die jeweiligen Pflegekräfte übertragen, d. h. **delegiert**, werden können. Ob eine Delegation erfolgen kann, hängt in erster Linie von der **Gefährlichkeit** der medizinischen Maßnahme ab. Bei den wichtigsten medizinischen Tätigkeiten ist zwischenzeitlich entschieden, unter welchen Voraussetzungen das medizinische Hilfspersonal, somit auch Heilerziehungs- und Altenpfleger, qualifiziert und damit berechtigt sind, wobei der Arzt sich von der jeweiligen **Qualifikation persönlich überzeugt**[139] haben muss. Bei der Berufsgruppe der Heilerziehungspfleger muss im Gegensatz zum Kranken- und Altenpflegepersonal beachtet werden, dass zur Ausbildung zwar pflegerische (Grund-)Tätigkeiten zählen, jedoch keine spezielle medizinische Tätigkeit. Es werden lediglich die Grundkenntnisse vermittelt.

Eine Delegation auf die Pflegekraft darf nur dann erfolgen, sofern diese zur Ausführung der ärztlichen Tätigkeit aufgrund ihres **Ausbildungsstandes** bzw. ihrer Vorkenntnisse überhaupt in der Lage ist. Insbesondere bei Auszubildenden kann deshalb die selbstständige Durchführung nur bei entsprechendem Ausbildungsstand erfolgen. Eine Delegation darf daher nur in Ausnahmefällen an Auszubildende oder sonstige nicht-examinierte Pflegekräfte erfolgen. Es ist davon auszugehen, dass nur bei entsprechend qualifizierten Fachkräften der Gesundheits- und Krankenpflege, Arzthelfern, Altenpflegern oder Heilerziehungspflegern bestimmte medizinische Tätigkeiten zulässig sind, nachdem der zuständige Arzt sich von der Befähigung überzeugt hat. Bei Heilerziehungspfleger/innen richtet sich die Befugnis zu medizinischen Maßnahmen nach der jeweiligen Ausbildung nach Landesrecht.

---

[138] Jürgens u. a. (1994), Rdn. 207

[139] BGH, VersR 1960, 19; BGH, VersR 1981, 131

Vom Arzt dürfen jedoch ausnahmsweise an erfahrene Pflegekräfte auch ohne die dreijährige Ausbildung das **Injizieren von Insulin** und die orale Gabe von Arzneimitteln übertragen werden, selbst an Auszubildende, sofern dies ihrem jeweiligen Ausbildungsstand entspricht und sich der Arzt davon überzeugt hat, dass die jeweilige Pflegekraft hinreichend dafür qualifiziert ist. Dies muss allerdings die Ausnahme bleiben, denn grundsätzlich darf sowohl die orale Verabreichung von Medikamenten nur durch Fachkräfte[140], d. h. examiniertes Gesundheits- und Krankenpflege- und Altenpflegepersonal erfolgen, bei entsprechender Ausbildung auch an Heilerziehungspflegerinnen. Dies gilt selbst für die **Vorbereitung von Medikamenten**, was nur an Fachpersonal delegiert werden kann. Bei **intramuskulärer Injektion** sind allerdings besondere Kenntnisse notwendig. Auszubildende (zumindest in den ersten beiden Jahren der Ausbildung), Praktikanten und Zivildienstleistende scheiden grundsätzlich aus.

In welchem Umfang intramuskuläre Injektionen oder das **Legen von Magensonden** seitens der Pflegekräfte durchgeführt werden kann, ist umstritten und war vereinzelt Gegenstand von höchstrichterlichen Entscheidungen. Selbst bei Fachkräften der Gesundheits- und Krankenpflege, derjenigen Berufsgruppe, die als Assistenz der Ärzte gilt, gibt es weder eine gesetzliche Regelung noch eine eindeutige Rechtsprechung. Klarheit sollte für den Bereich der Krankenhäuser mit einem Beschluss der Bundesärztekammer geschaffen werden: „Injektionen, Infusionen und Blutentnahmen sind Eingriffe, die zum Verantwortungsbereich des Arztes gehören."[141]

Grundlage dieses Beschlusses waren die so genannten medizinischen Assistenzberufe. Dieser Beschluss ist später abgeändert worden:[142]

„Dem Arzt obliegen in eigener Verantwortung alle diagnostischen und therapeutischen Entscheidungen für den Patienten. ... Wenn der Arzt die Durchführung ... überträgt, müssen folgende Voraussetzungen erfüllt sein:
Der Arzt muss sorgfältig prüfen und danach entscheiden, welche Maßnahmen die Krankenpflegepersonen durchführen sollen ...
Der Arzt darf nur Krankenschwestern, ... und unter diesen nur solche beauftragen, die für die jeweils zu übernehmende Aufgabe qualifizierte Kenntnisse, Fertigkeiten und Fähigkeiten nachweisen. Für die Durchführung von intramuskulären und intravenösen Injektionen, Infusionen und Blutentnahmen muss die Qualifikation der Krankenpflegeperson durch einen Arzt festgestellt und durch den leitenden Abteilungsarzt schriftlich bestätigt worden sein; die Anerkennung einer erfolgreich verlaufenen Weiterbildung in der Intensivpflege ersetzt diese Bestätigung."

Delegationsfähigkeit bei verschiedenen medizinischen Maßnahmen

---

[140] vgl. u. a. Bachstein, PflegeAktuell Heft 4/2004, 222; Schell, Rechtsalmanach, Nr. 20

[141] Beschluss v. 20.05.1974, abgedruckt bei Schell (1992), S. 78

[142] Beschluss Ärztekammer v. 18.04.1980, Schneider (1990), S. 269 m. w. N.

Im Zusammenhang dazu ist ein Urteil des Bundesgerichtshofes[143] zu erwähnen, in dem unter anderem ausgeführt wird:

„... spricht vieles dafür, dass auch heute noch die Verabreichung von intramuskulären Injektionen durch Krankenpflegehelferinnen grundsätzlich nicht geduldet werden darf. ... geübten Schwesternhelferinnen ausnahmsweise selbstständige intramuskuläre Injektionen anvertraut werden dürfen ..."

Dieses Urteil und die Verlautbarung der Ärztekammer sprechen dafür, dass **lediglich Fachkräfte der Gesundheits- und Krankenpflege zur intramuskulären Injektion** befugt sind. Selbst für diese Berufsgruppe wird zudem die Befugnis zu intravenösen Injektionen verneint.

Fraglich ist deshalb, ob andere Pflegekräfte, insbesondere **Alten- und Heilerziehungspfleger**, zumindest zu intramuskulären Injektionen befugt sind. Trotz der vorgenannten Stellungnahmen und dem zitierten Urteil des Bundesgerichtshofes muss davon ausgegangen werden, dass unter bestimmten Voraussetzungen von Alten- und Heilerziehungspflegern intramuskuläre Injektionen durchgeführt werden können. In diesem Zusammenhang kann nicht allein die so genannte formelle Qualifikation, laut Gesetz oder Verordnung, ausschlaggebend sein, sondern die **tatsächlich erworbenen Kenntnisse und Fähigkeiten**. Dies bedeutet in der Praxis, dass im Falle einer speziellen Ausbildung in der Injektionstechnik mit entsprechendem Nachweis intramuskuläre Injektionen durch Heilerziehungs- und Altenpfleger möglich sind, was von einigen Autoren für Schwesternhelferinnen ausdrücklich bejaht wird. Sofern die betroffenen Pflegekräfte dazu in der Lage sind, Injektionen zu verabreichen, können sie in der pflegerischen Praxis diese auch ausführen. Dazu müssen folgende **Voraussetzungen**[144] vorliegen:

- Wissen und Können in der Injektionstechnik,
- keine Gefährdung des Bewohners und
- Überprüfung und Kontrolle durch den Arzt.

Es gilt folglich der **Grundsatz**: Je höher die Qualifikation, desto eher darf die Pflegekraft zur Injektion herangezogen werden.[145] In Zweifelsfällen sollte trotz ausreichender Qualifikation die orale Gabe von Arzneimitteln erfolgen oder der Arzt hinzugezogen werden. Dieses gilt insbesondere bei Bewohnern mit einem schlechten Gesundheitszustand. Die Entscheidung, welche Heilerziehungs- und Altenpfleger dazu in der Lage und deshalb befugt ist, muss der Arzt treffen, der schließlich für die Übertragung und die Ausführung die Verantwortung trägt. Aus diesem Grund ist der Arzt verpflichtet, die Heilerziehungs- und Altenpfleger regelmäßig zu kontrollieren.

Die **intravenösen Injektionen** dürfen grundsätzlich nur vom Arzt selbst ausgeführt werden. Bei **Blutentnahmen** gilt, dass die Ent-

---

[143] BGH, NJW 1979, 1935

[144] vgl. Schell (1991), Injektionstechnik, S. 37; Böhme (1991), S. 219 (F.I.3)

[145] Rieger, NJW 1979, 1937

nahme aus dem Finger oder Ohr unproblematisch von examinierten Heilerziehungs- und Altenpflegern zulässig ist. Die Venenpunktion muss dem Arzt vorbehalten bleiben.

Bei **Katheterisierungen** gilt, dass diese grundsätzlich nicht von Alten- und Heilerziehungspflegern durchgeführt werden dürfen.[146] Lediglich gut ausgebildete Alten- und Heilerziehungspfleger können mit der Legung des Blasenkatheters beauftragt werden.[147] Dabei gelten die gleichen Regeln bzw. Voraussetzungen wie für die intramuskuläre Injektion, da diese Tätigkeit hinsichtlich der Gefährlichkeit damit vergleichbar ist.[148] Der Arzt muss sich auch beim Legen des Katheters von den Fähigkeiten derjenigen Heilerziehungs- und Altenpfleger überzeugen, die er damit beauftragt. Dies gilt nicht nur für das Legen selbst, sondern gleichfalls für den Wechsel und die Überwachung des Katheters.

Beim **Legen von Nasen-** bzw. **Magensonden** gilt entsprechendes wie bei der intramuskulären Injektion. Dies darf nur von entsprechend qualifizierten, d. h. ausgebildeten Mitarbeitern des Heims oder Krankenhauses, ausgeführt werden.

Trotz der Möglichkeit einer Übertragung auf Alten- und Heilerziehungspfleger muss der **Arzt die medizinische Maßnahme selbst durchführen**, wenn aufgrund des Gesundheitszustandes des Bewohners oder der Art der Maßnahme bzw. der Eigenschaften des Medikamentes eine Gefährdung des Bewohners möglich ist.

> Bei einer Bewohnerin soll ein Katheter gelegt werden. Obwohl die Heilerziehungspflegerin A grundsätzlich dazu in der Lage ist, muss sie es ablehnen, da bei der Bewohnerin eine Harnwegsinfektion zu befürchten ist. A muss den behandelnden Arzt darum bitten, den Katheter selbst zu legen, der daraufhin tätig werden muss.

Praxisbeispiel

> Der Arzt verordnet intravenöse Injektionen eines Tranquilizers. Diese medizinische Maßnahme muss von ihm selbst durchgeführt werden, da i. v.-Injektionen grundsätzlich wegen des erhöhten Risikos in seinen Aufgabenbereich fallen.

Praxisbeispiel

Trotz einer zulässigen Delegation auf Heilerziehungs- und Altenpfleger **haftet der Arzt stets selbst**, sofern eine Schädigung des Bewohners auftritt, nach den Grundsätzen über die Haftung für Verrichtungsgehilfen (vgl. Teil 3, 2.3), da die Durchführung von medizinischen Maßnahmen letztlich in seinen Aufgabenbereich fällt.

Heilerziehungs- und Altenpfleger sind nur **Verrichtungsgehilfen** des Arztes, sofern es sich um den Anstaltsarzt oder den Arzt einer sonstigen Einrichtung handelt. Nur dieser ist zur Anweisung gegenüber Alten- und Heilerziehungspfleger berechtigt. Ein niedergelassener Arzt, der von außerhalb Bewohner im Heim betreut,

Delegation auf Heilerziehungs- und Altenpfleger

---

[146] Markus (1988), S. 206; Böhme (1991), S. 240
[147] Böhme (1991)
[148] Rieger, S. 240 (F.I.10)

ist nur in Absprache mit der Heim- bzw. Pflegedienstleitung zu Anweisungen hinsichtlich der medizinischen Versorgung berechtigt, da gegenüber diesem die Mitarbeiter eines Heims nicht derartige Verrichtungsgehilfen sind. Einer Anweisung der Anstalts- oder Heimleitung muss jedoch grundsätzlich Folge geleistet werden. In Einzelfällen haben Heilerziehungs- und Altenpfleger ein **Weigerungsrecht**. Dieses gilt insbesondere bei **fehlender Ausbildung** für die Durchführung von speziellen ärztlichen Tätigkeiten und bei einer zu befürchtenden **Gefährdung** des Bewohners. Ein Weigerungsrecht besteht auch bei **ungenauen Anordnungen** des Arztes. Sofern keine schriftliche Verordnung erfolgt, können die betroffenen Heilerziehungs- und Altenpfleger die Ausführung verweigern. Ein Recht zur Verweigerung der Durchführung besteht schließlich dann, wenn durch die Ausführung gegen ein **Strafgesetz** verstoßen werden würde, beispielsweise die medizinische Maßnahme eine Körperverletzung darstellt. Dies gilt im Fall einer durch den Bewohner verweigerten Einwilligung. In diesem Fall müssen Arzt und Anstaltsleitung ausdrücklich auf die rechtlichen Bedenken hingewiesen werden.

Das Weigerungsrecht ist in **Notfällen** stark eingeschränkt. Dann hat die Rettung des Lebens des Bewohners Vorrang vor rechtlichen Erwägungen.

Praxisbeispiel

> Der Arzt verordnet ein Medikament gegen den Willen einer geistig gesunden Bewohnerin, die dann auch die Einnahme verweigert. In diesem Fall hat die Pflegekraft ein Recht zur Weigerung, da sie bei der Missachtung des Willens der Bewohnerin eine Körperverletzung begehen würde.

2.5.1.4 Durchführungs- und Anordnungsverantwortung

Die medizinische Tätigkeit im Pflegebereich kann in zwei **Verantwortungsbereiche** unterteilt werden, die **Durchführungs-** und **Anordnungsverantwortung**.

Durchführungsverantwortung

Sofern die vorgenannten Voraussetzungen (Einwilligung, Qualifikation etc.) vorliegen, kann eine Durchführung von medizinischen Tätigkeiten durch Pflegekräfte erfolgen. Werden diese Tätigkeiten an Heilerziehungs- oder Altenpfleger bzw. Krankenpflegekräfte zulässigerweise delegiert, ändert sich der Verantwortungsbereich. Nach der Delegation trägt die **Pflegekraft** die **Durchführungsverantwortung** für diejenige Maßnahme, die an sie delegiert wurde. Deshalb sollten Tätigkeiten, für die der jeweilige Heilerziehungs- oder Altenpfleger nicht befähigt ist, abgelehnt werden. Stimmt der Alten- bzw. Heilerziehungspfleger der Übertragung zu und wird die medizinische Maßnahme danach fehlerhaft durchgeführt, haftet er grundsätzlich allein aus **Übernahmeverschulden**[149] für den Schaden und kann im Falle des Körperschadens auch strafrechtlich zur Verantwortung gezogen werden. Die Pflegekraft haftet aber nur dafür, dass die Tätigkeit

---

[149] vgl. auch Teil 3, 2.2.3

fachgerecht durchgeführt wird. Im Falle einer fehlerhaften Anordnung des Arztes haftet dieser selbst.

Der **Arzt** trägt die **Anordnungsverantwortung**. Der Arzt ist für die korrekte Diagnose und die Wahl der sachgerechten Therapie verantwortlich. Er hat zudem die Gefahr von Komplikationen zu erkennen und diese bei der Anweisung an die Pflegekräfte zu berücksichtigen. Der Arzt kann andererseits darauf vertrauen, dass diejenigen Maßnahmen, die er an examinierte Pflegekräfte delegiert hat, ordnungsgemäß durchgeführt werden. Bei bestimmten Tätigkeiten, wie beispielsweise Injektionen, muss er sich von der Zusatzqualifikation selbst überzeugen. Bei einer korrekten Anordnung seitens des Arztes, jedoch **fehlerhafter Durchführung durch eine Pflegekraft**, haftet unter Umständen auch das Heim oder das Krankenhaus neben der Pflegekraft nach den oben dargestellten Grundsätzen. Das Heim und das Krankenhaus haften außerdem in diesem Zusammenhang für eine fehlerhafte Auswahl, Anleitung und Überwachung seines Personals.

Anordnungs-
verantwortung

Die Abgrenzung der Verantwortungsbereiche sollte jede Pflegekraft dazu veranlassen, beim Arzt auf die **schriftliche Anordnung zur Beweisführung**, d. h. zum späteren Nachweis des Verursachers einer Schädigung des Bewohners, zu drängen. Nur auf diese Weise kann in der Praxis eine zivil- und strafrechtliche Entlastung erfolgen.

Die Pflegekraft P erhält die schriftliche Verordnung zur Gabe eines Digitalis-Präparates. Der Arzt gibt versehentlich die Dosis zu hoch an, wodurch der Bewohner durch einen Herzstillstand einen Gehirnschaden erleidet. Da der Arzt die Anordnungsverantwortung trägt, haftet er allein.

Praxisbeispiel

Wurde die Dosis korrekt angegeben, jedoch seitens der Pflegekraft infolge Unachtsamkeit zu hoch dosiert, muss sie Ersatz für die notwendigen Behandlungskosten leisten. Bei der Gabe des Arzneimittels hat sie die Durchführungsverantwortung.

Die sicherste Methode, unberechtigte Schadenersatzansprüche abzuwehren oder den Vorwurf einer strafbaren Handlung zu entkräften, ist eine ausführliche **Dokumentation**. Damit ist es in der Regel möglich, ordnungsgemäßes Verhalten nachzuweisen und den Vorwurf von Pflichtverletzungen zu entkräften.

- Wann darf eine Pflegekraft medizinische Tätigkeiten ausführen?
- Was gilt hinsichtlich der Einwilligung des Bewohners?
- Welche beiden Verantwortungsbereiche werden unterschieden?
- Was bedeutet „Übernahmeverschulden"?
- Welche Bedeutung hat die Dokumentation bei der Delegation?

Wiederholungsfragen

2.5.2 Qualität in der Pflege und Betreuung

Haftung der Pflegekraft

Ein wesentlicher Bestandteil der Tätigkeit im Bereich der Betreuung behinderter sowie kranker und alter Menschen ist die **Grund- und Behandlungspflege**. Auch hierbei kann fehlende Sorgfalt und die Missachtung des Willens des Bewohners zu Haftungsproblemen führen. Auch Maßnahmen zur Grundpflege, wie beispielsweise das Schneiden der Fingernägel oder Haare, können rechtlich als **Körperverletzung** eingestuft werden. Dies gilt allerdings nur dann, wenn dadurch der Betroffene Schmerzen erleidet oder verunstaltet wird.[150]

Praxisbeispiel

> Die Bewohnerin H weigert sich hartnäckig, ihre inzwischen sehr langen Fingernägel schneiden zu lassen. Zwei Altenpflegerinnen schneiden ihr unter Anwendung von Zwang die Fingernägel. Da die Maßnahme der H keine Schmerzen zufügt und Nachteile vermieden werden, ist sie nicht strafbar.

Die **Einwilligung** des Bewohners bzw. sein **mutmaßlicher Wille** (letzteres, falls er sein Einverständnis nicht geben kann) schließt zusätzlich als **Rechtfertigungsgrund** die Annahme einer Körperverletzung aus. Sofern der Bewohner die Pflegemaßnahmen verweigert, kann eine Körperverletzung deshalb nur vorliegen, wenn die Maßnahme eine unangemessene üble Behandlung darstellt.[151]

Im Zusammenhang mit der Pflege ist festzustellen, dass das Pflege- und Betreuungspersonal grundsätzlich zu **allen Pflegemaßnahmen** verpflichtet sind, die erforderlich sind, **um Schaden vom Bewohner abzuwenden**. Wird diese Pflicht nicht oder nicht ordnungsgemäß erfüllt, haftet der jeweilige Mitarbeiter der Anstalt, des Heimes oder des Krankenhauses wegen fahrlässiger Schädigung des Bewohners, sofern ein Gesundheitsschaden eintritt.

Praxisbeispiel

> Der Heilerziehungspfleger A versäumt es, die Bewohnerin B regelmäßig bei längerer Bettlägerigkeit umzulagern bzw. korrekt zu lagern. Es tritt dadurch ein Dekubitus auf, der eine mehrwöchige stationäre Behandlung erfordert. Da A schuldhaft Pflegemaßnahmen ohne die notwendige Sorgfalt ausgeführt hat, muss er Ersatz für die Kosten der Krankenhausbehandlung leisten.

Strafrechtliche und zivilrechtliche Probleme sind daher bei der fehlerhaft durchgeführten Pflege möglich.

Zur ordnungsgemäßen Pflege zählt auch die **Verhinderung von Unfällen** der Bewohner, beispielsweise durch einen Sturz. Heilerziehungs- und Altenpfleger müssen im Rahmen ihrer Sorgfaltspflichten stets darauf achten, dass der Bewohner sich nicht durch Unachtsamkeit verletzt.

---

[150] Schönke/Schröder (2001), § 223, Rdn. 3; BGH, NJW 1966, 1763; Dreher/Tröndle (2001), § 223, Rdn. 5

[151] BVerwG, NJW 1972, 1726 (1728)

> Die Heilerziehungspflegerin H duscht die ältere Bewohnerin B und setzt sie danach in einen Duschstuhl. Um die Kleider der Bewohnerin zu holen, verlässt sie kurz das Bad. Die Bewohnerin versucht ein Handtuch zu greifen, lehnt sich deshalb nach vorne und stürzt. Sie erleidet Frakturen. Der Betreuer fordert für die Bewohnerin Schadenersatz und Schmerzensgeld.

Praxisbeispiel

Alten- und Heilerziehungspfleger müssen im Rahmen ihrer Sorgfaltspflichten damit rechnen, dass der Bewohner sich überraschend verhält und sich damit gefährdet. Die jeweilige Pflegekraft handelt pflichtwidrig, sofern eine **erkennbare Gefährdung** nicht **verhindert** wird.[152] Zur Haftung der Heilerziehungs- und Altenpfleger zählen insbesondere der Fall aus dem Bett, Stürze mit dem Rollstuhl, Stürze infolge von Hindernissen im Flur[153] und der Unfall bei Schnee- und Eisglätte[154]. Diese Aufzählung ist jedoch nur beispielhaft. In der Praxis existieren zahlreiche Gefahrenquellen, die entweder entschärft werden müssen oder der Bewohner auf andere Weise vor Schaden bewahrt werden muss. Es ist stets zu beachten, dass das Pflegepersonal eine umfassende **Fürsorgepflicht** hat.

Alle Pflegekräfte sind dazu verpflichtet, die Bewohner nach den modernsten Gesichtspunkten die **bestmögliche Pflege** zu verschaffen. Es muss bei Pflegemaßnahmen immer der neueste **Stand der Wissenschaft** berücksichtigt werden. Dies bedeutet selbstverständlich, dass die Verpflichtung besteht, sich ständig durch die Lektüre von Fachzeitschriften, Fachbüchern oder den Besuch von Fortbildungsveranstaltungen weiterzubilden. Bei Pflegefehlern, gleichgültig ob aus fehlender Kenntnis des aktuellen Standes der Wissenschaft oder aufgrund einer sonstigen Pflichtverletzung, haften Heilerziehungs- oder Altenpfleger aus Delikt bei einer Körper- oder Gesundheitsschädigung des Bewohners. Dies ist beispielsweise bei einem Dekubitus, bei einer Pneumonie aufgrund fehlender Prophylaxe und bei sonstigen Gesundheitsschädigungen, wie beispielsweise Verbrühungen beim Baden, der Fall. Dem Bewohner steht in diesem Fall zusätzlich ein Anspruch auf Zahlung eines Schmerzensgeldes zu, und es kann eine Strafanzeige bei der Staatsanwaltschaft erfolgen. Diese Folgen können nur durch eine **sorgfältige Pflege** und **ständige Fortbildung** verhindert werden.

Auch im Bereich der Grund- und Behandlungspflege ist es sinnvoll, sämtliche Maßnahmen sorgfältig zu **dokumentieren**, um im Haftungsfall Nachweise zur eigenen Entlastung erbringen zu können.

Neben der Haftung der Pflegekraft kann auch eine **deliktische Haftung** der Pflegedienst-, Heim- bzw. Anstaltsleitung sowie des Trägers **für die Pflegekräfte als Verrichtungsgehilfen** in Betracht kommen. Der Träger haftet daneben wegen **Verletzung seiner ver-**

Haftung der Pflegedienst-, Heim- bzw. Anstaltsleitung sowie des Trägers

---

[152] BGH, APflege 1992, 183 m. Anm. v. Markus

[153] BGH, NJW-RR 1989, 419

[154] BGHZ 40, 379; BGH, NJW 1985, 270; 1985, 484

traglichen Pflicht aus dem Heimvertrag oder Krankenhausvertrag zur ordnungsgemäßen Betreuung. Dies gilt auch bei vermeidbaren Unfällen eines Bewohners. Wegen der Verletzung der vertraglichen Betreuungspflichten besteht jedoch kein Anspruch auf Schmerzensgeld.

Ebenen der Qualitätssicherung

Es ist Klarheit darüber zu gewinnen, was Qualitätssicherung grundsätzlich bedeutet und welche konkrete Bedeutung sie für die Menschen mit Behinderung und alten oder psychisch kranken Menschen hat. In der wissenschaftlichen Diskussion über die **Qualitätssicherung in der Medizin** und damit auch indirekt in der Psychiatrie und der Pflege werden in der Regel **drei Ebenen** unterschieden:

- Strukturqualität,
- Prozessqualität,
- Ergebnisqualität.

Definitionen

> Mit **Strukturqualität** ist dabei die Qualität der Gesamtheit aller Ressourcen eines Versorgungssystems gemeint, die baulichen Vorgaben, die technische und personelle Ausstattung und die Qualifikationen der Mitarbeiter.
>
> **Prozessqualität** meint die Qualität aller Maßnahmen, ärztlich, pflegerisch, in der Sozialarbeit oder sonstiger Art. Dies umfasst unter anderem Richtlinien für Pflege, Überwachung und Dokumentation sowie die Einbeziehung von Angehörigen in die Behandlung.
>
> **Ergebnisqualität** ist, ob den Patienten oder Bewohnern durch die Behandlung und Pflege sowie pädagogische Betreuung geholfen werden kann, wozu auch die Frage zählt, ob für die Bewohner die Lebensqualität[155] verbessert werden konnte.

Qualitätsstandards

Fraglich ist, wie Qualitätsstandards und Kriterien der Qualität festgelegt werden können. Qualitätsstandards, die sich hauptsächlich auf die materiellen und personellen Ressourcen, d. h. die Strukturqualität, beziehen, können der Notwendigkeit einer Betreuung von behinderten oder kranken Menschen unter dem Gesichtspunkt der Schaffung einer möglichst großen **Lebensqualität** nicht gerecht werden. Die Erfüllung von materiellen Standards kann daher kein ausreichendes Kriterium für eine angemessene Betreuung sein.[156] Diese **materiellen Kriterien** wie beispielsweise

- Zimmergröße,
- Zahl der Personen pro Zimmer,
- Quadratmeter pro Person,
- sanitäre Standards oder
- Ausstattung der Räume

können folglich nur ein Teil der Qualitätsstandards sein. Für die tägliche Arbeit von Heilerziehungs- und Altenpflegern sind **weitere Kriterien**, insbesondere

---

[155] Klauß (1995), S. 7 m. w. N.   [156] Klauß (1995), S. 8

- Art der Behandlung und Pflege,
- Wohnqualität,
- Beschäftigung und Arbeit und
- Teilnahme am gesellschaftlichen Leben

erforderlich, wobei Maßstab der Bericht der Expertenkommission zur Psychiatrie[157] sein kann. Gerade für einen Menschen, der eine wesentliche Zeit seines Lebens in einer Einrichtung verbringt, sind besonders die letztgenannten Faktoren besonders wichtig und sollten die tägliche Arbeit bestimmen. Der Behinderte oder Kranke hat einen zumindest ethisch begründeten Anspruch auf eine Betreuung sowohl nach modernen Gesichtspunkten einer **ganzheitlichen Pflege einschließlich einer optimalen Lebensqualität.**

Da dieses Lehrbuch der Vermittlung rechtlicher Grundlagen der Tätigkeit in Alten- und Behindertenhilfe dient, soll nachfolgend die Qualität in der Pflege und damit die Qualitätssicherung lediglich unter rechtlichen Aspekten dargestellt werden (vgl. Abbildung 12).

Die Qualitätssicherung und die Stellung der Bewohner bzw. Patienten als „Kunden" der Einrichtung oder des Krankenhauses umfassen deshalb zahlreiche Teilbereiche der Betreuung und haben nicht nur pflegerische Bedeutung. Neben der Notwendigkeit der Erfüllung der Vorgaben der Sozialhilfeträger und der Pflegeversicherung haben sie auch Bedeutung im Bereich der **Haftung**. Mithilfe der entwickelten oder noch zu entwickelnden Qualitätsstandards dürfte in Fällen der Schädigung von Bewohnern der **Sorgfaltsmaßstab** zu ermitteln sein. Im Haftungsfall wird sich sowohl das Personal als auch die Leitungsebene daran messen lassen müssen, ob die anerkannten Qualitätsstandards eingehalten wurden und damit die erforderliche Sorgfalt beachtet worden ist.

Bedeutung der Qualitätssicherung

Im Einzelnen soll nun **für** die oben dargestellten Bereiche der **Betreuung** behinderter, alter oder kranker Menschen die rechtliche Bedeutung, d. h. die **Wechselwirkung zwischen Qualitätssicherung und rechtlichen Konsequenzen** dargestellt werden:

Wichtig in der Pflege von alten Menschen oder Menschen mit Behinderung im engeren Sinne ist nicht nur eine sinnvolle und nach neuesten **wissenschaftlichen Erkenntnissen** durchgeführte Pflege, sondern auch die umfassende **Dokumentation**. Diese Dokumentation ermöglicht neben der Prophylaxe zur Vermeidung einer Haftung auch und insbesondere eine Pflegeplanung. Bei der **Qualität der Pflege** werden verschiedene **Stufen** unterschieden:[158]

Therapie und Kranken- bzw. Altenpflege

- Stufe 0: gefährliche Pflege,
- Stufe 1: sichere Pflege, funktionale Pflege,
- Stufe 2: angemessene Pflege, situationsgerechte Pflege,
- Stufe 3: optimale Pflege, kreative Pflege, gezielte Pflege.

Die konkreten Bedingungen im Pflegebereich setzen **Grenzen**, so dass die Stufe 3 nur bedingt möglich ist. Zu denken ist dabei

---

[157] vgl. dazu Finzen, Kerbe 1994, 4   [158] Juchli (1987), S. 79

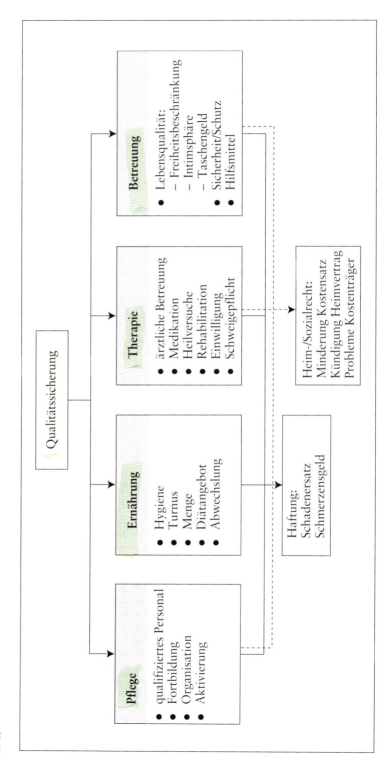

Abbildung 12: Qualitätssicherung

vor allem an die eingeschränkte Verfügbarkeit von Personal. Ziel und **Grundmaßstab** sollte jedoch die „sichere Pflege" sein, wobei unter Berücksichtigung der Notwendigkeit der Schaffung von Lebensqualität für die Bewohner eine höhere Stufe im Rahmen der Möglichkeiten angestrebt werden sollte. Es soll allerdings nicht verkannt werden, dass der zu fordernde medizinische Standard je nach den personellen und sachlichen Möglichkeiten zwischen verschiedenen Einrichtungen und Krankenhäusern unterschiedlich sein kann.[159] Die sichere Pflege muss trotzdem gewährleistet sein.

Pflege heißt in Altenheimen und Behinderteneinrichtungen auch die Gabe von Medikamenten, insbesondere die Gabe von Psychopharmaka. Sicherlich sind Medikamente aus verschiedenen Gründen notwendig. **Qualität in der medikamentösen Therapie** bedeutet eine stetige Überprüfung folgender Kriterien:[160]

- Welche Medikamente werden verabreicht?
- In welcher Dosis erfolgt die Gabe?
- Aus welchen Gründen erfolgt die Gabe?
- Wie ist die Qualifikation der Ausführenden?
- Gibt es ein Feed-back über die Wirkungen beim Bewohner/Patienten?

Zur Qualität in der Pflege zählt gleichfalls die Bereitschaft der Heilerziehungs- und Altenpfleger, die Gabe von Medikamenten zu vermeiden und **Alternativen** dafür zu finden.

Praxisbeispiel

> Ein Bewohner ist ständig unruhig und versucht das Haus zu verlassen. Aufgrund der Erfahrungen des Pflegepersonals wird er ruhiger und lässt sich besser in den Tagesablauf integrieren, wenn er die Möglichkeit erhält, in Begleitung spazieren zu gehen und kleinere Besorgungen zu erledigen. In diesem Fall stellen die Spaziergänge eine echte Alternative zur medikamentösen Sedierung dar.

Die **Qualität der Therapie** ist unter anderem dadurch gekennzeichnet, dass so wenig Medikamente wie möglich eingesetzt werden sowie Dosis und Art des Arzneimittels ständig vonseiten des Arztes überprüft werden.[161] Der Bewohner hat dabei nicht nur einen moralischen Anspruch, sondern zusätzlich ein Recht darauf, dass die Verordnung von Medikamenten lediglich dann erfolgt, wenn eine **eindeutige Indikation** besteht und die Dosis genau abgestimmt ist, um gesundheitlich Nachteile zu vermeiden.

Im Rahmen der medizinischen Therapie könnte ein Gesichtspunkt der Qualitätsbeurteilung auch sein, wie verantwortungsbewusst die **Schweigepflicht** oder die Sicherung der Daten gehandhabt wird.

Ein zusätzliches Kriterium von Qualität in der Pflege ist die sinnvolle **Betätigung** der Bewohner und Patienten im Rahmen der Freizeitgestaltung sowie in einer **Werkstatt** für Behinderte, wie

---

[159] BGH, VersR 1988, 181   [160] vgl. Finzen, Kerbe 1994, 4 ff.   [161] Finzen, a. a. O.

Arbeitstherapie oder ähnliche Beschäftigungen. Die Fixierung allein auf Arbeit ist jedoch als Qualitätsmerkmal ungeeignet.[162] Bei Personen, die nicht am Arbeitsprozess teilnehmen können, ist eine sinnvolle **aktivierende Pflege** erforderlich.

Qualität in der Pflege kann nur dann erreicht werden, wenn die entsprechende Einrichtung und deren Träger **qualifiziertes Personal** beschäftigt und die entsprechende **Fortbildung** organisiert. Dies beinhaltet auch eine Organisation zur Vermeidung von Nachteilen für die Bewohner bei personellen Engpässen.

Ernährung — Im Bereich der Ernährung der Bewohner werden Qualitätsmaßstäbe dadurch gesetzt, dass der behinderte oder alte Mensch einen Anspruch auf Ernährung hat, die nach modernsten Gesichtspunkten ausgewählt wird. Qualitätssicherung beinhaltet dabei eine Ernährung, die in ausreichender **Menge**, einem sinnvollen **Turnus** und abwechslungsreich angeboten wird. **Diätangebote** sind ebenso selbstverständlich wie eine strenge **Hygiene**. Für Qualitätsmängel haftet bei der Ernährung der Heim- oder Krankenhausträger direkt wegen Verletzung des Heim- oder Krankenhausvertrages.

Betreuung — Wie auch bei der Grund- und Behandlungspflege muss die Betreuung der Bewohner oder Patienten an bestimmten Qualitätskriterien gemessen werden. Die **Vermeidung von Zwang**, insbesondere von **Gewalt** und von **Willkür** gegenüber den Bewohnern oder Patienten, ist ein Merkmal von Qualität in der Pflege. Dabei ist eine besonders enge Verbindung zwischen Pflegequalität und Recht gegeben. Zwangsmaßnahmen ohne hinreichende Rechtsgrundlage stellen im strafrechtlichen Sinn eine **Nötigung** (§ 240 StGB) oder sogar eine **Freiheitsberaubung** (§ 239 StGB) dar. Zivilrechtlich liegt eine unerlaubte Handlung nach §§ 823 ff. BGB vor, die die deliktische Haftung auslöst. Ein wichtiger Maßstab von Pflegequalität ist die Häufigkeit von Zwangsmaßnahmen und die Bereitschaft des Pflegepersonals, diese mit **pädagogischen Mitteln** zu vermeiden.

Im Rahmen ihres **Selbstbestimmungsrechts** muss den Bewohnern entsprechend ihrer Möglichkeiten eine eigenständige Verfügung über **Taschengeld** und **Barbetrag** überlassen bleiben. Diese Vorgabe, die unter anderem im Betreuungsrecht festgelegt ist, ist ebenso ein Kriterium für die Qualität der Betreuung in einer Einrichtung.

Ein weiterer wichtiger Aspekt ist die **Wahrung der Intimsphäre**, worauf der Patient oder Bewohner bereits aufgrund des oben genannten Selbstbestimmungsrechts aus Art. 2 GG einen Anspruch hat.

Eine qualitativ hochwertige Betreuung umfasst schließlich den **Schutz** der Menschen im Heim oder Krankenhaus **vor sich selbst oder Dritten**, besonders die Gewährleistung ihrer **Sicherheit**. Dazu zählen neben baulichen Voraussetzungen auch die notwendige Überwachung und die Vermeidung von Gefährdungen durch Hinweise und ähnliches.

---

[162] Finzen, a. a. O.

Qualitätssicherung in der Pflege und Betreuung von Menschen mit Behinderung, alten Menschen oder psychisch erkrankten Menschen bedeutet zu prüfen, wie deren **Bedürfnisse verwirklicht** und im pflegerischen Alltag berücksichtigt werden.[163] Dies umfasst die Grund- und Behandlungspflege, die medikamentöse Therapie und die sinnvolle Beschäftigung. Der verantwortliche Heilerziehungs- oder Altenpfleger sollte stets diejenige Form der Betreuung anstreben, die dem Bewohner oder Patienten eine **maximale Lebensqualität** sichert. Besonders wichtig ist dabei, dass Menschen mit Behinderung in ihrer Individualität anzuerkennen sind. Wenn sie sich nicht selbst verwirklichen können, ist vonseiten des Pflegepersonals dazu die entsprechende Hilfe anzubieten.[164] Zur Lebensqualität zählt gleichfalls die gleichberechtigte Teilhabe am klinischen und pflegerischen **Entscheidungsprozess**, soweit dies möglich ist.[165]

Durch die Beachtung der Bedürfnisse der Bewohner als „Kunden" muss ein hohes Maß an **Sorgfalt** aufgewendet werden, was gleichzeitig eine haftungsrechtliche Inanspruchnahme verhindert. Qualität bedeutet das hohe Maß an Sorgfalt, bei dessen Einhaltung der Vorwurf fahrlässigen Handelns ausgeschlossen ist.

2.5.3 Schutz der Privatsphäre

Den Bewohnern einer Einrichtung, beispielsweise eines Heimes oder einer Anstalt, und den Patienten eines Krankenhauses steht der Schutz der Privatsphäre zu. Dieser Schutz ist **verfassungsrechtlich** in Art. 1 GG als **Schutz der Menschenwürde** und in Art. 2 GG als **Persönlichkeitsrecht** gewährleistet. Auch weitere Rechtsvorschriften im Strafrecht, Verwaltungsrecht und Sozialrecht sowie im zivilrechtlichen Deliktsrecht, von denen einige nachfolgend und weitere im strafrechtlichen Teil dargestellt werden, sollen diesen Schutz gewähren.

2.5.3.1 Datenschutzgesetze und Sozialdatenschutz

Die Bestimmungen der Datenschutzgesetze verfolgen den Zweck, die **persönlichen Daten** einer Person, die in EDV-Anlagen oder sonstigen **Dateien**, wie beispielsweise Karteien gespeichert oder festgehalten sind, zu schützen. Dieser Zweck ist in § 1 BDSG festgelegt:

Ziel und Inhalte des Datenschutzes

... den einzelnen davor zu schützen, dass er durch den Umgang mit seinen personenbezogenen Daten in seinem Persönlichkeitsrecht beeinträchtigt wird.

Akten und Aktensammlungen sind keine Dateien (§ 3 Abs. 2 BDSG), allerdings sind deren Inhalt, d. h. die darin enthaltenen personenbezogenen Daten, über § 1 Abs. 3 Nr. 2 BDSG geschützt. Zusätzlich gelten hinsichtlich Akten das Amtsgeheimnis, die Schweigepflicht oder sonstige Verschwiegenheitspflichten. Per-

---

[163] Klauß 1995, S. 8
[164] Döring, Kerbe 1994, 8
[165] Armbruster/Beutel/Obert, Kerbe 1994, 21

sonenbezogene Daten im Sinne dieses Gesetzes sind Einzelangaben über persönliche und sachliche Verhältnisse einer bestimmten Person (§ 3 Abs. 1 BDSG).

Die gespeicherten oder in sonstiger Weise gesammelten Daten sind einerseits dadurch zu schützen, dass **Beschäftigten** ausdrücklich zu untersagen ist, die Daten unbefugt zu nutzen oder zu verarbeiten (§ 5 BDSG), und andererseits **technische sowie organisatorische Maßnahmen** getroffen werden müssen, um einen Missbrauch zu verhindern (§ 9 BDSG). Dazu zählen selbstverständlich auch die Sicherung von EDV-Anlagen vor dem unberechtigten Zugriff Dritter und die verschlossene Verwahrung von Karteien.

Die **Weitergabe von gespeicherten persönlichen Daten** ist unter eingeschränkten Voraussetzungen möglich. Sofern kein öffentliches Interesse besteht, und die Weiterleitung nicht durch das Bundesdatenschutzgesetz oder ein anderes Gesetz gestattet ist, muss der Betroffene zustimmen (§ 14 Abs. 2 BDSG). Die Daten von Heimbewohnern oder Patienten können lediglich aus besonderen Gründen an Behörden oder private Institutionen weitergegeben werden. Dieses gilt gleichfalls für die Weitergabe von Angaben zum **Guthaben des Taschengeldkontos** aufgrund einer Anfrage des Sozialamtes. Eine Mitteilung kann insoweit nur durch den Betroffenen selbst bzw. mit dessen Zustimmung oder seitens des Betreuers erfolgen.

Praxisbeispiel

> Die Altenpflegerin A ist mit einem Versicherungskaufmann befreundet. Sie teilt ihm Anschriften und sonstige Daten derjenigen Personen mit, die von ihr betreut werden. Er nutzt die Daten für Hausbesuche und den Abschluss von Verträgen. A hat missbräuchlich die Kartei benutzt und dadurch den Datenschutz verletzt.

Zum Schutz des Betroffenen ist zusätzlich gesetzlich vorgesehen, dass er ein **Recht auf Auskunft** (§ 19 BDSG) und gegebenenfalls ein **Anspruch auf Berichtigung** bzw. **Löschung** seiner Daten hat (§ 20 BDSG). In Zweifelsfällen müssen die Angaben zum Betroffenen mit einer **Sperre** versehen werden. Eine Sperrung ist gleichfalls erforderlich, sofern ohne sie schutzwürdige Belange der betroffenen Person verletzt würden. Die jeweilige Person ist schließlich von der erstmaligen Speicherung zu unterrichten.

Der Schutz durch das Bundesdatenschutzgesetz wäre unvollkommen, wenn dem Betroffenen kein **Recht auf Schadenersatz** eingeräumt werden würde. Ein Anspruch auf Ersatz des Schadens besteht bei unzulässiger oder unrichtiger Verarbeitung von Daten nach § 7 BDSG. Bei einer schweren Verletzung des **Persönlichkeitsrechts** besteht sogar Anspruch auf Zahlung eines Schmerzensgeldes. Bei nicht-öffentlichen Stellen, z. B. privaten Unternehmen oder privaten Heimträgern, trägt dieses Unternehmen bzw. Körperschaft die Beweislast dafür, dass sie die fehlerhafte Speicherung nicht verschuldet hat (§ 8 BDSG).

Eine besondere Form des Datenschutzes ist der Sozialdatenschutz. Nach der Vorschrift des § 35 SGB I hat jeder Bürger Anspruch darauf, dass Einzelangaben über seine persönlichen Verhältnisse von dem jeweiligen **Sozialleistungsträger**, beispielsweise dem Sozialamt, als Sozialgeheimnis besonders geschützt werden:

Sozialdatenschutz

Jeder hat Anspruch darauf, dass Einzelangaben über seine persönlichen und sachlichen Verhältnisse (personenbezogene Daten) von den Leistungsträgern als Sozialgeheimnis gewahrt und nicht unbefugt offenbart werden.

Die Behörde hat durch technische und organisatorische Maßnahmen sicherzustellen, dass die Sozialdaten ausschließlich befugten Personen, d. h. den Beschäftigten, zugänglich sind (§ 35 Abs. 1 SGB I).

Personen oder Institutionen, denen derartige Sozialdaten zur **Durchführung** ihrer eigenen Aufgaben, wie Alten- und Pflegeheimen, Krankenhäusern oder Behinderteneinrichtungen, übermittelt werden, müssen in demselben Umfang für deren Geheimhaltung Sorge tragen (§ 78 SGB X). Die Weitergabe der persönlichen Daten ist durch den **Empfänger** nur in den gesetzlich ausdrücklich zugelassenen Fällen möglich. Das Heim oder die Anstalt bzw. das Krankenhaus muss daher auch die Angaben über den Bewohner, die es vom Sozialamt oder von der Krankenversicherung erhalten hat, besonders schützen und folglich eine unzulässige Weitergabe verhindern.

> Das Sozialamt veranlasst die Unterbringung eines Bewohners im Pflegeheim. Es teilt dazu die persönlichen Daten einschließlich die Höhe der Rente mit. Das Heim muss mit diesen Informationen sorgfältig umgehen, sie somit vor dem Zugriff dritter Personen sichern. Die Akten mit den persönlichen Informationen sind folglich verschlossen aufzubewahren.

Praxisbeispiel

Der Sozialdatenschutz ist folglich eine Ergänzung des sonstigen Datenschutzes im Bereich des Sozialrechts zum Schutz der Empfänger von Sozialleistungen jeder Art.

2.5.3.2 Zivilrechtlicher Datenschutz

Im **Zivilrecht** ist der Schutz der persönlichen Daten **nicht** ausdrücklich vorgesehen. Es ist jedoch anerkannt, dass über den Grundsatz von Treu und Glauben für den Träger der Einrichtung zumindest als **Nebenpflicht** aus dem **Heimvertrag** die Verpflichtung besteht, die Privatsphäre des Bewohners zu schützen. Wird die Geheimhaltungspflicht verletzt, kann der Bewohner Schadenersatz fordern. Die Verletzung der Privatsphäre durch die Weitergabe von persönlichen Daten kann außerdem eine **unerlaubte Handlung** nach den Vorschriften der §§ 823 ff. BGB darstellen. In diesem Fall muss nicht nur **Schadensersatz** geleistet, sondern darüber hinaus **Schmerzensgeld** gezahlt werden. Die unzulässige Weitergabe stellt die Verletzung eines „sonstigen Rechts" nach § 823 Abs. 1 BGB dar.

Praxisbeispiel

Die Pflegekraft P erzählt im Gespräch mit einer Bewohnerin eines Dorfes, dass einer der dort ansässigen Einzelhändler H sich im psychiatrischen Krankenhaus zur stationären Behandlung wegen einer Neurose aufhält. Nach wenigen Tagen sind zahlreiche Einwohner informiert. Nach seiner Entlassung bemerkt der Händler einen Umsatzverlust und erkennt den Grund. H kann wegen des Eingriffes in sein Persönlichkeitsrecht Schmerzensgeld von P sowie vom Krankenhaus Schadenersatz wegen entgangenen Gewinns und der sonstigen geschäftlichen Schädigung fordern.

2.5.3.3 Arbeitsrechtliche Verschwiegenheitspflicht

Für jeden Mitarbeiter einer Einrichtung besteht in der Regel zusätzlich durch eine Klausel im Arbeitsvertrag oder durch § 3,I TVöD eine **Verschwiegenheitspflicht**:

„*(1) Die Beschäftigten haben über Angelegenheiten, deren Geheimhaltung durch gesetzliche Vorschriften vorgesehen oder vom Arbeitgeber angeordnet ist, Verschwiegenheit zu wahren; dies gilt auch über die Beendigung des Arbeitsverhältnisses hinaus.*"

Pflegekräfte haben allein aus diesem Grund über Tatsachen, die ihnen im Rahmen der Tätigkeit bekannt werden, Stillschweigen zu bewahren. Wird diese Pflicht nicht beachtet, hat der Träger als Arbeitgeber die Möglichkeit der **Kündigung des Arbeitsverhältnisses**. Die Folgen drohen zusätzlich zu der Möglichkeit einer **Strafanzeige** durch den Bewohner.

Schutz der Privatsphäre

Um den Schutz der Privatsphäre zu gewährleisten, sollte folgendes beachtet werden:

- Es sollte die größtmögliche **Diskretion** gewahrt werden.
- Die Datenerfassung muss auf das **erforderliche Maß** begrenzt werden.
- Weitergabe und Speicherung von Daten müssen **zweckgebunden** sein.
- Soweit möglich sollten Daten vor der Weitergabe **anonymisiert** werden.

Bei der Beachtung dieser Leitlinien wird der Anspruch des Bewohners auf den Schutz seiner Privatsphäre und somit seines Persönlichkeitsrechts erfüllt.

Wiederholungsfragen

- Was schützen die Datenschutzgesetze?
- Wie ist die Verschwiegenheit im Arbeitsrecht geregelt?
- Wann muss Schadenersatz gezahlt werden?
- Wann dürften Informationen weitergegeben werden?

2.5.4 Aufsichtspflicht

Beim Umgang mit Bewohnern oder Patienten, die an einer (schweren) geistigen oder seelischen Behinderung oder einer psychischen

Erkrankung leiden, muss beachtet werden, dass diese einerseits besondere **Aufsicht** und Betreuung benötigen, jedoch auch wie jeder Mensch Inhaber von **Freiheits-** und **Persönlichkeitsrechten** sind. Der Behinderte oder psychisch Kranke hat daher ebenso Anspruch auf die **freie Entfaltung** seiner **Persönlichkeit** nach Art. 2 Abs. 1 GG, und Beachtung seiner **Menschenwürde** nach Art. 1 GG.

Diese Rechte des Bewohners oder Patienten können nur dort beschränkt werden, wo eine **Fremdaggression** vorliegt, wenn durch ihn in die Rechte anderer eingegriffen wird, d. h. andere durch den Patienten oder Bewohner geschädigt werden. Die Freiheitsrechte des Bewohners oder Patienten finden ebenfalls dort ihre Grenze, wo er **sich selbst gefährdet** (Autoaggression, Suizid etc.). Maßnahmen müssen daher immer daraufhin überprüft werden, ob durch sie in zulässiger Weise in die verfassungsmäßigen Rechte eingegriffen wird bzw. zum Schutz des Betroffenen selbst bzw. anderer Personen ein Eingriff trotz der Grundrechte notwendig ist oder unverhältnismäßig die (verfassungsmäßigen) Rechte eingeschränkt werden.

Grenzen der Freiheits- und Persönlichkeitsrechte

Jede Pflegekraft sollte sich folgender Tatsache bewusst sein: Die Betreuung geistig Behinderter, alter Menschen und psychisch Kranker erfolgt auf einem schmalen **Grat zwischen** der Möglichkeit einer **Haftung wegen unzulässiger Einschränkung der Freiheitsrechte des Bewohners** einerseits und andererseits der **Haftung wegen der Verletzung der Aufsichtspflicht und der Betreuungspflicht** mit der Folge einer Schädigung des Bewohners bzw. Dritter, wobei Schadenersatzansprüche in Betracht kommen. Das Bewusstsein über diese Problematik kann in der Praxis helfen, rechtliche Nachteile zu verhindern.

Gratwanderung

Die Aufsichtspflicht von Gesundheits- und Krankenpflegepersonal bzw. Alten- und Heilerziehungspflegern besteht – entgegen verbreiteter Ansicht – nur ausnahmsweise, denn grundsätzlich ist jeder Mensch, auch der alte oder behinderte Mensch, verpflichtet, selbst denjenigen Schaden zu erstatten, den er verursacht hat. Ein **Sonderfall** liegt nur bei Personen vor, die **aufgrund Erkrankungen** oder **Behinderungen**, beispielsweise einer schweren geistigen Behinderung oder einer schweren psychischen Erkrankung, nicht für die Schadensverursachung verantwortlich sind.[166] Dann besteht eine Aufsichtspflicht, nämlich dort, wo **Aufsichtsbedürftigkeit** wegen einer fehlenden **Deliktsfähigkeit** gemäß § 827 ff. BGB anzunehmen ist.

Aufsichtspflicht der Pflegekräfte

Wer im Zustande der Bewusstlosigkeit oder in einem die freie Willensbestimmung ausschließenden Zustande krankhafter Störung der Geistestätigkeit einem anderen Schaden zufügt, ist für den Schaden nicht verantwortlich.

§

Die Aufsichtsbedürftigkeit besteht folglich nur bei **krankhaften Störungen der Geistestätigkeit**, wobei gleichgültig ist, unter welchen medizinischen Begriff die Störung fällt. Durch die Erkran-

---

[166] vgl. dazu auch Kap. 1.2.2

Abbildung 13: Aufsichtspflicht

kung muss die **freie Willensbestimmung ausgeschlossen** sein. Dieses ist der Fall, wenn der Heimbewohner bzw. Patient aufgrund der psychischen Störung nicht mehr in der Lage ist, seine Entscheidungen vernünftig zu treffen. Es ist dabei eine leichte Beeinflussbarkeit oder Willensschwäche nicht ausreichend. Eine Aufsichtsbedürftigkeit liegt also dann vor, wenn ein Heimbewohner oder Patient aufgrund einer psychischen Erkrankung nicht mehr in der Lage ist, die Auswirkungen seiner Handlungen zu erkennen und dadurch eine Selbst- bzw. Fremdschädigung befürchtet werden muss.

Praxisbeispiel

> Der Bewohner B ist aufgrund seiner geistigen Behinderung derart desorientiert, dass er nicht in der Lage ist, sich außerhalb des Heimes zurechtzufinden und sich nicht sicher im Straßenverkehr bewegen kann. Es besteht hier Aufsichtspflicht, um den Bewohner und Dritte zu schützen. Die Behinderung macht es ihm unmöglich, die Entscheidungen vernünftig zu treffen.
> Der Patient will das psychiatrische Krankenhaus verlassen. Aufgrund seiner Medikamente muss befürchtet werden, dass er sich selbst im Straßenverkehr gefährdet. Es besteht daher eine Aufsichtspflicht und es müssen geeignete Schutzmaßnahmen getroffen werden.

Kriterien für die Beurteilung einer Aufsichtsbedürftigkeit

Es muss in jedem Einzelfall genau geprüft werden, ob tatsächlich die freie Willensbestimmung durch eine Erkrankung oder Behinderung ausgeschlossen ist und deshalb von einer Aufsichtsbedürftigkeit ausgegangen werden kann. Für die Beurteilung bieten sich verschiedene **Anhaltspunkte** an:

- Eintragungen in der Dokumentation, Berichtsbuch etc. über bisheriges Verhalten,

- aktuelles Verhalten (Desorientierung, Aggression),
- Einschätzung des Arztes; insbesondere in Zweifelsfällen muss das Urteil des Arztes maßgebend sein,
- bei Neuaufnahmen auch Mitteilungen von Angehörigen,
- Feststellungen in einem Gutachten im Betreuungs- oder Unterbringungsverfahren,
- Alter, insbesondere bei Kindern unter sieben Jahren.

Die rechtlichen Grundlagen der Aufsichtspflicht finden sich in § 832 Abs. 1 BGB, somit im Deliktsrecht:

Rechtliche Grundlagen

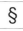

(1) Wer kraft Gesetzes zur Führung der Aufsicht über eine Person verpflichtet ist, die wegen Minderjährigkeit oder wegen ihres geistigen oder körperlichen Zustandes der Beaufsichtigung bedarf, ist zum Ersatze des Schadens verpflichtet, den diese Person einem Dritten widerrechtlich zufügt. Die Ersatzpflicht tritt nicht ein, wenn er seiner Aufsichtspflicht genügt oder wenn der Schaden auch bei gehöriger Aufsichtsführung entstanden sein würde.

(2) Die gleiche Verantwortlichkeit trifft denjenigen, welcher die Führung der Aufsicht durch Vertrag übernimmt.

Die Aufsichtspflicht kann aufgrund einer **gesetzlichen Verpflichtung**, beispielsweise bei Eltern gegenüber ihren Kindern, oder aufgrund eines **Vertrages**, beispielsweise eines Heimvertrages, bestehen. Grundsätzlich haftet allerdings diejenige Pflegekraft, die ihre Sorgfaltspflichten verletzt, selbst. Grundlage ist dabei der **Arbeitsvertrag** in Verbindung mit dem Heim- oder Krankenhausvertrag, da Pflegekräfte sich im Rahmen des Vertrages zumindest indirekt auch zur Aufsichtsführung im Rahmen ihrer Tätigkeit verpflichten.

Folgen der Verletzung der Aufsichtspflicht

Bei Verletzung der Aufsichtspflicht muss gemäß § 832 BGB die „diensthabende" Pflegekraft einem **Dritten** denjenigen Schaden ersetzen, der von einer Person, die wegen ihres körperlichen oder geistigen Zustandes eine Aufsicht benötigt, verursacht worden ist. Zusätzlich muss bei Verletzung eines der in § 823 BGB geschützten Rechtsgüter (Leben, Körper, Gesundheit und Eigentum) außerdem aufgrund dieser Vorschrift **Schadenersatz** geleistet werden. Der geschädigte Außenstehende (Dritte) hat Anspruch auf Ersatz seines **materiellen Schadens** in vollem Umfang (Sachschaden, Verdienstausfall, Rente usw.), wobei bei Personenschäden außerdem **Schmerzensgeld** zu zahlen ist.

Der geistig schwer behinderte Bewohner B kann aufgrund mangelnder Aufsicht die Gruppe verlassen. Als er unerwartet die Straße betritt, verursacht er den Sturz einer Fahrradfahrerin, wobei sie so verletzt wird, dass eine längere stationäre Behandlung notwendig wird. Die Behandlungskosten, die Reparatur des Fahrrades, das Schmerzensgeld usw. muss diejenige Heilerziehungspflegerin, die die Aufsicht vernachlässigt hat, erstatten.

Praxisbeispiel

Im Rahmen der **Betreuungspflicht** muss der Bewohner selbst vor **Eigen-** und **Fremdschädigung** geschützt werden. Für den **eigenen Schaden des Bewohners**, egal ob Körper- oder Sachschaden, muss

Eigenschädigung

über die Vorschrift des § 823 BGB **Schadenersatz** und **Schmerzensgeld** gezahlt werden, da eines der dort geschützten Rechtsgüter (Körper, Gesundheit) verletzt wurde. Die Aufsichtspflicht, somit die Verpflichtung zum Schadenersatz im Falle einer Schädigung, ergibt sich aus dem **Krankenhaus- oder Heimvertrag,** da bei Schädigung des Bewohners oder Patienten die dort festgelegten Schutz- und Fürsorgepflichten verletzt wurden. Ein Schmerzensgeldanspruch besteht bei der Geltendmachung der Verletzung dieser vertraglicher Pflichten jedoch nicht. Die Betreuungspflichten sind zumindest **Nebenpflicht** des Heim- und Krankenhausvertrages. Der Träger hat gegenüber dem Heimbewohner bzw. Patienten in jedem Fall Schutz- und Fürsorgepflichten. Er haftet in diesem Fall für das schuldhafte Verhalten seiner Mitarbeiter als **Erfüllungsgehilfen** nach § 278 BGB. Der Anstalts-, Heim- oder Krankenhausträger haftet selbst dann, wenn er Dritte, wie beispielsweise ein Transportunternehmen, einsetzt. Bei Eigenschäden des Bewohners bzw. Patienten kommt auch bei der Verantwortlichkeit des Trägers eine Haftung nach § 823 BGB in Betracht, wobei der Einrichtungsträger für seine Pflegekräfte über § 831 BGB als **Verrichtungsgehilfen** einzustehen und deshalb bei deren Pflichtverletzung im Rahmen der Aufsichtsführung **Schadenersatz** und **Schmerzensgeld** zu zahlen hat.

Ansprüche aus Verletzung der Aufsichtspflicht **verjähren** im Falle der Geltendmachung als Delikt (§§ 823, 832 BGB) in drei Jahren und wegen Verletzung der vertraglichen Pflichten in drei Jahren.

Fremdschädigung

Der **Träger** der Einrichtung **haftet für Drittschäden** selbstständig **neben** dem **Pflegepersonal** ebenfalls noch zusätzlich nach § 832 BGB, sofern er mit dem Vertrag die Betreuung übernommen hat. Im Rahmen der Betreuung ist die Anstalt, das Heim oder Krankenhaus zusätzlich zu anderen Pflichten auch zur Aufsichtsführung verpflichtet. Der Träger haftet allerdings nur selbst, sofern er die Aufsichtspflicht an Mitarbeiter übertragen hat, die dafür **nicht ausreichend qualifiziert** sind oder eine **unzureichende Kontrolle** erfolgt. Es liegt dann ein so genanntes **Delegationsverschulden** des Heim- oder Krankenhausträgers[167] vor.[168]

Bei **öffentlichen Trägern** besteht die Besonderheit, dass nur der öffentliche Dienstherr, beispielsweise das Bundesland, nicht der jeweilige Mitarbeiter haftet (§ 839 BGB, Art. 34 GG). Dies gilt aber nur, sofern die jeweilige Pflegekraft **hoheitliche Rechte** ausübt, was in der Regel nur in den Psychiatrischen Zentren oder Landeskliniken im Rahmen von Unterbringungen der Fall sein dürfte.

Sofern beide, Einrichtungsträger und Pflegekraft, haften, entsteht zwischen ihnen wieder ein **Gesamtschuldverhältnis**.[169] Der Träger kann als Arbeitgeber bei den Pflegekräften **Rückgriff** (Regress) nehmen, sofern er für eine Sorgfaltspflichtverletzung des jeweiligen Mitarbeiters bei der Aufsichtsführung haften muss

---

[167] vgl. Teil 3, 2.2.3   [168] Eckert (1990), S. 182   [169] vgl. Teil 3, 2.2.7

(§ 840 Abs. 2 BGB). Der Regress ist jedoch in Fällen einer **gefahrgeneigten Tätigkeit**[170] eingeschränkt.[171]

Sofern trotz der vorgenannten Grundsätze ein Rückgriff des Arbeitgebers erfolgen sollte, ist wiederum eine **Berufshaftpflichtversicherung** der Pflegekräfte von Nutzen, da diese den Schaden des Bewohners bzw. Patienten und/oder Dritter ersetzt und gegebenenfalls unberechtigte Ansprüche abwehrt bzw. die Rechtsanwalts- und Gerichtskosten finanziert.

Mit der nachfolgenden Übersicht zu Möglichkeiten der Verletzung der Aufsichts- und Betreuungspflicht sollen beispielhafte Fälle mit den entsprechenden Rechtsgrundlagen dargestellt werden:

Tabelle 3: Haftung Aufsichtspflicht

Art der Schädigung	Haftung? Träger	Haftung? Personal	Rechtsgrundlage	Norm
Bewohner stürzt	×		Verletzung Pflichten aus Heimvertrag	§ 823 BGB
		×	Verletzung Obhuts- und Betreuungspflicht	§ 823 BGB
Suizidversuch Patient	×		Verletzung Sicherungspflicht Haftung für Personal/ Erfüllungsgehilfen	§ 823 BGB §§ 831, 278 BGB
		×		
Patient/Bewohner schädigt Anderen	×	×	Verletzung Aufsichtspflicht	§ 832 BGB
Patient läuft in PKW	×	×	Verletzung Aufsichtspflicht	§ 823 BGB § 832 BGB

Zum Umfang der Aufsichtspflicht wurden durch die Rechtsprechung verschiedene **Grundsätze** entwickelt:

Grundsätze zum Umfang der Aufsichtspflicht

- Die von dem Bewohner ausgehende **Gefahr**, durch die einem Dritten ein Schaden entstanden ist, muss im **Zusammenhang mit dem Betreuungsverhältnis** zwischen Heim und Bewohner stehen. Wird der Bewohner anderweitig betreut, beispielsweise durch einen Familienangehörigen, haftet die Einrichtung bzw. deren Personal nicht für Schäden.
- Die Aufsichtspflichtigen haften nur dann, sofern die **Gefahr**, die durch den Bewohner bestand, **erkennbar**, d. h. vorhersehbar war. Nur dann muss der Schaden ersetzt werden, sobald die Pflege- und Betreuungskräfte wussten, dass der Bewohner andere oder sich gefährden wird. Es muss dabei aber berücksichtigt werden, dass Pflegekräfte aufgrund der Ausbildung in der Lage sein müssen, das Persönlichkeitsbild des Bewohners oder Patienten richtig einzuschätzen und Gefahren zu erkennen. Sobald jedoch bei sorgfältiger Beobachtung des Bewohners keine Gefahr erkennbar war, scheidet eine Haftung aus.

---

[170] vgl. Teil 3, 2.2.8   [171] vgl. Teil 3, 2.2

- Eine Haftung kommt schließlich nur dann in Betracht, wenn die **Gefahr mit zumutbaren Mitteln hätte abgewendet werden können**. Nach der Rechtsprechung ist dasjenige zumutbar, das von einem Heimträger und seinem Personal vernünftigerweise verlangt werden kann. Es muss bei der Frage, ob die Abwendung der Gefahr zumutbar war, untersucht werden, ob das Heim von der Organisation, der Ausstattung und insbesondere der personellen Besetzung zu wirksamen Maßnahmen in der Lage war. Ein offenes Heim kann kaum wirksam verhindern, dass ein Bewohner unbeaufsichtigt das Haus verlässt und Schaden anrichtet. Bei bestimmten Bewohnern müsste allerdings eine Verlegung geprüft werden.

Aufsicht bestimmter Personengruppen

Besondere **Aufsichtsmaßnahmen** sind **bei Kindern sowie geistig behinderten oder psychisch kranken Menschen** hinsichtlich des möglichen **Umgangs mit Zündmitteln** (Streichhölzern, Feuerzeug etc.) erforderlich, d. h. es ist eine gesteigerte Aufsichtspflicht notwendig.[172] Dieses Risiko, das für Dritte von diesen Personen ausgeht, soll nach dem Grundgedanken des § 832 BGB in erster Linie von den Aufsichtspflichtigen getragen werden, denen es eher zumutbar ist als dem außenstehenden Geschädigten, und die eher die Möglichkeit haben, in der gebotenen Weise auf das Kind einzuwirken. Dies gilt entsprechend für geistig Behinderte und noch mehr für Patienten in einem psychiatrischen Krankenhaus. Insbesondere dann, wenn der Zweck der Aufnahme des Patienten in das Krankenhaus nicht nur darin besteht, die Erkrankung zu heilen, sondern auch das Krankenhauspersonal die Pflicht hat, alle Gefahren von dem Patienten abzuwenden, die wegen der Krankheit durch den Patienten selbst drohen. Notwendig hierfür ist eine Überwachung und Sicherung der Kranken.[173]

Dies bedeutet in der Praxis, dass Patienten bzw. Bewohner gegebenenfalls durchsucht werden müssen, um ein „Zündeln" zu verhindern, d. h. eine Kontrolle dahingehend erfolgen muss, ob sie Streichhölzer, Feuerzeug etc. mitführen. Dies gilt allerdings nur für gefährdete Patienten oder Bewohner, also solche, bei denen die Gefahr einer Eigen- oder Fremdschädigung durch Feuer besteht. Zu den Sorgfaltspflichten zählt in derartigen Fällen auch, dass gefährdete Bewohner und Patienten nur unter Aufsicht rauchen dürfen, in den Zimmern keine Kerzen zugelassen werden etc. Bei einer Schädigung des Patienten oder Bewohners darf aber der **Maßstab für die einzuhaltende Sorgfalt nicht im Nachhinein festgelegt** werden. Es muss stattdessen darauf abgestellt werden, was in der konkreten Situation erforderlich war. Entscheidend ist zum Beispiel, ob das Krankenhauspersonal Anlass hatte, eine Durchsuchung, d. h. ein Abtasten der Kleidung des Patienten oder Bewohners vorzunehmen und dieses zum Auffinden des Feuerzeugs geführt hätte. Dabei ist zu berücksichtigen, was bisher vorgefallen ist und wie die Bediensteten des Krankenhauses auf eventuell vorangegangene Suizidversuche etc. reagiert hatten.

---

[172] BGH, NJW 1996, S. 1404; BGH, NJW 1997, 2047

[173] BGH, NJW 1986, S. 775; OLG Frankfurt, VersR 1979, S. 451; BayObLG, VersR 1980, S. 872; BGH, NJW 1994, 794

Eine Haftung liegt vor, wenn aufseiten des Patienten eine Selbstverbrennungsgefahr tatsächlich bestand. Ob und gegebenenfalls welche (weiteren) Schutzmaßnahmen zu treffen waren, ist eine Frage der Abwägung im Einzelfall.[174] Bei der Abwägung sind auch die Notwendigkeit eines vertrauensvollen Verhältnisses zum Zweck der Therapie und die verfassungsmäßigen Rechte des Patienten (Menschenwürde und Persönlichkeitsrecht) zu berücksichtigen.

Bei der Frage der Aufsichtspflicht darf nicht übersehen werden, dass eine Person, die nicht wie oben dargestellt aufsichtsbedürftig ist, einen Anspruch auf die Wahrnehmung ihrer **Persönlichkeits- und Freiheitsrechte** hat. Eine zu starke Bevormundung, insbesondere die unberechtigte Verweigerung des Verlassens der Einrichtung, kann eine Anzeige wegen Freiheitsberaubung zur Folge haben. Aus diesem Grund kann nur empfohlen werden, sich bei zweifelhaften Fällen rechtlichen Rat einzuholen.

Aufsicht und Persönlichkeits- und Freiheitsrechte

Sollten Maßnahmen zur Beschränkung der persönlichen Freiheit notwendig sein, um im Rahmen der Aufsichtspflicht die Gefährdung des Bewohners bzw. Patienten oder anderer (dritter) Personen abzuwenden, muss auch bei der Erfüllung der Aufsichtspflicht der **Grundsatz der Verhältnismäßigkeit** beachtet werden. Dies bedeutet im Einzelnen: Sobald eine **Beobachtung** oder **Aufklärung** ausreicht, darf der Bewohner nicht am Verlassen des Zimmers oder der Gruppe bzw. des Krankenhauses gehindert werden. Als Mittel zur Abwendung von Gefahren sind auch **Gespräche** mit dritten Personen (u. a. Angehörige) denkbar. Freiheitsentziehende Maßnahmen dürfen nur als letztes Mittel ergriffen werden, sofern kein anderes Mittel geeignet ist, die Gefährdung abzuwenden.

> Die Bewohnerin B verlässt das Heim und eine der Heilerziehungspflegerinnen beobachtet, dass sie im Straßenverkehr überfordert ist. Die Pflegekräfte vereinbaren daher mit ihr, dass sie das Heim nur in Begleitung eines anderen Bewohners verlässt. Frau B ist einverstanden. Es sind daher weitere Maßnahmen nicht erforderlich.

Praxisbeispiel

Besonderheiten bestehen bei der Gefahr eines Suizids, insbesondere in der Psychiatrie. Grundsätzlich hat das Pflegepersonal die **Pflicht, die Patienten bzw. Bewohner auch vor Selbstschädigungen zu bewahren,** die ihnen durch Suizidversuche drohen könnten. Notwendig ist dabei unter Umständen eine Überwachung und Sicherung des Betroffenen. Diese Pflicht besteht allerdings nach der aktuellen Rechtsprechung[175] nur in den Grenzen des **Erforderlichen** und für das Personal, die Patienten oder Bewohner **Zumutbaren**. Selbst in einem Psychiatrischen Krankenhaus kann ein Suizid nicht mit absoluter Sicherheit vermieden werden. Es ist dabei gleichgültig, ob die Behandlung auf einer offenen oder geschlossenen Station durchgeführt wird. Eine lückenlose Überwachung und Sicherung, die jede noch so fernliegende Gefah-

Aufsicht bei Suizidgefahr

---

[174] BGH, NJW 1994, 794   [175] BGH, NJW 1994, 794

renquelle ausschalten könnte, ist unmöglich. Im zitierten Urteil des Bundesgerichtshofs wird zudem betont, dass nach moderner Auffassung gerade bei psychisch Kranken eine **vertrauensvolle Beziehung** und **Zusammenarbeit zwischen Patient und Arzt sowie Personal** auch aus therapeutischen Gründen notwendig ist. Entwürdigende Überwachungs- und Sicherungsmaßnahmen können die Therapie gefährden. Zusätzlich sind insbesondere durch das Betreuungsrecht (Teil 3, 1.3) derartigen Maßnahmen Grenzen gesetzt.

Sofern ein vollendeter oder versuchter Suizid erfolgt, muss geprüft werden, ob die Heilerziehungs- und Altenpfleger bzw. das Krankenpflegepersonal vorher Anlass hatten, verstärkte Kontrollen durchzuführen.[176] Dabei ist zu berücksichtigen, ob das Pflegepersonal auf die vorangegangenen Suizidversuche reagiert hat und ob die daraufhin getroffenen Maßnahmen geeignet waren. Schließlich kann eine Haftung nur vorliegen, sofern der Suizid aufgrund eindeutiger Anzeichen **vorhersehbar** war.

Trotzdem müssen insbesondere in einem Psychiatrischen Krankenhaus, selbst bei offenen Abteilungen, derartige **organisatorische Maßnahmen** getroffen werden, dass kein Patient unbemerkt vom Personal seine Station oder gar das Haus verlassen kann. Dies wurde in den neun Thesen zum Problem Suizid während klinisch-psychiatrischer Therapie ausgedrückt.[177] Diese Thesen können Maßstab für die Beurteilung der Fahrlässigkeit sein. Bei schweren Suizidtendenzen (These 5) muss danach die Unterbringung auf einer geschlossenen Station erfolgen[178].

Eine Haftung des Personals für den Suizid eines Bewohners oder Patienten kommt nur dann in Betracht, wenn **Fahrlässigkeit** vorliegt. Diese ist, wie bereits im Rahmen der Grundlagen der Haftung ausgeführt, zivilrechtlich definiert als das Außerachtlassen der im Verkehr erforderlichen Sorgfalt (§ 276 BGB). Die notwendige Sorgfalt liegt vor, sofern gewissenhaft der gegenwärtige Stand der Wissenschaft und Praxis beachtet wird und dazu eine regelmäßige Fortbildung erfolgt. Pflegekräfte müssen deshalb einen sicheren Weg, d. h. den optimalen Interessenschutz der Patienten anstreben.[179]

Ein Verstoß gegen die notwendige Sorgfalts- und damit Aufsichtspflicht liegt vor, wenn elementare Fehler unterlaufen oder die Grenzen des therapeutischen bzw. pädagogischen Ermessens überschritten werden. Es muss dabei die **konkrete Suizidgefahr** beachtet werden. Sofern eine erkennbare, **aktuelle Suizidgefährdung** oder die Gefahr des **Entweichens** nicht erkannt wird, haftet die betroffene Pflegekraft.[180] Bei so genannten **Organisationsmängeln**, insbesondere einem mangelhaften Überwachungs- und

---

[176] BGH, a. a. O.
[177] NStZ 1984, 108
[178] OLG Köln, R&P 1993, 33; OLG Köln, VersR 1992, 577
[179] Gropp, MedR 1994, 127 (130)
[180] Gropp, a. a. O., OLG Stuttgart, VersR 1990, S. 858; OLG Braunschweig, VersR 1985, S. 576

Informationsaustausch, haftet der Träger der Einrichtung oder des Krankenhauses.[181]

Eine Verletzung der Aufsichtspflichten liegt nicht vor, wenn im therapeutischen Interesse des Patienten oder Bewohners ein Freiraum gewährt und damit bewusst ein suizidales Restrisiko eingegangen wird. Es muss allerdings eine **sachgerechte Risiko- und Interessenabwägung** erfolgen.[182] Das Selbstbestimmungsrecht muss als Teil des Freiheitsrechts und der Menschenwürde selbst bei der Abwägung von Leben und Freiheit berücksichtigt werden. Der Lebensschutz hat zwar grundsätzlich Vorrang, jedoch darf der Suizidgefährdete nicht über längere Zeit fixiert oder in der geschlossenen Abteilung festgehalten werden, nur um jedes Suizidrisiko auszuschließen. Eine suizidale Gefahr muss im therapeutischen Interesse des Patienten akzeptiert werden, ohne eine Verletzung der Sorgfaltspflicht zu begehen.[183] Es gibt in der Betreuung derart gefährdeter Patienten und Bewohner das **erlaubte Risiko,** wonach eine Freiheitsbeschränkung bei erkennbarer Gefahr für Leib und Leben des Patienten notwendig ist, aber bei pflichtgemäßer Risikoabwägung und der Verringerung der Suizidgefahr eine Lockerung von freiheitsbeschränkenden Maßnahmen notwendig ist.[184]

Der Suizidgefährdete muss einerseits geschützt werden, andererseits hat er ein Recht auf Freiheit.[185] Wer dieses Recht widerrechtlich verletzt, kann wegen **Freiheitsberaubung** (§ 239 StGB) strafrechtlich zur Verantwortung gezogen werden und haftet zivilrechtlich auf Schadenersatz und Schmerzensgeld (§ 823 BGB).[186] Besondere Freiheitsrechte haben diejenigen Patienten, die sich **freiwillig in die Klinik begeben** haben. Denn ihr Einverständnis ist die einzige rechtliche Grundlage, Einschränkungen ihrer Bewegungsfreiheit zu legitimieren. Wird es widerrufen, muss insbesondere eine richterliche Kontrolle erfolgen.[187] Bei einer **Unterbringung** liegt dagegen die Befugnis der Klinik vor, notwendige Maßnahmen zu ergreifen, allerdings nur die unbedingt erforderlichen.[188] Als **Leitlinie** kann gelten: Je konkreter und unmittelbarer die Gefahr einer Selbstschädigung des Patienten oder Bewohners ist, desto eher sind Beschränkungen der Freiheit nicht nur gerechtfertigt, sondern erforderlich.[189] Aus diesem Grund können nach Gropp[190] die **Freiheitsbeschränkungen eines einsichtsfähigen Patienten** oder Bewohner im therapeutischen Interesse **gelockert** werden, wenn

- nur eine abstrakte Suizidgefahr vorliegt, weil aktuelle schwere Suizidtendenzen oder sie begünstigende Umstände nicht zu erkennen sind,
- der Patient über seine Suizidgefährdung aufgeklärt worden ist,

---

[181] BGH, VersR 1966, S. 262; OLG Frankfurt/Main, VersR 1979, S. 451; OLG Celle, AHRS Nr. 3060/13
[182] Gropp, a. a. O.
[183] Gropp, a. a. O.
[184] OLG Düsseldorf, VersR 1984, 193
[185] Helle, MedR 1989, 133
[186] OLG Köln, R&P 1993, 33 (34)
[187] Gropp, a. a. O.
[188] Helle, a. a. O.
[189] Wolfslast, R&P 1986, 128
[190] MedR 1994, 134

- bei ihm Risikobereitschaft besteht und
- die Lockerung im Rahmen des therapeutischen Plans dokumentiert wird.

Es liegt bei Verletzung der Aufsichtspflicht unter Umständen auch zusätzlich zur zivilrechtlichen eine **strafrechtliche Haftung**[191] vor, beispielsweise wegen fahrlässiger Körperverletzung, Körperverletzung durch Unterlassen oder Tötung durch Unterlassen in Betracht, sofern Strafanzeige erstattet wird.

2.5.5 Sexualität behinderter Menschen

Rechtliche Grundlagen

Rechtsprobleme hinsichtlich der Sexualität behinderter Menschen müssen sowohl vor dem Hintergrund des Strafrechts, insbesondere der Vorschriften zum Schutz der **sexuellen Selbstbestimmung**, als auch unter zivilrechtlichen Aspekten, dort vor allem der **Betreuungs-** und **Fürsorgepflicht der Einrichtung** aus dem Heimvertrag, beurteilt werden. Allerdings ist gerade in diesem Bereich die Beurteilung geprägt von der individuellen Sichtweise der Heilerziehungs- und Altenpfleger, die naturgemäß durch die eigene sexuelle Erziehung geprägt ist.[192] Aus diesem Grund kann es für den jeweiligen Heilerziehungs- oder Altenpfleger in der Praxis schwierig sein zu erkennen, wo **Grenzen** gezogen werden müssen und wo eine Entfaltung der Sexualität des Behinderten unter sozialen und pädagogischen Aspekten notwendig und sogar rechtlich geboten ist. Mit dieser Darstellung kann lediglich der rechtliche Aspekt ausreichend dargestellt werden. Diese Darstellung muss allerdings in Ansätzen auch sexualpädagogische Aspekte berücksichtigen. Der Umgang mit der Sexualität von Behinderten erfordert von den jeweiligen Pflegekräften ein hohes Maß an Toleranz und Einfühlungsvermögen, um das verfassungsrechtlich garantierte Selbstbestimmungsrecht der Bewohner zu verwirklichen.

Im Rahmen der rechtlichen Beurteilung der Sexualität Behinderter müssen zuerst die Rechte des Heimbewohners und somit auch die Grenzen, innerhalb derer er seine Sexualität ausleben darf, dargestellt werden. Dabei ist insbesondere der Anspruch jedes Menschen auf **freie Entfaltung** seiner **Persönlichkeit** aus Art. 2 Abs. 1 GG hervorzuheben, der auch im sexuellen Bereich zu beachten ist:

> §
>
> *Jeder hat das Recht auf die freie Entfaltung seiner Persönlichkeit, soweit er nicht die Rechte anderer verletzt und nicht gegen die verfassungsmäßige Ordnung oder das Sittengesetz verstößt.*

Zur freien Entfaltung der Persönlichkeit zählt auch die **Partnerwahl**, eine **erfüllte Sexualität** und die Möglichkeit eigener **Kinder**.[193] Es handelt sich bei dieser Norm nicht nur um ein Grundrecht, sondern um ein **elementares Menschenrecht**, das deshalb gleichermaßen für behinderte wie nicht-behinderte Menschen gilt. Dies bedeutet für die Praxis der Betreuung von Bewohnern,

---

[191] vgl. Teil 4
[192] Dank (1993), 119
[193] Anstalt Stetten, Sexualität und Partnerschaft (1992), S. 28

dass deren freie Entfaltung der Persönlichkeit auch im sexuellen Bereich möglich sein muss, sie sogar einen verfassungsmäßig geschützten Anspruch darauf haben. Das Grundgesetz hat den Sexualbereich als Teil der Privatsphäre unter den Schutz des Art. 2 GG in Verbindung mit Art. 1 GG gestellt[194], so dass Eingriffe nur im begrenzten Rahmen möglich sind. Der Umgang mit der Sexualität darf deshalb **nicht von der individuellen Einstellung des Pflegepersonals** abhängen.[195] Dies wird für die Eheschließung dadurch dokumentiert, dass durch das Betreuungsrecht in der Vorschrift des § 1903 Abs. 2 BGB ausdrücklich eine **Eheschließung**, selbst beim Einwilligungsvorbehalt, zugelassen ist:

Ein Einwilligungsvorbehalt kann sich nicht erstrecken auf Willenserklärungen, die auf Eingehung einer Ehe gerichtet sind, ...

Wie bereits beim Betreuungsrecht aufgeführt, ist es einem Behinderten grundsätzlich möglich zu heiraten, sofern er nicht geschäftsunfähig ist. Der Betreuer hat zusätzlich bei Sexualität und Partnerschaft die **Wünsche des Bewohners** zu berücksichtigen, wozu ihn die Vorschrift des § 1901 Abs. 2 BGB ausdrücklich verpflichtet:

Der Betreuer hat Wünschen des Betreuten zu entsprechen, soweit dies dessen Wohl nicht zuwiderläuft und dem Betreuer zuzumuten ist.

Dies gilt nur dann nicht, sofern es dem Betreuer nicht zuzumuten ist. Die **Zumutbarkeit** kann allerdings nicht an den eigenen moralischen Vorstellungen des Betreuers gemessen werden. Die Heilerziehungs- und Altenpfleger müssen aus diesen Gründen sowohl die Partnerwahl der Bewohner respektieren als auch soweit möglich bestimmte sexuelle Betätigungen von Behinderten, die teilweise von der Norm abweichen[196], tolerieren. Deshalb sind grundsätzlich auch homosexuelle Kontakte, sofern sie auf einem beiderseitigen Einverständnis beruhen und auch ansonsten keine Strafgesetze verletzen, zu tolerieren.

Grenzen

Aber selbst das Recht auf freie Entfaltung der Persönlichkeit ist nicht unbegrenzt. Es findet dort seine Grenze, wo die **Rechte anderer verletzt** werden oder gegen „Sittengesetze" verstoßen wird. Die Entfaltung und damit auch die sexuelle Betätigung muss deshalb dort enden, wo andere Heimbewohner oder die Pflegekräfte geschädigt bzw. in sonstiger Weise beeinträchtigt werden. In diesem Zusammenhang ist der strafrechtliche Aspekt bedeutsam. Die Grenze des Freiheitsrechts ist daher bei den Heimbewohnern überschritten, sobald das Recht anderer auf die sexuelle Selbstbestimmung in strafrechtlich bedeutsamer Weise verletzt wird. Bei der Verwirklichung von Straftatbeständen kommt zusätzlich eine zivilrechtliche Haftung über die §§ 823 ff. BGB als unerlaubte Handlung in Betracht.

Im Falle einer Verletzung der sexuellen Selbstbestimmung von Bewohnern durch andere Bewohner sind Maßnahmen zum Schutz

Verletzung der sexuellen Selbstbestimmung von Bewohnern

---

[194] BVerfG, NJW 1982, 2061, S. 2062
[195] Dank (1993), S. 121
[196] Dank (1993), S. 116

des Betroffenen notwendig. Dies ergibt sich zumindest aus dem Heimvertrag und aus der **Betreuungspflicht** und damit der Pflicht zur Fürsorge und zum Schutz von Bewohnern. Wird diese Pflicht verletzt und ein Bewohner deshalb geschädigt, kommt eine **Haftung** mit der Verpflichtung zur Zahlung von Schadenersatz und/oder Schmerzensgeld in Betracht. Heilerziehungs- und Altenpfleger sowie das Gesundheits- und Krankenpflegepersonal haben dabei strafrechtlich außerdem die so genannte **Garantenstellung**, so dass eine Bestrafung über § 13 StGB wegen Unterlassens erfolgen kann, weil der Schaden von dem Bewohner nicht abgewendet worden ist. Es muss in der Gruppe bzw. auf der Station gewährleistet sein, dass schwerstbehinderte Bewohner vor Zugriffen anderer Bewohner geschützt sind und nicht als wehrlose Sexualobjekte dienen.[197] Aus diesem Grund ist jeder Beschäftigte in Behinderteneinrichtungen verpflichtet, sexuelle Übergriffe sowohl durch andere Bewohner als auch Mitarbeiter zu melden und diese Mitteilung direkt an die Heimleitung oder ähnliches weiterzuleiten.

Schwangerschaft

Da innerhalb der vorgenannten Grenzen jedem Bewohner ein Recht auf sexuelle Betätigung zusteht, ist in der Praxis die angemessene **Verhütung von Schwangerschaften** zu berücksichtigen. Mit der Pflege und Erziehung von Kindern sind Heimbewohner in der Regel überfordert, wobei dabei sicherlich Ausnahmen möglich sind. In der Mehrzahl der Fälle dürfte allerdings davon auszugehen sein, dass die Bewohner nicht zu einer sachgerechten Versorgung der Kinder in der Lage sind. Im Falle einer Schwangerschaft müsste folglich eine Wahl zwischen einem **Schwangerschaftsabbruch** oder einem **Entzug** des **Sorgerechts** nach § 1666 BGB durch das Betreuungsgericht bzw. des Ruhens der elterlichen Sorge nach § 1673 Abs. 1 BGB wegen Geschäftsunfähigkeit der Eltern getroffen werden. Der Schwangerschaftsabbruch ist aus ethischen Gründen abzulehnen mit Ausnahme derjenigen Fälle, in denen eine medizinische Indikation besteht. Dies gilt insbesondere in Einrichtungen des Diakonischen Werkes oder des Caritasverbandes, wobei hier theologische Aspekte hinzukommen. Die Alternative, Geburt und anschließende Versorgung des Kindes in einer Pflegefamilie, ist gleichfalls mit erheblichen Nachteilen verbunden. Für den Bewohner bedeutet die Trennung vom Kind sicherlich eine erhebliche psychische Belastung. Zur **Sterilisation behinderter Menschen** kann auf das Betreuungsrecht verwiesen werden.[198] Aus den vorgenannten Gründen ist im Interesse des Behinderten und aus ethischen Gründen eine **Verhütung** indiziert. Die Wahl kann allerdings nur nach Beratung mit dem Facharzt und der Berücksichtigung der Behinderung erfolgen. Beachtung muss in diesem Zusammenhang schließlich die notwendige Einwilligung des Bewohners haben, sofern er einwilligungsfähig ist, oder des Betreuers in Fällen von einwilligungsunfähigen Bewohnern.

HIV-Infektion und Geschlechtskrankheiten

Bei der **Prophylaxe einer HIV-Infektion und Geschlechtskrankheiten** ist ebenfalls das Selbstbestimmungsrecht des Bewohners zu beachten. Aufgabe der Pflegekräfte ist zwar auch in diesem

---

[197] Schröder (1992), S. 147   [198] vgl. Teil 3, 1.3.7

Bereich der Schutz der Behinderten, jedoch kann dies nur dazu verpflichten, im Wege der **Beratung und Aufklärung** auf die Gefahren hinzuweisen sowie im Rahmen der Möglichkeiten die Sexualkontakte von infizierten Heimbewohnern mit anderen Bewohnern zu verhindern. Weitergehende Maßnahmen sind unzulässig und können sogar den Straftatbestand der **Nötigung** erfüllen.

2.5.6 Gewalt in der Pflege und Betreuung

Gewalt in der Pflege ist aus zwei Perspektiven zu betrachten. Einerseits als Gewalt gegen das Pflege- und Betreuungspersonal und andererseits als Gewalt des Personals gegen die kranken, behinderten oder alten Menschen.

Gewalt gegen Pflegepersonal erfolgt in der Praxis der Pflege und Betreuung beispielsweise durch Schläge, Zerren an der Kleidung, Treten, Kratzen sowie Werfen von Gegenständen, Verdrehen des Arms oder Würgeangriffe. Teilweise kommt es sogar zu Stichen oder Geiselnahmen.[199] Allen gemeinsam ist, dass entweder die körperliche Unversehrtheit des Betreuenden oder/und seine Persönlichkeit beeinträchtigt wird. Beides hat strafrechtliche und zivilrechtliche Bedeutung.

Im Hinblick auf die mögliche zivilrechtliche Haftung kommt es leider in der pflegerischen Praxis des Öfteren zu Handlungen, die als „Gewalt in der Pflege" zum Nachteil des Heimbewohner bzw. Patienten eingeordnet werden können. Es kann immer dann von Gewalt gesprochen werden, wenn eine Person zum „Opfer" wird, d.h. vorübergehend oder dauernd daran gehindert wird, ihrem Wunsch oder ihren Bedürfnissen entsprechend zu leben. Gewalt heißt also, dass ein ausgesprochenes oder unausgesprochenes Bedürfnis des Opfers missachtet wird.[200] Dieses Vereiteln einer Lebensmöglichkeit kann durch eine Person verursacht sein oder von institutionellen oder gesellschaftlichen Strukturen ausgehen. Bei der personalen Gewalt erscheint darüber hinaus die Unterscheidung wichtig zwischen aktiver Gewaltanwendung im Sinne der Misshandlung, und passiver Gewaltanwendung im Sinne der Vernachlässigung. Gewalt sollte immer aus der Sicht des geschädigten Opfers definiert werden. So kann dem Pflege- und Betreuungspersonal Gewalt in der Pflege vorgeworfen werden bei

- Zwang eines Bewohner zur Einnahme von Medikamenten trotz vorhandener Einwilligungsfähigkeit,
- Behinderung von Patienten/Bewohnern am Verlassen der Einrichtung,
- sämtlichen freiheitsbeschränkenden Maßnahmen, insbesondere solchen ohne ausreichende rechtliche Grundlage[201],
- Zwang zum Essen,

Formen der Gewalt

---

[199] Näheres dazu und zu den Ursachen in Kienzle/Paul-Ettlinger 2006

[200] Ruthmann 1993, S. 14 f.
[201] vgl. ausführlich Kapitel 1.4.1

- Gewaltanwendung jeglicher Art, insbesondere Körperverletzungen,
- Waschen gegen den Willen des Heimbewohners.

In haftungsrechtlicher Hinsicht können Handlungen von Alten- und Heilerziehungspflegern sowie Fachkräften der Gesundheits- und Krankenpflege sowohl zu einer strafrechtlichen Haftung[202] als auch zu zivilrechtlichen Ansprüchen führen. Es werden dabei in der Regel die Rechtsgüter Körper, Gesundheit und/oder Freiheit sowie das Persönlichkeitsrecht verletzt (§ 823 BGB). Ohne ausreichende Rechtfertigungsgründe[203] steht dem jeweiligen Bewohner bzw. Patienten ein Anspruch auf Schadenersatz und Schmerzensgeld zu. Von Bedeutung ist auch, dass durch viele der vorstehend beispielhaft genannten Handlungen auch sowohl die Menschwürde des Bewohners bzw. Patienten (Art. 1 GG) verletzt wird als auch dessen Persönlichkeitsrecht mit dem Recht auf körperliche Unversehrtheit (Art. 2 GG).

Die Anwendung von Zwangsmitteln sollte aus obigen Gründen sowohl in der Psychiatrie als auch in der Alten- und Behindertenhilfe nur dort erfolgen, wo es entweder im Interesse des jeweiligen Bewohners oder Patienten oder zum Schutz Dritter, insbesondere anderer Heimbewohner oder Patienten, erforderlich ist.

3 Vertragsrecht

3.1 Rechtliche Grundlagen

Die rechtlichen Grundlagen des Vertragsrechts finden sich im Wesentlichen im **Bürgerlichen Gesetzbuch** (BGB), dort im allgemeinen Teil und im Schuldrecht. Inzwischen ist auch das Recht der **Allgemeinen Geschäftsbedingungen** (AGBG) dort eingefügt worden. Die AGBG regeln die Wirksamkeit von Vertragsklauseln, die vorformuliert sind und daher dem anderen Vertragspartner vorgeschrieben werden. Sie können von diesem nicht mehr abgeändert werden. Durch die gesetzlichen Vorschriften zu den AGBG (§§ 305 ff. BGB) ist eine richterliche Kontrolle derartiger vorformulierter Klauseln möglich, wobei der Richter bestimmte Klauseln, die mit dem Gesetz in Widerspruch stehen, für unwirksam erklären kann. Es handelt sich hierbei um eine Form des Verbraucherschutzes.

---

[202] vgl. dazu Teil 4, dort Kapitel 1

[203] vgl. zu den Rechtfertigungsgründen insbesondere Teil 3, Kapitel 2.2

3.2 Vertragsabschluss und Vertragswirkungen

Es gilt der Grundsatz der **Vertragsfreiheit**, so dass es jedem Bürger frei steht, einen Vertrag mit einem anderen abzuschließen. Auch in der Gestaltung des Vertragsinhaltes kann jeder grundsätzlich frei entscheiden. Es besteht lediglich in bestimmten, gesetzlich genau geregelten Fällen ein **Kontrahierungszwang**, d. h. der einzelne Bürger kann den Abschluss des Vertrages erzwingen. Der Kontrahierungszwang besteht insbesondere für Unternehmen, die eine Monopolstellung (Telekom, Stromversorger etc.) einnehmen, da in derartigen Fällen der Bürger keine anderweitige Möglichkeit hat, die Leistung zu empfangen.

Grundsatz der Vertragsfreiheit

Der Grundsatz der Vertragsfreiheit bedeutet auch, dass grundsätzlich **Formfreiheit** besteht, folglich keine besondere Form des Vertragsabschlusses vorgeschrieben ist. Ein Vertrag kann somit mündlich abgeschlossen werden, sofern das Gesetz nicht ausnahmsweise etwas anderes bestimmt. Derartige Ausnahmen sind beispielsweise der Heimvertrag, die Bürgschaft und Wohnungsmietverträge, für die die **Schriftform** vorgesehen ist. Bei der gewillkürten Schriftform ist im Vertrag selbst die Schriftform vorgesehen, d. h., es sind in der Regel „keine mündlichen Nebenabsprachen" gültig. Ein weiterer Ausnahmefall ist die **notarielle Beurkundung**. Diese Form ist bei Verträgen mit weit reichender Bedeutung wie Kaufverträgen über ein Grundstück vorgeschrieben. Ist im Gesetz eine besondere Form des Vertragsabschlusses bestimmt, ist ein Vertrag, der diese Form nicht beachtet, nichtig und daher unwirksam.

Auch hinsichtlich des **Inhaltes der vertraglichen Regelungen** sind die Vertragspartner grundsätzlich frei. Dabei existieren aber in Ausnahmefällen zum Schutz des sozial Schwächeren gesetzliche Vorschriften, die diese Vertragsfreiheit einschränken. Einige dieser Vorschriften finden sich im Recht der Allgemeinen Geschäftsbedingungen (§§ 305 ff. BGB), im Heimrecht, im Mietrecht und Arbeitsrecht.

Der Vertrag kommt durch **zwei übereinstimmende Willenserklärungen** zu Stande. Dies bedeutet, dass zwischen beiden Vertragsparteien ein gemeinsamer Wille hinsichtlich des Inhaltes des Vertrages vorhanden sein muss. Diese beiden Willenserklärungen sind **Angebot** und **Annahme**. Das Angebot und die Annahme müssen, sofern keine besondere Form vorgeschrieben ist, nicht ausdrücklich erklärt werden. Eine Willenserklärung kann auch durch schlüssiges Verhalten, d. h. konkludent, abgegeben werden. Der Käufer einer Ware, der den Gegenstand in Empfang nimmt und den Kaufpreis bezahlt, nimmt das Kaufangebot des Verkäufers an, ohne dass eine ausdrückliche Erklärung erforderlich ist. Angebot und Annahme müssen aber, um wirksam zu sein, denselben Inhalt haben und sich folglich auf denselben Vertragsgegenstand beziehen.

Übereinstimmende Willenserklärungen notwendig

Praxisbeispiel

> Beim Kauf eines Buches wird das Angebot dadurch abgegeben, dass es ausgesucht und an der Kasse zur Bezahlung vorgelegt wird. Die Kassiererin nimmt das Angebot durch Entgegennahme des Kaufpreises und der Übergabe des Buches an. Es ist damit ein wirksamer Kauf zu Stande gekommen.

Nach der Abgabe der Willenserklärungen, insbesondere nach der Annahme des Angebotes, entsteht in der Regel ein **wirksamer Vertrag**. Es tritt eine **Bindung der Vertragspartner** ein. Ein wirksamer Vertrag kommt dann nicht zu Stande, wenn Mängel beim Abschluss des Vertrages vorliegen. Diese können

Vertragsmängel als Anfechtungsgrund

- beschränkte Geschäftsfähigkeit bzw. Geschäftsunfähigkeit,
- Irrtum,
- Täuschung,
- Drohung oder
- Sittenwidrigkeit

sein. Diese möglichen Mängel sind nachfolgend im Einzelnen darzustellen.

Eine Willenserklärung ist nichtig und damit unwirksam, wenn sie von einer Person abgegeben wird, die **geschäftsunfähig** ist.[204] Wird die Willenserklärung hingegen von einer **beschränkt geschäftsfähigen Person** abgegeben, ist sie schwebend unwirksam, bis der gesetzliche Vertreter sie genehmigt.[205]

Eine Willenserklärung kann nach Abgabe, aber auch nach dem Zustandekommen eines wirksamen Vertrages wegen **Irrtums** angefochten werden. Dies gilt dann, wenn einer der Vertragspartner eine derartige Willenserklärung nicht abgeben wollte oder sich über die Eigenschaften einer Person oder Sache geirrt hat. Er kann in diesem Fall seine Willenserklärung und damit den Vertrag anfechten. Er muss allerdings unter Umständen dem Vertragspartner den entstandenen Vertrauensschaden ersetzen.

Eine Anfechtung des Vertrages ist auch in denjenigen Fällen möglich, in denen einer der Vertragspartner zum Abschluss des Vertrages durch eine **Drohung** oder eine **arglistige Täuschung** veranlasst worden ist.

Praxisbeispiel

> Wird beispielsweise beim Abschluss des Heimvertrages dem stark seh- und körperbehinderten, aber geistig nicht behinderten Bewohner wahrheitswidrig, auch vom Heimleiter, mitgeteilt, dass es sich nur um eine kurzfristige Unterbringung wegen des Urlaubs seiner Tochter handelt, tatsächlich aber eine dauerhafte Unterbringung geplant ist, kann der Bewohner diesen Vertrag wegen arglistiger Täuschung anfechten.

Ein Mangel des Vertragsabschlusses ist auch die **Sittenwidrigkeit**. Ein Vertrag ist nichtig, wenn er gegen die guten Sitten verstößt.

---

[204] vgl. Teil 3, 1.2.1.1   [205] vgl. Teil 3, 1.2.1.2

Dies ist insbesondere anzunehmen, wenn die Zwangslage einer Person oder die Unerfahrenheit ausgenutzt werden, um dadurch ungerechtfertigte Vermögensvorteile zu erlangen. Es liegt dann Wucher vor.

Praxisbeispiel

> Ein Heimvertrag, der die Zahlung besonders hoher, nicht durch die Leistung gerechtfertigter Heimkosten an den Heimträger vorschreibt, ist wegen Wucher und damit wegen Sittenwidrigkeit nichtig. Zusätzlich ergibt sich die Unwirksamkeit noch aus heimrechtlichen Vorschriften.

Ein Vertrag ist auch nichtig, damit unwirksam, wenn gegen ein **gesetzliches Verbot** verstoßen wird.

Stellvertretung

Jede Vertragspartei kann sich beim Abschluss des Vertrages durch einen Bevollmächtigten vertreten lassen. Voraussetzung einer wirksamen **Stellvertretung** ist zuerst eine Vollmacht für den Stellvertreter. Durch die **Vollmacht** wird der Umfang der Vertretungsmacht bestimmt. Sofern der Stellvertreter seine Vertretungsmacht überschreitet oder ohne Vollmacht handelt, **haftet** er persönlich. Der Vertrag ist dann schwebend unwirksam, kann aber von dem Vertretenen genehmigt werden. Die Stellvertretung ist trotz einer wirksamen Vollmacht **bei höchstpersönlichen Geschäften**, wie der Eheschließung und der Errichtung eines Testamentes, **ausgeschlossen**. Der Stellvertreter handelt im Namen derjenigen Person, die er vertritt. Er gibt beim Vertragsabschluss seine Willenserklärung für diese Person ab. Der Stellvertreter ist deren Erfüllungsgehilfe und handelt in ihrem Auftrag. Die Weisungen des Vertretenen müssen daher befolgt werden. Der Vertreter muss bei der Durchführung des Auftrages zumindest beschränkt geschäftsfähig sein.

Praxisbeispiel

> Der Geschäftsführer eines Altenheimes, der mit einem Reinigungsunternehmen die regelmäßige Reinigung der Räumlichkeiten vertraglich vereinbart, handelt als Bevollmächtigter im Auftrag des Heimträgers. Zur Zahlung der Vergütung wird deshalb nicht er, sondern der Heimträger durch den Vertrag verpflichtet.

Eine besondere Form der Stellvertretung nimmt der **gesetzliche Vertreter** ein. Dies sind der Vorstand eines Vereins, der Geschäftsführer einer Gesellschaft, die Eltern von minderjährigen Kindern sowie der Betreuer bei durch ihn vertretenen Volljährigen. Es ist hier keine Vollmacht erforderlich, sondern das Gesetz bestimmt den Umfang der Vertretungsmacht.

Bote

Der Bote nimmt eine ähnliche Stellung wie der Stellvertreter ein. Er ist auch eine Mittelsperson beim Vertragsabschluss. Er gibt jedoch im Gegensatz zum Stellvertreter **keine Willenserklärung** ab, sondern überbringt lediglich die Willenserklärung eines anderen. Er ist somit gewissermaßen das Sprachrohr desjenigen, der die Willenserklärung abgibt. Aus diesem Grunde kann auch eine geschäftsunfähige Person Bote sein.

Sind Angebot und Annahme ordnungsgemäß abgegeben worden und ist dadurch ein **wirksamer Vertrag** entstanden, sind beide Vertragspartner verpflichtet, die Vereinbarungen einzuhalten, somit den Vertrag zu erfüllen. Durch den Vertrag entsteht ein **Schuldverhältnis**. Die Vertragsparteien haben wechselseitig einen Anspruch auf die vereinbarte Leistung bzw. Gegenleistung.

3.3 Leistungsstörungen

Definition

> Ist eine der Vertragsparteien nicht bereit oder nicht in der Lage, den Vertrag zu erfüllen, somit seine Leistung zu erbringen, liegt eine **Leistungsstörung** vor.

Diese sind der Verzug und die Unmöglichkeit.

Beim **Verzug** werden der Verzug des Schuldners und der des Gläubigers unterschieden. Das Gesetz bezeichnet denjenigen Vertragspartner, der die Leistung zu erbringen hat, als **Schuldner**. Der **Gläubiger** hingegen kann die Leistung fordern.

Praxisbeispiel

> Beim Kauf eines Buches ist Schuldner des Kaufpreises der Käufer, er muss den Kaufpreis an den Verkäufer bezahlen. Der Käufer ist aber auch Gläubiger, er kann vom Verkäufer fordern, dass dieser ihm das gekaufte Buch nach der Zahlung aushändigt.

Schuldnerverzug

Beim Schuldnerverzug wird die vertraglich vereinbarte **Leistung nicht rechtzeitig**, damit verspätet erbracht. Ein Verzug liegt bei

- Fälligkeit,
- Mahnung und
- Verschulden

des Schuldners vor. Der Schuldner kann daher nur in Verzug kommen, wenn die **Leistung fällig** ist, somit bereits vom Gläubiger gefordert werden kann. Vor dem vereinbarten Zeitpunkt kann der Gläubiger die Leistung nicht fordern. Weitere Voraussetzung ist eine **Mahnung**. Die Mahnung ist eine Aufforderung des Gläubigers, dass die vertragliche Leistung nun unverzüglich erbracht werden muss. Ist für die Leistung ein bestimmter Zeitpunkt bereits im Vertrag bestimmt, tritt der Verzug auch ohne Mahnung ein.

Praxisbeispiel

> In den meisten Mietverträgen ist beispielsweise bestimmt, dass der Mietzins bis zum dritten Werktag eines Monats zu zahlen ist. Sofern keine Zahlung erfolgt, kommt der Mieter dann ab dem vierten Werktag ohne Mahnung in Verzug.

Außerdem kommt der Schuldner einer Geldforderung 30 Tage nach Fälligkeit und Zugang einer Rechnung oder einer gleichwertigen Zahlungsaufforderung in Verzug. Ein Verzug liegt nur dann vor, wenn der **Schuldner ihn verschuldet** hat. Dieses Verschulden wird gesetzlich vermutet, was bedeutet, dass der Schuldner beweisen muss, dass er die verspätete Leistung nicht zu vertreten hat. In der Mehrzahl der Fälle kann allerdings von einem Verschulden ausgegangen werden.

Sind die Voraussetzungen des Verzuges gegeben, kann der Gläubiger **Schadenersatz** verlangen. Der Schuldner muss dem Gläubiger denjenigen Schaden ersetzen, der durch die verspätete Leistung entstanden ist, wobei auch **Verzugszinsen** von fünf Prozent über dem Basiszinssatz der Deutschen Diskontbank zu zahlen sind (§ 288 Abs. 1 BGB). Kann der Gläubiger aus einem anderen Rechtsgrund höhere Zinsen verlangen, so sind diese gleichfalls oder stattdessen zu entrichten. Als Schaden muss der Schuldner beispielsweise auch die Kosten eines Rechtsanwalts oder Inkassobüros bezahlen. Der Schuldner bleibt zur Leistung verpflichtet. Der Gläubiger hat jedoch das Recht, nach entsprechender Androhung und Fristsetzung vom Vertrag zurückzutreten.

Praxisbeispiel

> Sofern eine Person Ware bei einem Versandhaus bestellt, diese auch geliefert wird, jedoch keine Zahlung erfolgt, tritt der Verzug mit der ersten Mahnung des Versandhauses ein. Der Kunde muss jetzt Verzugszinsen bezahlen. Wird die Zahlung wiederum nicht geleistet, kann das Versandhaus ein Inkassounternehmen mit der Durchsetzung der Zahlung beauftragen. Die Kosten dafür hat der Kunde zu tragen.

Gläubigerverzug

Beim **Gläubigerverzug** ist der Schuldner zwar bereit und in der Lage, seine vertraglichen Pflichten zu erfüllen, jedoch der Gläubiger, der Empfänger der Leistung, nicht bereit, diese anzunehmen. Der Gläubiger kommt aber in der Regel nur dann in Verzug, wenn ihm die vertragliche Leistung tatsächlich angeboten wird. Wird sie lediglich mündlich oder schriftlich angeboten, ist dieses im Regelfall nicht ausreichend. Das Angebot muss am vereinbarten Ort und zur vereinbarten Zeit erfolgen. Sofern der Gläubiger die Leistung nicht annimmt, wird dadurch eine **Haftungserleichterung** für den anderen Vertragspartner ausgelöst. Dieser haftet dann nur noch für Vorsatz und grobe Fahrlässigkeit. Wenn beispielsweise die angebotene Ware nach dem Annahmeverzug infolge leichter Fahrlässigkeit des Verkäufers vernichtet wird, haftet dieser nicht. Auch geht die Preisgefahr auf den Gläubiger über, was bedeutet, dass der andere Vertragspartner auch dann den Anspruch auf Zahlung der Vergütung behält, wenn seine Leistung ohne sein Verschulden unmöglich wird. Geldschulden sind ab dem Augenblick des Gläubigerverzuges nicht mehr zu verzinsen.

Praxisbeispiel

> Es wurde im Heimvertrag vereinbart, dass die Heimkosten auf ein bestimmtes Konto überwiesen werden. Der Heimträger wechselt das Bankinstitut und lässt das bisherige Girokonto löschen, ohne den Bewohnern dies mitzuteilen. Eine Zahlung ist daher nicht zu dem vereinbarten Termin möglich. Der Heimträger ist in Annahmeverzug, so dass der Bewohner trotz der verspäteten Zahlung keine Zinsen zu zahlen hat.

Unmöglichkeit

Bei der **Unmöglichkeit** ist es dem Schuldner nicht möglich, die vertraglich vereinbarte Leistung zu erbringen. In diesem Fall kann der andere Vertragspartner vom Vertrag zurücktreten. Beim **Rücktritt** wird der Vertrag rückabgewickelt. Dies bedeutet, dass bereits erbrachte Leistungen wie ein im Voraus entrichteter Kaufpreis zurückgegeben werden müssen. Es kann auch **Schadenersatz** wegen der Nichterfüllung der vertraglichen Pflichten gefordert werden, sofern der Schuldner die Unmöglichkeit verschuldet hat. Wurde die Unmöglichkeit von demjenigen Vertragspartner verschuldet, der die Leistung zu fordern hat, somit vom Gläubiger, kann die Gegenleistung unter Anrechnung der ersparten Aufwendungen trotzdem gefordert werden.

Praxisbeispiel

> Es wird mit einem zukünftigen Bewohner ein Heimvertrag abgeschlossen und die Aufnahme in das Altenheim für den 1.10. vereinbart. Der Bewohner muss bereits bei Abschluss des Vertrages eine Anzahlung leisten. Durch einen Brand wird das Heim am 28.09. zerstört. Die Aufnahme ist dadurch unmöglich, so dass die Anzahlung zurückzuzahlen, der Heimvertrag aufzuheben ist und der zukünftige Heimbewohner den Rücktritt erklären kann.

3.4 Erlöschen von Forderungen

Es gibt mehrere Möglichkeiten, wie eine Forderung, d. h. das Recht, eine vertragliche Leistung zu beanspruchen, erlöschen kann. Es handelt sich dabei um die Durchführung des Vertrages und die Möglichkeit, Gegenrechte gegenüber der Forderung des Vertragspartners geltend zu machen.

Erfüllung der vertraglichen Verpflichtung

Die wichtigste Form des Erlöschens von Forderungen ist die Erfüllung der vertraglichen Verpflichtung.

Praxisbeispiel

> Der Käufer einer Ware bezahlt den vereinbarten Kaufpreis. Er erfüllt damit seine Verpflichtung, so dass die Kaufpreisforderung erlischt.

Die Erfüllung erfolgt in der Regel gegenüber dem Gläubiger, also demjenigen, der die Leistung beanspruchen kann, selbst. Mit der Genehmigung des Gläubigers kann die Leistung aber auch **an einen Dritten** erbracht werden. Wurde die Genehmigung erteilt, muss der Gläubiger die Leistung an den Dritten genauso behandeln, als ob sie an ihn selbst erfolgt wäre.

Praxisbeispiel

> Eine Altenpflegerin hat dem Heim Schadenersatz zu leisten, da sie grob fahrlässig einen Bewohner geschädigt hat. Sie verkauft ihren PKW und vereinbart mit dem Käufer, dass er den Preis nicht an sie, sondern an ihren Arbeitgeber bezahlt.

Leistung an Erfüllungs Statt

Eine andere Form der Erfüllung ist die Leistung an Erfüllungs Statt. Der Schuldner erbringt dabei eine andere Leistung als vertraglich vereinbart war, wobei der andere Vertragspartner damit einverstanden gewesen sein muss. Diese **Ersatzleistung** erfüllt dann die vertragliche Verpflichtung.

> Wird beim Neuwagenkauf eine Inzahlungnahme des Gebrauchtwagens vereinbart, wird der Kaufpreis anstatt durch Barzahlung mit der Übergabe des Wagens insoweit entrichtet.

Praxisbeispiel

Eine Forderung kann auch durch Hinterlegung erlöschen. Bei der Hinterlegung werden Geld, Wertpapiere, Urkunden und Kostbarkeiten bei der **Hinterlegungsstelle** des zuständigen Amtsgerichts in Verwahrung gegeben. Die Hinterlegung kann einerseits erfolgen, wenn ein Annahmeverzug des Gläubigers vorliegt oder andererseits, wenn eine Ungewissheit über die Person dessen, an den die Leistung zu erbringen ist, besteht.[206] Eine Hinterlegung ist aber **nur in den gesetzlich genannten Fällen** möglich.

Hinterlegung

> Wenn nach einem Todesfall im Altenheim nicht mit Sicherheit festgestellt werden kann, wer empfangsberechtigter Erbe ist, können Wertgegenstände wie Schmuck beim Amtsgericht hinterlegt werden. Der Erbe hat dort die Möglichkeit, die Herausgabe mit dem Erbschein zu erlangen.

Praxisbeispiel

Eine Forderung kann auch mittels einer Aufrechnung beseitigt werden. Voraussetzung einer wirksamen Aufrechnung sind **gegenseitige, fällige Forderungen**. Den Vertragspartnern müssen somit gegeneinander Ansprüche zustehen. Diese müssen auch fällig sein, d. h. jedem muss das Recht zustehen, die Leistung auch zu verlangen. Kann der aufrechnende Vertragspartner seine eigene Forderung erst zu einem späteren Zeitpunkt geltend machen, ist sie nicht fällig, so dass bereits aus diesem Grund eine Aufrechnung nicht möglich ist. Die Aufrechnung kann weiter nur erfolgen, wenn beide **Forderungen gleichartig** sind. Dieses ist beispielsweise bei beiderseitigen Ansprüchen auf Zahlung eines Geldbetrages zu bejahen. Sofern die genannten Voraussetzungen vorliegen, kann eine **Aufrechnungserklärung** erfolgen. Durch diese Erklärung werden die gegenseitigen Forderungen verrechnet.

Aufrechnung

> Hat das Altenheim einen Anspruch auf einen Heimkostensatz von 2.500,00 Euro, aber steht dieser Forderung ein Anspruch des Heimbewohners auf Zahlung von Schadenersatz in Höhe von 1.000,00 Euro wegen fahrlässiger Beschädigung seines Eigentums zu, kann der Heimbewohner aufrechnen. Er hat daher an das Heim nur noch einen Betrag von 1.500,00 Euro zu bezahlen.

Praxisbeispiel

Es gibt Fälle, in denen eine **Aufrechnung ausgeschlossen** ist. Dies gilt bei einer Forderung, bei der die Leistung wegen einer **Einrede** verweigert werden kann. Eine Aufrechnung ist auch nicht möglich bei einer **unpfändbaren Forderung**.

---

[206] vgl. dazu auch Teil 3, 5.4

Praxisbeispiel: Die Pflegekraft P schädigt ihren Arbeitgeber, den Heimträger H, grob fahrlässig. H kann deshalb mit Schadenersatzansprüchen gegen die Pflegekraft monatlich nur in Höhe des pfändbaren Anteiles am Gehalt aufrechnen.

3.5 Einreden

Verjährung

Die wichtigste Einrede ist die Verjährung. Nach Ablauf der **Verjährungsfrist** hat der Schuldner das Recht, die Leistung zu verweigern. Es sind im Gesetz verschiedene Verjährungsfristen geregelt. Die regelmäßige Verjährungsfrist beträgt 3 Jahre (§ 195 BGB). Sie beginnt mit dem Schluss des Jahres, in dem der Anspruch entstanden ist (§ 199 BGB). In zahlreichen Fällen, insbesondere in Angelegenheiten des täglichen Lebens, sind andere, u. U. kürzere Verjährungsfristen vorgesehen. Nach drei Jahren verjähren ebenfalls Schadenersatzansprüche aus einer unerlaubten Handlung (Delikt). Erst nach 30 Jahren hingegen tritt die Verjährung ein bei rechtskräftigen Ansprüchen aus Urteilen, gerichtlichen Vergleichen etc. (§ 197 BGB). Die Verjährung kann durch ein Anerkenntnis des Schuldners **oder** durch **gerichtliche Maßnahmen**, wie eine Klage oder ein Mahnbescheid, unterbrochen werden.

Praxisbeispiel: Wird im Altenheim ein Personalcomputer angeschafft und wird festgestellt, dass das Gerät fehlerhaft arbeitet, kann der Fehler nur innerhalb einer Frist von inzwischen zwei Jahren geltend gemacht werden. Der Verkäufer wird sich danach auf die Verjährung berufen.

Zurückbehaltungsrecht

Das Zurückbehaltungsrecht stellt eine weitere Einrede dar. Mit dem Zurückbehaltungsrecht kann vom Schuldner die Herausgabe der Leistung, beispielsweise eines Gegenstandes, verweigert werden, wenn er einen Anspruch gegen den Gläubiger hat, der gleichfalls noch nicht erfüllt ist. Der Gläubiger kann, sofern der Schuldner sein Zurückbehaltungsrecht geltend macht, die Leistung erst fordern, wenn er seine eigene Leistung erbracht hat.

Praxisbeispiel: Nach dem Tod eines Bewohners errechnet die Buchhaltung des Heimes, dass der Heimkostensatz für einen Monat noch nicht bezahlt ist. Als die Angehörigen erscheinen, um die Wertsachen abzuholen, kann der Heimleiter die Herausgabe unter Berufung auf das Zurückbehaltungsrecht solange verweigern, bis der Heimkostensatz restlos bezahlt ist.

Einrede des nicht erfüllten Vertrages

Die Einrede des nicht erfüllten Vertrages gilt bei gegenseitigen Verträgen. Ein **gegenseitiger Vertrag** ist zum Beispiel der Kaufvertrag. Der Käufer kann durch die Einrede des nicht erfüllten Vertrages die Zahlung solange verweigern, bis der Verkäufer die Ware geliefert hat. Dies gilt nur dann nicht, wenn sich einer der Vertragspartner, im Beispiel der Käufer, zur Vorleistung verpflichtet hat. In derartigen Fällen ist die Einrede des nicht erfüllten Vertrages nicht anwendbar.

Alle Einreden sind im Falle eines Rechtsstreits nicht vom Richter zu berücksichtigen, sondern derjenige, dem die Einrede zusteht, muss sich **ausdrücklich darauf berufen**, sie somit geltend machen.

3.6 Übergang von Forderungen

Das Gesetz bietet mehrere Möglichkeiten der Übertragung von Forderungen auf andere Personen. Dies sind insbesondere **auf der Seite des Gläubigers** die Abtretung sowie **auf der Seite des Schuldners** die Schuldübernahme, der Schuldbeitritt und das Gesamtschuldverhältnis.

Bei der Abtretung wird der Anspruch auf die vertragliche Leistung auf eine andere Person übertragen. Nach der Übertragung kann der ursprüngliche Gläubiger die Leistung nicht mehr beanspruchen, denn an seine Stelle tritt der neue Gläubiger. Diese Übertragung muss durch einen **Abtretungsvertrag** erfolgen. Der **Schuldner** ist bei der Abtretung durch mehrere Vorschriften **geschützt**. Der alte Gläubiger ist dazu verpflichtet, dem Schuldner Mitteilung über die Abtretung unter Angabe des neuen Gläubigers zu machen. Der Schuldner kann dabei einen schriftlichen Nachweis über die Abtretung verlangen. Wird dem Schuldner die Abtretung nicht mitgeteilt und leistet er deshalb an den alten Gläubiger, kann der neue Gläubiger nicht nochmals fordern. Auch kann zum Schutz des Schuldners eine unpfändbare Forderung nicht abgetreten werden. Der Schuldner behält ebenso nach der Abtretung etwaige Einwendungen, somit Gegenrechte wie die Einrede der Verjährung, so dass er dadurch nicht schlechter gestellt wird.

Abtretung

> Die Altenpflegerin A hat ihrer Kollegin M einen Kredit in Höhe von 5.000,00 Euro gewährt. Nachdem mehrere Jahre vergangen sind und M nicht mehr im Heim arbeitet, fordert A sie zur Rückzahlung auf. M weigert sich. Da A keine rechtlichen Auseinandersetzungen will, tritt sie den Anspruch auf Rückzahlung der 5.000,00 Euro an ein Inkassounternehmen ab, das dann den Anspruch bei M geltend machen kann.

Praxisbeispiel

Das Gesamtschuldverhältnis ist dadurch gekennzeichnet, dass mehrere Personen zu einer bestimmten Leistung, die sich aus einem Vertrag oder einer unerlaubten Handlung ergeben kann, verpflichtet sind. Es existieren somit mehrere Schuldner. Durch das Gesamtschuldverhältnis wird jeder der Schuldner einzeln verpflichtet. Der Gläubiger hat folglich die Wahl, entweder die Leistung von einem ganz zu fordern oder von jedem der Gesamtschuldner einen Teilbetrag. Der gesamte Betrag kann allerdings von Gläubiger nur einmal gefordert werden. Die Erfüllung eines Gesamtschuldners wirkt daher zu Gunsten der anderen.

Gesamtschuldverhältnis

Derjenige Schuldner, der die Forderung allein ganz erfüllt, hat einen Anspruch auf Ausgleich (Regress) gegenüber den anderen Gesamtschuldnern. Er kann von ihnen den entsprechenden Anteil zurückfordern.[207]

3.7 Beendigung des Vertrages

Ein Vertrag wird in der Regel **durch** den Austausch der vereinbarten Leistungen, die **Erfüllung**, beendet. Es gibt allerdings auch weitere Möglichkeiten, die einem oder beiden Vertragspartnern erlauben, sich von den vertraglichen Verpflichtungen zu lösen. Diese Notwendigkeit besteht insbesondere bei Verträgen mit längerer Laufzeit, den so genannten **Dauerschuldverhältnissen**, wie beispielsweise bei Heimverträgen und Abonnementverträgen.

Kündigung

Eine längere vertragliche Beziehung kann durch eine Kündigung beendet werden. Es wird dabei die **ordentliche Kündigung** und die **fristlose (außerordentliche) Kündigung** unterschieden. Die Voraussetzungen der Kündigung sind im Gesetz oder im Vertrag festgelegt. Das Gesetz greift ein, sofern keine vertraglichen Regelungen getroffen worden sind. Der völlige Ausschluss einer Kündigung im Vertrag ist nicht möglich. Die fristlose Kündigung ist nur in besonderen Fällen, in der Regel bei erheblichen Verstößen gegen vertragliche Pflichten, möglich. Die ordentliche Kündigung hingegen nur zum vereinbarten bzw. gesetzlich festgelegten Zeitpunkt mit einer bestimmten Kündigungsfrist. Die Kündigung muss immer **gegenüber dem Vertragspartner ausdrücklich erklärt** werden. Es ist auch oft vorgesehen, dass nur eine **schriftliche Kündigung** wirksam ist. Die Kündigung des Heimvertrages beispielsweise kann nur schriftlich erfolgen. Wird eine wirksame Kündigung ausgesprochen, enden zum festgelegten Zeitpunkt die vertraglichen Pflichten beider Vertragspartner.

Praxisbeispiel

> Altenpfleger D hat verschiedentlich Bewohnern ohne medizinische Notwendigkeit Sedativa verabreicht. Nachdem der Heimträger ihn deshalb abgemahnt hat und er die Medikamente weiter verabreicht, erfolgt die Kündigung wegen der Verletzung seiner Pflichten. Er akzeptiert sie, so dass sein Arbeitsverhältnis dadurch beendet wird.

Rücktritt

Eine weitere Möglichkeit, vertragliche Beziehungen zu beenden, ist der Rücktritt. Die Befugnis zum Rücktritt kann sich aus dem Gesetz oder aus dem Vertrag ergeben. In beiden Fällen wird der **Vertrag rückabgewickelt**, d. h. die vertraglichen Leistungen müssen zurückerstattet werden und die vertragliche Beziehung wird beendet. Ein Rücktritt ist zum Beispiel gesetzlich dann vorgesehen, wenn einer der Vertragspartner seine Verpflichtungen aus dem Vertrag nicht erfüllt.

---

[207] vgl. auch Teil 3, 2.2.7

> Ist der Heimträger nicht in der Lage, das im Heimvertrag zugesagte Zimmer zur Verfügung zu stellen, kann der Heimbewohner vom Vertrag zurücktreten und einen neuen Heimvertrag mit einem anderen Heimträger abschließen. Es ist wie bei der Kündigung eine ausdrückliche Rücktrittserklärung notwendig.

Praxisbeispiel

In manchen Fällen muss er **zuvor angedroht** werden. Eine besondere Form des Rücktrittes ist für so genannte **Verbraucherverträge**, wie Abonnementverträge, Verbraucherkreditverträge und so genannte Haustürgeschäfte vorgesehen. Bei derartigen Verträgen ist für den Kunden nach § 355 Abs. 1 BGB ein **schriftlicher Widerruf** innerhalb von zwei Wochen möglich, über den er ausdrücklich schriftlich belehrt werden muss.

Vertragliche Bindungen können in besonderen Fällen auch durch die **Anfechtung**[208] gelöst werden.

Anfechtung

3.8 Pflichtverletzungen

3.8.1 Allgemeines

Jeder Schuldner haftet selbst dafür, dass er den Vertrag erfüllt. Er haftet somit zuerst für **eigenes Verschulden**. Es wird gehaftet, wenn der **Vertrag nicht, nicht rechtzeitig oder nicht ordnungsgemäß erfüllt** wird. Der Schuldner haftet auch bei vertraglichen Verpflichtungen **für Vorsatz und Fahrlässigkeit**. Die Haftung für Fahrlässigkeit kann, mit Ausnahme grober Fahrlässigkeit, ausgeschlossen werden, die Haftung für Vorsatz jedoch nicht. Der Schuldner hat aber auch für diejenigen Schäden einzustehen, die dann auftreten, wenn er sich zur Erfüllung seiner vertraglichen Verpflichtung eines **Erfüllungsgehilfen** bedient. Das Verschulden dieser Person wird ihm zugerechnet. Er hat dabei keine Möglichkeit des Entlastungsbeweises wie bei der deliktischen Haftung.

Fälle einer Haftung des Schuldners

> Eine Altenpflegerin versäumt es, die Tür zur geschlossenen Station zu verschließen. Ein Bewohner verlässt dadurch das Heim und erfriert in der winterlichen Kälte, da er verwirrt ziellos durch den angrenzenden Park läuft und schließlich auf einer Bank einschläft. Es wurde hier die vertragliche Betreuungspflicht verletzt, so dass der entstandene Schaden, die Kosten der Beerdigung, durch das Heim zu tragen sind. Der Schaden wurde durch die Altenpflegerin als Erfüllungsgehilfin des Heims verursacht.

Praxisbeispiel

---
[208] vgl. auch Teil 3, 3.2

3.8.2 Verletzung vorvertraglicher Pflichten

Inhalt und Voraussetzungen

Es gibt außer der Haftung aufgrund vertraglicher Verpflichtung oder aufgrund gesetzlicher Vorschriften wie der unerlaubten Handlung noch die Möglichkeit der **Haftung aus Verschulden bei Vertragsabschluss**. Grundsätzlich haften Vertragspartner gegenseitig nur bei einem wirksamen Vertrag. Es entsteht jedoch auch im vorvertraglichen Bereich, beispielsweise bei der Aufnahme von Vertragsverhandlungen, ein besonderes Rechtsverhältnis, woraus Schadenersatzansprüche hergeleitet werden können. Durch das genannte Rechtsverhältnis werden **Obhuts-, Sorgfalts-, Aufklärungs- und Mitteilungspflichten** begründet. Welche Pflichten im Einzelnen bestehen, muss durch die Auslegung des Vertrages ermittelt werden. Die Haftung ist **nur möglich, wenn** bereits ein **geschäftlicher Kontakt zu Stande gekommen** ist.

Praxisbeispiel

> Ein zukünftiger Heimbewohner besichtigt ein Heim. Er stürzt auf dem frisch gereinigten Fußboden. Der Heimträger muss Ersatz leisten.

Voraussetzung einer Haftung ist auch bei der Verletzung von vorvertraglichen Pflichten ein **Verschulden des Vertragspartners**. Es ist dem Vertragspartner derjenige Schaden zu ersetzen, der ihm dadurch entstanden ist, dass er auf das Verhalten des anderen vertraut hat. Für die Höhe des **Vertrauensschadens** gelten die allgemeinen Grundsätze.

Die Haftung wegen einer vorvertraglichen Pflichtverletzung greift **nicht** ein, wo bereits anderweitige gesetzliche Regelungen einen Schadenersatzanspruch begründen.

3.8.3 Gewährleistung

Jeder Vertragspartner hat dafür einzustehen, dass die Leistung ordnungsgemäß erbracht wird.

Definition

> Die **Gewährleistungsvorschriften** regeln die Rechtsfolgen bei fehlerhafter Leistungserbringung.

Eine derartige fehlerhafte Leistung liegt beispielsweise vor, wenn die verkaufte **Sache Mängel** hat oder eine **Dienstleistung mangelhaft erbracht** wird.

Für jede im BGB geregelte Vertragsart sind besondere Gewährleistungsvorschriften vorhanden. Diese werden im Einzelnen bei den jeweiligen Vertragsarten behandelt. Es gilt jedoch grundsätzlich, dass der **Gläubiger** in Fällen einer nicht ordnungsgemäßen Erfüllung einen **Anspruch auf Rücktritt, Herabsetzung der Vergütung bzw. Nachbesserung** hat.

3.9 Vertragsarten

3.9.1 Kaufvertrag

Bei einem Kaufvertrag sind die Vertragsparteien Käufer und Verkäufer. Der Kaufvertrag kann grundsätzlich mündlich abgeschlossen werden. Zu Beweiszwecken ist jedoch die Schriftform zu empfehlen. Bei Grundstücksverkäufen muss eine notarielle Beurkundung erfolgen. Ist der Kaufvertrag ein Abzahlungs- oder Haustürgeschäft, muss dieser schriftlich abgeschlossen werden.

Form und Inhalt

Durch den Kaufvertrag wird der **Verkäufer**

- zur Übergabe der verkauften Sache an den Käufer und
- zur Verschaffung des Eigentums verpflichtet.

Der **Käufer** muss den Kaufpreis bezahlen und ist zur Abnahme verpflichtet. Er muss nach der Übergabe den Kaufpreis verzinsen, sofern nichts anderes vereinbart ist.

> Das Altenheim bestellt bei einem Kraftfahrzeughändler einen Kleinbus. Nachdem der Wagen zur Abholung bereitsteht, teilt das Heim mit, dass es kurzfristig ein anderes Fahrzeug erworben und daher kein Interesse an dem Kauf mehr hat. Der Kraftfahrzeughändler kann die Zahlung des Kaufpreises und die Übernahme des Kleinbusses fordern.

Praxisbeispiel

Bei Fehlern des verkauften Gegenstandes, die zum Zeitpunkt der Übergabe bereits bestehen, hat der Käufer nach § 437 BGB das Recht auf

Rechte des Käufers bei fehlerhaften Gegenständen

- Nacherfüllung,
- Rücktritt vom Vertrag,
- Minderung des Kaufpreises und/oder
- Schadenersatz.

Nacherfüllung bedeutet in der Regel, dass dem Verkäufer das Recht eingeräumt wird, den Mangel zu beseitigen. Sofern der Verkäufer nicht dazu in der Lage ist, eine ordnungsgemäße Sache zu liefern, kann der Käufer **vom Kaufvertrag zurücktreten oder stattdessen den Kaufpreis angemessen mindern** (§ 441 BGB), d. h. den Kaufpreis herabsetzen. Zusätzlich hat der Käufer nach der neuen Rechtslage die Möglichkeit, **Schadenersatz** zu fordern. Dies beinhaltet nach § 439 Abs. 1 BGB auch, dass der Verkäufer die Versandkosten etc. zu tragen hat, sofern die Sache mangelhaft ist.

Die Ansprüche wegen fehlerhafter Sachen **verjähren** gemäß § 438 Abs. 1 Nr. 3 BGB nach 2 Jahren.

3.9.2 Schenkung

Die Schenkung ist ein Vertrag, der nur eine der Vertragsparteien verpflichtet. Leistung ist dabei eine **unentgeltliche Zuwendung**. Die Zuwendung bedeutet eine Vermögensverschiebung zwischen dem Schenker und dem Beschenkten, wobei beim Beschenkten

Inhaltliche Abgrenzung

danach ein größeres Vermögen vorhanden ist. Dies bedeutet, dass eine Schenkung immer dann nicht vorliegt, wenn eine Gegenleistung erfolgt. Eine Schenkung ist auch zu verneinen, sobald nur der Gebrauch einer Sache gewährt wird. Es liegt dann eine **Leihe** vor. Auch bei der Schenkung ist daher ein **Vertragsabschluss erforderlich**.

Arten der Schenkung

Es werden zwei Arten der Schenkung unterschieden. Bei der **Handschenkung** erfolgt der Abschluss des Vertrages mit der Übergabe der verschenkten Sache. Eine ausdrückliche Erklärung ist dabei nicht erforderlich. Die Übergabe ist zugleich Vertragsangebot und Vertragserfüllung. Die Annahme des Vertragsangebotes erfolgt mit der Entgegennahme des Gegenstandes. Die zweite Art ist das **Schenkungsversprechen** (§ 518 BGB). Ein Schenkungsversprechen ist nur mit notarieller Beurkundung wirksam. Ohne diese Form ist es nichtig. Der Formmangel wird allerdings in dem Augenblick der Übergabe des versprochenen Gegenstandes geheilt.

Praxisbeispiel

Der pflegebedürftige Herr K verspricht der Altenpflegerin B, die ihn privat betreut, dass er ihr einen Geldbetrag in Höhe von 10.000,00 Euro nach der Fälligkeit des Festgeldes zukommen lässt und bestätigt dies auch schriftlich. Nachdem der Festgeldbetrag zur Verfügung steht, verweigert er die Zahlung. B kann das Schenkungsversprechen nicht gerichtlich durchsetzen, da keine notarielle Urkunde darüber vorliegt, sondern nur eine schriftliche Erklärung.

Unwirksamkeit der Schenkung

Nach einem wirksamen Schenkungsvertrag kann der Beschenkte gegebenenfalls die Schenkung mit gerichtlicher Hilfe durchsetzen. Er hat wie bei jedem anderen Vertrag einen Anspruch auf Erfüllung. Der Schenker kann diesem Anspruch aber die **Einrede des Notbedarfes** entgegensetzen. Es besteht bei der Schenkung ein **Anspruch auf Rückforderung bei Verarmung des Schenkers**. Dieser Anspruch wird in der Praxis oft durch den Sozialhilfeträger ausgeübt, sofern der Schenker in ein Heim aufgenommen werden muss und die Kosten nicht selbst bezahlen kann. Der Rückforderungsanspruch ist ausgeschlossen, sofern seit der Schenkung mehr als zehn Jahre vergangen sind. Auch ist ein **Widerruf** bei **grobem Undank** möglich. Der Widerruf muss dabei ausdrücklich erklärt werden. Eine Rückforderung des Geschenkes kann weiter erfolgen, wenn eine **Auflage**, die anlässlich der Schenkung erfolgte, **nicht erfüllt** worden ist.

Praxisbeispiel

Frau M übergibt jedem ihrer vier Kinder einen Betrag von 30.000,00 Euro in bar. Nach zwei Jahren muss sie nach einer schweren Erkrankung in einem Pflegeheim untergebracht werden. Das gesamte Vermögen der Bewohnerin M ist nach zwei weiteren Jahren verbraucht. Frau M muss daher die geschenkten Beträge entweder zurückfordern oder die Rückforderung wird durch das zuständige Sozialamt geltend gemacht. Dies ist innerhalb von zehn Jahren möglich.

Im Heimbereich sind Schenkungen **grundsätzlich untersagt**. Eine Pflegekraft darf sich für ihre Tätigkeit keine Vermögensvorteile gleich welcher Art versprechen lassen. Wird trotzdem ein Schenkungsvertrag geschlossen, ist dieser wegen Verstoßes gegen ein gesetzliches Verbot unwirksam. Nach § 3 Abs. 2 TVöD ist gleichfalls die Annahme von Schenkungen untersagt. Entsprechende Verbote finden sich auch in sonstigen Tarifverträgen, in Arbeitsverträgen oder besonderen Richtlinien, die Bestandteil des Arbeitsvertrages werden. In der offenen Altenhilfe kann der Träger als Arbeitgeber in Ausnahmefällen die Annahme von Schenkungen genehmigen. Im stationären Bereich ist dies aber wegen § 14 Abs. 5 HeimG nicht möglich.

Schenkungen im Heimbereich

3.9.3 Miete

Die Miete ist ein Vertrag, durch den sich der **Vermieter** dazu verpflichtet, eine Sache zur Verfügung zu stellen. Es kann sich dabei um einen Gegenstand, wie ein Kraftfahrzeug, ein Grundstück oder eine Wohnung handeln. Er gewährt durch die Miete als Leistung den Gebrauch auf Zeit. Der Vermieter hat dabei einen vertragsgemäßen Gebrauch zu dulden, so dass zum Beispiel der Mieter einer Wohnung einen Anspruch darauf hat, ein Telefon zu installieren. Die andere Vertragspartei, der **Mieter**, verpflichtet sich durch den Mietvertrag zu einer Gegenleistung. Diese besteht in der Regel in der Zahlung einer Vergütung, des Mietzinses. Dieser Mietzins muss in der vereinbarten Weise entrichtet werden. Der Abschluss des **Mietvertrages** ist formfrei. Er kann folglich auch mündlich geschlossen werden, was aus Beweisgründen nicht zu empfehlen ist. Lediglich der Mietvertrag über ein Grundstück oder Räume, beispielsweise Wohnungen, muss schriftlich, geschlossen werden.

Pflichten des Vermieters und des Mieters

Frau A mietet von einem Heimträger eine Altenwohnung. Ein schriftlicher Mietvertrag wird nicht geschlossen. Als Frau A in ein Pflegeheim untergebracht werden muss, fordert der Vermieter der Altenwohnung die Renovierung. Da diese jedoch nicht schriftlich vereinbart worden ist, besteht keine Pflicht zur Renovierung. Der mündliche Mietvertrag hat Frau A nur zur Zahlung der Miete verpflichtet.

Praxisbeispiel

Die Mietzeit richtet sich nach der vertraglichen Vereinbarung. Ist hinsichtlich eines Mietverhältnisses über eine Wohnung oder ein Wohnhaus keine vertragliche Vereinbarung getroffen, läuft das Mietverhältnis auf unbestimmte Zeit. In dem letzteren Fall endet das Mietverhältnis durch eine **Kündigung**, die schriftlich und **unter Einhaltung der Kündigungsfristen** erfolgen muss. Während der Mietzeit hat der Vermieter die Pflicht, die Mietsache in gebrauchsfähigem Zustand zu überlassen. Er hat auch während der Mietzeit eine Instandhaltungspflicht, d. h., er muss später auftretende Mängel beseitigen. Ist die Mietsache mangelhaft, hat der Mieter Gewährleistungsrechte. Er kann die monatliche Miete mindern. Hat der Vermieter den Mangel schuldhaft verursacht, kann der Mieter sogar Schadenersatz fordern. In Fällen einer

Beendigung des Mietverhältnisses

besonderen Beeinträchtigung des Mieters durch Mängel oder bei Nichtgewährung des Gebrauches kann der Mieter **fristlos** kündigen.

Praxisbeispiel

> Frau A stellt kurz nach ihrem Einzug in die Altenwohnung fest, dass die Fenster nicht dicht verschlossen werden können. Sie fordert den Vermieter zur Beseitigung dieses Mangels auf. Sofern er keine neuen Fenster einsetzen oder die alten abdichten lässt, kann Frau A einen Teil der Miete abziehen. Sie kann sogar fristlos kündigen, wenn die Wohnung sich dadurch nicht mehr heizen lässt und sie zu erkranken droht.

Kommt der Mieter seinen vertraglichen Pflichten, unter anderem der

- Zahlung des Mietzinses und
- der Nutzung der Mietsache nur zum vertraglichen Gebrauch

nicht nach, kann der Vermieter die Kündigung erklären, die schriftlich erfolgen muss (§ 568 BGB). Bei Mietverhältnissen über Wohnräume ist dies aus sozialen Gründen nur unter gesetzlich festgelegten Voraussetzungen möglich. Bei schwer wiegenden Verstößen des Mieters ist jedoch auch die fristlose Kündigung möglich. Dies gilt beispielsweise, wenn er mit dem Mietzins für zwei Monate und mehr im Rückstand ist (§ 543 Abs. 2 Ziff. 3 a BGB).

Praxisbeispiel

> Wird die monatliche Miete immer verspätet nach einer Mahnung bezahlt, kann der Vermieter schließlich die Kündigung erklären.

Nach dem Ende der Mietzeit ist der Mieter zur Rückgabe der Mietsache nebst Zubehör in ordnungsgemäßem Zustand verpflichtet. Bei einer übermäßigen Abnutzung kann der Vermieter Schadenersatz fordern und zur Sicherung seiner Ansprüche sein Vermieterpfandrecht geltend machen. Er kann somit Gegenstände des Mieters in Verwahrung nehmen, sofern es sich um pfändbare Gegenstände handelt.

3.9.4 Dienstvertrag

Ein Dienstvertrag kann dann angenommen werden, wenn sich eine Person zu bestimmten Tätigkeiten, somit Dienstleistungen, verpflichtet. Dies kommt beispielsweise bei der stundenweisen Betreuung einer pflegebedürftigen Nachbarin, Dozententätigkeit etc. in Betracht. Diese Person wird Dienstverpflichtete genannt. Der Dienstherr muss dann dafür eine vertraglich vereinbarte **Vergütung** zahlen. Diese Vergütung besteht in der Regel aus einer Geldleistung. Die Vergütung ist entweder nach der Dienstleistung bei Dienstverhältnissen von kurzer Dauer oder nach dem Ablauf der einzelnen Zeitabschnitte, beispielsweise nach Ablauf des jeweiligen Monats, zu zahlen. Die Vergütung ist auch zu zahlen, wenn sich der Dienstherr in Annahmeverzug befindet, d. h. die angebotene Tätigkeit nicht anzunehmen bereit ist.

Ein Dienstvertrag kommt beispielsweise auch zwischen Arzt und Patient sowie zwischen Rechtsanwalt und Mandant zu Stande. Eine spezielle Form des Dienstvertrages ist der **Arbeitsvertrag**.[209] Er ist dadurch gekennzeichnet, dass dort eine Dienstleistung in persönlicher und wirtschaftlicher Abhängigkeit erbracht wird.

Im Dienstvertragsrecht gilt zwar grundsätzlich auch die **Vertragsfreiheit**, jedoch wurden zum Schutz der Arbeitnehmer als wirtschaftlich Abhängige verschiedene Gesetze erlassen, die die Vertragsfreiheit einschränken. Auch sind für zahlreiche Arbeitnehmer die Arbeitsbedingungen nicht mehr einzeln im Arbeitsvertrag, sondern durch die Tarifverträge festgelegt. Durch gesetzliche Vorschriften und die Tarifverträge sind der Kündigungsschutz, der Mutterschutz und die Einstellungspflicht für bestimmte Personen eingeführt worden, die das Recht des Dienstvertrages abändern bzw. ergänzen.

Der Abschluss des Vertrages kann mündlich erfolgen. Die **Schriftform** ist nur erforderlich, wenn eine tarifvertragliche Regelung dies vorschreibt. Wurde im Vertrag keine Vergütung vereinbart, so gilt die übliche Vergütung, somit die tarifvertraglichen Regelungen. Durch den Vertrag wird der Umfang der Dienste und die Form der Dienstleistung, wie Arbeitszeiten, Arbeitskleidung, etc. festgelegt.

Die Dienstleistung muss im Rahmen der vertraglichen Vereinbarung erbracht werden. Sie ist in der Regel persönlich zu erbringen. Der **Dienstverpflichtete** hat seine Tätigkeit mit der verkehrsüblichen Sorgfalt auszuführen. Er hat auch eine besondere Treuepflicht gegenüber dem Dienstherrn. Bei Verletzung der vertraglichen Pflichten kann die Kündigung erfolgen und es können Schadenersatzansprüche geltend gemacht werden. Auch der **Dienstherr** hat gegenüber dem Dienstverpflichteten aufgrund des Vertrages eine besondere Fürsorgepflicht. Den Dienstherrn treffen besondere Pflichten zum Schutz des Dienstverpflichteten und seines Eigentums. Es müssen beispielsweise bei Arbeitsverhältnissen die notwendigen Sicherheitsvorkehrungen gegen Berufsunfälle getroffen werden.

Gegenseitige Pflichten

Zur Kündigung und Dauer des Dienstverhältnisses kann auf Teil 6, 2.2 und 8 verwiesen werden.

3.9.5 Heimvertrag

Der Heimvertrag ist ein Vertrag besonderer Art. Er ist teilweise dem Recht des Dienstvertrages und teilweise dem Mietrecht zuzuordnen. Es handelt sich somit um einen **gemischten Vertrag**. Dies bedeutet, dass es in der Praxis schwierig ist zu entscheiden, welche Rechtsvorschriften Anwendung finden. Die Rechtsprechung beurteilt den Rechtscharakter danach, welche Elemente überwiegen. Bei Pflegeheimen steht die Dienstleistung, die Pflege im Vordergrund, so dass im Zweifel Dienstvertragsrecht Anwendung findet. Dies gilt teilweise auch bei Altenheimen. Liegt der

---

[209] vgl. auch Teil 6, 2.1

Schwerpunkt aber auf der Gewährung von Wohnraum, ist Mietrecht anzuwenden. Dieses gilt insbesondere bei Altenwohnheimen.

Das Heimgesetz hat inzwischen im Bereich der Erhöhung des Heimkostensatzes und der Kündigung klare **gesetzliche Regelungen** geschaffen, die deutlich dem Wohnungsmietrecht entsprechen. Zu den Einzelheiten des Heimrechts kann auf Teil 6, 7 verwiesen werden.

Die Darstellung des Vertragsrechts ist damit abgeschlossen. Es war in dieser Form lediglich möglich, die Grundlagen zu vermitteln, nicht dieses Rechtsgebiet im Einzelnen darzustellen.

4 Familienrecht

4.1 Sorgerecht

Personen- und Vermögenssorge

Die leiblichen Eltern haben die Pflicht und das Recht, für ihr minderjähriges Kind zu sorgen, sie haben somit nach § 1626 BGB die elterliche Sorge. Diese umfasst die Personen- und Vermögenssorge:

(1) Die Eltern haben die Pflicht und das Recht, für das minderjährige Kind zu sorgen (elterliche Sorge). Die elterliche Sorge umfasst die Sorge für die Person des Kindes (Personensorge) und das Vermögen des Kindes (Vermögenssorge).

Das Sorgerecht ist verfassungsrechtlich durch Art. 6 GG garantiert:

(1) Ehe und Familie stehen unter dem besonderen Schutze der staatlichen Ordnung.
(2) Pflege und Erziehung der Kinder sind das natürliche Recht der Eltern und die zuvörderst ihnen obliegende Pflicht. Über ihre Betätigung wacht die staatliche Gemeinschaft.
(3) Gegen den Willen der Erziehungsberechtigten dürfen Kinder nur aufgrund eines Gesetzes von der Familie getrennt werden, wenn die Erziehungsberechtigten versagen oder wenn die Kinder aus anderen Gründen zu verwahrlosen drohen.
(4) Jede Mutter hat Anspruch auf den Schutz und die Fürsorge der Gemeinschaft.
(5) Den unehelichen Kindern sind durch die Gesetzgebung die gleichen Bedingungen für ihre leibliche und seelische Entwicklung und ihre Stellung in der Gesellschaft zu schaffen wie den ehelichen Kindern.

Im Mittelpunkt: Wohl des Kindes

Die Personensorge beinhaltet auch das Recht der Eltern, ihre Kinder selbst zu erziehen und den Aufenthalt des Kindes zu bestimmen. Das Sorgerecht muss stets zum **Wohl des Kindes** ausgeübt werden (§ 1627 BGB). Bei **Gefährdung** des Kindes kann das **Familiengericht** zusammen mit dem zuständigen Jugendamt Maßnahmen ergreifen (§ 1666 BGB).

> Bei dem Säugling J ist unmittelbar nach der Geburt eine Bluttransfusion erforderlich. Die Eltern sind Anhänger der „Zeugen Jehovas" und verweigern dazu die Zustimmung. Der Stationsarzt in der Kinderklinik informiert das Familiengericht, das den Eltern das Sorgerecht entzieht und dieses auf einen Vormund überträgt, damit die lebensrettende Bluttransfusion erfolgen kann.

Praxisbeispiel

Das Gericht muss jedoch vor einer **Trennung des Kindes von den Eltern**, beispielsweise zur Unterbringung in einem Heim oder einer Pflegefamilie, zuerst prüfen, ob andere Maßnahmen möglich und sinnvoll sind (§ 1666 a BGB). Nach der Scheidung der Ehe der Eltern soll in der Regel die elterliche Sorge bei beiden Elternteilen verbleiben.

Da die Ausübung des Sorgerechts zum Wohl des Kindes erfolgen muss, sind die **Bedürfnisse des Kindes** in körperlicher und in psychischer Hinsicht zu berücksichtigen. Der Gesetzgeber hat dazu festgelegt, dass die wachsende Fähigkeit und das wachsende Bedürfnis des Kindes zu **selbstständigem verantwortungsbewusstem Handeln** berücksichtigt werden und das Kind ab einem entsprechenden Entwicklungsstand, d. h. bei entsprechender altersbedingter Reife, in die Entscheidungsprozesse, die seine Person betreffen, einbezogen werden muss (§ 1626 Abs. 2 BGB).

Entwürdigende **Erziehungsmaßnahmen**, wozu unter anderem die körperliche Misshandlung zählt, sind gemäß § 1631 Abs. 2 BGB ausgeschlossen. Für die der **Schul- und Berufsausbildung** des Kindes gilt nach der Vorschrift des § 1631 a BGB:

Sorgerecht bei bestimmten Maßnahmen

In Angelegenheiten der Ausbildung und des Berufes nehmen die Eltern insbesondere auf Eignung und Neigung des Kindes Rücksicht. Bestehen Zweifel, so soll der Rat eines Lehrers oder einer anderen geeigneten Person eingeholt werden.

Es ist daher eine Berücksichtigung der Wünsche und der intellektuellen Anlage des Kindes erforderlich und vom Gesetzgeber zwingend vorgesehen. Erfolgt diese Berücksichtigung nicht, kann durch das Kind oder Dritte (z. B. Jugendamt) das Familiengericht angerufen werden.

Die obigen Grundsätze bedeuten für die Praxis der Heilerziehungspflege, dass die Mitarbeiter der Einrichtung ihre fachliche Kompetenz einbringen können, sofern die Eltern eines minderjährigen Bewohners dessen Neigungen und Bedürfnisse nicht berücksichtigen.

> Der vierzehnjährige B soll an einer Freizeit teilnehmen, die vom Träger der Einrichtung veranstaltet wird. Die Eltern untersagen dies, obwohl B die Teilnahme wünscht und sie außerdem pädagogisch sinnvoll ist. Sofern ein Gespräch mit den Eltern zu keinem Ergebnis führt, kann das Familiengericht eingeschaltet werden.

Praxisbeispiel

Erhebliche Probleme können in der Betreuung minderjähriger Behinderter auftreten, falls die Eltern eine **medizinisch notwendige Behandlungsmaßnahme** ablehnen, unter Umständen dabei den Tod des Kindes in Kauf nehmen. Angehörige der „Zeugen Jehovas" lehnen beispielsweise Bluttransfusionen und weitere invasive Maßnahmen ab. In einem derartigen Fall verstößt die Ablehnung eindeutig gegen das Wohl des Kindes, da es den Eltern selbstverständlich nicht gestattet ist, aufgrund eigener weltanschaulicher Erwägungen die Gesundheit oder das Leben des Kindes zu gefährden. Das Familiengericht kann deshalb die Einwilligung in die medizinische Maßnahme anstatt der Eltern über § 1666 BGB erteilen.[210] Ein Entzug des Sorgerechts ist allerdings im Einzelfall nicht möglich, kommt jedoch bei wiederholter Missachtung des Wohls des Kindes in Betracht.

Die **freiheitsentziehende Unterbringung eines Kindes**, beispielsweise auf Veranlassung der Eltern in einem Heim, muss vom Familiengericht (nicht mehr Vormundschaftsgericht) nach § 1631 b BGB genehmigt werden. Diese ist nur zu erteilen, sofern das Wohl des Kindes gefährdet ist:

Eine Unterbringung des Kindes, die mit Freiheitsentziehung verbunden ist, ist nur mit Genehmigung des Familiengerichts zulässig. Ohne die Genehmigung ist die Unterbringung nur zulässig, wenn mit dem Aufschub Gefahr verbunden ist; die Genehmigung ist unverzüglich nachzuholen. Das Gericht hat die Genehmigung zurückzunehmen, wenn das Wohl des Kindes die Unterbringung nicht mehr erfordert.

Mit der Neuregelung des Vormundschafts- und Pflegschaftsrechts ist die Möglichkeit einer **Sterilisation** von Minderjährigen, von Kindern und von Jugendlichen durch § 1631 c BGB ausgeschlossen:

Die Eltern können nicht in eine Sterilisation des Kindes einwilligen. Auch das Kind selbst kann nicht in die Sterilisation einwilligen.

Mit dieser neuen Vorschrift ist der alte Zustand, dass Jugendliche mit einer geistigen Behinderung auf Veranlassung ihrer Eltern sterilisiert wurden, abgeschafft worden. Nunmehr ist lediglich noch die Sterilisation Volljähriger unter strengen Voraussetzungen möglich.

4.2 Unterhalt

Unterhaltspflicht der Eltern

Die elterliche Sorge umfasst nicht nur das Recht der Erziehung der minderjährigen Kinder und der Aufenthaltsbestimmung, sondern das Bürgerliche Recht hat den Eltern auch verschiedene Pflichten auferlegt. Eine der Pflichten ist die Unterhaltspflicht

---

[210] OLG Celle, NJW 1995, 792

nach §§ 1601 ff. BGB. Ein **minderjähriges Kind** kann nach § 1602 Abs. 2 BGB von seinen Eltern Unterhalt in angemessener Höhe fordern, jedoch müssen eigene Einkünfte, beispielsweise Kapitalerträge oder Renten, berücksichtigt werden. Für die **Höhe** des Unterhaltes liegen Richtwerte verschiedener Oberlandesgerichte, insbesondere des Oberlandesgerichts Düsseldorf (Düsseldorfer Tabelle), vor. In dieser Tabelle ist der Unterhalt nach Alter des Kindes und den Einkünften des Vaters bzw. der Eltern gestaffelt. Das Einkommen der Eltern ist entscheidend, da nur derjenige Elternteil unterhaltspflichtig ist, der dazu ohne Gefährdung seines eigenen Lebensunterhaltes in der Lage ist. Die Eltern müssen alle verfügbaren Mittel, d. h. alle Einkommensquellen einsetzen, um dem Kind Unterhalt zu gewähren (§ 1603 BGB). Im Falle der Scheidung der Ehe erfüllt derjenige Elternteil, bei dem das Kind lebt, durch den so genannten **Naturalunterhalt** seine Unterhaltspflicht. Der Naturalunterhalt wird erfüllt durch die Betreuung und Versorgung des Kindes. Ansonsten ist der Unterhalt, sofern das Kind nicht im Haushalt beider Eltern lebt, **in Geld** zu gewähren.

Bei **volljährigen Kindern** besteht zwar grundsätzlich nach § 1601 BGB gleichfalls eine Unterhaltspflicht der Eltern. Diese besteht allerdings nur insoweit, als das „Kind" selbst keine Einkünfte erzielen kann. Das „Kind" ist in diesem Fall verpflichtet, alle Möglichkeiten auszuschöpfen, insbesondere sich um eine Erwerbstätigkeit zu bemühen. Der Unterhalt ist allerdings **bis zum Abschluss der Berufsausbildung** zu gewähren (§ 1610 Abs. 2 BGB). Sofern diese abgeschlossen ist, besteht im Normalfall kein Unterhaltsanspruch des volljährigen Kindes mehr. Im Rahmen der Unterhaltspflicht sind die Eltern gegenüber den Kindern, insbesondere den minderjährigen Kindern, zur **Auskunft** über ihre **Einkommens-** und **Vermögensverhältnisse** verpflichtet. Diese Auskunft verpflichtet gleichfalls zur Vorlage entsprechender Belege. Der Unterhalt ist nach § 1612 Abs. 3 BGB **monatlich im Voraus** zu zahlen. Die Zahlung für die Vergangenheit, somit von rückständigem Unterhalt, ist nur in Ausnahmefällen möglich.

Bei der Gewährung von **Sozialhilfe** gilt die Besonderheit, dass der Sozialhilfeträger, das zuständige Sozialamt oder der Landeswohlfahrtsverband, den Unterhalt für das Kind über § 89 SGB XII[211] bzw. § 91 SGB VIII geltend macht. Der so genannte Unterhaltsbeitrag ist deshalb bei der Unterbringung des Kindes in einer Einrichtung direkt an den Sozialhilfeträger zu zahlen, sofern dieser die Kosten der Unterbringung trägt. Selbst in diesen Fällen gelten jedoch die allgemeinen Grundsätze, d. h., Unterhalt kann lediglich im Rahmen der Leistungsfähigkeit der Eltern gefordert werden und zusätzlich ist der Anspruch nach § 91 Abs. 2 SGB XII auf 26,00 Euro monatlich begrenzt.

Unterhaltsansprüche gelten aber auch umgekehrt im Verhältnis der Eltern als Unterhaltsberechtigte zu ihren Kindern. Dies bedeutet in der Praxis, dass Kinder sich an den **Heimkosten betei-**

Unterhaltspflicht der Kinder

---
[211] bis 31.12.2004: §§ 90, 91 BSHG

ligen müssen, sofern die Eltern oder ein Elternteil in einem Heim untergebracht werden müssen und die eigenen Einkünfte zusammen mit den Leistungen der Pflegeversicherung nicht für die Heimkosten ausreichen. In derartigen Fällen stehen den Kindern jedoch Freibeträge zu, die sich nach dem Familienstand und der Anzahl der unterhaltsberechtigten Kinder richten.

Unterhaltspflicht des Ehegatten

Ebenso unterhaltspflichtig ist der jeweilige Ehegatte desjenigen Menschen, der in einem Heim untergebracht werden muss und die eigenen Einkünfte zusammen mit den Leistungen der Pflegeversicherung nicht für die Heimkosten ausreichen.

4.3 Ehefähigkeit

Die Eheschließung ist nach § 1303 Abs. 1 BGB ab der **Volljährigkeit**, somit mit der Vollendung des achtzehnten Lebensjahres, möglich. In **Ausnahmefällen**, bei Zustimmung der Eltern und des Familiengerichts kann nach Vollendung des sechzehnten Lebensjahres geheiratet werden (§ 1303 Abs. 2, 3 BGB). Der andere Partner muss jedoch volljährig sein.

Voraussetzung: Geschäftsfähigkeit

Eine Heirat ist trotz der Volljährigkeit nicht möglich, sofern **Geschäftsunfähigkeit** besteht (§ 1304 BGB). Die Ehe ist dann wegen der fehlenden Ehefähigkeit nichtig, was insbesondere bei schweren psychischen Erkrankungen gegeben ist (§ 1314 Abs. 2 Nr. 1 BGB).

Für den **Behinderten**, selbst den geistig Behinderten, gilt, dass er zur Heirat in der Lage ist, sofern nicht die Behinderung derart schwer wiegend ist, dass von einer Geschäftsunfähigkeit (vgl. Teil 3, 1.2.1.1) ausgegangen werden muss. Gegebenenfalls muss ein ärztliches Gutachten eingeholt werden. Die Bestellung eines **Betreuers** nach §§ 1896 ff. BGB stellt kein Hindernis für die Heirat eines Behinderten oder psychisch Kranken dar. Dies gilt selbst dann, wenn ein Einwilligungsvorbehalt erforderlich ist. Dieser gilt nicht für die Eheschließung (§ 1903 Abs. 2 BGB). Bei einem geistig Behinderten oder psychisch Kranken hat daher der **Standesbeamte** in jedem Einzelfall zu prüfen, ob die Geschäftsfähigkeit vorliegt.[212] Nur in denjenigen Fällen, in denen er Zweifel hat, kann er die Trauung ablehnen und die Vorlage eines Attestes oder eines Gutachtens fordern. Liegt keine Geschäftsunfähigkeit vor, muss der Standesbeamte die Trauung durchführen. Falls er das Aufgebot oder die Trauung ablehnt, kann das zuständige Amtsgericht nach § 45 PStG angerufen werden.

Wiederholungsfragen

- Welche Pflichten haben Eltern gegenüber ihren Kindern?
- Was gilt bei der Heirat geistig behinderter Menschen?
- Welche Bedeutung hat das Wohl des Kindes?
- In welchem Umfang besteht eine Unterhaltspflicht?

---

[212] Palandt (2000), § 2 EheG, Rdn. 1

5 Erbrecht

5.1 Allgemeines

Das Erbrecht ist in den §§ 1922 bis 2385 BGB geregelt. Es regelt die gesetzliche Erbfolge und die Vorgehensweise, wenn von der gesetzlichen Erbfolge abgewichen werden soll (gewillkürte Erbfolge).

5.2 Gesetzliche Erbfolge

5.2.1 Grundlagen

Durch den Tod eines Menschen geht dessen **Vermögen** als Ganzes (Erbschaft) auf den oder die Erben über (Gesamtrechtsnachfolge). Stehen mehrere Erben nebeneinander, so verwalten sie das Erbe bis zur Auseinandersetzung, d. h. der Aufteilung nach den entsprechenden Anteilen als gemeinschaftliches Vermögen. Zu beachten ist dabei, dass das Erbe sämtliches Vermögen, aber auch alle Verpflichtungen, also etwa **Schulden**, umfasst.

5.2.1.1 Verwandte

Nach den erbrechtlichen Vorschriften des BGB können bis auf einige Ausnahmen nur Verwandte erben. Im Wesentlichen sind Verwandte diejenigen, die gleiche Eltern bzw. Elternteile, Großeltern etc. haben.

Das Erbrecht unterteilt die Verwandten nach so genannten Ordnungen:

- **Erste Ordnung**: Abkömmlinge des Erblassers, d. h. Kinder und Enkel (§ 1924 Abs. 1 BGB)
- **Zweite Ordnung**: Eltern des Verstorbenen, deren Kinder, folglich die Geschwister des Erblassers und die Neffen bzw. Nichten des Verstorbenen (§ 1925 Abs. 1 BGB)
- **Dritte Ordnung**: Großeltern des Erblassers und deren Abkömmlinge, damit Onkel, Tante etc.
- **Vierte Ordnung**: Gradualsystem, d. h. dass diejenige Person erben wird, die mit dem Erblasser gradmäßig näher verwandt ist (§ 1925 Abs. 1 BGB).

Niedrigere Ordnungen schließen die höheren von der Erbschaft aus. Das bedeutet, dass ein Verwandter der zweiten Ordnung nur erbt, wenn kein Verwandter der ersten Ordnung existiert. **Innerhalb der einzelnen Ordnungen** schließt die jeweils noch lebende ältere Generation die jüngere von der Erbfolge aus. Sind Personen, die laut Testament eigentlich Erbe gewesen wären, schon vor dem Erbfall verstorben, so wird dessen Erbteil nach § 2069 BGB auf dessen Abkömmlinge (in der Regel dessen Kinder) als dessen Erben übertragen.

Praxisbeispiel

Der allein stehende Herr Meyer hinterlässt durch Testament an seinen „Zivi" Z, der ihn betreut hat, ein Erbe von 100.000,00 Euro. Kurz vor seinem Tod verunglückt Z, der ein Kind hat, tödlich. Da Z zum Zeitpunkt des Erbfalls Meyer schon verstorben war, geht sein Erbteil auf sein Kind über.

Bei der gesetzlichen Erbfolge gilt nach § 1924 BGB, dass die Enkel des Erblassers erben, sofern eines der Kinder, d. h. der Sohn oder die Tochter und damit der Vater oder die Mutter des Enkels bereits verstorben sind.

Praxisbeispiel

Herr Müller hinterlässt ein Erbe von 300.000,00 Euro. Er hatte zwei Söhne, Stefan und Klaus, und eine Tochter Tanja. Der Sohn Klaus hat auch zwei Kinder, Simon und Benedikt. Der Sohn Klaus ist ein Jahr vor Herrn Müller gestorben. Die drei Kinder Stefan und Klaus sowie Tanja wären gleichrangige Erben gewesen. Auf jedes der Kinder wäre eine Erbschaft von 100.000,00 Euro entfallen. Da Klaus jedoch zum Zeitpunkt des Erbfalls Müller schon verstorben war, geht sein Erbteil auf seine Kinder Simon und Benedikt über. Da diese auch gleichberechtigte Erben sind, erhält jedes der beiden Kinder von Klaus 50.000,00 Euro.

5.2.1.2 Adoptivkinder

Mit der Adoption wollen die Adoptiveltern das adoptierte Kind so stellen, als sei es ihr eigenes. Diese Gleichstellung setzt sich im Erbrecht fort. Die Kinder gelten mit der Adoption als mit ihren Eltern verwandt. Dies bedeutet, dass ein adoptiertes Kind **wie ein leibliches Kind erbt**.

5.2.1.3 Ehepartner

Auch der Ehegatte hat einen Einfluss auf den Erbteil der Verwandten. **Voraussetzung** ist, dass die Ehe zum Zeitpunkt des Todes des Erblassers noch besteht. Durch die Scheidung oder Aufhebung der Ehe geht der Erbanspruch verloren. Das Erbrecht ist bereits ausgeschlossen, wenn der Ehegatte die Scheidung beantragt oder ihr zugestimmt hat.

Für die Berechnung des Anteils des Ehegatten kommt es darauf an, zu welcher **Ordnung die (mit)erbenden Verwandten** zählen und in welchem **Güterstand** die Ehegatten zum Zeitpunkt des Erbfalles gelebt haben.

Zusätzlich zum Erbteil steht dem Ehegatten auch noch der so genannte **Voraus** zu, der aus den zum Haushalt gehörenden Gegenständen, persönlichen Gegenständen sowie den Hochzeitsgeschenken besteht. Dadurch soll dem Ehegatten die angemessene Weiterführung des Haushalts ermöglicht werden. Der Voraus wird nicht auf den anschließend zu ermittelnden Erbanteil angerechnet.

Verschiedene Formen des Güterstandes

Bei der normalen, d. h. gesetzlichen Form des Güterstandes, der **Zugewinngemeinschaft**, erbt der Ehegatte neben Erben erster

Ordnung ein Viertel, neben Erben der zweiten Ordnung die Hälfte. Aus der dritten Ordnung können neben einem Ehegatten nur die Großeltern des Erblassers erben. Würden normalerweise neben Großeltern auch Abkömmlinge von Großeltern erben, so fällt der Anteil der Abkömmlinge auch an den Ehegatten. Neben Verwandten ab der vierten Ordnung wird der Ehegatte alleiniger Erbe.

Im Güterstand der Zugewinngemeinschaft wird der Erbteil des überlebenden Ehegatten von ¼ pauschal um ¼ als pauschaler Zugewinn erhöht. Er erbt deshalb im Ergebnis ¼ + ¼ = ½ vom Nachlass.

> Der verheiratete kinderlose E hat außer seiner Frau nur noch die beiden Großeltern mütterlicherseits und eine Tante, die Schwester des Vaters. Normalerweise würde die Ehefrau die Hälfte bekommen, Großeltern und Tante jeweils ein Viertel. Da jedoch aus der dritten Ordnung nur die Großeltern erbberechtigt sein sollen, fällt das Viertel der Tante auch der Ehefrau zu. Sie erbt somit drei Viertel, die Großeltern ein Viertel.

Praxisbeispiel

Wenn die Eheleute **Gütertrennung** vereinbart hatten, wird der überlebende Ehegatte durch § 1931 Abs. 4 BGB besser gestellt. Erben neben dem überlebenden Ehegatten noch ein oder zwei Kinder, so erben der Ehegatte und die Kinder jeweils zu gleichen Teilen. Bei drei oder mehr Kindern erhält der Ehegatte den normalen Erbteil von ¼.

Lebten die Ehegatten in **Gütergemeinschaft** (sämtliches vorhandenes und später erworbenes Vermögen wird automatisch Eigentum beider Ehegatten), so ergeben sich keine Abweichungen zum gesetzlichen Erbrecht. Die Hälfte des Vermögens, die dem verstorbenen Ehegatten gehörten, gehen in die Erbmasse ein und werden nach den gewöhnlichen gesetzlichen Regelungen vererbt.

> Der Ehemann verstirbt und hinterlässt die Ehefrau und zwei Kinder. Bei einem Vermögen des Ehemannes von 100.000,00 Euro erbt die Ehefrau 50.000,00 Euro (½) und jedes der Kinder 25.000,00 Euro (je ¼).

Praxisbeispiel

5.2.1.4 Nichteheliche Lebensgemeinschaft

In der nichtehelichen Lebensgemeinschaft fehlt ein gesetzliches Erbrecht des Partners. Für diesen kommt unter Umständen der so genannte „Dreißigste" nach § 1969 BGB in Betracht.

> Der „Dreißigste" ist ein Anspruch von Familienangehörigen, die mit dem Erblasser zum Zeitpunkt des Erbfalles in einem Haushalt gewohnt haben oder von ihm Unterhalt bezogen haben.

Definition

Zu Familienangehörigen können wegen der engen persönlichen Beziehung auch Lebensgefährten gezählt werden.[213] Dieser Anspruch besteht gegen die Erben und ist darauf gerichtet, diesem Personenkreis in den ersten dreißig Tagen nach dem Tode die gleiche Sicherung wie bisher zukommen zu lassen, also Unterhaltszahlungen oder die Benutzung der Wohnung und der Haushaltsgegenstände.

Gestzliche Grundlage

Seit Juni 2001 existiert allerdings das **Lebenspartnerschaftsgesetz** (LPartG). Dieses regelt die Partnerschaft von gleichgeschlechtlichen Partnern. Zum Erbrecht ist dort in § 10 LPartG festgelegt, dass bei eingetragenen Partnerschaften sowohl Vermögen als auch Schulden auf den Erben, d. h. den überlebender Lebenspartner, übergehen. Dies allerdings nur dann, wenn keine Eltern, Großeltern, Geschwister oder Kinder des verstorbenen Partners vorhanden sind. Ansonsten erhält der Lebenspartner neben Kindern des verstorbenen Lebenspartners ein Viertel des Nachlasses und neben den Großeltern, Eltern oder Geschwistern des verstorbenen Lebenspartners die Hälfte des Nachlasses. Wer mehr als die gesetzlichen Quoten an Partner vererben will, muss ein Testament errichten oder einen Erbvertrag beurkunden lassen. Es ist sogar ein gemeinschaftliches Testament (z. B. „Berliner Testament") möglich (§ 10 Abs. 4 LPartG). Die Lebenspartner haben auch einen Pflichtteilsanspruch.

5.2.1.5 Nichteheliche Kinder

Die nichtehelichen Kinder sind nunmehr den **ehelichen** bis auf wenige Ausnahmen **gleichgestellt**.

5.2.2 Erbausschlagung

Da mit dem Nachlass neben dem Vermögen auch die Verbindlichkeiten (Schulden) vererbt werden, ist es möglich, dass die **Erbschaft überschuldet** ist, die Schulden das Vermögen übersteigen. In diesem Fall hat der Erbe in der Regel kein Interesse an der Erbschaft. Er kann daher gemäß § 1944 BGB mit einer **Frist** von sechs Wochen die Erbschaft ausschlagen:

(1) Die Ausschlagung kann nur binnen sechs Wochen erfolgen.
(2) Die Frist beginnt mit dem Zeitpunkt, in welchem der Erbe von dem Anfall und dem Grunde der Berufung Kenntnis erlangt. Ist der Erbe durch Verfügung von Todes wegen berufen, so beginnt die Frist nicht vor der Verkündung der Verfügung. Auf den Lauf der Frist finden die für die Verjährung geltenden Vorschriften der §§ 203, 206 entsprechende Anwendung.

Voraussetzungen und Folgen der Ausschlagung

Diese **Frist beginnt** mit dem Zeitpunkt der Kenntnis der Erbschaft, spätestens mit der Mitteilung des Inhaltes des Testamentes. Die Ausschlagung muss innerhalb der Frist **gegenüber** dem **Nachlass-**

---

[213] streitig: dafür OLG Düsseldorf, NJW 1983, 1566, dagegen Steinert, NJW 1986, 686

gericht, in Baden-Württemberg dem Notariat und dem Amtsgericht in den anderen Bundesländern erfolgen. Die Erklärung über die Ausschlagung muss **öffentlich (notariell) beglaubigt** sein. Der Erbe muss die Ausschlagung selbst beim Nachlassgericht erklären oder eine notarielle Urkunde darüber aufnehmen lassen und diese an das Nachlassgericht senden.

Durch die Ausschlagung tritt an die Stelle des Erben entweder der gesetzliche Erbe (bei Testamenten) oder der Erbe der nächsten gesetzlichen Ordnung (bei gesetzlicher Erbfolge). Schlägt ein Sohn oder Tochter des Erblassers das Erbe aus, werden dessen Kinder, d. h. die Enkel des Erblassers, zu Erben. Diese müssen dann ebenfalls, unter Umständen vertreten durch die Eltern, ausschlagen.

Die Annahme und die Ausschlagung der Erbschaft sind **unwiderruflich**. Beide Erklärungen können später nur **wegen Irrtums** angefochten werden, wenn sich erst später herausstellt, dass eine Erbschaft überschuldet ist oder angenommene Schulden nicht bestehen. Grundsätzlich ist auch eine Anfechtung wegen **arglistiger Täuschung oder Drohung** nach § 123 BGB möglich.[214] Die Frist beginnt dann erst ab Kenntnis vom Anfechtungsgrund bzw. bei der Drohung beim Ende der Zwangslage zu laufen.

Der Erbe hat neben der Ausschlagung noch die Möglichkeit der Beschränkung der Haftung auf die Erbmasse. Er muss dazu die **Nachlassverwaltung** bzw. **Nachlasspflegschaft** oder das **Nachlassinsolvenzverfahren** beim Amtsgericht beantragen. Es kann auch ein **Aufgebotsverfahren** eingeleitet werden, das dazu dient, dass alle Gläubiger des Erblassers aufgefordert werden, innerhalb einer Frist ihre Forderungen mitzuteilen. Wird diese Frist von einem Gläubiger versäumt, muss er sich mit dem Rest der Erbschaft begnügen, sofern ein solcher verbleibt. Die Erben haften dann nicht mehr.

Beschränkung der Haftung auf die Erbmasse

5.2.3 Erbrecht des Staates

Ist nach dem Tod des Erblassers **kein Erbe** vorhanden **oder** wurde die Erbschaft **von allen Erben ausgeschlagen**, tritt der Fiskus (Staat) als Erbe ein. Vor dem Eintritt des Staates muss das Nachlassgericht im **Aufgebotsverfahren** nach Erben suchen. Erst wenn diese Suche erfolglos ist, erbt der Staat. Im Gegensatz zu allen anderen Erben darf der Fiskus ein Erbe nicht ausschlagen, jedoch haftet er nur mit dem Wert des Nachlasses, was bedeutet, dass bei einer überschuldeten Erbschaft die Schulden so weit wie möglich aus der Erbschaft getilgt werden. Die danach noch offen stehenden Schulden werden jedoch nicht beglichen.

5.2.4 Pflichtteilsanspruch

In der Regelung der Erbschaft ist ein Erblasser grundsätzlich frei (zur gewillkürten Erbfolge vgl. Teil 3, 5.3). Er kann jedoch den engsten Kreis der vom Gesetz als Erben vorgesehenen Personen

---

[214] vgl. auch Teil 3, 3.2

grundsätzlich nicht vollständig enterben. Deshalb steht den **Abkömmlingen, den Eltern und dem Ehegatten des Erblassers** ein Pflichtteilsanspruch zu, wenn der Erblasser diese Personen erben lassen will. Die sonstigen Verwandten haben keinen Pflichtteilsanspruch. Seit dem 1.01.2010 gelten Neuregelungen im Pflichtteilsrecht.

Höhe und Ausgestaltung des Pflichtteilsanspruchs

Der Pflichtteilsanspruch ist nur ein Anspruch auf die Zahlung eines **Geldbetrages**. Die Höhe des Betrages entspricht nach § 2303 Abs. 1 BGB nach der alten und neuen Rechtslage der **Hälfte des Wertes des gesetzlichen Erbteils**.

Praxisbeispiel

> Der verwitwete Vater verstirbt und hinterlässt einen Sohn und eine Tochter. Die Tochter wurde enterbt. Da das Vermögen des Vaters insgesamt 100.000,00 Euro beträgt, würde jedes der Kinder die Hälfte, also 50.000,00 Euro erben. Da die Tochter enterbt ist, beträgt ihr Pflichtteil die Hälfte ihres Erbteils, also ½ × 50.000,00 Euro = 25.000,00 Euro.

Der Pflichtteilsanspruch muss vom Berechtigten innerhalb einer **Frist** von drei Jahren geltend gemacht werden, nach dieser Frist ist der Anspruch verjährt.

Nach dem neuen Recht hat jeder gesetzliche Erbe Anspruch auf einen Ausgleich für Pflegeleistungen. Dabei ist es nicht mehr Voraussetzung, dass auf eine eigene Berufstätigkeit verzichtet wird. Er kann deshalb ab 2010 einen höheres Erbteil fordern, wenn er entsprechende Pflegeleistungen erbracht hat, und zwar unabhängig davon, ob der Erbe dafür seinen Beruf aufgibt oder nicht.

Auf den Pflichtteil sind **Zuwendungen** anzurechnen, die der Pflichtteilsberechtigte vor dem Todesfall erhalten hat. Der Pflichtteilsberechtigte hat umgekehrt einen Anspruch darauf, dass eine Ergänzung des Pflichtteils wegen **Schenkungen des Erblassers** erfolgt, wenn dadurch das Vermögen vermindert wurde. Der Wert der Schenkung wird zum Erbe addiert und der Pflichtteilsanspruch danach (aus dem Gesamtbetrag) ermittelt. Es werden nur Schenkungen innerhalb der letzten zehn Jahre berücksichtigt.

Entziehung des Pflichtteilsanspruchs

Der Pflichtteilsanspruch kann nur in besonderen Fällen entzogen werden, nämlich bei

- einem **schweren Verbrechen** gegen den Erblasser oder nahe stehende Personen (z. B. Lebenspartner, Pflege- oder Stiefkindern), insbesondere wenn er ihnen nach dem Leben trachtet oder sie körperlich schwer misshandelt,
- einer schweren **Verletzung** der **Unterhaltspflicht** und
- einer rechtskräftigen Verurteilung zu einer Freiheitsstrafe von mindestens einem Jahr ohne Bewährung und der sich daraus ergebenden Unzumutbarkeit, dem Verurteilten seinen Pflichtteil zu belassen.

Der unsittliche Lebenswandel ist kein Grund mehr, den Pflichtteil zu entziehen.

Mit dem Pflichtteilsergänzungsanspruch sollen diejenigen Fälle erfasst werden, bei welchen der Erblasser schon zu Lebzeiten größere Vermögenswerte an einzelne Erben oder Dritte verschenkt. Der Pflichtteilsergänzungsanspruch stellt sicher, dass Pflichtteilsberechtigte dabei nicht zu kurz kommen. Durch den Anspruch wird der Pflichtteilsberechtigte so gestellt, als ob die Schenkung nicht erfolgt und damit das Vermögen des Erblassers durch die Schenkung nicht verringert worden wäre. Der Erblasser erhält nach der neuen Rechtslage jetzt nach dem Abschmelzungsmodell mehr Freiräume, um über seinen Nachlass zu bestimmen. Nach bisherigem Recht konnte der Pflichtteilsberechtigte über einen Zeitraum bis zu 10 Jahren verlangen, dass das verschenkte Vermögen in die Berechnung des Nachlasses einfließt. Die Reform im Erbrecht sieht nun ab 2010 vor, dass die Schenkung für die Berechnung des Ergänzungsanspruchs graduell immer weniger Berücksichtigung findet, je länger sie zeitlich zurückliegt (Abschmelzungsmodell oder Pro-Rata-Regelung).

5.3 Gewillkürte Erbfolge

Bei der gewillkürten Erbfolge wird eine so genannte Verfügung von Todes wegen getroffen. Diese Verfügung kann ein **Testament** oder ein **Erbvertrag** sein. Wenn der Erblasser von den Möglichkeiten der gewillkürten Erbfolge Gebrauch gemacht hat, ersetzen diese die gesetzlichen Regelungen mit Ausnahme des Pflichtteilsanspruchs.

Verfügung von Todes wegen

5.3.1 Testierfähigkeit

Ein Testament kann nur errichten, wer **testierfähig** ist. War der Erblasser zum Zeitpunkt der Abfassung des Testaments nicht testierfähig, so ist das Testament nichtig und die normale gesetzliche Erbfolge tritt ein oder ein eventuell älteres Testament wird wieder gültig.

Nicht testierfähig sind nach § 2229 Abs. 4 BGB Personen, die zum Zeitpunkt der Abfassung des Testaments wegen

- krankhafter Störung der Geistestätigkeit,
- Geistesschwäche oder
- Bewusstseinsstörung

nicht in der Lage sind, die Bedeutung der abgegebenen Erklärungen einzusehen. Betreute Personen sind noch nicht automatisch testierunfähig. Es ist im Einzelfall zu überprüfen, ob der Betreute (noch) in der Lage war, die Bedeutung der abgegebenen Erklärungen zu erfassen. Dies bedeutet, dass selbst eine geschäftsunfähige Person unter Umständen noch testierfähig sein kann und die eventuelle Betreuung an der Testierfähigkeit nichts ändert.

Minderjährige sind ab Vollendung des 16. Lebensjahres testierfähig, dürfen dabei aber nur ein **öffentliches Testament**, d. h. ein notarielles Testament, errichten.

5.3.2 Testamentsformen

Es werden mehrere Formen des Testamentes unterschieden. Diese sind insbesondere das

- eigenhändige Testament,
- notarielle Testament,
- gemeinschaftliche Testament und das
- Nottestament.

Allen gemeinsam ist gemäß § 2064 BGB die **Pflicht zur persönlichen Errichtung**. Der Testierende kann sich bei der Errichtung eines Testamentes folglich nicht vertreten lassen.

5.3.2.1 Eigenhändiges Testament

Die häufigste Form eines Testamentes ist das eigenhändige Testament nach § 2247 BGB, das auch als privatschriftliches Testament bezeichnet wird. Dieses Testament muss vom Erblasser selbst **handschriftlich** verfasst und unterzeichnet werde. Es soll enthalten:

Erforderliche Inhalte

- Bezeichnung „Testament" oder ähnliches,
- genaue Bezeichnung der Erben,
- Nennung der Nachlassgegenstände, falls einzelne vererbt werden sollen,
- unter Umständen Vermächtnisse,
- Ort und Datum der Errichtung,
- Unterschrift.

Der Einsatz von technischen Hilfsmitteln (Schreibmaschine, Computer) oder von Hilfspersonen (z. B. Altenpfleger, Krankenpfleger, Zivildienstleistender) sind nicht zulässig. Das Testament muss vom Verfasser von oben bis unten selbst geschrieben werden. Sofern Hilfsmittel oder Hilfspersonen verwendet werden, ist das Testament **ungültig**. Selbst wenn der Erblasser schwer erkrankt ist, muss er das Testament selbst verfassen. Wenn er dazu überhaupt nicht in der Lage ist, muss er eine andere Testamentsform, beispielsweise das notarielle Testament oder das Nottestament, wählen.

Unerheblich ist, worauf der Testamentserrichter schreibt, so dass auch die Niederschrift in einem Buch, auf einer Serviette etc. ein gültiges Testament ist.

Zur Gültigkeit muss das Testament vom Erblasser mit dem **Vor-** und **Zunamen** unterzeichnet sein, damit kein Irrtum über die Person des Verfassers des Testamentes möglich ist. Es ist außerdem sinnvoll, das **Datum** und den **Ort** der Niederschrift anzugeben. Diese Angaben können ein Indiz für die vorhandene Testierfähigkeit des Erblassers sein. Das Datum ist besonders wichtig, da ein jüngeres Testament das vorherige bzw. ältere außer Kraft setzt. Es gilt somit immer das neueste Testament.

Praxisbeispiel

Die verwitwete Frau Müller schreibt: „Mein Alleinerbe soll mein Neffe Julius sein." Sie setzt als Datum den 10.02.1998 darunter. Später schreibt sie in ein Buch: „Mein Alleinerbe soll der

> Caritasverband Bruchsal sein." Datum ist nun der 20.11.1999.
> Es gilt das Testament im Buch, da das jüngere Testament gilt.

Die **Aufbewahrung** sollte an einem Ort erfolgen, an dem die Erben im Todesfall es auch finden können. Der Hinweis an eine Vertrauensperson über den Ort der Aufbewahrung oder sogar die Aushändigung einer Abschrift an diese ist sinnvoll. Bei der Aufbewahrung des Testamentes im eigenen Haushalt besteht die Gefahr, dass es vernichtet wird, um unerwünschte Verfügungen ungeschehen zu machen. Deshalb kann das Testament beim Amtsgericht oder beim Notariat (nur in Baden-Württemberg) in amtliche Verwahrung gegeben werden. Auf diese Weise kann die Vernichtung oder Fälschung verhindert werden. Das **Nachlassgericht** wird vom Tod benachrichtigt und **eröffnet** dann das **Testament**, d. h., die Erben werden benachrichtigt. Das Nachlassgericht erteilt den **Erbschein**, den die Erben benötigen, um über Bankkonten des Erblassers und das sonstige Vermögen verfügen zu können.

5.3.2.2 Notarielles Testament

Das öffentliche Testament wird vor dem Notar errichtet, weshalb es auch als notarielles Testament bezeichnet wird.. Dies ist die sicherste Möglichkeit, letztwillige Verfügungen zu treffen. Der Notar hat die Pflicht zur **rechtlichen Beratung** des Erblassers. Dadurch ist gewährleistet, dass Fehler vermieden werden. Der Notar überzeugt sich zudem von der Testierfähigkeit des Erblassers. Das notarielle Testament ist sinnvoll, wenn der Testierende kompliziertere Regelungen treffen möchte und nicht weiß, ob diese rechtlich möglich sind. Weiterhin bietet sich ein notarielles Testament an, wenn der Erblasser nicht mehr in der Lage ist, selbst seinen letzten Willen niederzuschreiben. Die Errichtung des öffentlichen Testamentes kann auf zwei verschiedene Arten erfolgen:

- Der Erblasser kann seinen letzten Willen **mündlich** gegenüber dem Notar erklären, der dann darüber eine öffentliche Urkunde anfertigt.
- Der Testierende kann aber auch das **schriftlich abgefasste** Testament dem Notar übergeben, wobei gleichgültig ist, ob dies offen oder im verschlossenen Umschlag erfolgt. Bei der Übergabe einer Niederschrift an den Notar ist es nicht erforderlich, dass diese handschriftlich mit Unterschrift erfolgt ist, da die Identität des Erblassers und die Echtheit des Testamentes durch die notarielle Beurkundung sichergestellt wird. Das dem Notar übergebene Testament kann daher auch mit einer Schreibmaschine geschrieben sein.

Arten der Errichtung

Das notarielle Testament wird in **amtliche Verwahrung,** in Baden-Württemberg beim Notariat und in den anderen Bundesländern beim Amtsgericht, gegeben. Es wird dann nach dem Tod des Erblassers eröffnet, d. h. bekannt gegeben.

5.3.2.3 Gemeinschaftliches Testament

Nur Eheleuten ist es möglich, den letzten Willen in einem gemeinschaftlichen Testament niederzulegen. Dabei schreibt einer der Ehegatten das Testament **handschriftlich** nieder, fügt Ort und Datum hinzu und unterzeichnet es mit seinem Vor- und Zunamen. Nach der Unterschrift des einen Ehegatten sollte der andere, gleichfalls mit Ort und Datum, niederschreiben, dass dieses auch seinem letzten Willen entspricht sowie unterschreiben. Es ist selbstverständlich auch **möglich,** das gemeinschaftliche Testament **vor dem Notar** zu errichten.

Sonderform

Eine Sonderform des gemeinschaftlichen Testamentes ist das „**Berliner Testament**". Dabei setzen sich die Ehegatten wechselseitig zu Alleinerben ein. Die Kinder erben erst nach dem Tod des letzten Elternteils. Die Kinder haben jedoch noch ihren Pflichtteilsanspruch nach dem Tod des erstversterbenden Ehegatten.

Praxisbeispiel

> Die Eheleute Schmitt verfügen: „Unser Wille ist, dass der Längstlebende von uns beiden zum Alleinerben wird. Unsere Kinder sollen erst nach dem Tod des Längstlebenden erben." Nachdem auch die Ehefrau dies mit ihrer Unterschrift nebst Ort und Datum bestätigt hat, können die Kinder nur nach dem Tod beider Elternteile erben, jedoch nach dem Tod des ersten bereits einen Pflichtteil erhalten.

Das gemeinschaftliche Testament verliert nach der **Scheidung oder Aufhebung der Ehe** automatisch seine Wirksamkeit, dies bereits bei Zustimmung zu einer beantragten Scheidung.

Die **Änderung** des gemeinschaftlichen Testamentes ist nur unter bestimmten Voraussetzungen möglich: Der **Widerruf** des gemeinschaftlichen Testamentes muss gegenüber dem anderen Ehegatten durch eine notarielle Urkunde erklärt werden. Diese muss dann formell, in der Regel durch den Gerichtsvollzieher, dem anderen Ehegatten zugestellt werden.

5.3.2.4 Nottestament

Das Nottestament ist die Möglichkeit der Verfügung über den Nachlass, wenn der **Erblasser lebensgefährlich erkrankt** ist, d. h. der Tod unmittelbar bevorsteht. Für die Heilerziehungs- und Altenpflege sowie Gesundheits- und Krankenpflege sind zwei Arten von Nottestamenten bedeutsam:

Arten

- Das Testament mit dem **Bürgermeister** des Aufenthaltsortes des Erblassers oder seinem Vertreter. Neben dem Bürgermeister müssen noch **zwei Zeugen** anwesend sein. Der Bürgermeister fertigt ein Protokoll an, in dem der letzte Wille niedergelegt wird. Dieses Protokoll muss auch Angaben darüber enthalten, weshalb kein normales Testament errichtet werden konnte. Sofern ihm dies noch möglich ist, muss der Erblasser zum Abschluss das Protokoll zusammen mit dem Bürgermeister und den Zeugen **unterschreiben**. Ist er zur Unterschrift nicht in der Lage, muss dieses ausdrücklich vermerkt werden (§ 2249 BGB).
- Kann kein Testament vor dem Bürgermeister errichtet werden, weil selbst dieser nicht rechtzeitig herbeigerufen werden kann, ist nach § 2250 BGB die Errichtung vor **drei Zeugen** möglich.

Es muss ebenfalls ein Protokoll angefertigt werden, in dem die Umstände darzulegen sind. Hinsichtlich der weiteren Voraussetzungen, wie Unterschriften und Zeugen, gilt entsprechendes wie bei der Beurkundung durch den Bürgermeister.

Praxisbeispiel

> Bei einem Heimbewohner ist zu befürchten, dass er bald verstirbt. Da er noch ein Testament errichten will und kein Bürgermeister erreichbar ist, kommen drei Altenpflegerinnen in sein Zimmer. Eine schreibt das Testament mit Ort und Datum. Außerdem erklärt sie die Notsituation. Der Heimbewohner unterzeichnet, danach fügen noch die Altenpflegerinnen ihre Unterschriften hinzu. Dadurch wurde das Nottestament errichtet.

Die **Zeugen** beim Nottestament dürfen weder Erben noch Testamentsvollstrecker sein. Das Nottestament verliert nach dem Ablauf von drei Monaten seine **Gültigkeit**, sofern der Erblasser dann noch lebt. Diese Frist wird verlängert, solange die schwere Krankheit des Erblassers andauert. Nach Ablauf der Frist muss ein anderes Testament (beispielsweise ein notarielles Testament) angefertigt werden.

5.3.3 Widerruf des Testaments

Ein Testament kann jederzeit widerrufen werden. Widerrufsmöglichkeiten sind:

- die Errichtung eines **neuen Testamentes**,
- **Vernichtung des** (alten) **Testamentes**,
- beim öffentlichen Testament durch **Beendigung der amtlichen Verwahrung**,
- beim **gemeinschaftlichen Testament** durch notarielle Erklärung und Zustellung an den anderen Ehegatten oder durch gemeinschaftlichen Widerruf, wobei nach dem Tod des Ehepartners ein gemeinschaftliches Testament nicht mehr widerrufen werden kann.

Widerrufsmöglichkeiten

Praxisbeispiel

> Herr Müller schreibt ein Testament und setzt seinen Neffen als Alleinerben ein. Der Neffe erhält eine Kopie. Nach einigen Monaten vernichtet Herr Müller das Originaltestament. Durch die Vernichtung wird es widerrufen, so dass nur noch die gesetzliche Erbfolge gilt.

5.3.4 Inhalt des Testaments

Im Testament kann unter Abweichung von der gesetzlichen Erbfolge oder sonstigen erbrechtlichen Regelungen der Nachlass nach eigenen Wünschen verteilt werden. Dabei ist selbst die Enterbung aller Verwandten möglich, was bei bestimmten Personen (Kindern, Ehegatte) den Pflichtteilsanspruch auslöst.

Im Testament können **Vermächtnisse** zu Gunsten einer oder mehrerer Personen angeordnet werden. Dies können auch fremde Personen sein. Durch das Vermächtnis wendet der Erblasser der

Berücksichtigung besonderer Wünsche

im Testament bezeichneten Person einen bestimmten Geldbetrag oder bestimmte Gegenstände zu. Der Vermächtnisnehmer erhält einen Anspruch auf Auszahlung des Vermächtnisbetrages oder Aushändigung des Gegenstandes gegenüber den Erben.

Praxisbeispiel

> Frau Müller bestimmt in ihrem Testament, dass für „ihre treue Pflegerin" ein Betrag in der Höhe von 10.000,00 Euro gezahlt wird. Die Pflegerin hat nach dem Tod der Frau Müller einen Anspruch auf Auszahlung des Betrages.

Praxisbeispiel

> Der Enkel der Frau Meier soll nach dem Wortlaut des Testaments einen antiken Schrank erhalten. Der Enkel kann daher dessen Herausgabe von den Erben fordern.

Im Testament kann für den Fall des Vorversterbens des normalen Erben ein **Ersatzerbe** bestimmt werden. Dieser erhält den Erbteil, wenn der Erbe, für den die Erbschaft bestimmt war, vor dem Erbfall stirbt. Gesetzliche Ersatzerben sind die Kinder der Abkömmlinge, d. h. Enkel oder Urenkel des Erblassers.

Durch das Testament können **Vorerben** und **Nacherben** bestimmt werden. Das Vermögen erhält nach dem Tod des Erblassers der Vorerbe in vollem Umfang. Der Vorerbe ist allerdings durch §§ 2113 ff. BGB in der Verfügung über die Erbschaft beschränkt. Er kann das Vermögen nur verwalten und die Nutzungen (Mieteinkünfte, sonstige Erträge) ziehen. Der Vorerbe darf aus dem Vermögen weder Schenkungen machen noch Vermögensgegenstände verkaufen. Die Rechte des Nacherben sollen nach dem Tod des Vorerben erhalten bleiben. Der Vorerbe hat nur das Recht zur ordnungsgemäßen Verwaltung des Vermögens, was bedeutet, dass auch eventuell notwendige Verwendungen (beispielsweise Instandhaltungsmaßnahmen) zu machen sind.

Praxisbeispiel

> Die Ehefrau des Herrn Schmitt wird als Vorerbin eingesetzt. Die Kinder sind dann Nacherben. Das Erbe umfasst unter anderem Mietshäuser. Frau Schmitt darf die Mieten verbrauchen, muss aber die Substanz der Häuser erhalten und die notwendigen Instandhaltungsarbeiten durchführen lassen.

Die Einsetzung eines Vor- und Nacherben kann auch bei einem **behinderten Kind** erfolgen, um das Vermögen vor dem Zugriff des Sozialhilfeträgers zu bewahren.

Der Erblasser kann für die Erbschaft **Auflagen** bestimmen. Der Erbe erhält die Erbschaft deshalb nur dann, wenn er die Auflagen erfüllt.

Zur Verwaltung des Nachlasses kann ein **Testamentsvollstrecker** eingesetzt werden. Dieser hat auch die Erfüllung von eventuellen Auflagen oder Bedingungen zu überwachen.

Zum Nachweis seiner Berechtigungen erhält der Erbe vom Nachlassgericht einen **Erbschein**. Dieser Erbschein berechtigt ihn zur Verfügung über die Erbschaft bzw. dazu, die Herausgabe von Dritten zu fordern.

5.3.5 Erbvertrag

Eine besondere Form der Verfügung von Todes wegen ist der Erbvertrag. Der Erbvertrag wird zwischen dem Erblasser und einer (oder mehreren) anderen Person(en) geschlossen. Er ist ein zweiseitiges Rechtsgeschäft, ein „richtiger Vertrag". Deshalb ist die volle Geschäftsfähigkeit notwendig.

> Frau Meier vereinbart mit Frau Müller, dass diese sie bis zu ihrem Tod pflegen soll. Als Ausgleich verpflichtet sie sich, Frau Müller das gesamte Vermögen zu vererben. Dazu wird ein notarieller Vertrag, ein Erbvertrag, geschlossen. Daran sind beide Seiten gebunden.

Praxisbeispiel

Da der Erbvertrag ein zweiseitiges Rechtsgeschäft ist, kann eine **einseitige Änderung nicht** mehr erfolgen. Wie bei jedem Vertrag sind die Vertragsparteien daran grundsätzlich gebunden.

Der Erbvertrag muss vor dem **Notar** geschlossen werden. Beide Parteien des Erbvertrages müssen gleichzeitig beim Notar anwesend sein.

Schenkungen des Erblassers, die den vertraglichen Erben beeinträchtigen, kann der Erbe nach dem Tod des Erblassers herausverlangen. Es gilt dabei aber eine Verjährungsfrist von drei Jahren.

5.4 Maßnahmen im Todesfall

Nach einem Todesfall ist es aus haftungsrechtlichen Gründen sinnvoll, eine **Liste der Vermögensgegenstände** anzufertigen und die wertvollen Gegenstände, wie Schmuck, Bargeld, Sparbücher, Wertpapiere etc., **sicher** zu **verwahren**. Dies gilt selbstverständlich auch für ein aufgefundenes Testament. Das Testament muss an das Nachlassgericht übersandt werden. Falls das Testament offen ist, kann für die Akten eine Kopie angefertigt werden.

Behandlung der Nachlassgegenstände

Nachlassgegenstände können nur die Erben herausverlangen. Sind mehrere Erben vorhanden, muss derjenige Erbe, der die Herausgabe fordert, seine Empfangsberechtigung mit einem **Erbschein** und einer **Vollmacht der anderen Erben** nachweisen. Aus Gründen der Haftung sollen Vermögensgegenstände nur an Personen herausgegeben werden, die einen Erbschein oder eine Vollmacht vorweisen können. In Zweifelsfällen oder im Streitfall kommt die Hinterlegung von Schmuck, Bargeld etc. beim Amtsgericht (Hinterlegungsstelle) in Betracht.

Die Möbel und sonstigen persönlichen Gegenstände können ausgeräumt und eingelagert werden. Es handelt sich um eine Geschäftsführung ohne Auftrag für die Erben, so dass er Anspruch auf Ersatz seiner Auslagen (etwa für gemieteten Lagerraum) hat. Der Heim- oder Krankenhausträger haftet aber bei einer Beschädigung von Nachlassgegenständen.

Wiederholungsfragen

- Welche Testamentsarten kennen Sie?
- Was ist die Besonderheit des Erbvertrages?
- Wer sind gesetzliche Erben?
- Was ist ein Pflichtteilsanspruch und wie hoch ist er?
- Welche Maßnahmen sind im Todesfall zu treffen?

6 Rechtsweg im Zivilrecht

Zum Ende des zivilrechtlichen Kapitels soll noch in Grundzügen die Durchsetzung zivilrechtlicher Ansprüche dargestellt werden.

Durchsetzung zivilrechtlicher Ansprüche

Für zivilrechtliche Streitigkeiten, beispielsweise auf Zahlung von Schadenersatz oder eines Kaufpreises, sind die **Amts-** oder **Landgerichte** zuständig. Die Zuständigkeit des Landgerichts besteht ab einem Streitwert über 5.000,00 Euro. Kommt keine außergerichtliche Einigung zu Stande oder verweigert der Betroffene die Zahlung bzw. die sonstige zivilrechtliche Verpflichtung, muss **Klage** vor einem dieser Gerichte erhoben werden. Vor dem Landgericht und dem Oberlandesgericht muss sich der Kläger wie auch der Beklagte durch einen **Rechtsanwalt** vertreten lassen. Aufgrund der Klage hat das Gericht zu prüfen, ob der Anspruch gegen den Gegner, den **Beklagten**, besteht. Ist der Anspruch berechtigt, wird der Beklagte durch **Urteil** zur Zahlung oder sonstigen zivilrechtlichen Folgen verurteilt.

Die unterlegene Partei hat die Möglichkeit, gegen das Urteil innerhalb einer Frist von einem Monat schriftlich **Berufung** einzulegen. Dazu ist in jedem Fall anwaltliche Vertretung erforderlich. Das Urteil wird dann in der **nächsthöheren Instanz** überprüft. Wurde das Urteil vom Amtsgericht erlassen, ist für die Berufung das **Landgericht** zuständig; für die Berufung gegen ein landgerichtliches Urteil hingegen das **Oberlandesgericht**. Sofern die Klage abgewiesen wird, hat das Gericht die Meinung vertreten, dass der Anspruch nicht berechtigt ist. Der Kläger kann ebenfalls Berufung einlegen, um zu versuchen, in der zweiten Instanz den Anspruch durchzusetzen.

Bei zivilrechtlichen Streitigkeiten hat die unterlegene Partei die Kosten beider Anwälte und die Gerichtskosten zu tragen. Diese Kosten können beträchtliche Ausmaße haben. Bei einem Streitwert von 5.000,00 Euro muss derjenige, der im Prozess unterliegt, **Prozesskosten** in Höhe von ca. 2.200,00 Euro zahlen. Diese Kosten sind nach einer Beweisaufnahme (Zeugenvernehmung, Gutachten) sogar noch höher. Die „arme" Partei hat die Möglichkeit, **Prozesskostenhilfe** in Anspruch zu nehmen. Dies bedeutet, dass die Staatskasse die Kosten finanziert.

Teil 4 Strafrecht

Bei bestimmten Handlungen besteht die Möglichkeit, dass Heilerziehungs- und Altenpfleger sowie das Gesundheits- und Krankenpflegepersonal strafrechtlich zur Verantwortung gezogen werden.

Grundlage des Strafrechts ist das **Strafgesetzbuch (StGB)** mit dem allgemeinen und dem besonderen Teil. Daneben existieren noch verschiedene Nebengesetze, die gleichfalls Straftatbestände enthalten, wie z. B. das

- Betäubungsmittelgesetz,
- Straßenverkehrsgesetz,
- Arzneimittelgesetz,
- Infektionsschutzgesetz und das
- Wirtschaftsstrafgesetz.

Nebengesetze des Strafgesetzbuches

Allen diesen Gesetzen ist gemeinsam, dass ein von der Gesellschaft missbilligtes Fehlverhalten mit **Geld oder Freiheitsstrafen** geahndet wird. Es gilt im deutschen Strafrecht der **Grundsatz**, dass eine Strafe ohne geschriebenes Recht, d. h. ohne Gesetz, nicht möglich ist (§ 1 StGB).

1 Straftat

Eine Straftat liegt nur dann vor, wenn bestimmte Voraussetzungen gegeben sind, d. h. durch eine Person eine

- tatbestandsmäßige,
- rechtswidrige und
- schuldhafte Handlung erfolgt.

Voraussetzungen für das Vorliegen einer Straftat

Jede Straftat setzt sich somit aus den drei Elementen zusammen:

- **Tatbestand:**
  - objektiver Tatbestand,
  - subjektiver Tatbestand,
- **Rechtswidrigkeit** und
- **Schuld.**

Elemente einer Straftat

Nur wenn **alle** drei Voraussetzungen vorliegen, kann eine Strafe verhängt werden.

1.1 Tatbestand

Zur Verwirklichung des Tatbestandes einer Vorschrift, beispielsweise der Körperverletzung (§ 223 StGB), muss der Wortlaut der Vorschrift durch die menschliche Handlung verwirklicht werden:

Tatbestandsmerkmale

Wer einen anderen körperlich misshandelt oder an der Gesundheit beschädigt, wird mit Freiheitsstrafe ... oder mit Geldstrafe bestraft.

Es müssen die Tatbestandsmerkmale **Misshandlung oder Gesundheitsschädigung** erfüllt sein.

Praxisbeispiel

> Der Altenpfleger P schlägt einen Bewohner ins Gesicht, weil dieser ihn angespuckt hat. Er hat, wie im Strafgesetz beschrieben, einen Menschen körperlich misshandelt, so dass eine Strafe möglich ist.

Dies ist besonders bei Tatbeständen mit verschiedenen Merkmalen wichtig, denn das Fehlen eines Tatbestandsmerkmals führt dazu, dass eine Bestrafung ausscheiden muss, was am Beispiel des **Diebstahls** (§ 242 StGB) verdeutlicht werden kann:

Wer eine fremde bewegliche Sache einem anderen in der Absicht wegnimmt, dieselbe sich rechtswidrig anzueignen, wird mit Freiheitsstrafe ... oder mit Geldstrafe bestraft.

Das Merkmal „wegnimmt" liegt nur vor, wenn der Täter die Sache nicht nur unter Bruch fremden Gewahrsams nimmt, sondern er muss zusätzlich neuen Gewahrsam begründen, was im Selbstbedienungsladen erst erfolgt ist, nachdem der Gegenstand in die Tasche gesteckt wurde. Davor fehlt es an der Wegnahme und damit am Diebstahl. Da der Grundsatz „Ohne Gesetz keine Strafe" Gesetzes- und Verfassungsrang hat, muss eine Bestrafung dann unterbleiben.

Praxisbeispiel

> Die Beschreibung des Diebstahls in § 242 StGB lautet: „... eine fremde bewegliche Sache einem anderen ... wegnimmt", so dass die Heilerziehungspflegerin, die eine wertvolle Goldkette in die Tasche steckt, als „Diebin" anzusehen ist, da sie das Merkmal der „Wegnahme" einer „fremden Sache", wie es im Gesetz beschrieben ist, verwirklicht hat.

1.1.1 Objektiver Tatbestand

Definition

> Der **objektive Tatbestand** ist die Beschreibung des äußeren Erscheinungsbildes.

Der objektive Tatbestand ist erfüllt, sofern das Handeln des Täters der Beschreibung im Gesetz entspricht. Das Strafgesetzbuch (StGB) legt die wichtigsten Straftatbestände fest. Die dort genannten Tatbestände werden von der Gesellschaft als diejenigen angesehen, die die Rechtsgüter der Allgemeinheit schützen sollen.

Zwei Formen der Tatbegehung

Es werden beim Tatbestand zwei Formen der Tatbegehung unterschieden. Ein Tatbestand kann entweder durch Tun oder durch Unterlassen verwirklicht werden. Eindeutig ist die Verwirklichung des gesetzlichen Tatbestandes durch ein **Tun**, somit durch eine bestimmte Handlung, beispielsweise einen Schlag ins Gesicht. Wer einen anderen durch aktives Tun schädigt, hat dafür einzustehen, sofern damit ein Straftatbestand, beispielsweise die Misshandlung eines Menschen, verwirklicht wird. Die Beurteilung, ob eine Strafbarkeit wegen einer **Unterlassung** besteht, ist rechtlich schwieriger. Unterlassen bedeutet, dass eine bestimmte Folge für einen Mitmenschen nicht verhindert wird, obwohl dies möglich gewesen wäre und obwohl ein Handeln erforderlich war.

So ist die Körperverletzung oder die Tötung sowohl durch eine **aktive Handlung**, ein Tun, als auch ein Unterlassen, eine **strafbare Passivität**, möglich. Die strafbare Passivität liegt vor, wenn beispielsweise der Heilerziehungs- oder Altenpfleger bzw. das Krankenpflegepersonal Maßnahmen nicht ergreift, einen Bewohner vor Gefahren zu schützen, obwohl dies möglich und zumutbar gewesen wäre.

> Eine Heilerziehungspflegerin beobachtet, wie ein Bewohner nur mit dem Schlafanzug bekleidet das Gebäude bei winterlicher Kälte verlässt. Sie hält ihn nicht zurück, obwohl dieses problemlos möglich gewesen wäre. Der Bewohner wird am nächsten Tag in einem Wald in der Nähe tot aufgefunden. Es liegt eine Tötung durch Unterlassen vor.

Praxisbeispiel

Ein Unterlassen ist nach § 13 StGB **nur** dann **strafbar**, wenn eine **Verpflichtung zum Tätigwerden** besteht, der „Täter" also Maßnahmen hätte treffen können und müssen. Es muss deshalb eine so genannte **Garantenstellung** vorliegen, aus der sich dann die **Garantenpflicht** ergibt:

Strafbares Unterlassen

Wer es unterlässt, einen Erfolg abzuwenden, ... ist nach diesem Gesetz nur dann strafbar, wenn er rechtlich dafür einzustehen hat, dass der Erfolg nicht eintritt, und wenn das Unterlassen der Verwirklichung des gesetzlichen Tatbestandes durch ein Tun entspricht.

Die Garantenstellung kann sich aus dem **Gesetz** (beispielsweise Eltern für ihre Kinder, hoheitlich tätige Personen) oder aus dem **Vertrag** (z. B. Heimvertrag oder Krankenhausvertrag in Verbindung mit dem Arbeitsvertrag) ergeben. Pflegekräfte haben zumindest aufgrund des Heimvertrages in Verbindung mit ihrem Arbeitsvertrag eine derartige Garantenstellung. Daraus ergibt sich die Garantenpflicht, gesundheitliche Schäden der Bewohner bzw. Patienten zu verhindern. Hierzu zählt auch die Verhinderung eines Suizides, die Schädigung durch einen Verkehrsunfall oder durch Kälteeinwirkung.

1.1.2 Subjektiver Tatbestand

Die inneren Vorgänge im Täter werden vom subjektiven Tatbestand erfasst. Dazu zählen der Vorsatz bei Vorsatzdelikten und die Fahrlässigkeit bei Fahrlässigkeitsdelikten. Es gibt in einzelnen Vorschriften daneben noch weitere subjektive Merkmale, wie die Absicht des Betrügers, sich einen rechtswidrigen Vermögensvorteil zu verschaffen. Sofern das Gesetz nichts anderes aussagt, ist jedoch nur vorsätzliches Handeln strafbar.

Subjektive Merkmale

Definition

Mit **Vorsatz** handelt derjenige, der den objektiven Tatbestand mit Wissen und Wollen verwirklicht.

Der Täter weiß daher, dass er eine strafbare Handlung begeht und will diese auch begehen, um den strafbaren Erfolg herbeizuführen.

Praxisbeispiel

Der Sohn tötet seine pflegebedürftige Mutter, um ihre „Leiden zu beenden". Er will somit einen Menschen töten und ist sich dessen auch in vollem Umfang bewusst. Das Motiv ist dabei für die Strafbarkeit unbedeutend.

Vorsatzdelikte

Für Pflegekräfte sind, neben den bereits dargestellten Straftaten der Freiheitsberaubung (§239 StGB), folgende Vorsatzdelikte bedeutsam:

- **Mord (§ 211 StGB):**

  (1) Der Mörder wird mit lebenslanger Freiheitsstrafe bestraft.
  (2) Mörder ist, wer aus Mordlust, zur Befriedigung des Geschlechtstriebs, aus Habgier oder sonst aus niedrigen Beweggründen, heimtückisch oder grausam oder mit gemeingefährlichen Mitteln oder um eine andere Straftat zu ermöglichen oder zu verdecken, einen Menschen tötet.

- **Totschlag (§ 212 StGB):**

  (1) Wer einen Menschen tötet, ohne Mörder zu sein, wird als Totschläger mit Freiheitsstrafe nicht unter fünf Jahren bestraft.

  Tathandlung ist bei beiden Tatbeständen die **Tötung** eines **Menschen**. Da das Leben als höchstes Rechtsgut zu bewerten ist, besteht bei Mord die Strafdrohung einer lebenslangen Freiheitsstrafe und beim Totschlag einer Freiheitsstrafe von mindestens fünf Jahren. Sofern die Tötung unter besonderen Gründen erfolgt, also eines der Mordmerkmale (z. B. niedere Beweggründe) erfüllt ist, liegt Mord und nicht Totschlag vor. In der Praxis könnte es bei der „Sterbehilfe" zum Vorwurf des Totschlags kommen. Handlungen zur Herbeiführung des Todes sind nach Aufforderung durch den Getöteten als Tötung auf Verlangen zu werten, ohne die Aufforderung als Totschlag oder gar Mord. Diese Tatbestände unterscheiden sich hinsichtlich der Strafdrohung. Die Höchststrafe ist beim Totschlag 15 Jahre, bei Mord sogar lebenslang.

- **Aussetzung (§ 221 StGB):**

  (1) Wer einen Menschen
  1. in eine hilflose Lage versetzt oder
  2. in einer hilflosen Lage im Stich lässt, obwohl er ihn in seiner Obhut hat oder im sonst beizustehen verpflichtet ist,
  und ihn dadurch der Gefahr des Todes oder einer schweren Gesundheitsschädigung aussetzt, wird mit Freiheitsstrafe von drei Monaten bis zu fünf Jahren bestraft.
  (2) Auf Freiheitsstrafe von einem Jahr bis zu zehn Jahren ist zu erkennen, wenn der Täter

1. die Tat gegen sein Kind oder eine Person begeht, die ihm zur Erziehung oder zur Betreuung in der Lebensführung anvertraut ist, oder
2. durch die Tat eine schwere Gesundheitsschädigung des Opfers verursacht.

(3) Verursacht der Täter durch die Tat den Tod des Opfers, so ist die Strafe Freiheitsstrafe nicht unter drei Jahren.

(4) In minder schweren Fällen des Absatzes 2 ist auf Freiheitsstrafe von sechs Monaten bis zu fünf Jahren, in minder schweren Fällen des Absatzes 3 auf Freiheitsstrafe von einem Jahr bis zu zehn Jahren zu erkennen.

Tathandlung ist dabei das Aussetzen oder Verlassen eines anderen in **hilfloser Lage**, wobei sowohl das aktive Tun als auch das Unterlassen strafbar sind.

- Körperverletzung (§ 223 StGB):

(1) Wer eine andere Person körperlich misshandelt oder an der Gesundheit schädigt, wird mit Freiheitsstrafe bis zu fünf Jahren oder mit Geldstrafe bestraft.
(2) Der Versuch ist strafbar.

Dieser Straftatbestand ist bei der **körperlichen Misshandlung** oder der **Gesundheitsschädigung** eines Menschen gleich welcher Art erfüllt. Selbst die medizinische Behandlung ist eine Körperverletzung, sofern der Betroffene nicht einwilligt. Die Einwilligung macht jede Körperverletzung, mit Ausnahme eines Verstoßes gegen die guten Sitten, nach § 228 StGB rechtmäßig:

Wer eine Körperverletzung mit Einwilligung der verletzten Person vornimmt, handelt nur dann rechtswidrig, wenn die Tat trotz der Einwilligung gegen die guten Sitten verstößt.

Ansonsten hat die Einwilligung zur Folge, dass eine Bestrafung nicht möglich ist.[215]

Der obige Körperverletzungstatbestand umfasst die „normale" Misshandlung. Bei der **Herbeiführung von schweren Folgen** wie

- der Verlust
  - eines wichtigen Körpergliedes,
  - des Sehvermögens,
  - des Gehörs,
  - der Sprache oder
  - der Zeugungsfähigkeit oder
- einer dauernden Entstellung,
- einem Siechtum,
- einer Lähmung oder Geisteskrankheit,

liegt nach § 226 StGB eine **schwere Körperverletzung** vor, und es ist eine höhere Freiheitsstrafe vorgesehen:

(1) Hat die Körperverletzung zur Folge, dass die verletzte Person

---

[215] vgl. auch Teil 3, 1.3.7, 2.2.2 und 2.5.1.1

1. *das Sehvermögen auf einem Auge oder beiden Augen, das Gehör, das Sprechvermögen oder die Fortpflanzungsfähigkeit verliert,*
2. *ein wichtiges Glied des Körpers verliert oder dauernd nicht mehr gebrauchen kann oder*
3. *in erheblicher Weise dauernd entstellt wird oder in Siechtum, Lähmung oder geistige Krankheit oder Behinderung verfällt,*

so ist die Strafe Freiheitsstrafe von einem Jahr bis zu zehn Jahren.

Dies gilt entsprechend bei einer **gefährlichen Körperverletzung** mit einer Waffe, insbesondere mit einem Messer oder einem anderen gefährlichen Werkzeug, oder von mehreren gemeinsam (§ 224 StGB):

(1) Wer die Körperverletzung
1. *durch Beibringung von Gift oder anderen gesundheitsschädlichen Stoffen,*
2. *mittels einer Waffe oder eines anderen gefährlichen Werkzeugs,*
3. *mittels eines hinterlistigen Überfalls,*
4. *mit einem anderen Beteiligten gemeinschaftlich oder*
5. *mittels eines das Leben gefährdenden Behandlung*

begeht, wird mit Freiheitsstrafe von sechs Monaten bis zu zehn Jahren, in minder schweren Fällen mit Freiheitsstrafe von drei Monaten bis zu fünf Jahren bestraft.
(2) Der Versuch ist strafbar.

Auch insoweit erfolgt folglich wegen der höheren Gefahr eine höhere Bestrafung.

Ein weiterer für Pflegekräfte wichtiger Körperverletzungstatbestand ist die

- **Misshandlung Schutzbefohlener (§ 225 StGB):**

  (1) Wer eine Person unter achtzehn Jahren oder eine wegen Gebrechlichkeit oder Krankheit wehrlose Person, die
  1. *seiner Fürsorge oder Obhut untersteht,*
  2. *seinem Hausstand angehört,*
  3. *von dem Fürsorgepflichtigen seiner Gewalt überlassen worden oder*
  4. *ihm im Rahmen eines Dienst- oder Arbeitsverhältnisses untergeordnet ist,*

  quält oder roh misshandelt, oder wer durch böswillige Vernachlässigung seiner Pflicht, für sie zu sorgen, sie an der Gesundheit schädigt, wird mit Freiheitsstrafe von sechs Monaten bis zu zehn Jahren bestraft.
  (2) Der Versuch ist strafbar.
  (3) Auf Freiheitsstrafe nicht unter einem Jahr ist zu erkennen, wenn der Täter die schutzbefohlene Person durch die Tat in die Gefahr
  1. *des Todes oder einer schweren Gesundheitsschädigung oder*
  2. *einer erheblichen Schädigung der körperlichen oder seelischen Entwicklung*
  bringt."

Durch diese Strafvorschrift werden so genannte **Wehrlose geschützt**, die aufgrund eines besonderen Verhältnisses dem Täter ausgeliefert sind. Eine eventuelle Einwilligung des betroffenen Menschen, des Heimbewohners, wäre wegen Sittenwidrigkeit unwirksam.[216]

Von Bedeutung ist im Bereich der Alten- und Behindertenhilfe sowie in der Psychiatrie in gleicher Weise die

- **Unterlassene Hilfeleistung (§ 323 c StGB):**

    Wer bei Unglücksfällen oder gemeiner Gefahr oder Not nicht Hilfe leistet, obwohl dies erforderlich und ihm den Umständen nach zuzumuten, insbesondere ohne erhebliche eigene Gefahr und ohne Verletzung anderer wichtiger Pflichten möglich ist, wird mit Freiheitsstrafe bis zu einem Jahr oder mit Geldstrafe bestraft.

    Dieser Tatbestand stellt die unterlassene Hilfe bei **Notfällen** unter Strafe. Die Vorschrift selbst nennt **Rechtfertigungsgründe**, wie eigene Gefahr oder Verletzung anderer wichtiger Pflichten.

Die letzte Strafvorschrift, die im Pflegebereich wichtig ist, ist die

- **Nötigung (§ 240 StGB):**

    (1) Wer einen Menschen rechtswidrig mit Gewalt oder durch Drohung mit einem empfindlichen Übel zu einer Handlung, Duldung oder Unterlassung nötigt, wird mit Freiheitsstrafe bis zu drei Jahren oder mit Geldstrafe bestraft.
    (2) Rechtswidrig ist die Tat, wenn die Anwendung der Gewalt oder die Androhung des Übels zu dem angestrebten Zweck als verwerflich anzusehen ist.
    (3) Der Versuch ist strafbar.
    (4) In besonders schweren Fällen ist die Strafe Freiheitsstrafe von sechs Monaten bis zu fünf Jahren. Ein besonders schwerer Fall liegt in der Regel vor, wenn der Täter
    1. eine andere Person zu einer sexuellen Handlung nötigt,
    2. eine Schwangere zum Schwangerschaftsabbruch nötigt oder
    3. seine Befugnisse oder seine Stellung als Amtsträger missbraucht."

Tathandlung ist die **rechtswidrige Durchsetzung einer Handlung, Duldung** oder einer **Unterlassung**. Dabei muss entweder **Gewalt** angewendet oder mit einem **Übel gedroht** werden. Dieser Tatbestand ist beispielsweise dann erfüllt, wenn ein Bewohner widerrechtlich zur Einnahme eines Medikamentes veranlasst wird. Eine Nötigung kann gleichfalls vorliegen, wenn ein behinderter Mensch zum **Essen** oder zu einem **Spaziergang** gezwungen wird. Eine Nötigung liegt allerdings nicht vor, sofern Gehhilfen entfernt werden, um den Bewohner im Rahmen der Therapie zum selbstständigen Laufen anzuhalten. Insoweit liegt auch keine Freiheitsberaubung vor,

---

[216] Markus (1988), S. 254

wenn er dazu in der Lage ist, die selbstständige Fortbewegung lediglich am fehlenden Willen scheitert.

Fahrlässigkeit

Die zweite Form des subjektiven Tatbestandes ist die **Fahrlässigkeit**.

Definition

> Bei der **Fahrlässigkeit** wird der Tatbestand ungewollt durch die pflichtwidrige Vernachlässigung der im Verkehr erforderlichen Sorgfalt verwirklicht.

Elemente der Fahrlässigkeit

Die Elemente der Fahrlässigkeit sind:

- Pflichtwidrigkeit,
- Vorhersehbarkeit und
- Vermeidbarkeit

Die **Pflichtwidrigkeit** liegt bei einem Verstoß gegen bestimmte Verhaltensregeln und Sorgfaltspflichten vor. Die **Vorhersehbarkeit** bedeutet die Erkennbarkeit des drohenden Schadens, d. h. der Schädigung des Bewohners oder Patienten. Außerdem muss der Eintritt des Schadens bei ordnungsgemäßem Verhalten des Täters **vermeidbar** gewesen sein.

Praxisbeispiel

> Der Gesundheits- und Krankenpfleger H verabreicht dem Patienten eine überhöhte Dosis eines Beruhigungsmittels, da er die Angabe der Dosis in der Verordnung falsch liest. Der Patient stirbt. Es liegt eine fahrlässige Tötung vor, da wegen fehlender Sorgfalt der Tod eines Menschen infolge der Überdosis eingetreten ist.

Fahrlässigkeitstatbestände

Die wichtigsten Fahrlässigkeitstatbestände im Bereich der Pflege sind:

- **Fahrlässige Körperverletzung (§ 229 StGB):**

    Wer durch Fahrlässigkeit die Körperverletzung einer anderen Person verursacht, wird mit Freiheitsstrafe bis zu drei Jahren oder mit Geldstrafe bestraft.

    Der einzige Unterschied zur vorher genannten Körperverletzung nach § 223 StGB ist bei dieser Vorschrift, dass die Verletzung oder Gesundheitsschädigung nicht vorsätzlich, sondern fahrlässig erfolgt.

- **Fahrlässige Tötung (§ 222 StGB):**

    Wer durch Fahrlässigkeit den Tod eines Menschen verursacht, wird mit Freiheitsstrafe ... oder mit Geldstrafe bestraft.

    Diese Norm findet dort Anwendung, wo durch die Verletzung von Sorgfaltspflichten der Tod eines Menschen verursacht wird.

1.2 Rechtswidrigkeit

Eine Handlung ist nur dann eine Straftat, wenn zusätzlich zur Tatbestandsmäßigkeit die **Rechtswidrigkeit** vorliegt. Im Normalfall ist eine Tat, die einen gesetzlichen Tatbestand verwirklicht, auch rechtswidrig. Dies gilt aber nicht in denjenigen Fällen, in denen ein Rechtfertigungsgrund vorliegt. Derartige Rechtfertigungsgründe sind:

- Notwehr, Nothilfe (§ 32 StGB),
- Notstand (§ 34 StGB) und
- Einwilligung.

Rechtfertigungsgründe

1.2.1 Notwehr

> **Notwehr** (§ 32 StGB) ist die erforderliche Handlung, um einen gegenwärtigen, rechtswidrigen Angriff abzuwehren. Die Nothilfe ist dabei die Verteidigung zu Gunsten eines anderen.

Definition

> *(1) Wer eine Tat begeht, die durch Notwehr geboten ist, handelt nicht rechtswidrig.*
> *(2) Notwehr ist die Verteidigung, die erforderlich ist, um einen gegenwärtigen rechtswidrigen Angriff von sich oder einem anderen abzuwenden.*

Zur Abwehr des Angriffes im Rahmen der Notwehr muss stets das **mildeste Mittel** gewählt werden. Selbst bei einem zulässigen Gegenangriff muss die **Verhältnismäßigkeit** beachtet werden. Somit darf keine unangemessen gefährliche Abwehrmaßnahme ergriffen werden. Auch ist die Notwehr nur dann zulässig, wenn überhaupt eine Abwehrhandlung erforderlich ist. Die **Erforderlichkeit** liegt dann nicht vor, wenn beispielsweise der Angegriffene durch ein Ausweichen sich selbst schützen kann. Dies gilt insbesondere bei Angriffen durch Kinder und unter Umständen auch bei (körperlich) behinderten Menschen. Schließlich ist die Notwehr nur bei einem **gegenwärtigen Angriff** zulässig. Ist der Angriff erst zu befürchten oder ist er bereits abgeschlossen, fehlt das Recht zu der Abwehrmaßnahme. Notwehr oder Nothilfe sind also zur Abwehr eines Angriffes zulässig, jedoch darf die Maßnahme nicht rechtsmissbräuchlich eingesetzt werden.

Anforderungen

> Sobald eine Heilerziehungspflegerin von einem Bewohner mit einem gefährlichen Gegenstand angegriffen wird, darf sie selbst angemessene Gewalt anwenden, um den Angriff abzuwehren. Der Gegenangriff ist gestattet, nicht jedoch eine eventuelle Misshandlung des Bewohners nach der Abwehr als Rache oder „Erziehungsmaßnahme".

Praxisbeispiel

Bei der Abwehr eines Angriffs kommt es zu einer Situation erheblichen psychischen Drucks. Aus diesem Grund kann es bei der Abwehrhandlung zu einer Überreaktion kommen. Dies hat der Gesetzgeber im § 33 StGB berücksichtigt:

Überschreitet der Täter die Grenzen der Notwehr aus Verwirrung, Furcht oder Schrecken, so wird er nicht bestraft.

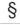

Sofern die vorgenannten **Grenzen überschritten** werden und aus **Verwirrung**, **Furcht** oder **Schrecken** mehr als die gebotene Verteidigung angewendet wird, muss der Angegriffene also keine Strafe fürchten.

1.2.2 Notstand

Ein weiterer Rechtfertigungsgrund ist der **rechtfertigende Notstand** nach § 34 StGB:

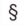

Wer in einer gegenwärtigen, nicht anders abwendbaren Gefahr für Leben, Leib, Freiheit, Ehre, Eigentum oder ein anderes Rechtsgut eine Tat begeht, um die Gefahr von sich oder einem anderen abzuwenden, handelt nicht rechtswidrig, wenn bei Abwägung der widerstreitenden Interessen, namentlich der betroffenen Rechtsgüter und des Grades der ihnen drohenden Gefahren, das geschützte Interesse das beeinträchtigte wesentlich überwiegt. Dies gilt jedoch nur, soweit die Tat ein angemessenes Mittel ist, die Gefahr abzuwenden.

Anforderungen

Voraussetzung ist eine **Notstandslage** und somit eine **gegenwärtige Gefahr, die nicht mit anderen Mitteln als dem Eingriff** in ein anderes Rechtsgut, d. h. dessen Verletzung, abwendbar ist. Eine Gefahr liegt immer dann vor, sobald die konkrete Möglichkeit des Eintritts eines Schadens besteht. Sie ist gegenwärtig, wenn die gefahrdrohenden Umstände jederzeit in den Schaden umschlagen könnten. Beim Notstand muss eine **Interessenabwägung** erfolgen. Jenes Rechtsgut, das durch die Notstandshandlung geschützt werden soll, muss höherwertig sein als das beeinträchtigte Rechtsgut. Das Mittel, das zum Schutz eines Rechtsgutes eingesetzt wird, muss angemessen sein. Auch beim Notstand gilt daher die **Verhältnismäßigkeit**, das Prinzip des geringstmöglichen Eingriffes. Sind alle diese Voraussetzungen erfüllt, bleibt eine tatbestandsmäßige Handlung, wie im Beispiel die Freiheitsberaubung, straflos.

Praxisbeispiel

> Ein Altenpfleger beobachtet, wie ein Bewohner nur mit dem Schlafanzug bekleidet das Heim bei winterlicher Kälte verlässt. Er hält ihn zurück. Der Bewohner wird dadurch geschützt, so dass die Einschränkung der persönlichen Freiheit, die „Freiheitsberaubung", wegen der Gefahr für das Leben des Bewohners gerechtfertigt ist. Es liegt eine Notstandslage vor. Das Rechtsgut „Leben" ist höher zu bewerten als die freie Entfaltung der Persönlichkeit.

Die Anwendung dieses Rechtfertigungsgrundes muss allerdings auf **kurzzeitige Eingriffe** in fremde Rechtsgüter beschränkt bleiben. Längere Eingriffe in die Freiheitsrechte oder die körperliche Unversehrtheit erfordern die Einschaltung des Betreuungsgerichts.

1.2.3 Einwilligung

Anforderungen

Als letzter wichtiger Rechtfertigungsgrund ist die Einwilligung zu nennen. Diese Einwilligung muss grundsätzlich **vom Betroffenen**, d. h. vom Bewohner oder Patienten, **selbst erklärt** werden. Dritte

Personen wie Angehörige, können keine wirksame Einwilligung erteilen. Es ist folglich nicht möglich, dass die Mutter einer medizinischen Maßnahme zustimmt, die an der volljährigen Tochter erfolgen soll. Angehörige sind nur dann zur Einwilligung berechtigt, wenn sie gleichzeitig **gesetzliche Vertreter**, wie Betreuer, Eltern oder Vormund sind, und der Betroffene **nicht einwilligungsfähig** ist. Die Einwilligungsfähigkeit kann jedoch nicht mit der Geschäftsfähigkeit gleichgesetzt werden. Trotz fehlender oder eingeschränkter Geschäftsfähigkeit ist ein Bewohner **einsichtsfähig** und damit **einwilligungsfähig**, wenn er in der Lage ist, die Bedeutung und Tragweite seiner Entscheidung zu erfassen (vgl. dazu Teil 3, 1.3 und Teil 3, 2.2.2 und 2.5.1.1).

> Der erwachsene Bewohner soll operativ behandelt werden. Der Arzt befragt dazu die Eltern, da der Sohn „es doch nicht verstehen kann", ohne dass eine Betreuung besteht. Die Eltern stimmen der Einweisung in das Krankenhaus zu, der Sohn wird nicht um Zustimmung gebeten. Da er selbst in der Lage gewesen wäre, die Notwendigkeit der Operation zu verstehen, hätte nur er die Einwilligung erteilen können. Diejenigen medizinischen Maßnahmen, die ohne seine Zustimmung erfolgen, sind rechtswidrig und erfüllen den Tatbestand der Körperverletzung.

Praxisbeispiel

Selbst bei ständig einwilligungsunfähigen, volljährigen Personen sind die Angehörigen nicht zur Zustimmung berechtigt. Es müssen immer der Betreuer oder bei Minderjährigen Eltern oder der Vormund entscheiden. Lediglich bei **dringenden Maßnahmen**, beispielsweise bei Lebensgefahr, muss nach dem **mutmaßlichen Willen** gehandelt werden, sofern der Betroffene nicht selbst einwilligen kann und auch kein Betreuer vorhanden oder erreichbar ist. Bei dem mutmaßlichen Willen muss ermittelt werden, welche Maßnahmen im Interesse des Bewohners liegen. Hier können, um den mutmaßlichen Willen zu ermitteln, auch die Angehörigen befragt werden. Im Zweifel ist dahingehend zu entscheiden, dass es im Interesse des Bewohners liegt, seine Schmerzen zu lindern und seine Gesundheit wiederherzustellen bzw. sein Leben zu retten. Es empfiehlt sich, die Gründe für die Entscheidung zu einer medizinischen Behandlung ohne Einwilligung, insbesondere den Grund für die Annahme eines mutmaßlichen Willens und die fehlende Möglichkeit, die Einwilligung einzuholen, schriftlich niederzulegen.

> Sobald der Bewohner das Bewusstsein verliert, können und müssen alle erforderlichen Maßnahmen zu seiner Lebensrettung unternommen werden. Sein mutmaßlicher Wille, gerettet zu werden, wird vorausgesetzt.

Praxisbeispiel

Es muss beachtet werden, dass ein Bewohner, für den eine **Betreuung** besteht, **nicht allein deshalb einwilligungsunfähig** ist. Es gelten trotzdem noch die obigen Grundsätze, so dass der **natürliche Wille** maßgebend ist.

Die Einwilligung kann jederzeit **widerrufen** werden. Dies ist zu beachten, sofern nicht eine Notsituation vorliegt. Nach dem

Widerruf sind freiheitsbeschränkende oder medizinische Maßnahmen rechtswidrig und damit strafbar.

1.3 Schuld

Das letzte Merkmal einer Straftat, das als Voraussetzung für die Bestrafung vorliegen muss, ist die Schuld. Es ist hier die Frage zu beurteilen, ob dem Täter die rechtswidrige Tat persönlich vorzuwerfen ist. **Zum Zeitpunkt der Tat** muss die **Schuldfähigkeit** vorliegen. Davon ist grundsätzlich auszugehen, d. h. es wird vermutet, dass der erwachsene Mensch schuldfähig ist. Einschränkungen ergeben sich nur im nachfolgend genannten Umfang:

Einschränkungen der Schuldfähigkeit

Bei **Kindern besteht bis zur Vollendung des vierzehnten Lebensjahres** eine Schuldunfähigkeit, die Strafunmündigkeit. Sie können vorher nicht bestraft werden, gleichgültig welche Straftat begangen worden ist. Selbst nach dem vierzehnten Lebensjahr ist eine Sonderbehandlung vorgesehen. Bis zur **Vollendung des achtzehnten Lebensjahres** gilt das Jugendstrafrecht (§ 1 JGG). Dieses unterscheidet sich vom normalen Strafrecht durch eine Höchstgrenze für Freiheitsstrafen (näheres dazu in Teil 4, 4)

Schuldunfähig sind nach § 20 StGB auch Personen, die wegen einer **schweren psychischen Erkrankung** oder **schweren geistigen Behinderung** nicht in der Lage sind, das Unrecht der Tat einzusehen oder nach dieser Einsicht zu handeln:

Ohne Schuld handelt, wer bei Begehung der Tat wegen einer krankhaften seelischen Störung, wegen einer tiefgreifenden Bewusstseinsstörung oder wegen Schwachsinns oder einer schweren anderen seelischen Abartigkeit unfähig ist, das Unrecht der Tat einzusehen oder nach dieser Einsicht zu handeln.

Voraussetzung ist eine erhebliche **Minderung der Einsichts- und Steuerungsfähigkeit**. Diese Personen können wegen einer Tat nicht bestraft werden. Bei einer weniger starken psychischen Erkrankung oder geistigen Behinderung kann **verminderte Schuldfähigkeit** (§ 21 StGB) vorliegen, die Strafe wird dann gemildert. Menschen mit geistiger Behinderung können daher nicht strafrechtlich zur Verantwortung gezogen werden, wenn sie durch die Behinderung nicht einsichts- und steuerungsfähig waren.

Zwei Schuldformen

Es sind wie beim subjektiven Tatbestand (vgl. Teil 4, 1.1.2) zwei **Schuldformen** zu unterscheiden, nämlich **Vorsatz** und **Fahrlässigkeit**. Kennzeichnend für die Fahrlässigkeitsschuld ist die nachlässige Einstellung des Täters gegenüber seinen Sorgfaltspflichten. Im Strafrecht gilt der **subjektive Fahrlässigkeitsmaßstab**. Dies bedeutet, dass sich die Fahrlässigkeit nach den persönlichen Kenntnissen und Fähigkeiten des Täters sowie seiner Einschätzung der Folgen seiner Handlung beurteilt. Eine besondere Qualifikation des Täters kann in diesem Zusammenhang zu seinem Nachteil, d. h. strafverschärfend berücksichtigt werden.

2 Rechtsfolgen

Sobald eine Straftat begangen worden ist, sieht das Gesetz, insbesondere das Strafgesetzbuch, bestimmte **Rechtsfolgen** vor. Es handelt sich dabei um die

- Geldstrafe oder
- Freiheitsstrafe.

Bei **Ordnungswidrigkeiten** wird eine **Geldbuße** verhängt, die durch Erzwingungshaft vollstreckt werden kann. Sie ist aber nicht mit der Geldstrafe gleichzusetzen.

Geldstrafe

Die Verhängung einer Geldstrafe ist zuerst in Betracht zu ziehen, sofern nicht die entsprechende Strafvorschrift lediglich die Möglichkeit einer Freiheitsstrafe als Ahndung der Tat vorsieht. Wird die Geldstrafe nicht bezahlt, muss der Täter die **Ersatzfreiheitsstrafe** verbüßen (§ 43 StGB). Die Geldstrafe wird in eine Freiheitsstrafe umgewandelt, für die jedoch auf Antrag bei der Staatsanwaltschaft **gemeinnützige Arbeit** geleistet werden kann.

Die Freiheitsstrafe kommt lediglich bei schwereren Straftaten und im Wiederholungsfall in Betracht. Die Mindeststrafe beträgt einen Monat und die zeitliche Höchststrafe 15 Jahre. Bei besonderen Straftaten (Mord) wird die lebenslange Freiheitsstrafe verhängt. Die Freiheitsstrafe kann **zur Bewährung** ausgesetzt werden, was jedoch nur bis zur Dauer von zwei Jahren möglich ist.

Freiheitsstrafe

Für die Höhe der Strafe sind die Schwere der Tat und die Vorstrafen des Täters maßgebend. Bei der Geldstrafe müssen auch die finanziellen Verhältnisse des Täters berücksichtigt werden (§ 40 StGB). In der Praxis wird deshalb auf der Grundlage des Nettoeinkommens und der finanziellen Verpflichtungen ein **Tagessatz** gebildet, der dem dreißigsten Teil des verbleibenden Einkommens entspricht.

Höhe der Strafe

Im Strafgesetzbuch sind zu den genannten Strafen noch Nebenstrafen und Nebenfolgen vorgesehen. Dazu zählen

- das Fahrverbot,
- der Verlust des Wahlrechts und der
- Verlust des öffentlichen Amtes.

Nebenstrafen und Nebenfolgen

Das **Fahrverbot** wird insbesondere bei Verkehrsstraftaten verhängt.

Außerdem sind noch Maßnahmen zur Besserung und Sicherung vorgesehen, wobei im Pflegebereich wichtig sind:

- Unterbringung in einem psychiatrischen Krankenhaus (§ 63 StGB) und
- Berufsverbot (§ 70 StGB).

Maßnahmen zur Besserung und Sicherung

Die **Unterbringung in einem psychiatrischen Krankenhaus** nach § 63 StGB wird angeordnet, sofern eine rechtswidrige Tat im Zustand der Schuldunfähigkeit oder der verminderten Schuldfähigkeit begangen wird. Voraussetzung ist, dass infolge der Erkrankung auch zukünftig erhebliche Taten zu erwarten sind und der Täter eine Gefahr für die Allgemeinheit darstellt, also

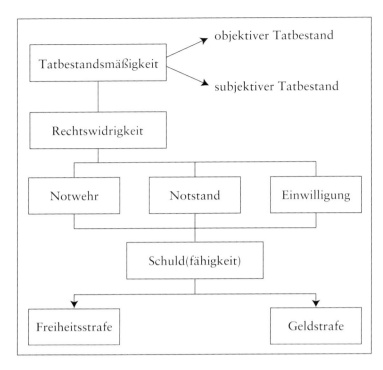

Abbildung 14:
Aufbau und Rechtsfolgen der Straftat

Wiederholungsgefahr besteht. Diese Maßregel kann deshalb auch bei geistig behinderten Menschen verhängt werden, sofern sie bei der Tat schuldunfähig waren und weitere Taten zu erwarten sind. Die Verhängung des **Berufsverbotes** erfordert nach § 70 StGB die Begehung einer Straftat unter Missbrauch des Berufs oder die grobe Verletzung seiner Pflichten. Das Berufsverbot kann für die Dauer von einem Jahr bis zu fünf Jahren verhängt werden.

3 Strafverfahren

Das Strafverfahren kann eingeleitet werden sowohl durch eine **Strafanzeige**, die durch die Polizei, eine Behörde oder eine Privatperson erfolgen kann, als auch durch einen **Strafantrag**. Es werden dabei zwei Arten von Delikten unterschieden:

Arten von Delikten
- Antragsdelikt und
- Offizialdelikt.

Strafantrag   Der Strafantrag stellt eine besondere Form der Strafanzeige dar. Eine Verfolgung von bestimmten Taten ist nur aufgrund eines Strafantrages möglich. Dies sind die **Antragsdelikte**. Hierzu zählen Delikte wie

- fahrlässige Körperverletzung,
- Beleidigung, Verleumdung,
- einfache Körperverletzung,

- Sachbeschädigung und
- Hausfriedensbruch.

Dieser Strafantrag muss **schriftlich** innerhalb einer **Frist** von drei Monaten ab Kenntnis der Tat gestellt werden. Zum Antrag sind der Betroffene selbst oder nach seinem Tod bestimmte Angehörige berechtigt.

Die **Staatsanwaltschaft** leitet bei beiden Arten die Ermittlungen mit der Hilfe der **Polizeibehörden**. Die Staatsanwaltschaft kann das Ermittlungsverfahren aber auch einleiten, sofern sie ohne Strafanzeige Kenntnis von einer Straftat erlangt. Besondere Ermittlungshandlungen, wie Durchsuchungen von Wohnungen oder die Untersuchungshaft, müssen **vom Richter angeordnet** werden.

Sobald die Staatsanwaltschaft ausreichend ermittelt hat, bestehen mehrere Möglichkeiten, das Verfahren abzuschließen:

Möglichkeiten des Verfahrensabschlusses

- Es erfolgt die **Einstellung** des Verfahrens wegen mangelnden Tatverdachts, sofern die Ermittlungen keine Schuld des Täters ergeben.
- Bei geringer Schuld kann das Verfahren gegen Zahlung einer Art von Geldbuße, also der Zahlung eines bestimmten Betrags, beispielsweise an eine gemeinnützige Organisation, oder der Auflage der **Wiedergutmachung des Schadens** nach § 153 a StPO eingestellt werden.
- Bei leichteren Straftaten kann ein **Strafbefehl** beantragt werden, der vom Richter erlassen wird. Der Beschuldigte hat dann die Möglichkeit, innerhalb von zwei Wochen **Einspruch** einzulegen. Danach erfolgt die Überprüfung in einer Hauptverhandlung vor dem Gericht.
- Bei schwereren Fällen wird **Anklage** erhoben. Auf die Anklage der Staatsanwaltschaft erfolgt eine **Hauptverhandlung** vor dem zuständigen Amts- oder Landgericht. Dieses spricht dann nach Prüfung des Sachverhaltes ein Urteil. In der Verhandlung hat der Angeklagte Gelegenheit zur Stellungnahme, es werden Zeugen und Sachverständige vernommen sowie Urkunden vorgelegt. Nach den Plädoyers des Staatsanwaltes und des Verteidigers wird das **Urteil** verkündet.

Der Verurteilte hat die Möglichkeit, gegen das Urteil Rechtsmittel einzulegen. Es stehen dabei grundsätzlich zwei Möglichkeiten zur Verfügung. Eine davon ist die **Berufung**, bei der in der nächsthöheren Instanz der gesamte Sachverhalt nochmals in einer neuen Hauptverhandlung überprüft wird. Die zweite Art des Rechtsmittels ist die **Revision**. Diese gibt die Möglichkeit, das Urteil gleichfalls in der höheren Instanz auf Rechtsfehler überprüfen zu lassen.

- Welche drei Elemente müssen bei einer Straftat erfüllt sein?
- Welche Rechtfertigungsgründe kennen Sie?
- Was für Körperverletzungstatbestände kennt das Strafrecht?
- Wann ist eine Person schuldunfähig?
- Wer handelt fahrlässig?
- Welche Rechtsfolgen drohen bei einer Straftat?
- Was ist ein Strafbefehl?

Wiederholungsfragen

4 Jugendstrafrecht

Im Vordergrund des Jugendstrafrechts steht der **erzieherische Charakter** verschiedener Sanktionen. Das Jugendstrafrecht ist im **Jugendgerichtsgesetz (JGG)** geregelt. Es verweist dabei hinsichtlich der allgemeinen Strafbarkeit auf die Vorschriften des allgemeinen Strafrechts (z. B. Strafgesetzbuch, Betäubungsmittelgesetz etc.).

Altersstufen

Ein Kind, d. h. eine Person unterhalb des 14. Lebensjahres, ist strafrechtlich nicht verantwortlich, erst ein **Jugendlicher**, der zur Zeit der Tat das 14. Lebensjahr vollendet hat, aber noch nicht 18 Jahre alt ist. Das JGG nennt zusätzlich den **Heranwachsenden**, der zwar 18, aber noch nicht 21 Jahre alt ist. Entscheidend ist das Alter zum Zeitpunkt der Tat.

Reife als weiteres Kriterium

Das Alter des Jugendlichen ist für die Strafbarkeit jedoch nicht allein maßgeblich, sondern es ist zu prüfen, ob er zur Zeit der Tat nach seiner **sittlichen und geistigen Entwicklung** reif genug war, das Unrecht der Tat einzusehen und nach dieser Einsicht zu handeln (§ 3 Satz 1 JGG). Wird das verneint, kommen nur Maßnahmen des Familiengerichts, u. U. Unterbringung in der Kinder- und Jugendpsychiatrie in Betracht (§ 3 Satz 2 JGG).

Sanktionen

Wegen der Besonderheiten bei jugendlichen Straftätern wendet das Jugendstrafrecht neben den normalen Sanktionen wie **Geld- und Freiheitsstrafe** noch zusätzlich **Erziehungsmaßregeln und Zuchtmittel** an, zusätzlich bei Schuldunfähigkeit die **Maßregeln der Besserung und Sicherung** nach § 7 JGG i. V. mit § 61 ff. StGB. Im Jugendstrafrecht ist es im Gegensatz zum Erwachsenenstrafrecht möglich, verschiedene Rechtsfolgen zu kombinieren, also Erziehungsmaßregeln und Zuchtmittel nebeneinander festzusetzen. Auch können mehrere Erziehungsmaßregeln und mehrere Zuchtmittel kombiniert werden. Bei der Verhängung jeder Art von Sanktion ist zu berücksichtigen, dass das Unrecht der Tat gegen die Folgen der Straftat für die weitere Entwicklung des Jugendlichen abzuwägen ist.[217]

Erziehungsmaßregeln

Zuerst muss der Richter prüfen, ob Erziehungsmaßregeln nach §§ 9 ff. JGG ausreichen. Diese dienen der Erziehung, weshalb Erziehungsbedürftigkeit und Erziehungsfähigkeit vorliegen müssen. Erziehungsmaßregeln sind:

- Erteilung von Weisungen,
- Verpflichtung zur Inanspruchnahme von Hilfen zur Erziehung und/oder
- Arrest.

Nach § 10 Abs. 1 Satz 1 JGG sind **Weisungen** Gebote und Verbote, die die Lebensführung des Jugendlichen regeln und dadurch seine Erziehung fördern und sichern sollen. Eine Abänderung der Weisungen ist trotz Rechtskraft möglich, wenn sich etwa die persönlichen Verhältnisse des Jugendlichen nachträglich ändern. Änderungen sind auch zulässig, wenn die Weisung nachträglich

---

[217] vgl. BGHSt 36, 37, 42

abweichend beurteilt wird, sich etwa als übertrieben, ungeeignet oder nicht zu überwachend herausstellt. Erziehungsmaßregeln sind nach § 10 Abs. 1 Satz 3 JGG vor allem die

- die Erbringung von Arbeitsleistungen,
- die Unterstellung unter einen Betreuungshelfer,
- die Teilnahme an einem sozialen Trainingskurs,
- der Täter-Opfer-Ausgleich und
- die Teilnahme an einem sozialen Trainingskurs

Hilfen zur Erziehung sind Verpflichtungen, im Einvernehmen mit dem Jugendamt und unter den Voraussetzungen des SGB VIII (Jugendhilferecht):

- Erziehungsbeistandschaft (§ 30 SGB VIII) und
- Betreutes Wohnen.

Befolgt der Verurteilte Weisungen schuldhaft nicht, so kann er mit „Ungehorsamsarrest" bis zu vier Wochen Dauer belegt werden (§ 11 Abs. 3 JGG).

Zusätzlich sieht das Jugendstrafrecht **Zuchtmittel** nach § 13 JGG vor.

Zuchtmittel

> **Zuchtmittel** sind ein eindringlicher tatbezogener Mahn- und Ordnungsruf.

Definition

Sie sind aber als weniger belastende Maßnahme als die Jugendstrafe eingestuft und haben nicht die Rechtswirkungen einer Strafe. Zuchtmittel dienen zwar auch der Ahndung und Sühne, sollen aber auch die Entwicklung des Täters erzieherisch begünstigen. Da wiederum der Erziehungsgedanke angesprochen wird, kommen Zuchtmittel bei kriminellen, verwahrlosten oder erheblich gefährdeten Jugendlichen nicht in Betracht, da bei ihnen eine erzieherische Beeinflussung gerade ausscheidet. In Betracht kommen nach § 13 Abs. 2 JGG als Zuchtmittel:

- Verwarnung nach § 14 JGG,
- Erteilung von Auflagen nach § 15 JGG und
- Jugendarrest nach § 16 JGG.

Arten von Zuchtmitteln

Die **Verwarnung** nach § 14 JGG beinhaltet eine förmliche Zurechtweisung des Täters und unterscheidet sich nicht wesentlich von der Ermahnung nach § 45 JGG.

Auflagen sind nach § 15 JGG vor allem:

- Schadenswiedergutmachung,
- Entschuldigung und
- Arbeits- und Geldauflagen.

Bei der **Wiedergutmachungsleistung** muss eine zivilrechtliche Grundlage bestehen, ansonsten wäre diese Auflage gesetzeswidrig. Die Höhe dieses Anspruchs begrenzt auch die Höhe der Auflage. In der Praxis sehr häufig ist die **Arbeitsauflage**, die oft alleine in der Lage ist, eine vernünftige Reaktion auf Fehlverhalten zu bieten. Sanktionen sollen als eine Reaktion auf kriminelles Unrecht erfolgen, so dass sie eine für den Täter selbst spürbare Maßnahme darstellen. Bei der Arbeitsauflage ist dies anzunehmen, da sich der Täter selbst mit seiner Person einzubringen hat. Bei der **Geldauflage** muss ausdrücklich darauf geachtet werden, dass sie aus eigenen Mitteln gezahlt werden kann.

Schließlich ist als schärfstes Zuchtmittel der **Jugendarrest**. Nach § 16 JGG wird Jugendarrest in der Form des Freizeit-, des Kurz- und des Dauerarrestes verhängt. Dabei wird der **Freizeitarrest** für die wöchentliche Freizeit (also das Wochenende Samstagmorgen bis Sonntagnachmittag, um Arbeitsaufnahme am Montag zu ermöglichen) verhängt und auf eine oder zwei Freizeiten bemessen. **Kurzarrest** wird anstelle des Freizeitarrestes verhängt, wenn der zusammenhängende Vollzug aus erzieherischen Gründen zweckmäßig ist. Ein Freizeitarrest entspricht dabei zwei Tagen Kurzarrest. Eine nachträgliche Umwandlung ist möglich (§ 86 JGG). Der **Dauerarrest** beträgt 1 bis 4 Wochen. Der Arrest wird in speziellen Jugendarrestanstalten vollzogen (§ 90 Abs. 2 JGG). Insgesamt soll der Arrest dem Jugendlichen als ernste Warnung dienen und zum Nachdenken anregen. Einzelheiten regelt die JAVollzO, deren Grundlage ist § 115 JGG.

Definition
Jugendstrafe

> Die **Jugendstrafe** ist Freiheitsentziehung in einer Jugendstrafanstalt (§ 17 Abs. 1 JGG).

Die **Dauer** der Jugendstrafe reicht bei Jugendlichen von 6 Monaten bis zu 5 Jahren. Wenn es sich um ein Verbrechen handelt, das nach allgemeinem Strafrecht mit einer Höchststrafe von mehr als 10 Jahren bedroht ist, ist das Höchstmaß 10 Jahre (§ 18 Abs. 1 Satz 1 und 2 JGG). Abweichend hiervon ist bei Heranwachsenden die Höchststrafe allgemein 10 Jahre (§ 105 Abs. 3 JGG). Sie ist eine unabhängig vom Erwachsenenstrafrecht ausgestaltete Freiheitsstrafe und in erster Linie **Erziehungsstrafe**. Sie ist die einzige „kriminelle" Strafe des Jugendstrafrechts.

Anwendung der Jugendstrafe

Jugendstrafe ist **zu verhängen**, wenn wegen der schädlichen Neigungen des Jugendlichen, die in der Tat hervorgetreten sind, Erziehungsmaßregeln oder Zuchtmittel zur Erziehung nicht ausreichen oder wegen der Schwere der Schuld Strafe erforderlich ist (§ 17 Abs. 2 JGG). **Schädliche Neigungen** sind nach der Rechtsprechung „erhebliche Anlage- oder Erziehungsmängel, die ohne längere Gesamterziehung des Täters die Gefahr von Störungen der Gemeinschafts-Ordnung durch weitere Straftaten begründen". Diese müssen dabei so schwer sein, dass deren Beseitigung sinnvoll nur in einem länger dauernden Strafvollzug versucht werden kann. Der Täter muss sich bereits daran gewöhnt haben, aus einer in seiner Persönlichkeit wurzelnden falschen Trieb- oder Willensrichtung zu handeln. Die schädlichen Neigungen müssen in der Tat hervorgetreten sein und im Zeitpunkt der Entscheidung noch bestehen und weitere Straftaten befürchten lassen. Das setzt voraus, dass die erheblichen Persönlichkeitsmängel schon vor der Tat, ggf. auch verborgen, angelegt waren.

Die **Schwere der Schuld** kann die Jugendstrafe erfordern. Sie ergibt sich aus dem Gewicht der Tat und der persönlichkeitsbegründenden Beziehung des Jugendlichen zu der Tat. Dabei sind alle für das Maß der Schuld bedeutsamen Gesichtspunkte, vor allem auch

Tatmotive, zu berücksichtigen. Es geht um die **Einzeltatschuld**, nicht um eine Charakterschuld. Unter diesem Gesichtspunkt wird Jugendstrafe bei Fahrlässigkeitstaten in der Regel nicht zu verhängen sein.

Bei der Verurteilung zu einer Jugendstrafe bis zu zwei Jahren ist deren Aussetzung zur Bewährung zu prüfen (§ 21 JGG). Bei der Verurteilung zur **Jugendstrafe bis zu einem Jahr** setzt das Gericht gemäß § 21 Abs. 1 JGG die Vollstreckung der Strafe zur Bewährung aus, wenn zu erwarten ist, dass sich der Jugendliche bereits die Verurteilung zur Warnung dienen lassen und auch ohne die Einwirkung des Strafvollzugs unter der erzieherischen Einwirkung in der Bewährungszeit künftig einen rechtschaffenen Lebenswandel führen wird. Bei der Entscheidung sind die Persönlichkeit des Jugendlichen, sein Vorleben, die Umstände der Tat, sein Verhalten nach der Tat, seine Lebensverhältnisse und die Wirkungen zu berücksichtigen, die von der Aussetzung für ihn zu erwarten sind. Bei Verurteilung zu einer **Jugendstrafe zwischen ein und zwei Jahren** muss ebenfalls Strafaussetzung zur Bewährung bewilligt werden, wenn nicht ausnahmsweise die Vollstreckung der Strafe im Hinblick auf die Entwicklung des Jugendlichen geboten ist. Aus dem Wortlaut von § 21 Abs. 2 JGG ergibt sich demnach, dass im Gegensatz zu § 56 Abs. 2 StGB die Aussetzung zur Bewährung auch bei einer so hohen Jugendstrafe in der Regel geboten ist und gerade **nicht den Ausnahmefall** darstellt.

Strafaussetzung zur Bewährung

Bei Nichtbeachtung von Bewährungsauflagen oder sonstigen Weisungen oder Auflagen ist der **Ungehorsamsarrest zu** verhängen, wenn ein Bewährungswiderruf noch nicht geboten ist. Der **Widerruf** der **Strafaussetzung** ist gemäß § 26 Abs. 1 JGG möglich, wenn

- der Jugendliche **in der Bewährungszeit** eine **Straftat begeht** und dadurch zeigt, dass die Erwartung, die der Strafaussetzung zu Grunde lag, sich nicht erfüllt hat oder
- ein **rechtskräftiges Urteil** wegen der neuen Straftat vorliegt oder
- wenn der Jugendliche **gegen Weisungen** gröblich oder beharrlich **verstößt** oder sich der **Aufsicht und Leitung des Bewährungshelfers** beharrlich **entzieht** und dadurch Anlass zu der Besorgnis gibt, dass er erneut Straftaten begehen wird. Bei der anzustellenden Gesamtwürdigung aller Umstände sind hierfür konkrete und objektivierbare Verdachtsmomente nötig oder
- der Jugendliche gröblich oder beharrlich **gegen Auflagen verstößt**. Hier ist also nicht erforderlich, dass der Verstoß zu der Annahme führt, die Erwartungen, die der Strafaussetzung zu Grunde lagen, hätten sich nicht erfüllt und schon gar nicht, dass die Gefahr weiterer Straftaten bestünde.

Widerruf der Strafaussetzung

Nach Ablauf der **Bewährungszeit** ist die Jugendstrafe zu erlassen, wenn ein Widerruf nicht in Betracht kommt. Gleichzeitig mit dem Erlass der Jugendstrafe wird der **Strafmakel** für **beseitigt** erklärt (§ 100 JGG). Dies gilt nicht bei Sexualstraftaten (§§ 174 bis 180 oder 182 StGB) und anderen gefährlichen Straftaten (§ 100 Satz 2 JGG).

Aussetzung der Verhängung der Jugendstrafe

Das Jugendstrafrecht kennt auch die Aussetzung der Verhängung der Jugendstrafe. Dies dann, wenn nicht mit Sicherheit festgestellt werden kann, ob in der Straftat des Jugendlichen schädliche Neigungen in einem Umfang hervorgetreten sind, die die Verhängung einer Jugendstrafe erforderlich machen. Dann wird die Entscheidung über die Verhängung einer Jugendstrafe für eine **Bewährungszeit** ausgesetzt (§ 27 JGG), allerdings nicht bei Jugendstrafen, die wegen Schwere der Schuld geboten sind. Unter Umständen ist später in einem weiteren Urteil eine Jugendstrafe festzusetzen (§§ 30 Abs. 1, 62 Abs. 1 JGG). Ist dies nicht der Fall, so wird der Schuldspruch getilgt (§ 30 Abs. 2 JGG).

Jugendgerichte

Jugendgerichte sind der Strafrichter als Jugendrichter, das Jugendschöffengericht und die Jugendkammer (§ 33 Abs. 2 JGG).

Verfahren beim Jugendstrafrecht

Aufgrund des erzieherischen Gedankens des Jugendstrafrechts beinhaltet auch das Verfahren einige Besonderheiten. Neben der **Einstellung wegen geringer Schuld** nach § 153 StPO kommt eine **Verfahrenseinstellung** auch dann durch den Staatsanwalt in Betracht, **wenn** eine **erzieherische Maßnahme** bereits eingeleitet oder durchgeführt ist und eine Beteiligung des Richters nicht erforderlich ist (§ 45 Abs. 1 und Abs. 2 JGG). Eine Verfahrenseinstellung ist auch möglich, wenn der Staatsanwalt eine Anklageerhebung nicht für erforderlich hält, aber eine Einschaltung des Gerichts für notwendig gehalten wird. Er schlägt dann nach § 45 Abs. 3 JGG eine **Ermahnung, die Erteilung von Weisungen und Auflagen** vor. Entspricht der Jugendrichter der Anregung, so sieht der Staatsanwalt nach Befolgung durch den Jugendlichen von der Verfolgung ab.

Auch **nach Erhebung der Anklage** bestehen **Einstellungsmöglichkeiten** nach § 47 JGG bei geringer Schuld im Sinne von § 153 StPO oder dann, wenn eine erzieherische Maßnahme eingeleitet oder durchgeführt ist oder wenn die strafrechtliche Verantwortlichkeit nach § 3 JGG fehlt. Dabei ist jeweils die Zustimmung des Staatsanwalts erforderlich. Werden Weisungen oder Auflagen festgesetzt, so erfolgt zunächst vorläufige Einstellung mit einer Fristsetzung von bis zu 6 Monaten für die Erfüllung, dann kommt es zur endgültigen Einstellung. Bei einer Verfahrenseinstellung kommen **Ungehorsamsfolgen nicht in Betracht**, also auch kein Ungehorsamsarrest. Folge der Nichterfüllung durch den Jugendlichen ist die Wiederaufnahme des vorläufig eingestellten Verfahrens. Nach § 76 JGG kann der Staatsanwalt beim Jugendrichter schriftlich oder auch mündlich beantragen, im **vereinfachten Jugendverfahren** zu entscheiden, wenn nur Weisungen, Erziehungsbeistandschaft, Zuchtmittel, Fahrverbot, Fahrerlaubnisentziehung mit nicht mehr als zwei Jahren Sperrfrist, Verfall oder Einziehung zu erwarten sind. Dieser Antrag steht der Anklage gleich. Gegen Heranwachsende ist das vereinfachte Jugendverfahren nicht zulässig.

Die **Jugendgerichtshilfe** durch die Jugendämter soll die Persönlichkeit des Angeklagten einschließlich seines Werdeganges und seiner Umwelt erforschen. Sie erstellt dazu einen Bericht, der dann in die Hauptverhandlung eingeführt wird. Im Verfahren gegen Jugendliche sind gleichfalls die Erziehungsberechtigten zu beteiligten (§§ 50, 67 JGG). **Verhandlungen** vor den Jugendgerichten sind nach § 48 JGG **nicht-öffentlich**, wenn der Angeklagte zum Tatzeitpunkt Jugendlicher war, dagegen **öffentlich**, wenn er Heranwachsender oder Erwachsener war.

In besonderen Fällen ist das Jugendstrafrecht auf Erwachsene und Heranwachsende anzuwenden (§ 105 JGG), wenn

- **Reifeverzögerungen** vorliegen, d. h. aufgrund einer Gesamtwürdigung der Persönlichkeit des Täters sich ergibt, dass er zur Zeit der Tat nach seiner sittlichen und geistigen Entwicklung noch einem Jugendlichen gleichstand. **Anhaltspunkte** für das Vorliegen von Reifeverzögerungen können sein: Vorherrschen des Gefühls- und Trieblebens (Besitz-, Geschlechtstrieb, sinnlose Zerstörungswut, Lust am Quälen); Launen, allgemeine Unausgeglichenheit; spielerische Einstellung zur Arbeit, die sich häufig etwa in mangelndem Durchhaltevermögen bei der Arbeit oder bei der Lehre oder beim Besuch der Berufsschule zeigt.
- es sich nach Art, den Umständen oder den Beweggründen der Tat um eine **Jugendverfehlung** handelt. Von einer Jugendverfehlung wird dann auszugehen sein, wenn sie im konkreten Fall auf jugendlichem Leichtsinn, Unüberlegtheit oder sozialer Unreife beruht. Jugendtypisches Verhalten liegt vor bei: Mangel an Ausgeglichenheit und Besonnenheit, Hemmungsvermögen und Beherrschung; volles Ausleben von Wut und Zorn; Imponiergehabe etc. (z. B. Sachbeschädigungen, „Mutproben" bei Ladendiebstählen).

Anwendung des Jugendstrafrechts auf Erwachsene und Heranwachsende

Gegen Urteile der Jugendgerichte sind grundsätzlich dieselben Rechtsmittel gegeben wie gegen Urteile der Erwachsenengerichte. Gegen Urteile des Jugendrichters und des Jugendschöffengerichts sind also Berufung und Revision bzw. Sprungrevision statthaft (§§ 2 JGG, 312 ff. StPO bzw 333 ff., 335 StPO). Über die **Berufung** entscheidet das Landgericht (Jugendkammer) und über die **Revision** nach § 121 GVG das Oberlandesgericht. Erstinstanzliche Urteile der Jugendkammer sind mit der Revision zum **BGH** anfechtbar.

Rechtsmittel

5 Besondere strafrechtliche Probleme

5.1 Sterbehilfe

Die Sterbehilfe stellt ein äußerst umstrittenes Thema dar. Es ist insbesondere in der Rechtsprechung immer noch nicht abschließend geklärt, wann die Bemühungen um die Verhinderung des Todeseintrittes eingestellt werden dürfen. Die Problematik der Sterbehilfe wird deutlich in dem Zitat: „Das Recht darf nicht zu viel riskieren, wo es um das heute höchste Gut, das Leben geht. Es darf nicht auch zu streng sein, wo es um Würde, Selbstbe-

Grundsätzliche Überlegungen

stimmung und Barmherzigkeit geht."[218] Die Sterbehilfe muss beurteilt werden vor dem Hintergrund des **verfassungsrechtlichen Schutzes des Lebens** und dem **allgemeinen Persönlichkeitsrecht** in Art. 2 GG:

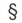

(1) Jeder hat das Recht auf die freie Entfaltung seiner Persönlichkeit, soweit er nicht die Rechte anderer verletzt und nicht gegen die verfassungsmäßige Ordnung oder das Sittengesetz verstößt.
(2) Jeder hat das Recht auf Leben und körperliche Unversehrtheit
...

Ferner muss die **ethische Verantwortung** jedes Menschen berücksichtigt werden, das Leben anderer zu achten und zu schützen. Außerdem ist in unserer Rechtsordnung ein **strafrechtlicher Schutz des Lebens** vorgesehen.

Im Rahmen der Sterbehilfe muss jedoch andererseits gelten, dass „das Lebensrecht kein Lebenszwang" ist[219] und daher jeder Mensch das Recht auf einen würdigen Tod hat, somit jedem ein menschenwürdiges Sterben ohne die Verlängerung des Lebens und dabei oft das Leiden um jeden Preis ermöglicht werden soll. Die Frage des Sterbens in Würde sollte jedoch nur dort Bedeutung haben, wo der betroffene Mensch **selbstbestimmt** für den Abbruch oder das Unterlassen von lebensverlängernden Maßnahmen entscheidet. Die von manchen Philosophen, z. B. Singer, befürwortete Tötung von so genannten Nicht-Personen verstößt gegen elementare ethische Grundsätze der Gesellschaft und ist daher in keinem Fall zu rechtfertigen. Auch die holländische Lösung mit der Zulassung von aktiver Sterbehilfe unter bestimmten Voraussetzungen bietet erhebliche **Möglichkeiten des Missbrauchs**.

Gegenwärtiges Recht

Vor dem Hintergrund dieser grundsätzlichen Überlegungen soll nachfolgend der derzeitige Rechtszustand dargestellt werden. Im Rahmen der Sterbehilfe müssen

- aktive Sterbehilfe,
- indirekte Sterbehilfe,
- passive Sterbehilfe,
- Behandlungsabbruch und
- Beihilfe zum Selbstmord (Suizid)

unterschieden werden.

5.1.1 Aktive Sterbehilfe

Die aktive Sterbehilfe ist nach § 216 StGB als Tötung auf Verlangen **stets strafbar**:

Ist jemand durch das ausdrückliche und ernstliche Verlangen des Getöteten zur Tötung bestimmt worden, so ist auf Freiheitsstrafe von sechs Monaten bis zu fünf Jahren zu erkennen.

---

[218] Süddeutsche Zeitung vom 14.09.1994

[219] Küng, DS v. 10.03.1995

Abbildung 15: Unterscheidung des Begriffes „Sterbehilfe"

Sie stellt ohne den Wunsch des Betroffenen, dessen ausdrückliches und ernstliches Verlangen, einen Totschlag gemäß § 212 StGB dar, oder es ist im Extremfall sogar ein Mord nach § 211 StGB anzunehmen. Erfolgt die Tötung auf den **ernstlichen Wunsch** des Betroffenen, so liegt die (strafbare) **Tötung auf Verlangen** vor. Der Wunsch ist nicht als ernstlich anzusehen, wenn der Betroffene nicht einsichts- und urteilsfähig ist.[220] Deshalb ist beim Vorliegen von psychischen Erkrankungen mit Wahnvorstellungen oder Depressionen ein ernstlicher Wunsch nicht vorhanden, so dass die Tötung zumindest als Totschlag anzusehen ist.

Das Tötungsverlangen muss auch **ausdrücklich** in nicht misszuverstehender Weise erfolgen. Es muss nicht in Worten erfolgen, jedoch muss zumindest eine unzweideutige Geste vorliegen.[221]

Die Tötung auf Verlangen hat trotzdem eine, wenn auch gegenüber dem Totschlag und Mord geringere Freiheitsstrafe zur Folge.

> Ein Bewohner bittet um eine „erlösende Spritze" mit der tödlichen Dosis eines Schmerzmittels. Dieses muss in jedem Fall verweigert werden, da insoweit immer strafbare Sterbehilfe nach § 216 StGB vorliegt.

Praxisbeispiel

5.1.2 Indirekte Sterbehilfe

Bei der indirekten Sterbehilfe wird der Tod des Heimbewohners oder Patienten bei der Gabe von hoch dosierten Schmerzmitteln in Kauf genommen. Inzwischen ist die Rechtsprechung und die überwiegende Meinung in der Literatur, dass der Arzt, um das Leiden seines Patienten zu verringern, Schmerzmittel auch so hoch dosieren darf, dass dadurch eine Verkürzung des Lebens erfolgt.[222] Der Wunsch des Patienten, dass seine Schmerzen beseitigt oder soweit möglich gelindert werden, geht in jedem Fall vor.

---

[220] BGH, NJW 1981, S. 932
[221] BGH, NJW 1987, S. 1092
[222] BGH, NJW 1997, 807; Schönke-Schröder (2001), Vor §§ 211 ff., Rdn. 26

5.1.3 Passive Sterbehilfe

Bei der passiven Sterbehilfe werden Maßnahmen unterlassen, die den natürlichen Todeseintritt verhindern. Diese Form der Sterbehilfe bedeutet somit das Unterlassen von lebenserhaltenden bzw. -verlängernden Maßnahmen. Hierzu zählt das Abschalten von technischen Geräten, beispielsweise eines Beatmungsgerätes. Wichtig ist die Unterscheidung zwischen aktiver und passiver Sterbehilfe.

Definition

> Eine **aktive Sterbehilfe** (Tötung auf Verlangen) liegt vor, wenn dadurch der Sterbevorgang erst in Gang gesetzt wird. Bei der **passiven Sterbehilfe** hat der Sterbevorgang bereits begonnen, und es wird lediglich nichts unternommen, um das Sterben aufzuhalten, d. h. in der Regel das Leben und das Leiden zu verlängern.

Praxisbeispiel

> Ein Patient bittet darum, das Beatmungsgerät abzuschalten, nachdem ein Leben ohne dieses Gerät nicht mehr möglich ist. Der Arzt entspricht seinem Wunsch. Der Patient stirbt durch passive Sterbehilfe.

Praxisbeispiel

> Der Heimbewohner bittet seine Tochter darum, ihm ein Gift zu beschaffen und ihm bei der Einnahme zu helfen. Die Tochter muss sich weigern, da es aktive und damit strafbare Sterbehilfe wäre. Der Heimbewohner kann noch längere Zeit leben, so dass mit dem Gift erst ein Sterben ermöglicht würde.

Wird der Tod durch lebenserhaltende Maßnahmen lediglich verzögert und ist eine Heilung nicht mehr möglich, hat **jeder Mensch das Recht**, ein Abschalten von medizinischen Geräten bzw. einen **Behandlungsabbruch** zu fordern. Dies wird inzwischen auch von der neuen Berufsordnung der Ärzte anerkannt.[223] Sofern ein Angehöriger auf Wunsch des Patienten oder Bewohners das Abschalten vornimmt, ist sein Verhalten nicht strafbar.[224]

Praxisbeispiel

> Der Bewohner weiß, dass medizinische Maßnahmen nur zu einer Verlängerung des Lebens, nicht zu einer Heilung führen können. Er bittet deshalb darum, zukünftig nur noch seine Schmerzen zu lindern, aber keine lebensverlängernden Arzneimittel zu verabreichen. Die Pflegekräfte sind in diesem Fall dazu verpflichtet, die Entscheidung des Arztes herbeizuführen. Es ist nicht zulässig, selbst darüber zu entscheiden. Der Arzt muss aber den Willen des Bewohners respektieren.

---

[223] vgl. Entwurf BerufsO Ärzte in NJW 1997, S. 6

[224] LG Ravensburg, MedR 1987, 196

5.1.4 Behandlungsabbruch

> Beim **Behandlungsabbruch** wird die medizinische Behandlung, dabei auch die künstliche Ernährung (beispielsweise über eine PEG-Magensonde), eingestellt.

Definition

Er unterscheidet sich von der passiven Sterbehilfe dadurch, dass keine „unmittelbare Todesnähe"[225] vorliegt, d. h. kein Sterbevorgang eingesetzt hat. Der Tod wird vergleichbar mit der aktiven Sterbehilfe erst durch die Einstellung der Behandlung, insbesondere künstliche Ernährung etc. herbeigeführt.

Unterschied zur passiven Sterbehilfe

Sie ist nach der derzeitigen Rechtsprechung[226] zulässig, wenn keine Prognose auf Heilung besteht und der tatsächliche oder der mutmaßliche Wille des Patienten einen Wunsch zum Abbruch der Behandlung erkennen lässt.

Zulässigkeit

Eine wesentliche Rolle spielt im Rahmen des Behandlungsabbruchs und auch der passiven Sterbehilfe das **Patiententestament** oder die **Patientenverfügung**.

Patiententestament/ Patientenverfügung

> Es handelt sich beim **Patiententestament** um die schriftliche Erklärung einer Person, dass bei bestimmten Erkrankungen oder Folgen eines Unfalls eine Behandlung mit dem Ziel der Verlängerung des Lebens nicht gewünscht wird.[227]

Definition

Mit dieser Erklärung soll den behandelnden Ärzten die Möglichkeit eingeräumt werden, von nutzlosen Maßnahmen zur Wiederbelebung oder Lebenserhaltung Abstand zu nehmen, sofern eine unheilbare Erkrankung oder Gehirnschädigung gleich welcher Ursache vorliegt.[228] Mit dem Patiententestament wird seitens des Patienten oder Heimbewohners von dem **Selbstbestimmungsrecht** Gebrauch gemacht. Deshalb müssen bei bestimmten Personengruppen, beispielsweise Angehörigen der „Zeugen Jehovas", medizinische Maßnahmen unterlassen werden, wenn eine entsprechende schriftliche Erklärung vorliegt. Dies gilt selbst dann, wenn infolge einer Erkrankung oder eines Unfalls Lebensgefahr besteht. In einem aktuellen Urteil hat der Bundesgerichtshof festgestellt, dass die Patientenverfügung allein nicht ausreicht. Ein durch Apparatemedizin am Leben gehaltener Patient darf trotz seines in einer Patientenverfügung festgelegten Willens nicht sterben, wenn dem nicht ein Betreuungsgericht zustimmt.[229]

Da jede Pflegekraft grundsätzlich dazu verpflichtet ist, alles Notwendige zu veranlassen, um das Leben zu retten, kann eine Erklärung wie das Patiententestament nur bei Personen Gültigkeit haben, die in vollem Umfang **einsichtsfähig** sind. Nur in diesen Fällen hat der Wille des Bewohners als Patient Vorrang. In allen anderen Fällen müssen im Zweifel alle erforderlichen lebensverlängernden Maßnahmen getroffen werden. Ein Heimbewohner,

Voraussetzungen für die Gültigkeit von Patiententestamenten

---

[225] OLG Frankfurt/M, NJW 1998, S. 2747, 2748
[226] vgl. insbesondere Urteil OLG Frankfurt/M. a. a. O.
[227] Schell (1993), S. 133
[228] Schneider (1990), S. 96
[229] BGH, AZ: XII ZB 2/03

der aufgrund einer geistigen Behinderung nicht einsichtsfähig ist, kann nicht über lebensverlängernde Maßnahmen in Form eines Patiententestamentes verfügen.

Nach der neuen, seit 2009 geltenden Rechtslage ist per Gesetz (§§ 1901 a ff, 1904 BGB) die Patientenverfügung für Ärzte etc. verbindlich. Im Einzelnen gilt folgendes:

- In einer Patientenverfügung können Volljährige festlegen, ob und wie sie ärztlich behandelt werden wollen, für den Fall, dass sie ihren Willen nicht mehr selbst äußern können. Betreuer und Bevollmächtigte sind selbst im Fall der Entscheidungsunfähigkeit des Betroffenen an seine Patientenverfügung gebunden.
- Die Patientenverfügung ist schriftlich niederzulegen. Sie kann jederzeit widerrufen werden.
- Wurde keine Patientenverfügung verfasst oder treffen die niedergelegten Festlegungen nicht die aktuelle Situation, muss der Betreuer oder Bevollmächtigte entscheiden, ob er in die Untersuchung, die Heilbehandlung oder den ärztlichen Eingriff einwilligt. Hierfür ist der mutmaßliche Patientenwille zu berücksichtigen.
- Eine Grenze, die die Reichweite der Festlegungen in bestimmten Fällen einschränkt, gibt ist nicht.
- Über die Durchführung von ärztlichen Maßnahmen entscheiden Arzt und Betreuer bzw. Bevollmächtigter gemeinsam. Der behandelnde Arzt muss die medizinische Indikation prüfen und mit dem Betreuer oder Bevollmächtigten die entsprechende Maßnahmen erörtern. Dies soll möglichst unter Einbeziehung naher Angehöriger und sonstiger Vertrauenspersonen erfolgen.
- Bestehen zwischen Arzt und Betreuer bzw. Bevollmächtigtem Meinungsverschiedenheiten, ist das Betreuungsgericht anzurufen.

Es ist in bestimmten Fällen, wenn eine Verständigung nicht (mehr) möglich ist, zu überlegen, ob nicht für die Entscheidung über die Fortsetzung einer medizinischen Behandlung ein **Betreuer** zu bestellen ist. Dieser hat dann die Entscheidung zu treffen. Falls bereits eine Betreuung besteht, ist der Betreuer zu befragen. Für derart existenzielle Entscheidungen wie den Abbruch einer Behandlung ist analog § 1904 BGB zusätzlich die **Genehmigung des Betreuungsgerichts** erforderlich.[230] Dieses hat unter anderem den mutmaßlichen Willen zu berücksichtigen. Bei Minderjährigen haben die **Sorgeberechtigten** die Entscheidungsbefugnis hinsichtlich lebensverlängernder Maßnahmen, wobei sie zum Wohl des Kindes entscheiden müssen.

Bedeutung des mutmaßlichen Willens

Nicht nur bei Genehmigung des Betreuungsgerichts, sondern auch in anderen Fällen, bei denen keine Betreuung besteht oder keine Patientenverfügung existiert, ist bei einwilligungsunfähigen Kranken, insbesondere denjenigen im Koma, der mutmaßliche Wille von erheblicher Bedeutung. Der **Bundesgerichtshof**

---

[230] OLG Frankfurt/M, NJW 1998, S. 2747 = MedR 1998, S. 519

hat in einem **Urteil zur passiven Sterbehilfe bei Komakranken** einen Mittelweg eingeschlagen, der bei oberflächlicher Betrachtung tragfähig erscheint. Unter Berücksichtigung des Selbstbestimmungsrechts des Patienten wurde aufgeführt, dass nur der Betroffene über die ärztliche Behandlung, also auch deren Ende, entscheiden kann. Dabei soll im Zweifel der mutmaßliche Wille des Patienten entscheidend sein. Es sind allerdings an die **Annahme eines mutmaßlichen Willens zum Sterben** bzw. zum Unterlassen von lebensverlängernden Maßnahmen **strenge Anforderungen** zu stellen. Dieser Wille soll ermittelt werden aufgrund von früheren mündlichen und schriftlichen Äußerungen sowie von seiner religiösen Überzeugung, seinen persönlichen Wertvorstellungen, seiner altersbedingten Lebenserwartung und den zu erwartenden Schmerzen.[231] Nach dem genannten Urteil des Bundesgerichtshofs muss auf „allgemeine Wertvorstellungen" zurückgegriffen werden, sofern der mutmaßliche Wille nicht zu ermitteln ist. Im Zweifel muss jedoch der **Schutz des Lebens Vorrang vor allem** haben. Die Entscheidung hat in jedem Fall der Arzt im Zusammenwirken mit den Angehörigen zu treffen. Die Anwendung dieser Grundsätze bedeutet jedoch einerseits ein hohes Haftungsrisiko für Arzt und Pflegepersonal und andererseits wird dadurch eine neue Form der Euthanasie geschaffen, deren Kontrolle schwer möglich ist. Der Übergang zur aktiven Sterbehilfe ist dadurch fließend geworden.

5.1.5 Beihilfe zum Suizid

Fraglich ist auch, wie die Beihilfe zum Suizid rechtlich zu werten ist. Der **Suizid** selbst ist **straffrei**, da die Rechtsordnung nur die Tötung eines anderen Menschen unter Strafe stellt. Aus diesem Grund ist auch die Beihilfe zum Suizid grundsätzlich straffrei.

Es kann jedoch die Untätigkeit nach Beginn des Suizides unter bestimmten Voraussetzungen strafbar sein. Dies könnte rechtlich als eine Tötung durch Unterlassen oder eine unterlassene Hilfeleistung angesehen werden. Die **Tötung durch Unterlassen** setzt voraus, dass durch eine Untätigkeit der Tod eines Menschen verursacht worden ist und dass derjenige, der den Todeseintritt nicht verhinderte, eine Garantenstellung hatte. Eine Garantenstellung haben im Behinderten- und Pflegebereich insbesondere der Arzt und das Pflegepersonal. Sie müssen somit alle notwendigen Maßnahmen zur Rettung eines Suizidenten ergreifen. Eine **unterlassene Hilfeleistung** ist gegeben, wenn in einer Gefahrensituation, z. B. bei einem begonnenen Suizid, kein Rettungsversuch unternommen wird. Die Verpflichtung zur Hilfe trifft jedermann, somit nicht nur denjenigen, der eine Garantenstellung hat. Ein Suizidversuch stellt nach herrschender Ansicht eine derartige Gefahrensituation, einen Notfall, dar, in dem jeder im Rahmen der Zumutbarkeit zur Hilfeleistung verpflichtet ist. Straflos ist daher lediglich die Beihilfe vor dem Suizid. Später trifft jeden eine Hilfspflicht, der bei der Ausführung anwesend ist oder hinzukommt.

Strafbarkeit der Beihilfe zum Suizid

---

[231] BGH, NJW 1995, S. 204

Praxisbeispiel

Die Pflegekraft A beobachtet, dass der Bewohner B in einer Schublade verschiedene Tabletten sammelt. Aufgrund früherer Äußerungen des B muss davon ausgegangen werden, dass er einen Suizid plant. A muss daher die Tabletten entfernen, obwohl er in den persönlichen Bereich des B eindringt.

Praxisbeispiel

Sofern B bereits eine tödliche Dosis der Tabletten eingenommen hat, muss A sofort Hilfe leisten, insbesondere den Notarzt rufen. A ist dazu selbst dann verpflichtet, wenn B vorher seinen Wunsch zu sterben mitgeteilt und um Unterlassung von Hilfsmaßnahmen gebeten hat. Kommt A diesem Wunsch nach, liegt unter Umständen strafbare Tötung durch Unterlassen vor.

Besonderheit: psychische Erkrankung

Besonders problematisch ist die Beihilfe zum Suizid bei einem Suizidenten, der aufgrund einer psychischen Erkrankung, beispielsweise einer Psychose, **nicht mehr in der Lage** ist, **sachgerechte Entscheidungen zu treffen**. In diesem Fall liegt aufgrund der Erkrankung die Entscheidung über Tod oder Leben hauptsächlich bei demjenigen, der Beihilfe leistet, wodurch der Selbstmörder aufgrund seiner krankheitsbedingt eingeschränkten Steuerungsfähigkeit Täter und gleichzeitig Opfer wird. Aufgrund der Tatherrschaft des „Helfers" könnte bei dieser Fallgestaltung Totschlag in mittelbarer Täterschaft vorliegen, so dass der „Helfer" eine strafbare Handlung begeht.

Zum Abschluss sei ausdrücklich hervorgehoben, dass **im Zweifel alle notwendigen Maßnahmen zur Lebensrettung** getroffen werden müssen, um eine strafrechtliche Haftung und die Kündigung des Arbeitsverhältnisses zu vermeiden. Die letzte Entscheidung hat in der Mehrzahl der Fälle der Arzt zu treffen.

Sterbebegleitung

Eine besondere Form der Sterbehilfe ist die so genannte Sterbebegleitung, d. h. die Betreuung schwer kranker und sterbender Bewohner. Dazu erforderlich ist jedoch eine Unterstützung der Pflegekräfte seitens der Einrichtung, auch um eine Auseinandersetzung mit der Todesproblematik zu ermöglichen.[232] Nur mit **Unterstützung des Heimes oder der Anstalt** kann der Heilerziehungspfleger diese ethische Verpflichtung erfüllen und dem Bewohner dadurch eine letzte Betreuung zukommen lassen.

Wiederholungsfragen

- Was ist der Unterschied zwischen aktiver und passiver Sterbehilfe?
- Welche Besonderheiten gelten für Pflegekräfte bei einem Suizid?
- Wann darf ein Behandlungsabbruch erfolgen?
- Was ist ein Patiententestament?
- Welche Bedeutung hat der mutmaßliche Wille?

---

[232] vgl. dazu Stoffel, APflege 1992, 227

5.2 Sexuelle Selbstbestimmung Behinderter

Für den Bereich der Behinderten sind im Bereich der Sexualität einige **Straftatbestände** bedeutsam, die nachfolgend näher behandelt werden.

Straftatbestände

- sexueller Missbrauch von
  - Schutzbefohlenen (§ 174 StGB),
  - Gefangenen, behördlich Verwahrten oder Kranken und Hilfsbedürftigen in Einrichtungen (§ 174 a StGB), unter Ausnutzung eines Beratungs-, Behandlungs- oder Betreuungsverhältnisses (§ 174 c StGB),
  - widerstandsunfähigen Personen (§ 179 StGB),
  - Kindern (§§ 176, 176 a StGB),
  - Jugendlichen (§ 182 StGB),
- Förderung sexueller Handlungen Minderjähriger (§ 180 StGB).

Allen gemeinsam ist, dass sexuelle Handlungen an Personen vorgenommen werden, die aufgrund ihres Alters oder ihres Geisteszustandes oder ihrer Abhängigkeit einen Widerstandswillen nicht betätigen können. Unabhängig vom Alter und vom geistigen Zustand steht die Vornahme sexueller Handlungen mit **Gewalt** unter Strafe bei:

- sexueller Nötigung, Vergewaltigung (§ 177 StGB),
- sexueller Nötigung mit Todesfolge (§ 178 StGB).

Mit den genannten Tatbeständen verfolgt der Gesetzgeber den Zweck, Selbstbestimmung im sexuellen Bereich des Einzelnen zu schützen.

5.2.1 Sexueller Missbrauch von Schutzbefohlenen (§ 174 StGB)

(1) Wer sexuelle Handlungen
   1. *an einer Person unter sechzehn Jahren, die ihm zur Erziehung, zur Ausbildung oder zur Betreuung in der Lebensführung anvertraut ist,*
   2. *an einer Person unter achtzehn Jahren, die ihm zur Erziehung, zur Ausbildung oder zur Betreuung in der Lebensführung anvertraut oder im Rahmen eines Dienst- oder Arbeitsverhältnisses untergeordnet ist, unter Missbrauch einer mit dem Erziehungs-, Ausbildungs-, Betreuungs-, Dienst- oder Arbeitsverhältnis verbundenen Abhängigkeit oder*
   3. *an seinem noch nicht achtzehn Jahre alten leiblichen oder angenommenen Kind*

   vornimmt oder an sich von dem Schutzbefohlenen vornehmen lässt, wird mit Freiheitsstrafe bis zu fünf Jahren oder mit Geldstrafe bestraft.

(2) Wer unter den Voraussetzungen des Absatzes 1 Nr. 1 bis 3
   1. *sexuelle Handlungen vor dem Schutzbefohlenen vornimmt oder*

2. *den Schutzbefohlenen dazu bestimmt, dass er sexuelle Handlungen vor ihm vornimmt,*
um sich oder den Schutzbefohlenen hierdurch sexuell zu erregen, wird mit Freiheitsstrafe bis zu drei Jahren oder mit Geldstrafe bestraft.
(3) Der Versuch ist strafbar.

Rechtsgut dieser Vorschrift ist die **ungestörte sexuelle Entwicklung** von Kindern und Jugendlichen innerhalb eines **Abhängigkeitsverhältnisses**.[233] Der Straftatbestand ist wie bei allen im Folgenden genannten Vorschriften bei einer sexuellen Handlung jeglicher Art erfüllt, gleichgültig, ob es sich um ein Tun oder Unterlassen handelt.[234] Darunter zu verstehen ist jede Art von Betätigung, die das **Geschlechtliche** im Menschen zum Gegenstand hat. Notwendig ist jedoch der sexuelle Bezug.[235]

5.2.2 Sexueller Missbrauch von Gefangenen, behördlich Verwahrten oder Kranken und Hilfsbedürftigen in Einrichtungen (§ 174 a StGB)

(1) Wer sexuelle Handlungen an einer gefangenen oder auf behördliche Anordnung verwahrten Person, die ihm zur Erziehung, Ausbildung, Beaufsichtigung oder Betreuung anvertraut ist, unter Missbrauch seiner Stellung vornimmt oder an sich von der gefangenen oder verwahrten Person vornehmen lässt, wird mit Freiheitsstrafe bis zu fünf Jahren oder mit Geldstrafe bestraft.
(2) Ebenso wird bestraft, wer eine Person, die in einer Einrichtung für kranke oder hilfsbedürftige Menschen stationär aufgenommen und ihm zur Beaufsichtigung oder Betreuung anvertraut ist, dadurch missbraucht, dass er unter Ausnutzung der Krankheit oder Hilfsbedürftigkeit dieser Person sexuelle Handlungen an ihr vornimmt oder an sich vor ihr vornehmen lässt.
(3) Der Versuch ist strafbar.

Bei diesem Tatbestand ist einerseits die **sexuelle Freiheit** der **Abhängigen** und andererseits die **störungsfreie Funktion der Einrichtungen** für psychisch kranke, alte oder behinderte Menschen geschützt.[236] Der Tatbestand setzt voraus, dass der Täter seine **berufliche Stellung missbraucht**.

5.2.3 Sexueller Missbrauch unter Ausnutzung eines Beratungs-, Behandlungs- oder Betreuungsverhältnisses (§ 174 c StGB)

(1) Wer sexuelle Handlungen an einer Person, die ihm wegen einer geistigen oder seelischen Krankheit oder Behinderung einschließlich einer Suchtkrankheit zur Beratung, Behandlung

---

[233] Schönke/Schröder (2001), § 174, Rdn. 1

[234] Dreher/Tröndle (2001), Vor § 174, Rdn. 5

[235] Dreher/Tröndle (2001)

[236] Dreher/Tröndle (2001), § 174 a, Rdn. 1

oder Betreuung anvertraut ist, unter Missbrauch des Beratungs-, Behandlungs- oder Betreuungsverhältnisses vornimmt oder an sich von ihr vornehmen lässt, wird mit Freiheitsstrafe bis zu fünf Jahren oder mit Geldstrafe bestraft.
(2) Ebenso wird bestraft, wer sexuelle Handlungen an einer Person, die ihm zur psychotherapeutischen Behandlung anvertraut ist, unter Missbrauch des Behandlungsverhältnisses vornimmt oder an sich von ihr vornehmen lässt.
(3) Der Versuch ist strafbar.

Mit dieser Vorschrift wurde der Tatsache Rechnung getragen, dass Patientinnen im Rahmen von psychotherapeutischen Behandlungen teilweise sexuell missbraucht wurden und derartige Fälle auch in sonstigen Behandlungssituationen oder innerhalb von Beratungen vorgekommen sind.

Einen ähnlichen Schutz der Heimbewohner und Patienten will die Vorschrift des sexueller Missbrauch von widerstandsunfähigen Personen (§ 179 StGB) erreichen:

(1) Wer eine andere Person, die
   1. wegen einer geistigen oder seelischen Krankheit oder Behinderung einschließlich einer Suchtkrankheit oder wegen einer tief greifenden Bewusstseinsstörung oder
   2. körperlich zum Widerstand unfähig ist, dadurch missbraucht, dass er unter Ausnutzung der Widerstandsunfähigkeit sexuelle Handlungen an ihr vornimmt oder an sich von ihr vornehmen lässt, wird mit Freiheitsstrafe von sechs Monaten bis zu zehn Jahren bestraft.
(2) Ebenso wird bestraft, wer eine widerstandsunfähige Person (Absatz 1) dadurch missbraucht, dass er sie unter Ausnutzung der Widerstandsunfähigkeit dazu bestimmt, sexuelle Handlungen an einem Dritten vorzunehmen oder von einem Dritten an sich vornehmen zu lassen.
(3) Der Versuch ist strafbar.
(4) Auf Freiheitsstrafe nicht unter einem Jahr ist zu erkennen, wenn
   1. der Täter mit dem Opfer den Beischlaf vollzieht oder ähnliche sexuelle Handlungen an ihm vornimmt oder an sich von ihm vornehmen lässt, die mit einem Eindringen in den Körper verbunden sind,
   2. die Tat von mehreren gemeinschaftlich begangen wird oder
   3. der Täter das Opfer durch die Tat in die Gefahr einer schweren Gesundheitsschädigung oder einer erheblichen Schädigung der körperlichen oder seelischen Entwicklung bringt.
(5) ...
(6) § 176 a Abs. 4 und § 176 b gelten entsprechend.

Zweck ist der Schutz von Personen, die ihren **sexuellen Widerstandswillen** nicht oder nicht sinnvoll fassen oder nicht körperlich betätigen können.[237] Der Täter wird bestraft, weil er die

---
[237] Schönke/Schröder (2001), § 179, Rdn. 1

Widerstandsunfähigkeit seines Opfers zur sexuellen Betätigung missbraucht.

Einen besonderen Schutz wird **Kindern** und **Jugendlichen** durch das Strafrecht gewährt, um deren sexuelle Entwicklung, insbesondere in psychischer Hinsicht, nicht zu beeinträchtigen. In diesem Zusammenhang sind neben den bereits genannten Vorschriften zwei weitere bedeutsam:

5.2.4 Sexueller Missbrauch von Kindern (§ 176 StGB)

(1) Wer sexuelle Handlungen an einer Person unter vierzehn Jahren (Kind) vornimmt oder an sich von dem Kind vornehmen lässt, wird mit Freiheitsstrafe von sechs Monaten bis zu zehn Jahren, in minder schweren Fällen mit Freiheitsstrafe bis zu fünf Jahren oder mit Geldstrafe bestraft.
(2) Ebenso wird bestraft, wer ein Kind dazu bestimmt, dass es sexuelle Handlungen an einem Dritten vornimmt oder von einem Dritten an sich vornehmen lässt.
(3) Mit Freiheitsstrafe bis zu fünf Jahren oder mit Geldstrafe wird bestraft, wer
  1. sexuelle Handlungen vor einem Kind vornimmt,
  2. ein Kind dazu bestimmt, dass es sexuelle Handlungen an sich vornimmt, oder
  3. auf ein Kind durch Vorzeigen pornographischer Abbildungen oder Darstellungen, durch Abspielen von Tonträgern pornographischen Inhalts oder durch entsprechende Reden einwirkt.
(4) Der Versuch ist strafbar; dies gilt nicht für Taten nach Absatz 3 Nr. 3.

Es sollen damit **Kinder bis** zum Alter von **vierzehn Jahren** vor sexuellen Handlungen und vor einem sexuellen Missbrauch geschützt werden. Für diese Altersgruppe ist besonderer Schutz notwendig, da bei Kindern sowohl die physischen als auch die psychischen Auswirkungen schwer wiegend sind. Durch die Neufassung des § 182 StGB erfolgte ein Schutz der Altersgruppe **zwischen dem vierzehnten und sechzehnten Lebensjahr** unabhängig vom Geschlecht:

5.2.5 Sexueller Missbrauch von Jugendlichen (§ 182 StGB)

(1) Wer eine Person unter achtzehn Jahren dadurch missbraucht, dass er unter Ausnutzung einer Zwangslage
  1. sexuelle Handlungen an ihr vornimmt oder an sich von ihr vornehmen lässt oder
  2. diese dazu bestimmt, sexuelle Handlungen an einem Dritten vorzunehmen oder von einem Dritten an sich vornehmen zu lassen,
wird mit Freiheitsstrafe bis zu fünf Jahren oder mit Geldstrafe bestraft.
(2) Ebenso wird eine Person über achtzehn Jahren bestraft, die eine Person unter achtzehn Jahren dadurch missbraucht, dass

sie gegen Entgelt sexuelle Handlungen an ihr vornimmt oder an sich von ihr vornehmen lässt.
(3) Eine Person über einundzwanzig Jahre, die eine Person unter sechzehn Jahren dadurch missbraucht, dass sie
1. sexuelle Handlungen an ihr vornimmt oder an sich von ihr vornehmen lässt oder
2. diese dazu bestimmt, sexuelle Handlungen an einem Dritten vorzunehmen oder von einem Dritten an sich vornehmen zu lassen,
und dabei die fehlende Fähigkeit des Opfers zur sexuellen Selbstbestimmung ausnutzt, wird mit Freiheitsstrafe bis zu drei Jahren oder mit Geldstrafe bestraft.
(4) Der Versuch ist strafbar.
(5) In den Fällen des Absatzes 3 wird die Tat nur auf Antrag verfolgt, es sei denn, dassß die Strafverfolgungsbehörde wegen des besonderen öffentlichen Interesses an der Strafverfolgung ein Einschreiten von Amts wegen für geboten hält.
(6) In den Fällen der Absätze 1 bis 3 kann das Gericht von Strafe nach diesen Vorschriften absehen, wenn bei Berücksichtigung des Verhaltens der Person, gegen die sich die Tat richtet, das Unrecht der Tat gering ist.

Strafrechtlich bedeutsam ist dabei entweder die **Ausnutzung** einer **Zwangslage** oder die **Unerfahrenheit** bzw. der mangelnden Widerstandsfähigkeit.

5.2.6 Sexuelle Nötigung bzw. Vergewaltigung (§ 177 StGB)

Sofern der Täter **Gewalt** anwendet und dabei eine Frau zum **Geschlechtsverkehr** zwingt, liegt eine Vergewaltigung bzw. sexuelle Nötigung nach § 177 StGB vor:

(1) Wer eine andere Person
1. mit Gewalt,
2. durch Drohung mit gegenwärtiger Gefahr für Leib oder Leben oder
3. unter Ausnutzung einer Lage, in der das Opfer der Einwirkung des Täters schutzlos ausgeliefert ist,
nötigt, sexuelle Handlungen des Täters oder eines Dritten an sich zu dulden oder an dem Täter oder einem Dritten vorzunehmen, wird mit Freiheitsstrafe nicht unter einem Jahr bestraft.
(2) In besonders schweren Fällen ist die Strafe Freiheitsstrafe nicht unter zwei Jahren. Ein besonders schwerer Fall liegt in der Regel vor, wenn
1. der Täter mit dem Opfer den Beischlaf vollzieht oder ähnliche sexuelle Handlungen an dem Opfer vornimmt oder an sich von ihm vornehmen lässt, die dieses besonders erniedrigen, insbesondere, wenn sie mit einem Eindringen in den Körper verbunden sind (Vergewaltigung), oder
2. die Tat von mehreren gemeinschaftlich begangen wird.
(3) Auf Freiheitsstrafe nicht unter drei Jahren ist zu erkennen, wenn der Täter
1. eine Waffe oder ein anderes gefährliches Werkzeug bei sich führt,

2. *sonst ein Werkzeug oder Mittel bei sich führt, um den Widerstand einer anderen Person durch Gewalt oder Drohung mit Gewalt zu verhindern oder zu überwinden, oder*
3. *das Opfer durch die Tat in die Gefahr einer schweren Gesundheitsschädigung bringt.*

(4) Auf Freiheitsstrafe nicht unter fünf Jahren ist zu erkennen, wenn der Täter
   1. *bei der Tat eine Waffe oder ein anderes gefährliches Werkzeug verwendet oder*
   2. *das Opfer*
       a) *bei der Tat körperlich schwer misshandelt oder*
       b) *durch die Tat in die Gefahr des Todes bringt.*

(5) In minder schweren Fällen des Absatzes 1 ist auf Freiheitsstrafe von sechs Monaten bis zu fünf Jahren, in minder schweren Fällen der Absätze 3 und 4 auf Freiheitsstrafe von einem Jahr bis zu zehn Jahren zu erkennen.

Nach der jetzigen Gesetzeslage ist diese Vorschrift bei jeglichen sexuellen Handlungen nach Gewaltanwendung oder Drohung anwendbar. Der Tatbestand der sexuellen Nötigung ist dafür weggefallen.

Die dargestellten Straftatbestände zeigen, dass diese sowohl beim sexuellen Missbrauch von Heimbewohnern durch Pflegekräfte als auch bei sexueller Gewalt zwischen Heimbewohnern Anwendung finden können. Sofern Bewohner sexuelle Handlungen mit Gewalt vornehmen oder versuchen, ist die **Grenze der freien Entfaltung der Persönlichkeit im sexuellen Bereich überschritten**, da hierdurch andere Personen geschädigt und Straftatbestände verwirklicht werden. In derartigen Fällen ist selbstverständlich ein Eingreifen der Pflegekräfte zulässig und erforderlich.

5.3 Schutz der Privatsphäre

5.3.1 Schweigepflicht

Wichtigste Vorschrift zum Schutz der Privatsphäre ist im Bereich der Altenpflege und Behindertenhilfe sowie in Krankenhäusern die Schweigepflicht nach § 203 StGB:

(1) Wer unbefugt ein fremdes Geheimnis, namentlich ein zum persönlichen Lebensbereich gehörendes Geheimnis oder ein Betriebs- oder Geschäftsgeheimnis, offenbart, das ihm als
   1. *Arzt, Zahnarzt, Tierarzt, Apotheker oder Angehörigen eines anderen Heilberufs, der für die Berufsausübung oder die Führung der Berufsbezeichnung eine staatlich geregelte Ausbildung erfordert,*
   2. *Berufspsychologen mit staatlich anerkannter wissenschaftlicher Abschlussprüfung,*
   3. *Rechtsanwalt, Patentanwalt, Notar, Verteidiger in einem gesetzlich geordneten Verfahren, Wirtschaftsprüfer, vereidigtem Buchprüfer, Steuerberater, Steuerbevollmächtigten*

oder Organ oder Mitglied eines Organs einer Rechtsanwalts-, Patentanwalts-, Wirtschaftsprüfungs-, Buchprüfungs- oder Steuerberatungsgesellschaft,
4. Ehe-, Familien-, Erziehungs- oder Jugendberater sowie Berater für Suchtfragen in einer Beratungsstelle, die von einer Behörde oder Körperschaft, Anstalt oder Stiftung des öffentlichen Rechts anerkannt ist,
4a. Mitglied oder Beauftragten einer anerkannten Beratungsstelle nach den §§ 3 und 8 des Schwangerschaftskonfliktgesetzes,
5. staatlich anerkanntem Sozialarbeiter oder staatlich anerkanntem Sozialpädagogen oder
6. Angehörigen eines Unternehmens der privaten Kranken-, Unfall- oder Lebensversicherung oder einer privatärztlichen Verrechnungsstelle

anvertraut worden oder sonst bekannt geworden ist, wird mit Freiheitsstrafe bis zu einem Jahr oder mit Geldstrafe bestraft.
(2) Ebenso wird bestraft, wer unbefugt ein fremdes Geheimnis, namentlich ein zum persönlichen Lebensbereich gehörendes Geheimnis oder ein Betriebs- oder Geschäftsgeheimnis, offenbart, das ihm als
1. Amtsträger,
2. für den öffentlichen Dienst besonders Verpflichteten,
3. Person, die Aufgaben oder Befugnisse nach dem Personalvertretungsrecht wahrnimmt,
4. ...,
5. ..., oder
6. ...,

anvertraut worden oder sonst bekannt geworden ist. Einem Geheimnis im Sinne des Satzes 1 stehen Einzelangaben über persönliche oder sachliche Verhältnisse eines anderen gleich, die für Aufgaben der öffentlichen Verwaltung erfasst worden sind; Satz 1 ist jedoch nicht anzuwenden, soweit solche Einzelangaben anderen Behörden oder sonstigen Stellen für Aufgaben der öffentlichen Verwaltung bekannt gegeben werden und das Gesetz dies nicht untersagt.
(3) ... .
(4) Die Absätze 1 bis 3 sind auch anzuwenden, wenn der Täter das fremde Geheimnis nach dem Tod des Betroffenen unbefugt offenbart."

Es handelt sich hier um eine strafrechtliche Vorschrift zum **Schutz des besonderen Vertrauens** zwischen Patient und Arzt etc. Wer als Angehöriger eines Heilberufes somit ein fremdes Geheimnis aus dem persönlichen Bereich eines Bewohners oder Patienten einem Dritten mitteilt, ohne hierzu berechtigt zu sein, wird mit **Geld- oder Freiheitsstrafe** bestraft. Unter diese Strafandrohung fällt **jede Weitergabe von Informationen,** bei denen der Betroffene ein **schutzwürdiges Interesse an der Geheimhaltung** hat. Dies gilt für die Untersuchungsbefunde, Dokumentationen und den Schriftwechsel sowie auch nicht-medizinische Angaben, wie beispielsweise die wirtschaftlichen oder die familiären Verhältnisse. Selbst der Name des Bewohners oder Patienten bzw. die Tatsache, dass er sich in der Einrichtung aufhält, fällt unter die Schweigepflicht.

Ziel und Inhalt der Schweigepflicht

Praxisbeispiel

Der Bewohner bittet die Heilerziehungspflegerin H darum, die Ursache seiner Fraktur, eine Schlägerei am vergangenen Tag, nicht seiner Schwester mitzuteilen. H berichtet der Schwester trotzdem ausführlich. Es liegt dadurch ein Verstoß gegen die Schweigepflicht vor, da ihr als berufsmäßige Gehilfin des Arztes ein persönliches Geheimnis bekannt ist. Im Falle des Strafantrages droht Geldstrafe.

Auskünfte über Bewohner, insbesondere über deren Erkrankungen, dürfen aus den obigen Gründen nicht an Polizeibehörden weitergegeben werden.[238] Bei der stationären Behandlung im Krankenhaus sind allerdings aufgrund der jeweiligen Meldegesetze der Bundesländer Patientenlisten zu führen, in die gegebenenfalls Einsicht genommen werden kann. Dies gilt allerdings nur für die Personalien.

Bei der unzulässigen Weitergabe ist es **bedeutungslos, wie vielen Personen das Geheimnis mitgeteilt** wird. Der Tatbestand ist bereits erfüllt, wenn eine Kollegin oder ein Kollege ohne Notwendigkeit informiert wird.

Fälle fehlender Strafbarkeit

Es liegt aber keine Strafbarkeit vor, wenn die mitgeteilte Tatsache **kein Geheimnis** darstellt, weil sie einem weiteren Personenkreis bekannt ist oder es sich um eine Bagatellinformation handelt.[239] Die Strafbarkeit fehlt auch in denjenigen Fällen,

- in denen die Mitteilung aus **übergeordneten Gründen**, beispielsweise bei einer Seuchengefahr, erforderlich ist. Bei Seuchengefahr ist die Weitergabe durch ein spezielles Gesetz, das Infektionsschutzgesetz, gerechtfertigt. Dieses verpflichtet sogar bei bestimmten Erkrankungen, wie Typhus, Tuberkulose, Cholera etc. zur Meldung an die Gesundheitsämter.
- der Patient oder Bewohner der **Weitergabe** ausdrücklich **zustimmt**. Der Bewohner oder Patient kann seine Einwilligung zur Weitergabe der Informationen erteilen.
- die Weitergabe von Mitteilungen zum Bewohner oder Patienten durch den **Notstand** gerechtfertigt ist.

Praxisbeispiel

Sofern die Heilerziehungspflegerin vermutet, dass ein Bewohner an Tuberkulose erkrankt ist, muss sie gegen dessen Willen den Arzt und ihren Vorgesetzten benachrichtigen.

Die Offenbarung von Geheimnissen im Sinne von § 203 StGB kann beim **Notstand** (§ 34 StGB) oder **Geschäftsführung ohne Auftrag** (§§ 677 ff. BGB) möglich sein. Die Mitteilung ist dann möglich und sogar notwendig, wenn dadurch Gefahren für Leib, Leben, Freiheit oder Eigentum, insbesondere des Bewohners oder Patienten oder auch Dritter, verhindert werden. Es gilt aber der **Verhältnismäßigkeitsgrundsatz**. Die Verletzung der Schweigepflicht muss deshalb ein angemessenes Mittel zur Gefahrenabwehr sein.

---

[238] OLG Bremen, MedR 1984, 112

[239] Schneider (1990), S. 101

Praxisbeispiel

> Erkrankt der Bewohner akut und ist der Bereitschaftsarzt nicht erreichbar, müssen dem herbeigerufenen Notarzt alle medizinischen Informationen zum Bewohner gegeben werden, um dessen Leben zu retten.

Zeugnisverweigerungsrecht bei einem Rechtsstreit

Dies gilt auch, wenn die betroffene Pflegekraft sich in einem Straf- oder Zivilprozess verteidigen muss. Mit der Schweigepflicht ist es dem Angehörigen des Heilberufes nicht nur verwehrt, das Geheimnis zu offenbaren, sondern es steht der Pflegekraft als Angehörige dieser Personengruppe auch ein Zeugnisverweigerungsrecht zu. Dies bedeutet, dass die Pflegekraft in einem Rechtsstreit die Aussage über die Geheimnisse, die ihr anvertraut worden sind, verweigern darf, sogar verweigern muss. Die Schweigepflicht und damit das Zeugnisverweigerungsrecht als dessen Folge bestehen gemäß § 203 Abs. 4 StGB **sogar nach dem Tod des Betroffenen** fort. Privatgeheimnisse oder Mitteilungen über Erkrankungen etc. dürfen somit selbst nach dem Tod des Bewohners nicht weitergegeben werden.

Eine Schweigepflicht und damit ein **Zeugnisverweigerungsrecht bestehen nicht, sofern** die Gesundheits- und Krankenpfleger bzw. Heilerziehungs- und Altenpfleger nach § 138 StGB **zur Strafanzeige verpflichtet** sind:

(1) Wer von dem Vorhaben oder der Ausführung
  1. *einer Vorbereitung eines Angriffskrieges ...,*
  2. *eines Hochverrats ...,*
  3. *eines Landesverrats oder einer Gefährdung der äußeren Sicherheit ...,*
  4. *einer Geld- oder Wertpapierfälschung ... oder einer Fälschung von Vordrucken für Eurochecks oder Euroscheckkarten ...,*
  5. *eines Mordes (§ 211) oder Totschlags (§ 212) oder eines Völkermordes (§ 6 des Völkerstrafgesetzbuches) oder eines Verbrechens gegen die Menschlichkeit (§ 7 des Völkerstrafgesetzbuches) oder eines Kriegsverbrechens (§§ 8, 9, 10, 11 oder 12 des Völkerstrafgesetzbuches),*
  6. *einer Straftat gegen die persönliche Freiheit in den Fällen des § 232 Abs. 3, 4 oder Abs. 5, des § 233 Abs. 3, jeweils soweit es sich um Verbrechen handelt, der §§ 234, 234a, 239a oder 239b,*
  7. *eines Raubes oder einer räuberischen Erpressung (§§ 249 bis 251 oder 255) oder*
  8. *einer gemeingefährlichen Straftat in den Fällen der §§ 306 bis 306c oder 307 Abs. 1 bis 3, des § 308 Abs. 1 bis 4, des § 309 Abs. 1 bis 5, der §§ 310, 313, 314 oder 315 Abs. 3, des § 315b Abs. 3 oder der §§ 316a oder 316c*
  zu einer Zeit, zu der die Ausführung oder der Erfolg noch abgewendet werden kann, glaubhaft erfährt und es unterläßt, der Behörde oder dem Bedrohten rechtzeitig Anzeige zu machen, wird mit Freiheitsstrafe bis zu fünf Jahren oder mit Geldstrafe bestraft.
(2) Ebenso wird bestraft, wer von dem Vorhaben oder der Ausführung einer Straftat nach § 129a, auch in Verbindung

mit § 129b Abs. 1 Satz 1 und 2, zu einer Zeit, zu der die Ausführung noch abgewendet werden kann, glaubhaft erfährt und es unterlässt, der Behörde unverzüglich Anzeige zu erstatten. § 129b Abs. 1 Satz 3 bis 5 gilt entsprechend.

Von dieser Anzeigepflicht sind **lediglich Geistliche** nach § 139 Abs. 2 StGB ausgenommen, wenn die Informationen ihnen als Seelsorger anvertraut worden sind. Bei einer Anzeige in den im Gesetz genannten Fällen können Pflegekräfte selbstverständlich nicht wegen Verletzung ihrer Schweigepflicht zur Verantwortung gezogen werden.

Zusätzliche zivilrechtliche Haftung

Bei Verletzung der Schweigepflicht kann neben der strafrechtlichen Haftung auch im Rahmen der zivilrechtlichen Haftung ein Anspruch des Geschädigten, d. h. derjenigen Person, deren Geheimnis offenbart worden ist, auf Zahlung von **Schadenersatz und Schmerzensgeld** nach § 823 Abs. 2 BGB bestehen.

5.3.2 Briefgeheimnis

Als weitere Strafvorschrift soll das Briefgeheimnis nach § 202 StGB den persönlichen Lebensbereich schützen:

(1) Wer unbefugt
  1. einen verschlossenen Brief oder ein anderes verschlossenes Schriftstück, die nicht zu seiner Kenntnis bestimmt sind, öffnet oder
  2. sich vom Inhalt eines solchen Schriftstücks ohne Öffnung des Verschlusses unter Anwendung technischer Mittel Kenntnis verschafft,
  wird mit Freiheitsstrafe ... oder mit Geldstrafe bestraft, ...
(2) Ebenso wird bestraft, wer sich unbefugt vom Inhalt eines Schriftstücks, das nicht zu seiner Kenntnis bestimmt und durch ein verschlossenes Behältnis gegen Kenntnisnahme besonders gesichert ist, Kenntnis verschafft, nachdem er dazu das Behältnis geöffnet hat.
(3) Einem Schriftstück im Sinne der Absätze 1 und 2 steht eine Abbildung gleich.

Geschützte Gegenstände

Auch dabei drohen Geld- und Freiheitsstrafe, sofern eine Pflegekraft unbefugt einen Brief oder ein anderes **verschlossenes Schriftstück**, beispielsweise ein Testament, öffnet. Der Schutz ist durch § 202 a StGB erweitert, so dass geschützte Gegenstände sind:

- Briefe,
- sonstige Schriftstücke, z. B. Tagebücher, Notizen, Dichtungen,
- Datenträger wie Musikkassetten, Magnetbänder, Disketten und Filme,
- Abbildungen wie Fotos und Zeichnungen.

Postkarten und offene Drucksachen sind vom Briefgeheimnis nicht geschützt. Die Strafbarkeit gilt gleichfalls, wenn sich **auf andere Weise Kenntnis vom Inhalt** verschafft wird. Dies gilt insbesondere beim Einsatz technischer Mittel, beispielsweise einem Durchleuchten. Das Briefgeheimnis findet außerdem Anwendung bei Schriftstücken in **verschlossenen Behältnissen**, wie z. B. Tagebüchern und offenen Briefen in Schubladen, Kassetten oder Taschen.

Selbst im Fall einer Betreuung ist es nicht zulässig, die Briefe zu öffnen oder an den Betreuer zu übergeben (vgl. Art. 10 GG und § 45 PostO). Das **Betreuungsgericht** kann aber nach § 1896 Abs. 4 BGB eine ausdrückliche Ermächtigung erteilen. Eine Ausnahme vom Verbot des Öffnens besteht dann, wenn dies in **Notsituationen** zum Schutz des Betroffenen oder seines Vermögens erforderlich ist. Ein Öffnen der Post ist auch zulässig, wenn der Bewohner dies ausdrücklich gestattet, beispielsweise um sich den Brief vorlesen zu lassen. Es liegt dann die **Einwilligung** als Rechtfertigungsgrund vor.

Briefgeheimnis bei Betreuung

> Der Gesundheits- und Krankenpfleger liest im Tagebuch der Patientin, das von ihr im verschlossenen Schrank aufbewahrt wird. Er hat zuvor den Schlüssel dazu aus der Schublade genommen. Es liegt hier eine strafbare Verletzung des Briefgeheimnisses vor, die mit einer Geldstrafe bestraft werden kann.

Praxisbeispiel

Beide vorgenannten Straftaten stellen **Antragsdelikte** dar, so dass ein Ermittlungsverfahren erst nach einem Strafantrag[240] eingeleitet wird.

---

[240] vgl. Teil 4, 3

Teil 5   Verwaltungs- und Sozialrecht

1   Einleitung

Die verfassungsrechtliche Grundlage des Verwaltungs- und Sozialrechts liegt im so genannten **Sozialstaatsgebot** nach Art. 20 GG:

(1) Die Bundesrepublik Deutschland ist ein demokratischer und sozialer Bundesstaat.
(3) Die ... die vollziehende Gewalt und die Rechtsprechung sind an Gesetz und Recht gebunden.

sowie zum Rechtsstaatsgebot ergänzend nach Art. 28 Abs. 1 GG.

Das **Verwaltungsrecht** umfasst einen sehr weiten Bereich des öffentlichen Rechts. Im Bereich der Behinderten- und Altenhilfe sowie der Gesundheits- und Krankenpflege sind das **Gesundheits- und Heimrecht** bedeutsam:

- Infektionsschutzgesetz,
- Heimrecht durch Landesgesetze dazu,
- Arzneimittelgesetz,
- Lebensmittelgesetz und das
- Betäubungsmittelgesetz.

Rechtsgebiete

Das **Verwaltungsverfahren** wird durch das jeweilige Landes- oder Bundesverwaltungsverfahrensgesetz (VerwVerfahrensG) und die Verwaltungsgerichtsordnung (VwGO) geregelt.

Gesetzliche Grundlagen des Sozialrechts sind die Sozialgesetzbücher, wobei das Sozialstaatsgebot nochmals durch § 1 SGB I bestätigt und konkretisiert wird. Der Staat ist danach verpflichtet, eine **soziale Gerechtigkeit** und **soziale Sicherheit** zu schaffen, ein **menschenwürdiges Dasein** zu sichern, die **freie Entfaltung** der Persönlichkeit zu ermöglichen, die **Familie** zu schützen, den **Erwerb** des **Lebensunterhaltes** zu ermöglichen sowie **besondere Belastungen** des Lebens abzuwenden oder auszugleichen.

Gesetzliche Grundlagen des Sozialrechts

Gesetzliche Grundlagen des Sozialrechts sind folgende **Gesetze**:

- Sozialgesetzbuch:
  – Allgemeiner Teil (SGB I),
  – Grundsicherung für Arbeitssuchende (SGB II),
  – Arbeitsförderung (SGB III),
  – Gemeinsame Vorschriften-Sozialversicherung (SGB IV),
  – Krankenversicherung (SGB V),
  – Rentenversicherung (SGB VI),
  – Unfallversicherung (SGB VII),
  – Kinder- und Jugendhilfegesetz (SGB VIII),
  – Rehabilitation und Teilhabe behinderter Menschen (SGB IX),
  – Verwaltungsverfahren (SGB X),

- Pflegeversicherung (SGB XI),
- Sozialhilfe (SGB XII),
- Bundesversorgungsgesetz (BVG),
- Berufsausbildungsförderung (BAföG),
- Wohngeldgesetz (WoGG),
- Bundeskindergeldgesetz (BKGG).

Die Hauptgrundlage ist das **Sozialgesetzbuch**. Ziel ist die völlige Integrierung der verschiedenen anderen Gesetze in das Sozialgesetzbuch.

Gliederung des Sozialrechts

Die Gliederung des Sozialrechts kann grob in folgende **Bereiche** erfolgen:

- Sozialversicherung mit
  - Krankenversicherung,
  - Unfallversicherung,
  - Rentenversicherung,
  - Arbeitslosenversicherung,
  - Pflegeversicherung,
- Versorgung Kriegsopfer usw.,
- Kindergeld,
- Wohngeld,
- Jugendhilfe,
- Sozialhilfe,
- Schwerbehinderten- und Rehabilitationsrecht.

Damit soll es möglich sein, jeden Bürger im **sozialen Netz** aufzufangen und zumindest das Existenzminimum zu gewährleisten und wirtschaftliche Notlagen auszugleichen bzw. zu mildern.

2 Verwaltungs- und Sozialverfahren

Das Verwaltungs- und das Sozialverfahren sind in den Grundzügen gesetzlich ähnlich ausgestaltet. Aus diesem Grund sollen beide zusammen dargestellt werden.

Beginn des Verwaltungs- und Sozialverfahrens

Am Beginn des Verwaltungs- und Sozialverfahrens auf Erlass eines Verwaltungsaktes bzw. der Gewährung von sozialrechtlichen Leistungen steht der **Antrag** des Bürgers. Lediglich bei der Gewährung von Sozialhilfe muss die **Behörde von Amts wegen**, d. h. ohne Antrag, tätig werden, sobald sie von der Notwendigkeit von Zahlungen Kenntnis erlangt, d. h. die Hilfsbedürftigkeit ihr bekannt wird.

Mitwirkungspflichten im Sozialverfahren

Im Sozialverfahren hat der Betroffene nach den Vorschriften der §§ 60 ff. SGB I so genannte **Mitwirkungspflichten**. Dies bedeutet, dass alle notwendigen Tatsachen und deren Änderung mitgeteilt werden müssen (§ 60 SGB I). Im Rahmen dieser Pflichten muss eine von der Behörde angeordnete Untersuchung, Heilbehandlung und berufsfördernde Maßnahme geduldet werden (§§ 62 bis 64 SGB I). Verweigert der Antragsteller die Mitwirkung, kann die beantragte Leistung verweigert werden (§ 66 SGB I). Der

Gesetzgeber hat jedoch die Mitwirkungspflichten mit § 65 SGB I dort **begrenzt**, wo

- die Pflicht zur Mitwirkung unverhältnismäßig ist,
- die Mitwirkung für den Betroffenen unzumutbar ist oder
- die Behörde sich mit geringem Aufwand selbst die Informationen beschaffen kann.

Behandlungen und **Untersuchungen** können **abgelehnt** werden, sofern

- eine Gefahr für Leben und Gesundheit möglich ist,
- erhebliche Schmerzen zu befürchten sind oder
- ein erheblicher Eingriff erforderlich ist.

Hat der Betroffene bei der Mitwirkung Auslagen (z. B. Fahrtkosten, Verdienstausfall), muss die Behörde **Aufwendungsersatz** leisten (§ 65 a SGB I).

Weiteres Verfahren

Die zuständige Behörde (Verwaltungsbehörde, Versicherungsträger usw.) muss den **Antrag prüfen** und in angemessener **Frist** darüber entscheiden. Diese Frist beträgt bei normalen Verwaltungsakten nach § 75 VwGO drei Monate. Wird innerhalb dieser Frist keine Entscheidung getroffen, obwohl der Bürger seinen Antrag ausreichend begründet und die erforderlichen Unterlagen vorgelegt hat, besteht die Möglichkeit der **Untätigkeitsklage** beim Verwaltungsgericht. Bei den Sozialleistungen inklusive Sozialhilfe beträgt die angemessene Frist nach § 88 SGB Abs. 1 sechs Monate, was in der Praxis des Öfteren zu unzumutbaren Verzögerungen bei der Gewährung von Leistungen führt.

Rehabilitationsrecht

Im Bereich des Rehabilitationsrechts, des Sozialgesetzbuchs IX, sind zur Sicherstellung einer zügigen Durchführung der Rehabilitation kürzere Fristen vorgesehen. Nach § 14 Abs. 1 SGB IX muss der Rehabilitationsträger innerhalb von zwei Wochen nach Eingang des Antrages feststellen, ob er zuständig ist. Stellt er fest, dass er für die Leistung nicht zuständig ist, muss er den Antrag unverzüglich an den zuständigen Rehabilitationsträger weiterleiten. Ist der Rehabilitationsträger zuständig, muss er den Rehabilitationsbedarf unverzüglich feststellen. Muss ein Gutachten erstellt werden, ist die Behörde dazu verpflichtet, innerhalb von zwei Wochen nach Vorliegen des Gutachtens zu entscheiden (§ 14 Abs. 2 SGB IX). Ohne Einholung eines Gutachtens muss der Rehabilitationsträger innerhalb von drei Wochen nach Antragseingang entscheiden.

Im sozialrechtlichen Verfahren gilt grundsätzlich der **Amtsermittlungsgrundsatz** (§ 20 SGB X), d. h., die Behörde muss selbst die notwendigen Ermittlungen nach Antragstellung treffen. Sozialleistungsträger haben daneben eine **Aufklärungs-, Beratungs-** und **Auskunftspflicht** nach den Vorschriften der §§ 13 bis 15 SGB I. Besteht eine Unklarheit darüber, welcher Leistungsträger zuständig ist, kann der Betroffene von der zuerst angegangenen Behörde (z. B. Sozialamt, Rentenversicherung) innerhalb eines Monats eine **vorläufige Leistung** fordern (§ 43 SGB I). Bei eindeutig begründetem Antrag kann sogar nach § 42 SGB I ein **Vorschuss** gefordert werden.

Die Behörde trifft ihre Entscheidung durch einen Verwaltungsakt, den so genannten **Bescheid**, wobei die beantragte Leistung entweder **bewilligt** oder **abgelehnt** wird. Bei der Ablehnung hat der betroffene Bürger die Möglichkeit, gegen den Bescheid innerhalb einer Frist von einem Monat schriftlich **Widerspruch** einzulegen.

Praxisbeispiel

> Für Frau S wird durch ihren Betreuer eine Rente beantragt. Der Rentenversicherer lehnt mit dem Bescheid vom 20.03.2000, der am 27.03.2000 zugestellt wird, diese Rente ab. Der Betreuer bzw. Frau S können bis spätestens zum 27.04.2000 dagegen schriftlich beim Rentenversicherer Widerspruch einlegen.

Widerspruchsverfahren

Im Widerspruchsverfahren kann der Betroffene sich durch einen Bevollmächtigten, insbesondere einen Rechtsanwalt, vertreten lassen (§ 13 SGB X, § 14 LVwVfG BW). Im Verwaltungsverfahren kann bei bedürftigen Personen dafür **Beratungshilfe** gewährt werden, d. h., die Kosten des Rechtsanwaltes trägt die Staatskas-

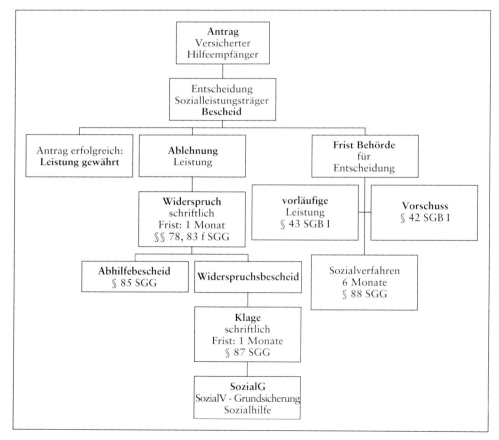

Abbildung 16: Rechtsbehelfe im Sozialverwaltungsverfahren

se. In bestimmten Fällen, beispielsweise bei psychischer Erkrankung, kann die Behörde selbst einen Bevollmächtigten bestellen, um das Verfahren durchführen zu können (§ 15 SGB X, § 16 LVwVfG BW).

Im Widerspruchsverfahren muss der Bescheid in der Regel von der nächsthöheren Behörde überprüft werden. Konnte der Betroffene die Verwaltungsbehörde oder den Sozialleistungsträger davon überzeugen, dass die Leistung zu Unrecht abgelehnt worden ist, entscheidet diese durch einen so genannten **Abhilfebescheid**. Durch den Abhilfebescheid wird der bisherige Bescheid abgeändert und die beantragte Leistung doch noch gewährt. Wird der Widerspruch allerdings im **Widerspruchsbescheid** zurückgewiesen, muss dagegen **Klage** beim **Verwaltungsgericht** oder in sozialrechtlichen Angelegenheiten beim **Sozialgericht** erhoben werden.

Das **Gericht** hat dann die Rechtmäßigkeit des Bescheides zu überprüfen. Sofern der Bescheid **rechtswidrig** ist, wird er aufgehoben und die Behörde durch Urteil zur Leistung verurteilt. Ist der Bescheid rechtmäßig, wird die Klage abgewiesen. Gegen ein derartiges Urteil kann in besonderen Fällen **Berufung** beim Verwaltungsgerichtshof bzw. Oberverwaltungsgericht im Verwaltungsverfahren oder am Landessozialgericht im Sozialverfahren eingelegt werden.

- Was sind die gesetzlichen Grundlagen des Sozialrechts?
- Innerhalb welcher Frist muss ein Bescheid angefochten werden?
- Welcher Rechtsbehelf steht dem Bürger zur Verfügung?
- Innerhalb welcher Frist muss die Behörde entscheiden?
- Welche Gerichte sind für den Rechtsschutz im Sozialverfahren zuständig?

Praxisbeispiel

3 Sozialversicherung

3.1 Grundlagen

Der Versicherte in der Sozialversicherung hat einen **Rechtsanspruch** auf Leistungen. Diese **Leistungen** können die notwendigen Maßnahmen zum Schutz vor Krankheit, zu deren Milderung oder der Heilung umfassen (Kranken-, Renten- und Unfallversicherung). Die Leistungen sollen der **wirtschaftlichen Sicherung** im Fall der Krankheit, der Arbeitslosigkeit, des Alters, der Erwerbsunfähigkeit oder des Todes für die Hinterbliebenen dienen.

Die Sozialversicherung ist in fünf Bereiche, in die „fünf Säulen" des Sozialversicherungssystems gegliedert:

„Fünf Säulen" des Sozialversicherungssystems

- Krankenversicherung,
- Rentenversicherung,

- Unfallversicherung,
- Arbeitslosenversicherung und
- Pflegeversicherung.

Die Sozialversicherung ist eine **Pflichtversicherung**. Es handelt sich dabei um eine „Zwangsversicherung", um zu ermöglichen, dass eine große und leistungsstarke Gemeinschaft die Risiken trägt. Nur bestimmte Personen sind von der Versicherungspflicht befreit. Pflichtversicherte sind nach § 5 SGB V folgende **Personengruppen**:

Pflichtversicherter Personenkreis

- Arbeiter,
- Angestellte (bis zur Versicherungsgrenze),
- Rentner,
- Arbeitslose (bei Leistung durch die Bundesagentur für Arbeit),
- Studenten,
- Landwirte und
- Behinderte in speziellen Einrichtungen.

Beitragsfinanzierung

Durch das **Solidaritätsprinzip** trägt die gesamte Versichertengemeinschaft die Kosten der sozialen Sicherung. Die Finanzierung erfolgt durch **Beiträge**, die einkommensbezogen sind. In der Regel werden diese durch den Arbeitgeber aufgrund eines bestimmten Beitragssatzes an die zuständige Krankenkasse entrichtet. Die Krankenkasse ist dabei **Einzugsstelle** für die Beiträge zur **Kranken-, Renten- und Arbeitslosenversicherung**. Den Beitrag hat ungefähr zur Hälfte der Betrieb (Arbeitgeber) zu zahlen und zur anderen Hälfte erfolgt der Abzug vom Bruttoeinkommen des Beschäftigten (Arbeitnehmer). Der Beitragssatz ist je nach Krankenkasse und zusätzlich regional unterschiedlich. Für die Arbeitslosen- und Rentenversicherung gelten bundeseinheitliche Sätze. Die **Unfallversicherung** wird nur mit den Beiträgen der Unternehmen finanziert. Der Arbeitnehmer muss folglich dazu keine Leistungen erbringen.

Abbildung 17:
Die fünf Säulen der Sozialversicherung

3.2 Krankenversicherung

Träger der Krankenversicherung sind die Krankenkassen, wobei der Versicherte die Wahl zwischen mehreren Kassen hat:

Arten von Krankenkassen

- Allgemeine Ortskrankenkassen,
- Betriebskrankenkassen,
- Innungskrankenkassen und
- Ersatzkassen.

Der Versicherte hat grundsätzlich ein **Wahlrecht** zwischen den gesetzlichen Krankenkassen, wie Ortskrankenkasse, Betriebs-, Innungs- oder Ersatzkassen (§ 183 SGB V).

Versicherungsarten

Bei einer Mitgliedschaft in einer Krankenkasse besteht auch die **Familienversicherung**, d. h., der Ehegatte und die Kinder (bis zum 18. Lebensjahr) sind mitversichert, sofern sie nicht selbst erwerbstätig sind (§ 10 SGB V).

Für Selbstständige und Arbeitnehmer über der Versicherungsgrenze, d. h. diejenigen, die nicht der Versicherungspflicht unterliegen, besteht gemäß § 9 SGB V die Möglichkeit der **freiwilligen Versicherung**.

Die gesetzliche Krankenversicherung hat verschiedene **Aufgaben**, die im Sozialgesetzbuch V in der Vorschrift des § 11 SGB V bezeichnet sind:

Aufgaben der gesetzlichen Krankenversicherung

- Förderung der Gesundheit (§ 20 SGB V),
- Verhütung von Krankheiten (§§ 21–24 SGB V),
- Früherkennung von Krankheiten (§§ 25–26 SGB V),
- Behandlung der Krankheit (§§ 27–52 SGB V) und
- Sterbegeld (§§ 58–59 SGB V).

Bei den Leistungen der Krankenversicherung gilt nach § 12 SGB V das **Wirtschaftlichkeitsgebot**. Dies bedeutet, dass die Leistungen ausreichend, zweckmäßig und wirtschaftlich sein müssen. Sie dürfen das Maß des Notwendigen nicht überschreiten (§ 12 Abs. 1 SGB V). In den Grenzen der Wirtschaftlichkeit hat der Versicherte **Anspruch** auf Gewährung der Leistung.

Grundsätze

Zu den Leistungen der gesetzlichen Krankenversicherung zählen unter anderem:

Leistungen der gesetzlichen Krankenversicherung

- diagnostische Maßnahmen,
- ärztliche und zahnärztliche Behandlung,
- Hilfsmittel (z. B. Prothesen, Brillen) und
- Arzneimittel, Verbandstoffe.

Für die Inanspruchnahme der genannten Leistungen besteht nach § 76 Abs. 1 SGB V die **freie Arztwahl** sowohl bei Ärzten als auch bei Zahnärzten, sofern der jeweilige Arzt die kassenärztliche Zulassung besitzt. Der Versicherte hat dem behandelnden Arzt die **Krankenversicherungskarte** am Beginn der Behandlung vorzulegen (§ 15 Abs. 2 SGB V). Die Verordnung der Arzneimittel erfolgt durch **Rezept**.

Modalitäten bei der Inanspruchnahme von Leistungen

Bei der Abholung des Medikamentes ist nach verschiedenen Änderungen durch Gesundheitsreformen eine **Zuzahlung** erforderlich. Bei geringem Einkommen, in Härtefällen, kann die Zuzahlung erlassen werden. Dies gilt bei chronisch Kranken ab einer Überschreitung von 1 % ihres Bruttoeinkommens und bei den anderen Versicherten ab einer Überschreitung von 2 % des Bruttoeinkommens. Kinder sind grundsätzlich von Zuzahlungen befreit. Zusätzlich zu den Zuzahlungen von in der Regel 10 % des Arzneimittel- oder Hilfsmittelpreises (mindestens 5,00 Euro) muss je Quartal eine **Praxisgebühr** bezahlt werden. Nach einer Überweisung zu einem anderen Arzt fällt diese allerdings nicht mehr an.[241]

Zur „Kostendämpfung" im Gesundheitswesen können bestimmte **Arznei- bzw. Hilfsmittel inzwischen nicht mehr verordnet** werden (§ 34 SGB V). Dies gilt beispielsweise für Erkältungsmedikamente und Abführmittel.

Für den **Zahnersatz** muss der Versicherte eine „Zusatzversicherung" von knapp 10,00 Euro abschließen. Dieser Zusatzbeitrag wird mit dem „normalen Beitrag" erhoben, d. h. vom Gehalt oder Lohn eingezogen.

Im Falle der **stationären Behandlung** muss der Versicherte einen Eigenanteil von derzeit 10,00 Euro je Tag für die Dauer von höchstens 28 Tagen zahlen (§ 39 Abs. 4 SGB V). Der Patient hat die freie Wahl zwischen den zugelassenen Krankenhäusern. Ist eine Krankenhausbehandlung nicht möglich oder kann sie durch **häusliche Krankenpflege** vermieden werden, muss die Kasse dazu Leistungen erbringen. Diese bestehen nach § 37 SGB V aus:

- Grund- und Behandlungspflege und
- hauswirtschaftlicher Versorgung,

wobei auch insoweit eine Zuzahlung von 10 % der Kosten anfällt, die aber auf 28 Tage im Jahr begrenzt ist. Unter Umständen muss der **Medizinische Dienst** (§ 275 SGB V) die Notwendigkeit einer längeren häuslichen Krankenpflege bestätigen.

Im Falle einer Krankenhausbehandlung kann eine **Haushaltshilfe** durch die Krankenversicherung gestellt werden (§ 38 SGB V). Voraussetzung ist in diesem Fall, dass eine Weiterführung des Haushaltes ohne die Haushaltshilfe nicht möglich ist und im Haushalt mindestens ein Kind unter 12 Jahren oder ein behindertes Kind lebt.

Krankengeld und Entgeltfortzahlung

Eine der wichtigsten Leistungen zur wirtschaftlichen Sicherung ist das **Krankengeld** nach §§ 44 ff. SGB V, das im Falle der ärztlich nachgewiesenen Arbeitsunfähigkeit bezahlt wird. Die Zahlung beginnt grundsätzlich erst ab der siebten Woche, somit nach Ende der **Entgeltfortzahlung** des Betriebes (§ 49 Nr. 1 SGB V), jedoch längstens für die Dauer von 78 Wochen innerhalb von drei Jahren wegen derselben Erkrankung.

---

[241] Bei Drucklegung des Fachbuches war nach Pressemeldungen eine Streichung der Praxisgebühr seitens der „schwarz-gelben" Koalition geplant.

> Die Pflegekraft B erleidet eine Hepatitisinfektion und ist deshalb insgesamt neun Wochen, vom 2.08.2006 bis zum 4.10.2006, arbeitsunfähig erkrankt. Für den Zeitraum 2.08.2006 bis 13.09.2006 erhält sie Entgeltfortzahlung ihres Arbeitgebers. Ab dem 14.09.2006 wird Krankengeld durch ihre Krankenkasse gezahlt.

 Praxisbeispiel

Wird keine Entgeltfortzahlung gewährt, beginnt die Leistung schon mit Beginn der Arbeitsunfähigkeit (§ 46 Nr. 2 SGB V). Die Höhe des Krankengeldes beträgt 70 % des Regelentgeltes des vorangegangenen Zeitraumes. Es darf 90 % des Nettoeinkommens aber nicht überschreiten (§ 47 Abs. 1 SGB V). Das Krankengeld muss allerdings ab dem 1.01.2006 auch zusätzlich mit einem Sonderbeitrag von 0,5 % des Bruttoeinkommens versichert werden. Eine Besonderheit stellt das **Krankengeld bei der Erkrankung eines Kindes** nach § 45 SGB V dar. Das Krankengeld wird in diesem Fall gewährt, sofern eine Erwerbstätigkeit wegen der erforderlichen Betreuung eines Kindes unter zwölf Jahren nicht möglich ist. Dies muss durch ein ärztliches Attest nachgewiesen werden, und die Leistung wird lediglich für die Dauer von zehn Arbeitstagen gewährt. Das Krankengeld fällt bei der Gewährung einer Rente weg und ruht bei Erziehungsurlaub, Mutterschafts-, Arbeitslosengeld oder -hilfe sowie Unterhalts-, Kurzarbeiter- oder Schlechtwettergeld.

> - Was bedeutet das Wirtschaftlichkeitsgebot?
> - Wie hoch ist der Zuschuss grundsätzlich beim Zahnersatz?
> - Was ist die Höchstdauer für die Zahlung von Krankengeld?
> - Welche Leistungen können bei der Erkrankung eines Kindes beansprucht werden?

 Wiederholungsfragen

3.3 Unfallversicherung

Die **gesetzliche Unfallversicherung** hat Leistungen bei Unfällen zu erbringen, die sich im Zusammenhang mit der Berufsausübung ereignen (§ 8 SGB VII), somit bei

- Arbeitsunfällen und
- Wegeunfällen.

> **Unfall** ist ein körperlich schädigendes, zeitlich begrenztes plötzliches Ereignis (§ 8 Abs. 1 SGB VII).[242]

 Definition

> Die Pflegekraft A verätzt sich die Haut bei der Benutzung eines Desinfektionsmittels derart stark, dass sie mehrere Wochen arbeitsunfähig ist.

 Praxisbeispiel

---
[242] BSG, NJW 1978, 2357

Praxisbeispiel	Der Altenpfleger K verletzt sich mit einer Injektionsnadel und einige Zeit später wird eine Hepatitisinfektion festgestellt, woran K stirbt. Die Gesundheitsschädigung ist der zuständigen Berufsgenossenschaft zu melden.

Arbeitsunfall

Entscheidend dafür, ob ein Arbeitsunfall im Sinne der gesetzlichen Unfallversicherung vorliegt, ist der **Zusammenhang mit der Tätigkeit im Betrieb oder einer sonstigen Tätigkeit, die versichert ist.** Die Einnahme von Mahlzeiten in der Kantine[243] zählt beispielsweise zum eigenwirtschaftlichen Bereich und ist deshalb nicht versichert, sofern dabei Schäden auftreten. Hat der Weg, der zur Einnahme der Mahlzeit oder des Getränks zurückgelegt wird, betriebsbezogene Merkmale (staubige Luft) und/oder erfolgt dies während der Arbeitszeit, kann nach der Rechtsprechung ein Zusammenhang mit der Tätigkeit bestehen, so dass in derartigen Fällen Versicherungsschutz besteht.[244] Aus diesem Grund liegt bei Schädigungen bei der Einnahme von Mahlzeiten während einer Dienstreise in der Regel ein Arbeitsunfall vor.[245]

Durch die Unfallversicherung ist sogar das **ungeborene Kind** nach § 12 SGB VII gegen Arbeitsunfälle geschützt. Wird der Embryo bzw. Fetus geschädigt, kann er dieselben Leistungen beanspruchen wie ein Arbeitnehmer oder sonstiger Versicherter.

Wegeunfall

Der Weg von oder zu der Arbeitsstätte ist als Wegeunfall in die gesetzliche Unfallversicherung eingeschlossen (§ 8 Abs. 2 Nr. 1 SGB VII). Erforderlich ist der **direkte Weg zwischen Arbeitsstätte und Wohnung.** Der Unfall auf dem Weg zur Abholung eines Kindes im Kindergarten, Schule oder bei der Tagesmutter wird noch als Wegeunfall eingestuft (§ 8 Abs. 2 Nr. 2 a SGB VII). Dies gilt nach § 8 Abs. 2 Nr. 2 b SGB VII in gleicher Weise für Fahrgemeinschaften.

Versicherungsschutz bei Arbeitsunfähigkeit

Schwierig ist die rechtliche Beurteilung folgenden Falles: Der Arbeitnehmer arbeitet trotz der vom Arzt bescheinigten Arbeitsunfähigkeit und erleidet dabei einen Arbeits- oder Wegeunfall. Eindeutig als Arbeitsunfall eingestuft wird nach § 2 Abs. 1 Nr. 15 SGB VII derjenige Unfall, der sich bei einer Heilbehandlung oder vergleichbaren Maßnahme infolge eines anderen Arbeitsunfalls ereignet. Der Betroffene ist deshalb auch in derartigen Fällen versichert. Dies gilt in gleicher Weise für Vorbeugeuntersuchungen zur Verhinderung von Berufskrankheiten. Das Gesetz begrenzt jedoch nicht die Entschädigung bei Unfällen auf gesunde Beschäftigte, sondern es liegt nach § 8 Abs. 1 SGB VII immer ein Arbeitsunfall vor, wenn die Schädigung im Rahmen der versicherten Tätigkeit, in der Regel bei einer Arbeitstätigkeit, erfolgt. Dies bedeutet, dass selbst der arbeitsunfähige Beschäftigte, der trotzdem arbeitet, in der gesetzlichen Unfallversicherung versichert ist und Entschädigungen erhält. Der Versicherungsschutz besteht nur dann **nicht, wenn die wesentliche Ursache für den Unfall keinen betrieblichen Zusammenhang mit dem Unfall hat.** Liegt die Ursache für den Unfall dagegen in der versicherten

---

[243] BSGE 11, 267; 12, 247   [244] BSG, NJW 1990, 1064   [245] BSGE 50, 100; 63, 273

Tätigkeit, beispielsweise dem betrieblichen Risiko, muss die Schädigung als Arbeitsunfall behandelt werden.[246] Die Arbeitsunfähigkeit ist daher nur von zweitrangiger Bedeutung.

Zu den versicherten Ereignissen zählt auch die Berufskrankheit (§§ 7 Abs. 1; 9 SGB VII). Als Berufskrankheiten sind anerkannt und im Pflegebereich bedeutsam:

- Infektionserkrankungen,
- Allergien und
- Wirbelsäulenerkrankungen.

Voraussetzung der Anerkennung als Berufskrankheit ist, dass die Erkrankung im Zusammenhang mit der betrieblichen Tätigkeit steht, Ursache der Schädigung folglich der Beruf ist und die jeweilige Krankheit in der **Berufskrankheitenverordnung** (BKVO) aufgeführt ist. Nach einer Neufassung sind in dieser Verordnung seit 1993 auch „bandscheibenbedingte Erkrankungen der Lendenwirbelsäule durch langjähriges Heben und Tragen" aufgeführt[247], so dass nunmehr auch Wirbelsäulenerkrankungen, die für die Pflege typisch sind, anerkannt werden können. In Ausnahmefällen sollen Krankheiten anerkannt werden, obwohl sie nicht in der genannten Verordnung enthalten sind. Der Betroffene hat dabei allerdings die erhöhte **Beweislast** dafür, dass die Erkrankung durch die Berufsausübung verursacht worden ist.

Aufgaben der Unfallversicherung sind:

- Verhütung von Arbeitsunfällen und Berufskrankheiten und
- Entschädigung des Verletzten, der Angehörigen oder Hinterbliebenen durch:
    - Heilbehandlung,
    - Rehabilitationsmaßnahmen oder
    - Zahlung einer Rente.

Nach einem Arbeitsunfall hat die Unfallversicherung die geeigneten **medizinischen Maßnahmen zur Wiederherstellung der Gesundheit** zu finanzieren (§ 26 SGB VII). Sie leistet in diesem Fall anstatt der Krankenversicherung. Sofern erforderlich müssen berufsfördernde Leistungen zur Rehabilitation nach §§ 35 ff. SGB VII finanziert werden. Dazu zählt die **Zahlung eines Übergangsgeldes** während der Rehabilitation (§§ 50 ff. SGB VII). Ansprüche bestehen aber nur bei gesundheitlichen Beeinträchtigungen, die Folge des Unfalles sind. Vorhandene Schädigungen, beispielsweise Verschleißerscheinungen der Wirbelsäule, gehen nur zulasten der Unfallversicherung, wenn sie berufsbedingt sind.

Ist der Betroffene aufgrund des Arbeitsunfalls arbeitsunfähig, erhält er durch die Berufsgenossenschaft **Verletztengeld** (§§ 45 ff. SGB VII) oder bei dauernder Erwerbsunfähigkeit eine **Rente** (§§ 56 ff. SGB VII). Die Rente beträgt bei Erwerbsunfähigkeit gemäß § 56 Abs. 3 SGB VII zwei Drittel des Jahresarbeitsverdienstes, d. h. des Gesamtbetrages aller Einkünfte im Kalen-

---

[246] BSG, NZS 1994, 162 mit Besprechung von Keller

[247] BKVO in BGBL I, S. 2343

derjahr. Tritt der Tod ein, wird eine **Rente an die Hinterbliebenen** gezahlt.

Kreis der Versicherten

Der Kreis der Versicherten umfasst nach § 2 SGB VII unter anderem:

- Beschäftigte im Rahmen eines Arbeits- oder Ausbildungsverhältnisses,
- Arbeitslose (bei Meldepflicht zur Bundesagentur für Arbeit),
- Beschäftigte im Gesundheits- und Wohlfahrtswesen,
- Helfer bei Notfällen,
- Kinder beim Besuch von Schule und Kindergarten,
- Teilnehmer einer Rehabilitationsmaßnahme.

Träger der gesetzlichen Unfallversicherung

Die Träger der gesetzlichen Unfallversicherung sind die Berufsgenossenschaften, die staatlichen Körperschaften und die Gemeindeunfallverbände, die sich durch Beiträge der pflichtversicherten Unternehmen finanzieren. Für den Bereich der Heilerziehungs-, Kranken- und Altenpflege ist die Berufsgenossenschaft für Gesundheitsdienst und Wohlfahrtspflege (Pappelallee 35–37, 22089 Hamburg) zuständig.

Voraussetzungen für die Inanspruchnahme von Leistungen

Leistungen aus der Unfallversicherung können nicht beansprucht werden, sofern der Verletzte den Unfall **absichtlich** oder **vorsätzlich** verursacht hat (§ 101 Abs. 1 SGB VII). Es können die Leistungen verweigert werden, wenn der Unfall beim Begehen einer **strafbaren Handlung** erlitten worden ist (§ 101 Abs. 2 SGB VII).

Praxisbeispiel

> Der Altenpfleger A schleicht nachts in das Stationszimmer, um dort Betäubungsmittel zum Verkauf zu stehlen. Er stürzt dabei über einen Stuhl und erleidet eine derart komplizierte Fraktur, dass er erwerbsunfähig ist. Wegen des Diebstahlversuches muss ihm die Berufsgenossenschaft keine Rente zahlen.

Bei Arbeitsunfällen ist die Pflicht zum Schadenersatz eingeschränkt. Der Arbeitgeber oder Arbeitskollege muss nach § 104 Abs. 1 SGB VII nur **Schadenersatz oder Schmerzensgeld** an den Geschädigten leisten, wenn

- der Arbeitsunfall **vorsätzlich** herbeigeführt wurde oder
- die Schädigung bei der **Teilnahme** am **Verkehr** bzw. auf dem versicherten Weg eingetreten ist.

Praxisbeispiel

> Der Gesundheits- und Krankenpfleger K schiebt einen Rollstuhlfahrer derart schwungvoll um die Ecke innerhalb der Wohngruppe, dass er seine Kollegin S übersieht und mit dem Rollstuhl verletzt. Da bei K nur Fahrlässigkeit vorliegt und ein Arbeitsunfall anzunehmen ist, kann S kein Schmerzensgeld fordern.

Praxisbeispiel

> Der Heilerziehungpfleger H fährt mit seiner Kollegin K und einem Behinderten zum Facharzt. Er verursacht schuldhaft einen Verkehrsunfall, wobei K verletzt wird. Sie kann von H Schmerzensgeld verlangen, obwohl es ein Arbeitsunfall ist.

Es handelt sich dabei um einen **gesetzlichen Haftungsausschluss**, der sowohl Personen- als auch Sachschäden umfasst. Der Verletzte oder seine Angehörigen können folglich vom Arbeitgeber oder den Arbeitskollegen im Falle der fahrlässigen Verursachung keinen Ersatz wegen unerlaubter Handlung (§§ 823 ff. BGB) fordern. Die Berufsgenossenschaft kann aber bei vorsätzlicher oder grob fahrlässiger Verursachung des Unfalls **Rückgriffsansprüche** geltend machen (§§ 110 f. SGB VII).

Wiederholungsfragen

- Wer sind die Träger der Unfallversicherung?
- Welche Leistungen erbringt die Unfallversicherung?
- Was ist ein Arbeitsunfall?
- Wie wird der Wegeunfall behandelt?
- Wann sind Leistungen aus der Unfallversicherung ausgeschlossen?

3.4 Rentenversicherung

Die Rentenversicherung, die in den Vorschriften des **Sozialgesetzbuchs VI** (SGB VI) ihre Grundlage hat, ist inzwischen einheitlich unter dem „Dach" der Deutschen Rentenversicherung zusammengefasst. Träger sind die Deutsche Rentenversicherung Bund und die Rentenversicherungen Land. Neuversicherte Arbeitnehmer werden seit dem 01.01.2005 durch die Datenstelle der Rentenversicherung einem Rentenversicherungträger zugeordnet. Die Zuordnung erfolgt anhand der jeweiligen Versicherungsnummer in einem Ausgleichsverfahren und wird auf alle Rentenversicherungsträger gleichmäßig verteilt. Welcher Rentenversicherungsträger für den Neuversicherten zuständig ist, wird diesem dann zugeteilt. Für bereits versicherte Arbeitnehmer ändert sich grundsätzlich nichts, d.h. der bisherige Rentenversicherungsträger bleibt weiterhin für sie zuständig. Damit wurden die BfA Berlin und die Landesversicherungsanstalten zu einer einheitlichen Rentenversicherung umgewandelt.

Aufgaben der Rentenversicherung sind:

Aufgaben der Rentenversicherung

- Gewährung von Berufs- und Erwerbsunfähigkeitsrenten, Renten wegen Alters,
- Rehabilitationsmaßnahmen,
- Leistungen für die Krankenversicherung der Rentner,
- Beratung und Auskunft und
- Verbesserung des gesundheitlichen Standards.

Leistungen aus der Rentenversicherung können nur beansprucht werden, sofern bestimmte **Wartezeiten** erfüllt sind. Die Wartezeit ist für die verschiedenen Leistungs- bzw. Rentenarten unterschiedlich geregelt. Für die Gewährung einer Rente oder sonstigen Leistung ist ein **Antrag** beim zuständigen Rentenversicherungsträger erforderlich. In einigen Bundesländern (beispielsweise Baden-Württemberg und Bayern) ist es möglich, bei den Gemeinden den Rentenantrag zu stellen und sich dort auch beraten zu lassen. Zusätzlich gibt es Beratungsmöglichkeiten bei den Landratsämtern und den Sprechtagen der Landesversicherungsanstalten.

3.4.1 Rente wegen Alters

Die Rente wegen Alters (früher Altersruhegeld) wird nach der jüngsten Reform des Rentenrechts (ab dem Jahr 2012) grundsätzlich erst **ab dem vollendeten 67. Lebensjahr** gewährt. Die frühere Gewährung (ab 65) ist nur für Versicherte, die vor dem 1.01.1955 geboren sind, möglich oder wenn Abzüge von der Rente vorgenommen werden. Die Reform soll die angespannte Finanzlage der Rentenversicherung verbessern.

Regelaltersrente

Es wird in diesem Zusammenhang zwischen der Regelaltersrente, d. h. der Rente ab dem 65. Lebensjahr, und der Altersrente für langjährig Versicherte unterschieden.

Für die Zahlung der Regelaltersrente ist neben der Erreichung des Alters von 65 Jahren nach § 35 SGB VI eine **allgemeine Wartezeit**, d. h. eine „Vorversicherungszeit" von 5 Jahren erforderlich. Dies bedeutet, dass für fünf Jahre Beiträge zur Rentenversicherung entrichtet worden sein müssen, um ein Altersruhegeld zu erhalten. Anstatt der Beiträge können **Ersatzzeiten** (z. B. Wehrdienst, Ersatzdienst) angerechnet werden. Außerdem kann die Wartezeit mit den **Kindererziehungszeiten**, d. h. bei einer bestimmten Anzahl von Kindern, erfüllt werden.

Altersrente für langjährig Versicherte

Bei der Altersrente für langjährig Versicherte können die Versicherten eine Altersrente vor Vollendung des 65. Lebensjahres vorzeitig in Anspruch nehmen, wenn sie das 62. Lebensjahr vollendet haben und eine Wartezeit von 35 Jahren erfüllt haben (§ 36 SGB VI).

Schwerbehinderte

Schwerbehinderte können nach § 37 SGB VI (für vor dem 1.01.1952 geborene) bereits mit **63 Jahren** die Rente wegen Alters beanspruchen, die anderen (ab 1.01.1952 geborene) erst mit 65 Jahren. Voraussetzung ist, dass nicht nur die allgemeine Wartezeit erfüllt ist, sondern insgesamt mindestens **35 Versicherungsjahre** zurückgelegt sind. Ferner muss die Person bei Beginn der Altersrente als schwerbehindert (§ 2 SGB IX) anerkannt, berufsunfähig oder erwerbsunfähig sein.

3.4.2 Rente wegen Erwerbsminderung

Die bisherigen Erwerbsunfähigkeits- und Berufsunfähigkeitsrenten sind seit dem 1.01.2001 grundsätzlich durch die Rente wegen Erwerbsminderung nach § 43 SGB VI ersetzt worden:

(1) Versicherte haben bis zur Vollendung des 65. Lebensjahres Anspruch auf Rente wegen teilweiser Erwerbsminderung, wenn sie
1. *teilweise erwerbsgemindert sind,*
2. *in den letzten fünf Jahren vor Eintritt der Erwerbsminderung drei Jahre Pflichtbeiträge für eine versicherte Beschäftigung oder Tätigkeit entrichtet haben und*
3. *vor Eintritt der Erwerbsminderung die allgemeine Wartezeit erfüllt haben.*

Teilweise erwerbsgemindert sind Versicherte, die wegen Krankheit oder Behinderung auf nicht absehbare Zeit außer Stande sind, unter den üblichen Bedingungen des allgemeinen Arbeitsmarktes mindestens sechs Stunden täglich erwerbstätig zu sein."

Danach liegt eine Erwerbsminderung im Sinne der Rentenversicherung vor, wenn der Versicherte wegen **Krankheit** oder **Behinderung** auf nicht absehbare Zeit außer Stande ist, unter den üblichen Bedingungen des allgemeinen Arbeitsmarktes **mindestens sechs Stunden täglich** erwerbstätig zu sein. Leider bleibt unberücksichtigt, dass der Versicherte aufgrund von Problemen auf dem Arbeitsmarkt keine Beschäftigung finden kann. Dies bedeutet, dass allein auf die **Arbeitsfähigkeit** abgestellt wird und nicht darauf, ob ein Arbeitgeber den behinderten Menschen einzustellen bereit ist.

Erwerbsminderung im Sinne der Rentenversicherung und Voraussetzungen

Als weitere Voraussetzung muss eine **Wartezeit** von 5 Jahren oder 60 Monaten erfüllt sein. In diesem Zeitraum muss der betroffene Versicherte insgesamt 36 Monate oder mehr **versicherungspflichtig beschäftigt** gewesen sein (§ 43 Abs. 1 SGB VI). Freiwillige Beiträge sind dabei nicht zu berücksichtigen. Aus diesem Grund ist die Aufrechterhaltung der Pflichtversicherung entscheidend zur Absicherung für den Fall der Erwerbsminderung. Zusätzlich muss noch die allgemeine Wartezeit erfüllt sein, d. h. es müssen mindestens 60 Monate Beiträge oder vergleichbare Versicherungszeiten zurückgelegt sein.

Der jeweilige Versicherte hat bis zur Vollendung des 65. Lebensjahres Anspruch auf Rente wegen **voller Erwerbsminderung**, wenn er voll erwerbsgemindert ist, d. h. er wegen Krankheit oder Behinderung auf nicht absehbare Zeit außer Stande ist, unter den üblichen Bedingungen des allgemeinen Arbeitsmarktes **mindestens drei Stunden täglich** erwerbstätig zu sein. Dabei ist die jeweilige Arbeitsmarktlage wieder nicht zu berücksichtigen. Wenn somit der erlernte Beruf aus gesundheitlichen Gründen nicht mehr ausgeübt werden kann, so wird die gesetzliche „Berufsunfähigkeitsrente" nur noch dann gezahlt, wenn der Arbeitnehmer auch **jede** andere Arbeit, die es auf dem Arbeitsmarkt gibt, nicht mindestens sechs Stunden pro Tag ausüben kann. Voll erwerbsgemindert sind auch Versicherte, die wegen **Art oder Schwere der Behinderung** nicht auf dem allgemeinen Arbeitsmarkt tätig sein können.

Rente wegen voller Erwerbsminderung

Diese Neuregelung gilt wegen des Vertrauensschutzes nicht für „Altfälle", d. h., sie gilt nur für diejenigen Personen, die nach dem 01.01.1961 geboren wurden, also am 01.01.2001 das 40. Lebensjahr noch nicht vollendet hatten. Aber selbst die „Altfälle" müssen Nachteile in Kauf nehmen: Tritt die Erwerbsminderung nach dem 01.01.2001 ein, so erhält der Versicherte noch die Hälfte der vollen Erwerbsminderungsrente und nicht mehr wie bisher zwei Drittel. Durch die Reform ist folglich im Falle der Berufsunfähigkeit eine ausreichende Absicherung nicht mehr gegeben.

Gültigkeit der Neuregelung

3.4.3 Rente wegen Todes

Im Falle des Todes des **rentenversicherten Ehepartners** erhält bisher die Witwe bzw. der Witwer eine „große Witwenrente" in Höhe von 55 % der Rente des Verstorbenen. Diese Rente wird an diejenigen Witwen oder Witwer gezahlt, die selbst **berufs- oder erwerbsunfähig bzw. über 45 Jahre alt sind oder ein minderjähriges gemeinsames Kind** erziehen (§ 46 Abs. 2 SGB VI). Wenn diese Voraussetzungen nicht vorliegen, kann lediglich die „kleine

Große und kleine Witwenrente

Witwenrente" für einen Zeitraum von 24 Monaten beansprucht werden. Das **eigene Einkommen** des hinterbliebenen Ehegatten wird nach § 97 Abs. 2 SGB VI mit 40 % auf die Rente **angerechnet**, wobei jedoch ein **Freibetrag** besteht. Dies bedeutet, dass lediglich der Betrag, der über dem Freibetrag liegt, mit 40 % angerechnet wird. Die Freibetrag beträgt das 26,4-fache des aktuellen Rentenwertes.[248] Für jedes Kind kommt ein Zuschlag des 5,6-fachen des aktuellen Rentenwertes monatlich hinzu. Im neuen Rentenrecht werden **sämtliche Einkommensarten**, d. h. auch solche aus Vermögen, auf die Hinterbliebenenrenten angerechnet. Ausgenommen sind nur Einnahmen aus der staatlich geförderten Altersvorsorge.

Erziehungsrente: Voraussetzungen

Schließlich ist im Rentenrecht noch die Erziehungsrente nach § 47 SGB VI vorgesehen. Darauf haben Versicherte **bis zum 65. Lebensjahr** Anspruch, wenn ihre Ehe nach dem 30. Juni 1977 geschieden wurde, ihr geschiedener Ehegatte gestorben ist und sie ein eigenes Kind oder ein Kind des geschiedenen Ehegatten erziehen. Ferner dürfen sie nicht wieder geheiratet haben. Bis zum Tod des geschiedenen Ehegatten müssen sie die allgemeine Wartezeit erfüllt haben.

Rentensplitting

Wer ab dem Jahr 2002 auf eine Witwen- beziehungsweise Witwerrente keinen Wert legt, der kann stattdessen das Rentensplitting wählen. Ehegatten können sich dafür entscheiden, dass nach dem Tod eines Partners die Renten „gesplittet" werden, d. h., dass die während der Ehezeit jeweils erworbenen Rentenanwartschaften je zur Hälfte aufgeteilt werden. „Splitten" dürfen Ehepartner, die **nach dem 31. Dezember 2001 heiraten**. Bei früher geschlossenen Ehen ist das Rentensplitting zulässig, wenn beide Ehegatten nach dem 1. Januar 1962 geboren wurden, also am 1. Januar 2002 40 Jahre alt sind. Entscheiden dafür können sich Ehepaare allerdings erst, wenn sie eine Altersvollrente beanspruchen können, also **frühestens mit dem 60. Geburtstag**. **Entschieden** werden muss von **beiden gemeinsam**. Eine Ausnahme gilt allerdings dann, wenn ein Ehepartner bereits vor Erreichen des Rentenalters stirbt. Hier kann der andere allein entscheiden, ob er die Hinterbliebenenrente oder das Splitting möchte. **Grundbedingung** für das Rentensplitting ist, dass beide Ehegatten bereits 25 Jahre rentenrechtliche Zeiten nachweisen können. Ist ein Ehepartner vor Beginn der Altersrente gestorben, so braucht nur der Überlebende die 25 Jahre nachzuweisen.

Fraglich ist, **wie gesplittet** wird. Die Hälfte des Unterschiedes zwischen den von beiden in der Ehezeit erworbenen Rentenanwartschaften wird den Ehegatten als Zuschlag beziehungsweise Abschlag verrechnet, je nachdem, wer von ihnen die höheren Beiträge gezahlt hatte. Das Rentensplitting führt in den meisten Fällen zu höheren eigenen Rentenansprüchen der Frau. Stirbt der andere Ehepartner, dann wird die eigene Rente einschließlich der übertragenen Rentenanwartschaften unverändert weitergezahlt.

---

[248] seit 1.07.2003: 26,13 Euro (alte Bundesländer) und 22,97 Euro (neue Bundesländer)

Dies bedeutet, dass anders als beim Bezug einer Witwenrente **sonstiges Einkommen** darauf **nicht angerechnet** wird.

Insgesamt werden Frauen, die Kinder erzogen haben und deshalb nur ein geringes Einkommen erzielen konnten, **nach dem neuen Rentenrecht** gegenüber der früheren Regelung **finanziell besser gestellt**.

Kindererziehende Frauen

Für die Kinder eines Verstorbenen wird gemäß § 48 SGB VI die **Voll-** oder **Halbwaisenrente** gezahlt; die Halbwaisenrente bei dem Tod eines Elternteils und die Vollwaisenrente beim Tod beider Elternteile. Die Zahlung erfolgt bis zum **18. Lebensjahr** oder bei **Schul-** oder **Berufsausbildung** bis zum **27. Lebensjahr**. Die Zahlung erfolgt gleichfalls bis zum 27. Lebensjahr, wenn bei dem Kind eine körperliche, geistige oder seelische **Behinderung** vorliegt, die eine eigene Erwerbstätigkeit des Waisen verhindert (§ 48 Abs. 4 Nr. 2 SGB VI), oder wenn ein **freiwilliges soziales Jahr** geleistet wird. Die **Höhe** der Waisenrente beträgt bei Halbwaisen 10 % der Rente des verstorbenen Elternteils und bei Vollwaisen 20 % der höchsten Rente von beiden Eltern (§ 66 Abs. 2 Nr. 3 SGB VI). Eigenes Einkommen des Waisen wird angerechnet, wobei auch wieder ein Freibetrag gilt, nämlich das 17,6-fache des Rentenwertes (§ 97 SGB VI).

Kinder eines Verstorbenen

- Welche Rentenarten kennen Sie?
- Was ist die allgemeine Wartezeit?
- Wie ist die Behinderung im Rentenrecht erfasst?

Wiederholungsfragen

3.5 Arbeitslosenversicherung

Die Arbeitslosenversicherung ist gleichfalls als **Pflichtversicherung** ausgestaltet. **Grundlage** ist das Sozialgesetzbuch III (Arbeitsförderung, SGB III) mit verschiedenen Rechtsverordnungen. Zusätzlich ist durch die Sozialreformen 2003/2004 das Gesetz „Grundsicherung für Arbeitsuchende", das SGB II, eingeführt worden.

Die Aufgaben gliedern sich im Wesentlichen in zwei Bereiche:

Aufgaben der Arbeitslosenversicherung

- Arbeitsförderung und
- Arbeitslosenversicherung.

Zu den Aufgaben der **Arbeitsförderung** zählen insbesondere die

- Arbeits- und Berufsforschung,
- Berufsberatung (§ 30 SGB III),
- Arbeitsvermittlung (§§ 35 ff. SGB III) und die
- Berufsförderung (§§ 47–114 SGB III).

Wesentliche Aufgabe der **Arbeitslosenversicherung** ist die Sicherung der wirtschaftlichen Lebensgrundlage desjenigen, der seinen Arbeitsplatz verliert (§§ 115 ff. SGB III), wobei folgende Leistungen unterschieden werden:

- das bisherige Arbeitslosengeld und
- das Arbeitslosengeld II (bisherige Arbeitslosenhilfe).

Teil 5 Verwaltungs- und Sozialrecht

Anspruch auf Arbeitslosengeld

Der Anspruch auf **Arbeitslosengeld** besteht **derzeit** nach § 117 Abs. 1 SGB III nur bei demjenigen, der

- arbeitslos ist,
- sich beim Arbeitsamt arbeitslos gemeldet und
- die Anwartschaftszeit erfüllt hat.

Ab dem 1.01.2005 besteht der Anspruch

- bei Arbeitslosigkeit oder
- bei beruflicher Weiterbildung.

Arbeitslosigkeit: alte und neue Regelung

Arbeitslos ist **nach § 118 SGB III a. F.**, wer vorübergehend nicht in einem Beschäftigungsverhältnis steht (**Beschäftigungslosigkeit**) und eine versicherungspflichtige, mindestens 15 Stunden wöchentlich umfassende Beschäftigung sucht (**Beschäftigungssuche**). Auf Beschäftigungssuche ist, wer alle Möglichkeiten nutzt und nutzen will, um seine Beschäftigungslosigkeit zu beenden und den Vermittlungsbemühungen des Arbeitsamtes zur Verfügung steht (**Verfügbarkeit**). Den Vermittlungsbemühungen des Arbeitsamtes steht zur Verfügung, wer arbeitsfähig und seiner Arbeitsfähigkeit entsprechend arbeitsbereit ist (§ 119 SGB III).

Nach der **neuen Regelung** in § 119 Abs. 1 SGB III ist ein Arbeitnehmer dann arbeitslos, wenn er

1. nicht in einem Beschäftigungsverhältnis steht (**Beschäftigungslosigkeit**),
2. sich bemüht, seine Beschäftigungslosigkeit zu beenden (**Eigenbemühungen**) und
3. den Vermittlungsbemühungen der Agentur für Arbeit zur Verfügung steht (**Verfügbarkeit**).

Die notwendige **Anwartschaftszeit** hat erfüllt, wer im Zeitraum von drei Jahren für 360 Tage eine beitragspflichtige Tätigkeit ausgeübt hat (§§ 123, 124 SGB III). Die Anwartschaftszeit ist folglich nicht bei Selbständigkeit, geringfügiger Beschäftigung oder Personen, die längere Zeit ohne Arbeit waren, erfüllt. Sofern die gesetzlichen Voraussetzungen vorliegen, wird das Arbeitslosengeld gezahlt.

Arbeitslosengeld II

Im Anschluss an das Arbeitslosengeld wird ab dem 1.01.2005 nicht mehr die Arbeitslosenhilfe bezahlt, sondern das Arbeitslosengeld II. Mit dieser Form der Leistung sollen **Arbeits- und Sozialhilfe zusammengelegt** werden. Dies hat unter anderem zur Folge, dass ca. 80 % der bisherigen Sozialhilfeempfänger dieser neuen Sozialleistung vermutlich zugeordnet werden. Nur noch die nicht erwerbsfähigen Sozialhilfeempfänger verbleiben in der bisherigen Sozialhilfe, die nun gleichfalls im neuen SGB XII geregelt wird.

Die durch das SGB II eingeführte neue **Grundsicherung für Arbeitsuchende**, das Arbeitslosengeld II, verstößt in wesentlichen Teilen mit dem Sozialstaatsprinzip.[249] Das neue System, das im Regelfall nicht vor Armut schützt, schließt weitere Ansprüche

---

[249] Rothkegel, ZFSH/SGB, Heft 11, 2003; Berlit, info also 2003, S. 195, 205

an das unterste Netz der Sozialhilfe aus. Es begegnet deshalb **verfassungsrechtlichen Bedenken**.[250] Insbesondere eine weitgehende Pauschalierung mit einer undifferenzierten und unbestimmten Bemessung unzulänglicher Pauschalensätze, die auch Bedarfe pauschaliert, die nicht sinnvoll pauschaliert werden können, führt zu regelmäßiger Unterdeckung.

Durch das neue Arbeitslosengeld II sind eingeführt worden:

Weitere damit verbundene Neuerungen

- Einschränkungen der Arbeitsuche auf Teilzeittätigkeiten, diese sind ohne besonderen Grund möglich, wenn arbeitsmarktüblich,
- eine fiktive Bemessung pauschal nach 4 Qualifikationsstufen,
- eine neue Berechnung des Leistungsentgelts (unter anderem kein Kirchensteuerabzug),
- neue Sperrzeit-Anlässe, wie Sperrzeit bei Arbeitsvereitelung auch als Arbeitssuchender, Sperrzeit von 2 Wochen Dauer bei „unzureichenden Arbeitsbemühungen" als Arbeitsloser, Sperrzeit von einer Woche Dauer bei Meldeversäumnis (ersetzt Säumniszeit),
- ein neuer Freibetrag für Nebeneinkommen mit generell 100 Euro sowie stufenweise Freibeträge von 800.- Euro bis 1.200 Euro (§ 30 SGB II).

Beim Arbeitslosengeld II muss wie bei der bisherigen Arbeitslosenhilfe eine **Bedürftigkeit** bestehen (§§ 7, 9, 11, 12 SGB II). Dies bedeutet unter anderem, dass der Arbeitslose keine anderweitigen Einkünfte oder Vermögen haben darf. Es werden strenge Anforderungen gestellt, d. h., der Arbeitslose muss zuerst sein gesamtes Vermögen (abzüglich eines Freibetrages) und dasjenige seines Ehegatten oder Lebenspartners verwerten (vgl. § 12 SGB II), wobei auch das Einkommen des Partners angerechnet wird. Es gilt nur ein Freibetrag von mindestens 3.100 Euro, dabei 150 Euro je vollendetem Lebensjahr, allerdings höchstens 9.750 Euro (§ 12 SGB II). Zusätzlich frei bleiben die Altersvorsorge, Hausrat etc., vergleichbar den bisherigen Regelungen in der Sozialhilfe.

Die Leistung erfolgt dann wie bei der „alten" Sozialhilfe in Regelsätzen:

364.-- Euro monatlich für den Haushaltsvorstand (ab 2010)
323.-- Euro monatlich für volljährige Partner
267.-- Euro monatlich für Kinder ab dem 15. Lebensjahr (bis 25.)
251.-- Euro monatlich für Kinder zwischen 7. und 14. Lebensjahr
215.-- Euro für Kinder bis zum 6. Lebensjahr

In diesen Regelsätzen ist nahezu alles enthalten, d. h. die laufenden und einmaligen Bedarfe für Ernährung, Kleidung, Körperpflege, Hausrat, Haushaltsenergie (ohne Heizung) und für die Bedürfnisse des täglichen Lebens sowie in vertretbarem Umfang auch für Beziehungen zur Umwelt und die Teilnahme am kulturellen Leben, deshalb selbst die Neuanschaffung von Kleidung, Hausratsgegenständen etc.

---

[250] so unter anderem Uwe Berlit, Richter am BVerwG, 'info also, Heft 5/2003

Wiederholungsfragen
- Welche Anwartschaftszeit muss für das Arbeitslosengeld erfüllt sein?
- Welche weiteren Voraussetzungen müssen vorliegen?
- Wann wird Arbeitslosenhilfe gezahlt?

3.6 Sozialversicherung von Behinderten

Versicherter Personenkreis

Zum Personenkreis, der in die Sozialversicherung eingegliedert ist, zählen nach der Vorschrift des § 2 Abs. 2 Ziff. 2 SGB IV auch **Behinderte**, die in **geschützten Einrichtungen beschäftigt** sind. Dies bedeutet in der Praxis, dass Beschäftigte in einer Werkstatt für behinderte Menschen (WfbM) durch ihre Arbeitstätigkeit dort gleichfalls gesetzliche Ansprüche aus der Kranken-, Renten- und der Arbeitslosenversicherung erwerben und für die deshalb Beiträge zu den genannten Versicherungen zu entrichten sind (§ 1 Ziff. 2 SGB VI; § 5 Ziff. 7–8 SGB V; §§ 24, 25 SGB III).

Voraussetzungen

Voraussetzung ist in allen Versicherungszweigen bei Beschäftigten in Heimen, Anstalten und gleichartigen Einrichtungen, dass mindestens ein Fünftel der Leistung eines voll Erwerbstätigen erbracht wird. Bei anerkannten Werkstätten für Behinderte und Werkstätten für Blinde gilt diese Grenze nicht. Beschäftigte dort sind grundsätzlich versicherungspflichtig.

Für die Behinderten haben die genannten gesetzlichen Regelungen den entscheidenden Vorteil, dass sie **Anwartschaften** in der gesetzlichen **Rentenversicherung** erwerben, somit ein Altersruhegeld beziehen können und im Falle einer Erkrankung Leistungen aus der gesetzlichen **Krankenversicherung** beanspruchen können, ohne dafür die Gewährung von Sozialhilfe beantragen zu müssen.

Selbst die **Arbeitslosenversicherung** ist dazu verpflichtet, an mehrfachbehinderte **Langzeitarbeitslose** Arbeitslosengeld zu zahlen, sofern Beiträge entrichtet worden sind. Streitig ist, ob unter Umständen eine Rente wegen Berufs- oder Erwerbsunfähigkeit zu gewähren ist. Die Rentenversicherer verweisen in derartigen Fällen oft auf „leichte Arbeiten" auf dem „allgemeinen Arbeitsmarkt". Nach einer aktuellen Entscheidung des Bundessozialgerichts existieren derartige Arbeitsplätze für mehrfach Behinderte tatsächlich nicht.[251]

3.7 Pflegeversicherung

Die Pflegeversicherung ist als fünfte Säule in das System der Sozialversicherung aufgenommen worden und deren jüngster Teil. Ziel dieser Versicherung ist die Absicherung des **Pflegerisikos**.

---

[251] BSG, Az.: 13 RJ 1/94

Zuständig für die Durchführung der Pflegeversicherung sind die **Pflegekassen** als Teil der Krankenkassen (§ 1 Abs. 3 SGB XI). Die Mitglieder der Krankenkassen sind gleichzeitig Mitglied in der entsprechenden Pflegekasse (§ 20 Abs. 1 SGB XI). Es handelt sich gleichfalls um eine **Pflichtversicherung**, wobei bestimmte Personengruppen **befreit** werden können:

Modalitäten

- freiwillig Versicherte und
- privat krankenversicherte Personen.

Die Familienmitglieder sind wie in der Krankenversicherung **beitragsfrei** mitversichert. Personen, die eine Befreiung beantragen, müssen den **Nachweis** einer anderweitigen **privaten Pflegeversicherung** erbringen (§ 22 SGB XI).

Die **Mitgliedschaft** in der Pflegeversicherung endet zusammen mit der Mitgliedschaft in der Krankenkasse. Es besteht allerdings die Möglichkeit einer **Weiterversicherung** in der Pflegeversicherung.

Der **Beitragssatz** zur Pflegeversicherung beträgt seit 1.07.1996 1,7 % des beitragspflichtigen Einkommens. Arbeitgeber und Arbeitnehmer tragen diesen jeweils zur Hälfte. **Beitragsfrei** sind:

- Familienmitglieder des Versicherten,
- Bezieher von Mutterschafts- oder Erziehungsgeld,
- Personen, die in stationärer Pflege sind und anderweitige Leistungen erhalten.

Rentner, die Mitglied in der Krankenversicherung der Rentner sind, zahlen nur den halben Beitrag zur Pflegeversicherung (§§ 59 SGB XI, 249a SGB V).

Bei den Leistungen, die aus der Pflegeversicherung gewährt werden, können zwei **Arten** unterschieden werden:

Leistungen

- Geldleistungen (Pflegegeld) und
- Sach- und Dienstleistungen.

Sachleistungen sind dabei Pflegehilfsmittel und technische Hilfen (§ 40 SGB XI) sowie der Einsatz von Pflegefachkräften (§§ 36–37 SGB XI). Mit den Geld- und Sachleistungen soll der Bedarf des Betroffenen an **Grundpflege** und **hauswirtschaftlicher Versorgung** gedeckt werden. Für die Sach- und Dienstleistungen müssen Vertragspartner der Pflegekassen ausgewählt werden (§ 36 Abs. 1 SGB XI). Diese schließen bei der derzeitigen Rechtslage derartige Verträge nur mit Fachkräften aus der Kranken- oder Altenpflege oder entsprechenden Institutionen ab. Die Leistungen der Pflegeversicherung sollen nach § 2 SGB XI derart gewährt werden, dass der Pflegebedürftige ein möglichst **selbstständiges** und **selbstbestimmtes Leben** führen kann. Es gilt der **Vorrang der häuslichen Pflege**, so dass darauf hingewirkt werden soll, die Pflegemaßnahmen nach Möglichkeit in der häuslichen Umgebung durchzuführen (§ 3 SGB XI).

Die Pflegeversicherung stellt im Einzelnen folgende Leistungen zur Verfügung:

- Pflegesachleistung,
- Pflegegeld für selbstbeschaffte Pflegekräfte,
- Kombination von Geld- und Sachleistung,

- häusliche Pflege bei Verhinderung der Pflegeperson,
- Pflegehilfsmittel und technische Hilfen,
- Tages- und Nachtpflege,
- Kurzzeitpflege,
- vollstationäre Pflege,
- Leistungen der sozialen Sicherung der Pflegeperson und
- Pflegekurse.

Die Leistungen werden nur auf **Antrag** gewährt. Dieser Antrag ist bei der Pflegekasse der Krankenversicherung zu stellen. Anträge werden aber auch von den Gemeindeverwaltungen und Landratsämtern entgegengenommen, wo auch eine Beratung erfolgen kann. Die Voraussetzungen der Gewährung von Pflegeleistungen werden vom **Medizinischen Dienst** überprüft (§ 18 Abs. 1 SGB XI).

Voraussetzungen

Wesentliche Voraussetzung der Leistungen aus der Pflegeversicherung ist die **Pflegebedürftigkeit**. Diese liegt nach § 14 SGB XI vor, wenn die betroffene Person für die

- Dauer von mindestens sechs Monaten und
- infolge Krankheit oder Behinderung (Verluste, Lähmungen oder Funktionsstörungen am Stütz- oder Bewegungsapparat; Funktionsstörungen der inneren Organe oder Sinnesorgane; Störungen des Zentralnervensystems, wie Antriebs-, Gedächtnis- oder Orientierungsstörungen sowie endogene Psychosen, Neurosen oder geistige Behinderungen)

für die gewöhnlichen und regelmäßig wiederkehrenden Verrichtungen im täglichen Leben in erheblichem Maß Hilfe benötigt.

Das Gesetz definiert in § 14 Abs. 4 SGB XI, was derartige **Verrichtungen** sind. Dazu zählen

- die Körperpflege,
- die Mobilität einschließlich An- und Auskleiden und
- die hauswirtschaftliche Versorgung (Kochen, Reinigen der Wohnung).

Pflegestufen

Aufgrund der obigen Kriterien der Pflegebedürftigkeit und des Umfangs der Hilfen erfolgt die Einteilung in drei Pflegestufen. **Voraussetzung** der Pflegebedürftigkeit und **der Einordnung in eine der Stufen** ist die Notwendigkeit, dass die betroffene Person mindestens einmal täglich pflegerische Hilfe und mehrfach in der Woche hauswirtschaftliche Hilfen benötigt. Dadurch werden bestimmte Personen, die nur sporadisch Betreuung benötigen, nicht erfasst. Es gilt für die Pflegestufen das in Tabelle 4 Dargestellte.

Höhe der Pflegegelder

Für den notwendigen Pflegeaufwand wurden einheitliche Richtlinien für sämtliche Pflegekassen erlassen. Bei **Kindern** richtet sich die Pflegebedürftigkeit gemäß § 15 Abs. 2 SGB XI nach dem Hilfebedarf, der im Verhältnis zu einem gleichaltrigen gesunden Kind zusätzlich erforderlich ist.

Für die **Pflegesachleistungen**, d. h. Leistungen für diejenigen Personen, die zu Hause von Pflegekräften versorgt werden, sind nach den Pflegestufen gestaffelt:

3 Sozialversicherung

- Pflegestufe I: höchstens 400,00 Euro monatlich,[252]
- Pflegestufe II: höchstens 1.040,00 Euro monatlich[253] und
- Pflegestufe III: höchstens 1.510,00 Euro monatlich.[254]

Pflegestufe	Hilfebedarf bei Pflege	Hilfebedarf bei Hauswirtschaft
I erheblich Pflegebedürftige	mind. 2 Verrichtungen in einem oder mehreren Bereichen mind. 1x täglich insgesamt mind. 90 Min., davon Grundpflege mind. 45 Min.	mehrfach in der Woche
II Schwerpflegebedürftige	mindestens 3x täglich insgesamt mind. 3 Std., davon Grundpflege mind. 2 Std.	mehrfach in der Woche
III Schwerstpflegebedürftige	täglich rund um die Uhr, auch nachts, insgesamt mind. 5 Std., davon Grundpflege mind. 4 Std.	mehrfach in der Woche

Tabelle 4: Einteilung in Pflegestufen

In besonderen **Härtefällen**, beispielsweise Krebserkrankungen im finalen Stadium, können Leistungen bis 1.918,00 Euro monatlich beansprucht werden.

Bei der **Inanspruchnahme von „selbstbeschafften Pflegehilfen"**, d. h. Personen, die für die Pflege vom Pflegebedürftigen selbst organisiert werden, also Familienangehörige und sonstige Personen, die im häuslichen Umfeld die Pflege verrichten, werden nach § 37 SGB XI Pflegegelder gezahlt:

- Pflegestufe I: höchstens 225,00 Euro monatlich,[255]
- Pflegestufe II: höchstens 430,00 Euro monatlich und
- Pflegestufe III: höchstens 700,00 Euro monatlich.

Dabei muss jedoch halb- oder vierteljährlich eine **Fachkraft** zur Vermeidung von Pflegefehlern in Anspruch genommen werden (§ 37 Abs. 3 SGB XI). Voraussetzung bei der Zahlung dieser Beträge ist, dass die Pflegeperson die Pflege nicht gewerbsmäßig ausführt und mindestens 14 Stunden wöchentlich aufgewendet werden.

Weitere Modalitäten bei „selbstbeschafften Pflegehilfen"

Für die selbstbeschafften Pflegepersonen werden außerdem **Beiträge** zur **Rentenversicherung** gemäß § 44 SGB XI bezahlt, deren Höhe von der Pflegestufe und der jeweiligen Bezugsgröße abhängig ist. Bei Pflegestufe I erhöht sich die Rente jährlich (bezogen auf das Jahr 2008) um 7,02 Euro monatlich. Damit hat die

---

[252] ab 2010, ab 2012 450.00 Euro monatlich
[253] ab 2012 monatlich 1.100,00 Euro
[254] ab 2012 monatlich 1.550,00 Euro
[255] ab 2012 monatlich 234,00 Euro, Stufe II monatlich 440,00 Euro, Stufe III monatlich 700,00 Euro

Pflegeperson die Möglichkeit, eigene Rentenanwartschaften zu erwerben und damit die Wartezeit in der Rentenversicherung zu erfüllen oder bereits bestehende Beitragseinzahlungen zu erhöhen. Diese Pflegepersonen sind zusätzlich in der **gesetzlichen Unfallversicherung** versichert und haben Anspruch auf **Unterhaltsgeld,** sofern sie in das Erwerbsleben zurückkehren und sich dazu beruflich fortbilden oder umschulen lassen wollen.

Regelungen bei Bewohnern einer Altenwohnung

Anspruch auf Pflegesachleistungen und Pflegegelder für selbstbeschaffte Pflegepersonen haben auch Bewohner einer Altenwohnung oder vergleichbaren Wohnung in Behinderteneinrichtungen, die Pflege benötigen. **Voraussetzung** ist neben der Pflegebedürftigkeit lediglich ein **eigener Haushalt.** Dieser liegt selbst dann vor, wenn es sich um eine Wohngemeinschaft handelt.

Aufwendungen für teilstationäre Einrichtungen

Kann die häusliche Pflege nicht im erforderlichen Umfang erfolgen, werden nach § 41 SGB XI Aufwendungen für teilstationäre Einrichtungen **für Tages- oder Nachtpflege** bis zum Höchstbetrag von

- Pflegestufe I: höchstens 384,00 Euro monatlich,
- Pflegestufe II: höchstens 921,00 Euro monatlich und
- Pflegestufe III: höchstens 1.432,00 Euro monatlich

bezahlt.

Es gibt unabhängig davon die Möglichkeit der **Kurzzeitpflege** für höchstens vier Wochen je Kalenderjahr (§ 42 SGB XI).

Aufwendungen für die vollstationäre Pflege

Nach § 43 SGB XI hat der Versicherte Anspruch auf die Zahlung der Aufwendungen für die vollstationäre Pflege, sofern die **häusliche oder teilstationäre Pflege nicht möglich** ist. Dafür sind gleichfalls Höchstbeträge festgelegt worden:

- Pflegestufe I: höchstens 1.023,00 Euro monatlich,
- Pflegestufe II: höchstens 1.279,00 Euro monatlich und
- Pflegestufe III: höchstens 1.510,00 Euro monatlich.[256]

In besonderen **Härtefällen** kann eine Erhöhung der monatlichen Leistungen bis zu 1.825.00 Euro[257] monatlich erfolgen. Für **Einrichtungen der Behindertenhilfe** wird ein Pauschalbetrag in Höhe von 10 % des vereinbarten Pflegesatzes, maximal 256,00 Euro je Monat gezahlt.

Für Personen mit eingeschränkter Alltagskompetenz (PEA), vor allem Demenzkranke, sollen seit dem 01.07.2008 „aktivierende und qualitätsgesicherte Betreuungsangebote" geschaffen werden (§ 45a SGB XI). Diese zusätzlichen Leistungen haben vor allem die Entlastung pflegender Angehöriger zum Ziel. Es wird zwischen „erheblich eingeschränkter Alltagskompetenz" und „in erhöhtem Maße eingeschränkter Alltagskompetenz" unterschieden. In der ersten Stufe können Betreuungsangebote im Umfang bis zu 100 Euro monatlich, in der zweiten Stufe bis zu 200 Euro monatlich abgerechnet werden. Darüber hinaus können vollstationäre Pflegeeinrichtungen seit dem 01.07.2008 Zuschläge zur

---

[256] ab 2012 monatlich 1.550,00 Euro

[257] ab 2012 monatlich 1.918,00 Euro

Pflegevergütung beantragen, „wenn die Einrichtung ein zusätzliches über das normale Betreuungsangebot für pflegebedürftige Menschen hinausgehendes Angebot der Betreuung und Aktivierung" von Bewohner mit erheblich eingeschränkter Alltagskompetenz vorhält (§ 87b Abs. 1 Satz 3 SGB XI). Dies kann eine Personalstelle pro 25 Bewohner sein.

Neu ist seit dem 1. Juli 2008 auch die Möglichkeit, sich zur Pflege eines Angehörigen im Rahmen einer Pflegezeit für bis zu sechs Monate von der Arbeit freistellen zu lassen. In dieser Zeit wird kein Gehalt bezogen, die Beiträge zur Sozialversicherung werden aber von der Pflegekasse getragen. Zudem sieht das Pflege-Weiterentwicklungsgesetz auch vor, sich kurzfristig bis zu zehn Tage von der Arbeit freistellen zu lassen.

Wiederholungsfragen

- Welche Zweige der Sozialversicherung kennen Sie?
- Wer erbringt Leistungen bei der Pflege und wer bei Krankheit?
- Welche Rentenarten gibt es?
- In welchen Fällen leistet die gesetzliche Unfallversicherung?
- Was sind die Besonderheiten der Sozialversicherung für Behinderte?

4 Sozialhilfe

Die Sozialhilfe gliedert sich **derzeit** in die zwei Bereiche der Grundsicherung für das Alter nach dem Grundsicherungsgesetz (GSiG) und die Sozialhilfe nach dem Sozialgesetzbuch XII (SGB XII). Seit dem 1.01.2005 wird die Sozialhilfe nur noch für nicht erwerbsfähige Personen gewährt, für die erwerbsfähigen gilt das SGB II, die Grundsicherung für Arbeitssuchende.[258] Aus diesem Grund soll hier lediglich noch das neue SGB XII behandelt werden.

Altes und neues Recht

Die Leistungen der Sozialhilfe sollen nach § 1 SGB XII den Leistungsberechtigten die **Führung eines Lebens** zu ermöglichen, das der **Würde des Menschen** entspricht. Die Leistung soll sie so weit wie möglich befähigen, **unabhängig von ihr** zu leben; darauf haben auch die Leistungsberechtigten nach ihren Kräften hinzuarbeiten. Zur Erreichung dieser Ziele sollen die Leistungsberechtigten und die Träger der Sozialhilfe im Rahmen ihrer Rechte und Pflichten zusammenzuwirken.

Ziele

Wie auch bisher gilt der **Nachranggrundsatz**, d. h. Sozialhilfe erhält nicht, wer sich vor allem durch Einsatz seiner Arbeitskraft, seines Einkommens und seines Vermögens selbst helfen kann oder wer die erforderliche Leistung von anderen, insbesondere von Angehörigen (z. B. Eltern, Kindern, Ehegatten) oder von Trägern anderer Sozialleistungen (z. B. Arbeitslosen-, Kranken oder Rentenversicherung) erhält (§ 2 SGB XII).

---

[258] vgl. Teil 5, 3.5

Leistungen: Berücksichtigung des Einzelfalls

Der Umfang der Hilfeleistung richtet sich dabei grundsätzlich am jeweiligen **Einzelfall** aus. Nach § 9 SGB XII richten sich die Leistungen nach der Besonderheit des Einzelfalles, insbesondere nach der Art des Bedarfs, den örtlichen Verhältnissen, den eigenen Kräften und Mitteln der Person oder des Haushalts bei der Hilfe zum Lebensunterhalt. **Wünschen der Empfänger** soll entsprochen werden, soweit sie angemessen sind. Wünschen, den Bedarf insbesondere bei Pflegeleistungen stationär oder teilstationär zu decken, soll der Sozialhilfeträger nur nachkommen, wenn dies im Einzelfall erforderlich ist, weil anders der Bedarf nicht oder nicht ausreichend gedeckt werden kann und wenn bei der Einrichtung Vereinbarungen mit dem Sozialhilfeträger bestehen. Wünschen wird dann nicht entsprochen, wenn damit unverhältnismäßige Mehrkosten verbunden sind. Bei Sozialhilfeleistungen sollen die besonderen Verhältnisse in der Familie berücksichtigt werden (§ 16 SGB XII). Allerdings sollen die Kräfte der Familie zur Selbsthilfe angeregt und der Zusammenhalt der Familie gefestigt werden.

Diese Verpflichtung zur Berücksichtigung des Einzelfalls wird bereits durch das Sozialhilferecht wieder rückgängig gemacht, denn in § 28 SGB XII wird festgelegt, dass der gesamte Bedarf des notwendigen Lebensunterhalts ohne die Leistungen für Unterkunft, Heizung und der Sonderbedarfe nach §§ 30–34 SGB XIII nach **Regelsätzen** erbracht werden.[259]

Leistungsgewährung

Auf die Gewährung von Sozialhilfe besteht nach § 17 SGB XII und §§ 2, 9 SGB I ein **Rechtsanspruch**, sofern die gesetzlichen Voraussetzungen erfüllt sind. Nach § 17 Abs. 2 SGB XII hat der zuständige Sozialhilfeträger nach pflichtgemäßem Ermessen zu entscheiden. Sie muss gewährt werden, sobald der zuständige Sozialhilfeträger die Notwendigkeit erkennt (§ 18 SGB XII), allerdings mit Ausnahme der Leistungen der Grundsicherung im Alter und bei Erwerbsminderung. Ein förmlicher Sozialhilfeantrag ist daher nicht erforderlich. Wird die Notwendigkeit der Gewährung einem nicht zuständigen Träger der Sozialhilfe oder einer nicht zuständigen Gemeinde bekannt, so sind die Informationen dazu dem zuständigen Träger der Sozialhilfe unverzüglich mitzuteilen und vorhandene Unterlagen zu übersenden.

Arten von Leistungen

Bei der Sozialhilfe werden nunmehr folgende Leistungen unterschieden:

- Hilfe zum Lebensunterhalt (§§ 27–40 SGB XII),
- Grundsicherung im Alter und bei Erwerbsminderung (§§ 41–46 SGB XII),
- Hilfen zur Gesundheit (§§ 47–52 SGB XII),
- Eingliederungshilfe für behinderte Menschen (§§ 53–60 SGB XII),
- Hilfe zur Pflege (§§ 61–66 SGB XII),
- Hilfe zur Überwindung sozialer Schwierigkeiten (§§ 67–69 SGB XII),
- Hilfe in anderen Lebenslagen (§§ 70–74 SGB XII) sowie
- die jeweils gebotene Beratung und Unterstützung.

---

[259] Näheres vgl. Teil 5, 4.1

Nach § 11 SGB XII sollen die Empfänger der Sozialhilfe beraten und unterstützt werden. Die Beratung **umfasst** gemäß § 11 Abs. 2 SGB XII die persönliche Situation, den Bedarf sowie die eigenen Kräfte und Mittel sowie die mögliche Stärkung der Selbsthilfe zur aktiven Teilnahme am Leben in der Gemeinschaft und zur Überwindung der Notlage. Zur Beratung zählt auch eine gebotene Budgetberatung und soweit zumutbar die Unterstützung bzw. das Angebot einer Tätigkeit. Eine Tätigkeit darf nicht zugemutet werden, wenn die Hilfeempfänger

Beratung des Sozialhilfeempfängers

- wegen Erwerbsminderung, Krankheit, Behinderung oder Pflegebedürftigkeit hierzu **nicht in der Lage** sind oder
- das **Rentenalter erreicht** oder überschritten haben oder
- der Tätigkeit ein **sonstiger wichtiger Grund** entgegensteht.

Unzumutbarkeit einer Tätigkeit

Eine Tätigkeit darf nicht zugemutet werden, soweit dadurch die **Erziehung eines Kindes gefährdet** würde. Die Erziehung eines Kindes, das drei Jahre und älter ist, ist nach dem Wortlaut nicht gefährdet, wenn die Betreuung des Kindes in einer Tageseinrichtung oder in Tagespflege sichergestellt ist. Der Sozialhilfeträger soll darauf hinwirken, dass Alleinerziehenden vorrangig ein Platz zur Tagesbetreuung des Kindes angeboten wird. Zusätzlich sind die Pflichten der **Haushaltsführung** oder die **Pflege eines Angehörigen** zu berücksichtigen.

Im Zusammenhang mit der Hilfegewährung ist neu, dass nach § 12 SGB XII spätestens vier Wochen nach Beginn fortlaufender Leistungen in einer schriftlichen **Leistungsabsprache** die Situation der leistungsberechtigten Personen sowie gegebenenfalls Wege zur Überwindung der Notlage und zur aktiven Teilnahme in der Gemeinschaft gemeinsam festgelegt werden. Die Leistungsabsprache soll unterzeichnet werden. Soweit es erforderlich ist, soll ein Förderplan erstellt und in die Leistungsabsprache einbezogen werden.

Neue Regelung

4.1 Hilfe zum Lebensunterhalt

Die notwendige Hilfe zum Lebensunterhalt umfasst nach § 27 SGB XII insbesondere

Umfang

- Ernährung,
- Unterkunft,
- Kleidung,
- Körperpflege,
- Hausrat,
- Heizung und
- persönliche Bedürfnisse des täglichen Lebens.

Zu den persönlichen Bedürfnissen des täglichen Lebens gehören in vertretbarem Umfang auch Beziehungen zur Umwelt und eine Teilnahme am kulturellen Leben. Gemäß § 27 Abs. 2 SGB XII umfasst der notwendige Lebensunterhalt bei **Kindern und Jugendlichen** auch den besonderen, insbesondere den durch ihre Entwicklung und ihr Heranwachsen bedingten Bedarf.

Leistung nach Regelsätzen

Die Hilfe zum Lebensunterhalt soll den **Grundbedarf des täglichen Lebens** abdecken. Bei der Bemessung dieses Bedarfs muss das Ziel eines menschenwürdigen Lebens nach § 1 SGB XII berücksichtigt werden. Es sollen aber nicht nur die Grundbedürfnisse der menschlichen Existenz abgedeckt werden, sondern darüber hinaus dem Empfänger von Sozialhilfe eine **Teilnahme am allgemeinen Lebensstandard** ermöglicht werden.[260]

Die Hilfe zum Lebensunterhalt wird nach § 28 SGB XII in Form von **Regelsätzen**[261] gewährt. Dort wird festgelegt, dass der gesamte Bedarf des notwendigen Lebensunterhalts ohne die Leistungen für Unterkunft und Heizung und der Sonderbedarfe nach §§ 30–34 SGB XII nach Regelsätzen erbracht wird. Nur wenn der Sozialhilfebedarf ganz oder teilweise anderweitig gedeckt ist oder unabweisbar seiner Höhe nach erheblich von einem durchschnittlichen Bedarf abweicht, soll nicht nach Regelsätzen geleistet werden. Nach § 28 Abs. 4 SGB XII darf der Regelsatz nur so hoch sein, dass bei der Haushaltsgemeinschaft von Ehepaaren mit drei Kindern die Regelsätze zusammen mit Durchschnittsbeträgen anderer Sozialhilfeleistungen (nach §§ 29, 31 SGB XII) unterhalb den erzielten monatlichen durchschnittlichen Nettoarbeitsentgelten unterer Lohn- und Gehaltsgruppen (einschließlich anteiliger einmaliger Zahlungen zuzüglich Kindergeld und Wohngeld) in einer entsprechenden Haushaltsgemeinschaft mit einer alleinverdienenden vollzeitbeschäftigten Person bleibt. Es soll das so genannte **Lohnabstandsgebot** gewahrt werden, um ein Verbleiben in der Sozialhilfe unattraktiv zu machen.

Gewährung eines Mehrbedarfs für bestimmte Personengruppen

Nach § 30 SGB XII muss für bestimmte Personengruppen ein Mehrbedarf in bestimmter Höhe gewährt werden: für

- Personen, die das 65. Lebensjahr vollendet haben oder unter 65 Jahren und voll erwerbsgemindert sind und einen Schwerbehindertenausweis mit dem Merkzeichen G besitzen, ein Mehrbedarf von 17 % des Regelsatzes,
- werdende Mütter nach der 12. Schwangerschaftswoche ein Mehrbedarf von 17 % des Regelsatzes,
- Alleinerziehende mit einem oder mehreren minderjährigen Kindern
  - ein Mehrbedarf von 36 % des Eckregelsatzes für ein Kind unter sieben Jahren oder für zwei oder drei Kinder unter sechzehn Jahren, oder
  - ein Mehrbedarf von 12 % des Eckregelsatzes für jedes Kind, wenn die Voraussetzungen nach Nr. 1 nicht vorliegen, höchstens jedoch in Höhe von 60 % des Eckregelsatzes,
- behinderte Menschen, die das 15. Lebensjahr vollendet haben und denen Eingliederungshilfe geleistet wird, ein Mehrbedarf von 35 % des Regelsatzes und für
- kranke, genesende, behinderte Menschen oder von einer Krankheit oder von einer Behinderung bedrohte Menschen,

---

[260] NZS-Stichwort, NZS 1994, 362

[261] Zur Höhe siehe Kapitel 3.5 (Arbeitslosenversicherung)

die einer kostenaufwändigen Ernährung bedürfen, ein Mehrbedarf in angemessener Höhe.

Die Summe des insgesamt anzuerkennenden Mehrbedarfs darf die Höhe des maßgebenden Regelsatzes nicht übersteigen.

Unterkunft und Heizung werden nach § 29 SGB XII gesondert in Höhe der tatsächlichen Aufwendungen erbracht, allerdings dürfen die Unterkunftskosten (die Miete) den angemessenen Umfang nicht übersteigen. Der unangemessene Bedarf muss nach § 29 Abs. 1 SGB XII zeitweise, aber nicht länger als sechs Monate geduldet werden, solange es nicht möglich oder zumutbar ist, durch einen Wohnungswechsel oder auf andere Weise die Aufwendungen zu senken. Vor dem Abschluss eines neuen Mietvertrages muss der Sozialhilfeempfänger dem dort zuständigen Träger der Sozialhilfe diesen vorlegen und genehmigen lassen. Die Miete wird direkt an den Vermieter gezahlt, wenn die zweckentsprechende Verwendung durch den Hilfeempfänger nicht sichergestellt ist. Gemäß § 29 Abs. 2 SGB XII kann der Sozialhilfeträger die Leistungen für die Mietwohnung durch eine monatliche Pauschale abgelten, wenn hinreichend angemessener freier Wohnraum verfügbar und in Einzelfällen die Pauschalierung zumutbar ist. Ebenso werden nach § 29 Abs. 3 SGB XII Leistungen für die Heizung auch in tatsächlicher Höhe erbracht, wenn sie angemessen sind. Die Leistungen können auch durch eine monatliche Pauschale abgegolten werden.

Ausgaben für Unterkunft und Heizung

Im Rahmen der Hilfe zum Lebensunterhalt können gemäß § 32 SGB XII **Krankenversicherungsbeiträge** und nach § 33 SGB XII die **Beiträge zur Altersvorsorge** übernommen werden. Außerdem muss der Sozialhilfeträger die Sicherung der **Bestattungskosten** gewährleisten (§ 74 SGB XII).

Weitere Ausgaben

Bei **Heimbewohnern** umfasst die Hilfe zum Lebensunterhalt gemäß § 35 SGB XII den in der Einrichtung (Heim etc.) erbrachten sowie zusätzlich den weiteren notwendigen Lebensunterhalt. Der **weitere notwendige Lebensunterhalt** umfasst

Hilfe zum Lebensunterhalt bei Heimbewohnern

- insbesondere **Kleidung** und
- einen angemessenen **Barbetrag** zur persönlichen Verfügung

Die Höhe des Barbetrages beträgt mindestens 26 % des Eckregelsatzes, somit aktuell ca. 80,00 Euro monatlich. Vorgesehen ist eine Minderung des Barbetrages, wenn dessen „bestimmungsgemäße Verwendung" nicht möglich ist. Mit dem Barbetrag sollen kleinere Bedürfnisse des täglichen Lebens (Zeitschriften, kulturelle Veranstaltungen, Geschenke, Körperpflege) ermöglicht werden. Der **Grundbedarf** ist jedoch von der Einrichtung aus Mitteln der Pflegeversicherung oder sonstigen vergleichbaren Leistungen (u. a. Hilfe zur Pflege) zu finanzieren, so dass Getränke und hygienische Artikel vom Heim zu stellen sind. Der Barbetrag ist vom Heim oder der sonstigen Einrichtung zur **freien Verfügung** an den Bewohner auszuzahlen. Sofern der Bewohner Rente erhält, wird der Barbetrag geringfügig erhöht.

Bei der Hilfe zum Lebensunterhalt sind zusätzlich einmalige Bedarfe möglich (§ 31 SGB XII). Diese werden für

Einmalige Bedarfe

- die Erstausstattungen der Wohnung einschließlich der Haushaltsgeräte,
- die Erstausstattungen für Bekleidung einschließlich der Bekleidung bei Schwangerschaft und Geburt sowie
- mehrtägige Klassenfahrten im Rahmen der schulrechtlichen Bestimmungen

zusätzlich zur Hilfe zum Lebensunterhalt erbracht.

Weitere Leistungen Die **Hilfe in besonderen Lebenslagen** ist **weggefallen**, stattdessen werden Leistungen für die Grundsicherung im Alter und bei Erwerbsminderung (§§ 41 ff. SGB XII), Hilfen zur Gesundheit (§§ 47 ff. SGB XII), Eingliederungshilfe für behinderte Menschen (§§ 53 ff. SGB XII), Hilfe zur Pflege (§§ 61 ff. SGB XII), Hilfe zur Überwindung sozialer Schwierigkeiten (§§ 67 ff. SGB XII) und Hilfe in anderen Lebenslagen (§§ 70 ff. SGB XII) gewährt, was nachfolgend im Einzelnen dargestellt werden soll.

4.2 Grundsicherung im Alter und bei Erwerbsminderung

Ziel Seit 1.01.2005 werden die Regelungen im Grundsicherungsgesetz in das neue SGB XII übernommen. Ziel der Grundsicherung im Alter und bei Erwerbsminderung ist, das Existenzminimum unabhängig von Angehörigen zu sichern.

Personenkreis Nach § 41 SGB XII können Personen, die

- das 65. Lebensjahr vollendet haben oder
- das 18. Lebensjahr vollendet haben, unabhängig von der jeweiligen Arbeitsmarktlage voll erwerbsgemindert (nach § 43 Abs. 2 SGB VI) sind und bei denen unwahrscheinlich ist, dass die volle Erwerbsminderung behoben werden kann,

auf Antrag die Leistungen der Grundsicherung erhalten.

Voraussetzungen Es gilt allerdings wieder der **Nachranggrundsatz** dahingehend, dass Anspruch nur derjenige hat, der seinen Lebensunterhalt nicht aus seinem Einkommen und Vermögen beschaffen kann. Außerdem ist der Anspruch gemäß § 41 Abs. 3 SGB XII ausgeschlossen, wenn in den letzten zehn Jahren die **Bedürftigkeit vorsätzlich oder grob fahrlässig herbeigeführt** wurde. Damit sollen wohl diejenigen Fälle erfasst werden, in denen das Vermögen Kindern, Nichten, Neffen etc. geschenkt wurde und dadurch im Alter keine finanziellen Mittel mehr vorhanden sind. Da in derartigen Fällen keine Grundsicherung gewährt wird, muss der Schenker das Vermögen gemäß §§ 528, 529 BGB zurückfordern. Nach § 43 Abs. 2 SGB XII werden **Unterhaltsansprüche** des alten oder behinderten Menschen **gegenüber Kindern oder Eltern** nicht berücksichtigt, wenn deren jährliches Gesamteinkommen unterhalb von 100.000,00 Euro liegt.

Die Leistungen der Grundsicherung werden jeweils nur **für 12 Monate** bewilligt und entgegen der sonstigen Sozialhilfe **nur auf Antrag** (§ 44 SGB XII).

Im Rahmen der Grundsicherung erhält der Anspruchsberechtigte *Leistungen der Grundsicherung*

- den maßgebenden Regelsatz vergleichbar der Hilfe zum Lebensunterhalt,
- die angemessenen tatsächlichen Aufwendungen für Unterkunft und Heizung,
- Mehrbedarfe analog § 30 SGB XII,
- einmalige Bedarfe analog § 31 SGB XII und
- die Übernahme von Kranken- und Pflegeversicherungsbeiträgen.

Dies gilt entsprechend bei Leistungen in einer stationären oder teilstationären Einrichtung.

4.3 Eingliederungshilfe

Besondere Bedeutung hat trotz der Einführung der Pflegeversicherung in der Behinderten- und Altenarbeit noch die Eingliederungshilfe nach §§ 53 ff. SGB XII, vor allem da die behinderten Menschen in stationären Einrichtungen **durch die Pflegeversicherung ausgegrenzt** wurden. Die Regelungen zur Eingliederungshilfe müssen im Zusammenhang mit denjenigen des SGB IX (Rehabilitation und Teilhabe) gesehen werden. Zur Eingliederungshilfe zählt jedoch nach herrschender Meinung **nicht** die Aufnahme in eine **therapeutische Wohngemeinschaft**.[262]   *Bedeutung in der Behinderten- und Altenarbeit*

Nach § 53 SGB XII erhält Eingliederungshilfe, wer in seiner körperlichen Funktion, geistigen Fähigkeit oder seelischen Gesundheit mit hoher Wahrscheinlichkeit länger als sechs Monate von dem für das Lebensalter typischen Zustand abweicht und dessen Teilhabe am Leben in der Gesellschaft daher beeinträchtigt ist. Die Person ist von Behinderung bedroht, wenn die Beeinträchtigung zu erwarten ist.[263] Voraussetzung ist zusätzlich, dass diese behinderten Menschen durch die Behinderung wesentlich in ihrer Fähigkeit, an der Gesellschaft teilzuhaben, eingeschränkt oder von einer solchen wesentlichen Behinderung bedroht sind sowie nach Art oder Schwere der Behinderung Aussicht besteht, dass die Aufgabe der Eingliederungshilfe erfüllt werden kann. *Personenkreis und Voraussetzungen*

Die besondere Aufgabe der Eingliederungshilfe ist es, eine **drohende Behinderung** zu **verhüten** oder eine Behinderung oder deren Folgen zu **beseitigen oder** zu **mildern** und die behinderten Menschen in die Gesellschaft einzugliedern. Dazu zählt, den behinderten Menschen die Teilnahme am Leben in der Gemeinschaft zu ermöglichen oder zu erleichtern, ihnen die Ausübung eines angemessenen Berufs oder einer sonstigen angemessenen Tätigkeit zu ermöglichen oder sie so weit wie möglich unabhängig von Pflege zu machen (§ 53 Abs. 3 SGB XII). Nach § 53 Abs. 4 SGB XII ist für die Leistungen zur Teilhabe das SGB IX anwendbar. *Ziel*

---

[262] OVG Bremen, FEVS 37, 87

[263] vgl. dazu § 2 SGB IX

Praxisbeispiel Bei Herrn B waren aufgrund seiner chronischen Psychose bereits mehrere stationäre Aufenthalte in psychiatrischen Krankenhäusern erforderlich. Seine Wohnung war zuletzt erheblich verwahrlost. Zusammen mit dem Sozialdienst des Krankenhauses wird ein Heim für psychisch kranke Menschen gefunden und Herr B dort aufgenommen. Die Kosten trägt gleichfalls der Sozialhilfeträger im Wege der Eingliederungshilfe, soweit die Kosten nicht von der Krankenversicherung getragen werden müssen.

Leistungen

Leistungen der Eingliederungshilfe sind neben den Leistungen nach §§ 26, 33, 41, 55 SGB IX insbesondere:

- Hilfen zu einer angemessenen **Schulbildung**, insbesondere im Rahmen der allgemeinen Schulpflicht und zum Besuch weiterführender Schulen einschließlich der Vorbereitung hierzu,
- Hilfe zur schulischen **Ausbildung** für einen angemessenen **Beruf** einschließlich des Besuchs einer Hochschule,
- Hilfe zur **Ausbildung** für eine sonstige angemessene **Tätigkeit**,
- Hilfe in vergleichbaren sonstigen **Beschäftigungsstätten**,
- nachgehende Hilfe zur Sicherung der **Wirksamkeit** der ärztlichen und ärztlich verordneten **Leistungen** und zur **Sicherung der Teilhabe der behinderten Menschen am Arbeitsleben**.

Bei behinderten Menschen in stationären Einrichtungen können nach § 54 Abs. 2 SGB XII zum gegenseitigen Besuch Beihilfen gewährt werden.

Eingliederungshilfe als Teil eines trägerübergreifenden persönlichen Budgets

Neu ist, dass nach § 57 SGB XII **auf Antrag** Leistungen der Eingliederungshilfe auch als Teil eines trägerübergreifenden persönlichen Budgets erhalten werden können.[264] In § 58 SGB XII ist vorgesehen, dass der **Sozialhilfeträger** so frühzeitig wie möglich einen **Gesamtplan** zur Durchführung der einzelnen Leistungen aufstellen und dabei mit dem behinderten Menschen und den sonst im Einzelfall Beteiligten zusammenarbeiten soll, insbesondere mit dem behandelnden Arzt, dem Gesundheitsamt, dem Jugendamt und den Dienststellen der Bundesagentur für Arbeit. Leistungen in anerkannten Werkstätten für behinderte Menschen werden erbracht, um die Leistungs- oder Erwerbsfähigkeit der behinderten Menschen zu erhalten, zu entwickeln, zu verbessern oder wiederherzustellen, die Persönlichkeit dieser Menschen weiterzuentwickeln und ihre Beschäftigung zu ermöglichen oder zu sichern (§ 39 SGB IX).

4.4 Hilfe zur Pflege

Ziel

Bei der Hilfe zur Pflege soll, sofern möglich, die **häusliche Pflege gefördert** werden (§ 63 SGB XII). Bei schweren Pflegefällen müs-

---

[264] zusammen mit § 17 Abs. 2–4 SGB IX i. V. m. der BudgetVO und § 159 SGB IX

sen durch den Sozialhilfeträger Leistungen für die Unterbringung und Pflege in einem **Heim** oder einer **Anstalt** gewährt werden, soweit nicht die Pflegeversicherung (SGB XI) leisten muss.

> Das Kind K der Eheleute E ist schwerstbehindert. Ab dem sechsten Lebensjahr sind die Eltern zur Pflege physisch und psychisch nicht mehr in der Lage. Deshalb erfolgt die vollstationäre Unterbringung des Kindes in einer Behinderteneinrichtung. Die Kosten dafür müssen im Wege der Sozialhilfe gezahlt werden, sofern die Eltern über kein Vermögen verfügen und soweit die Kosten nicht durch Leistungen der Pflegeversicherung oder andere gedeckt sind.

Praxisbeispiel

Hilfe zur Pflege erhält nach § 61 SGB XII, wer **wegen** einer körperlichen, geistigen oder seelischen **Krankheit oder Behinderung** für die gewöhnlichen und regelmäßig wiederkehrenden Verrichtungen im Ablauf des täglichen Lebens **auf Dauer**, voraussichtlich für mindestens sechs Monate, in erheblichem oder höherem Maße der **Hilfe benötigt**. Sie umfasst häusliche Pflege, Hilfsmittel, teilstationäre Pflege, Kurzzeitpflege und stationäre Pflege.

Personenkreis

Der Inhalt ihrer Leistungen orientiert sich an den Regelungen der Pflegeversicherung. Sie kann auf Antrag auch als Teil eines trägerübergreifenden persönlichen Budgets erbracht werden. Die Krankheiten oder Behinderungen, die Voraussetzung sind, entsprechen denjenigen in der Pflegeversicherung.

Leistungen

Der Träger der Einrichtung muss dazu mit dem jeweilgen Sozialhilfeträger nach § 76 ff. SGB XII eine **Pflegesatzvereinbarung** abschließen. Zusätzlich gelten die Richtlinien der Pflegekassen zur Pflegebedürftigkeit, die Rahmenverträge und Bundesempfehlungen über die pflegerische Versorgung und die Vereinbarungen über die Qualitätssicherung.

4.5 Einsatz des Einkommens und Vermögens

Die Unterscheidung zwischen den Hilfearten, Hilfe zum Lebensunterhalt und sonstige Leistungen, hat unter anderem Bedeutung hinsichtlich des Einsatzes des Einkommens. Bei der **Hilfe zum Lebensunterhalt** müssen nach §§ 82 ff. SGB XII grundsätzlich **alle Einkünfte** und das **gesamte Vermögen** verwendet werden bzw. werden angerechnet. Bestimmte Vermögenswerte sind durch § 90 SGB XII ausgenommen. Insbesondere darf die **Sozialhilfe** nicht abhängig gemacht werden vom Einsatz oder von der Verwertung

Kein Ansatz bestimmter Einkommens- und Vermögenswerte

- eines Vermögens, das **aus öffentlichen Mitteln zum Aufbau oder zur Sicherung einer Lebensgrundlage** oder zur Gründung eines Hausstandes erbracht wird,
- eines Kapitals einschließlich seiner Erträge, das der zusätzlichen **Altersvorsorge** dient und dessen Ansammlung **staatlich gefördert** wurde,

- eines sonstigen Vermögens, solange es nachweislich zur baldigen Beschaffung oder Erhaltung eines **Hausgrundstücks** bestimmt ist, soweit dieses Wohnzwecken behinderter und/oder pflegebedürftiger Menschen dient oder dienen soll und dieser Zweck durch den Einsatz oder die Verwertung des Vermögens gefährdet würde,
- eines angemessenen **Hausrats**; dabei sind die bisherigen Lebensverhältnisse der nachfragenden Person zu berücksichtigen,
- von Gegenständen, die zur Aufnahme oder Fortsetzung der **Berufsausbildung** oder der **Erwerbstätigkeit** unentbehrlich sind,
- von **Familien- und Erbstücken**, deren Veräußerung für die nachfragende Person oder ihre Familie eine besondere Härte bedeuten würde,
- von Gegenständen, die zur **Befriedigung geistiger**, insbesondere wissenschaftlicher oder künstlerischer **Bedürfnisse** dienen und deren Besitz nicht Luxus ist,
- eines angemessenen **Hausgrundstücks**, das von der nachfragenden Person oder einer anderen Person allein oder zusammen mit Angehörigen ganz oder teilweise **bewohnt** wird und nach ihrem Tod von ihren Angehörigen bewohnt werden soll. Die Angemessenheit bestimmt sich nach der Zahl der Bewohner, dem Wohnbedarf, der Grundstücksgröße, der Hausgröße, dem Zuschnitt und der Ausstattung des Wohngebäudes sowie dem Wert des Grundstücks einschließlich des Wohngebäudes,
- kleinerer **Barbeträge** oder **sonstiger Geldwerte**; dabei ist eine besondere Notlage der nachfragenden Person zu berücksichtigen.

4.6 Sozialhilfeträger

Örtlicher und überörtlicher Träger

Träger der Sozialhilfe sind gemäß § 3 SGB XII die örtlichen Träger (**Landkreise und kreisfreie Städte**) und die überörtlichen Träger (**Landeswohlfahrtsverbände, Landschaftsverbände, in Bayern die Bezirke**). Grundsätzlich ist der örtliche Träger für die Gewährung von Leistungen der Sozialhilfe zuständig (§ 97 Abs. 1 SGB XII). Durch Landesrecht soll bestimmt werden, welche Aufgaben der überörtliche Träger übernimmt.

Neues Recht

Ab 1.01.2007 ist der **überörtliche Träger** der Sozialhilfe für **Leistungen**

- der Eingliederungshilfe für behinderte Menschen,
- der Hilfe zur Pflege,
- der Hilfe zur Überwindung besonderer sozialer Schwierigkeiten und
- der Blindenhilfe

zuständig, soweit das Landesrecht nichts anderes bestimmt.

Die **örtliche Zuständigkeit** ergibt sich nach § 98 SGB XII aus dem **tatsächlichen Aufenthalt** des Betroffenen. Dies bedeutet, dass derjenige Sozialhilfeträger örtlich für die Leistungen zuständig ist, in dessen Bereich sich die Leistungsberechtigten tatsächlich aufhalten. Für Leistungen der **Grundsicherung im Alter und bei Erwerbsminderung** ist derjenige Träger örtlich zuständig, in dessen Bereich der gewöhnliche Aufenthaltsort des Leistungsberechtigten liegt. Diese Zuständigkeit bleibt bis zur Beendigung der Leistung auch dann bestehen, wenn die Leistung außerhalb seines Bereichs erbracht wird. Bei **stationären Leistungen** ist der gewöhnliche Aufenthalt des Betroffenen zum Zeitpunkt der Aufnahme in die Einrichtung oder in den zwei Monaten vor der Aufnahme maßgebend. Wird ein Kind in einer Einrichtung geboren, tritt an die Stelle seines gewöhnlichen Aufenthalts der gewöhnliche Aufenthalt der Mutter (§ 98 Abs. 2 SGB XII). Für Personen, die Leistungen in Form **ambulanter betreuter Wohnmöglichkeiten** erhalten, bleibt der Träger örtlich zuständig, der vor Eintritt in diese Wohnform zuletzt örtlich zuständig war (§ 98 Abs. 5 SGB XII).

4.7 Kostenersatz

Der Sozialhilfeträger kann die unterhaltspflichtigen Angehörigen über §§ 93 ff. SGB XII zum Kostenbeitrag heranziehen. Voraussetzung ist jedoch, dass die Angehörigen, beispielsweise die Eltern eines Behinderten, nach Bürgerlichem Recht unter Berücksichtigung ihres Einkommens und der weiteren Voraussetzungen überhaupt **zum Unterhalt verpflichtet** sind. Es gelten dabei besondere **Einkommens- und Vermögensfreibeträge** nach dem SGB XII. Bedeutet die Heranziehung eine **besondere Härte** oder steht der **Verwaltungsaufwand** in keinem Verhältnis zu den Zahlungen, kann ein Kostenersatz von den Unterhaltspflichtigen nicht gefordert werden (§ 94 Abs. 3 SGB XII).

Voraussetzungen für einen Kostenbeitrag unterhaltspflichtiger Angehöriger

Ein Kostenersatz des Hilfsbedürftigen selbst ist möglich, sofern er **schuldhaft** seine Hilfsbedürftigkeit herbeigeführt hat (§ 103 SGB XII). Der **Erbe** muss, gleichgültig, ob er Angehöriger oder sonstiger Erbe ist, gemäß § 102 SGB XII die Kosten der Sozialhilfe zurückerstatten. Dies gilt jedoch nur für Kosten innerhalb von zehn Jahren vor dem Erbfall und bei Beträgen, die das Dreifache des Grundbetrages nach § 85 Abs. 1 SGB XII übersteigen. Der Erbe haftet allerdings nur in **Höhe des Nachlasses**, folglich nicht mit dem eigenen Vermögen.

Kostenersatz des Hilfsbedürftigen und der Erben

- Welche beiden Arten von Sozialhilfe werden unterschieden?
- Wie werden die Leistungen jeweils gewährt?
- Wer sind die Träger der Sozialhilfe?
- Was bedeutet Kostenersatz?

Wiederholungsfragen

5 Rehabilitation und Teilhabe behinderter Menschen

5.1 Grundlagen

Um die Selbstbestimmung und gleichberechtigte Teilhabe von Behinderten oder von Behinderung bedrohter Menschen am Leben in der Gesellschaft zu fördern, Benachteiligungen für sie zu vermeiden oder ihnen entgegenzuwirken, wurde das SGB IX, das **Gesetz zur Rehabilitation und Teilhabe behinderter Menschen**, erlassen. Dabei wird nach § 1 SGB IX den besonderen Bedürfnissen behinderter und von Behinderung bedrohter Frauen und Kinder Rechnung getragen.

Personenkreis — Leistungen können behinderte Menschen erhalten.

Definition

> Menschen sind **behindert**, wenn ihre körperliche Funktion, geistige Fähigkeit oder seelische Gesundheit mit hoher Wahrscheinlichkeit länger als sechs Monate von dem für das Lebensalter typischen Zustand abweichen und daher ihre Teilhabe am Leben in der Gesellschaft beeinträchtigt ist. Sie sind von Behinderung bedroht, wenn die Beeinträchtigung zu erwarten ist (§ 2 SGB IX).

Vorrang von Prävention gegen Rehabilitation — Nach § 3 SGB IX sollen die Rehabilitationsträger darauf hinwirken, durch geeignete Maßnahmen das Eintreten einer Behinderung oder einer chronischen Krankheit zu vermeiden. Wie auch in anderen Sozialgesetzbüchern gilt nach § 3 SGB IX der „Vorrang von Prävention gegen Rehabilitation" Dabei geht es sowohl um Prävention im medizinischen Sinne als auch um die Prävention am Arbeitsplatz, unter anderem durch arbeitsplatzerhaltende Maßnahmen. Um als behinderter Mensch die wegen der Behinderung notwendigen Hilfen in Anspruch nehmen zu können, ist es grundsätzlich nicht erforderlich, dass ein bestimmter **Grad der Behinderung** festgestellt und durch einen Ausweis bescheinigt wird. Allerdings gibt es Ausnahmen. Manche Leistungen zum Ausgleich behinderungsbedingter Nachteile (z. B. öffentlicher Personennahverkehr) setzen voraus, dass der Grad der Behinderung festgestellt wurde.

Definition

> **Schwerbehinderung** liegt vor, wenn der Grad der Behinderung (GdB) wenigstens 50 % beträgt.

Sie erhalten nach dem SGB IX besondere Hilfen, wie beispielsweise den **besonderen Kündigungsschutz** (§§ 85 ff. SGB IX) und den **Zusatzurlaub** (§ 125 SGB IX). Der GdB wird nach den Auswirkungen der Beeinträchtigung im täglichen Leben definiert. Zuständig für derartige Anträge ist das für den Wohnsitz zuständige Versorgungsamt.

5.2 Verfahren

Ein selbstbestimmtes Leben für Menschen mit Behinderungen beginnt mit einer guten Beratung. Deshalb legt das SGB IX dort einen besonderen Schwerpunkt. **Ziel** ist dabei unter anderem, die **Zeit bis zur tatsächlichen Hilfe** entscheidend zu **verkürzen**. Für die Leistungen zur Teilhabe behinderter Menschen sind oft mehrere Rehabilitationsträger zuständig. Nachteile waren bisher die viele Zuständigkeiten, damit viele Ansprechpartner und viel Bürokratie. Deshalb regelt das neue Rehabilitationsrecht in den §§ 6, 10–12 SGB IX die **Verpflichtung zur Zusammenarbeit zwischen den Leistungsträgern** (z. B. Renten-, Kranken- und Unfallversicherung). Zu dieser Zusammenarbeit müssen nach § 23 SGB IX **gemeinsame Servicestellen** eingerichtet werden. Deren Aufgabe ist es, dass behinderte oder von Behinderungen bedrohte Menschen sowie ihre Angehörigen schnelle und unbürokratische Beratung und Unterstützung finden. Die Servicestellen müssen unter anderem über die Leistungsvoraussetzungen und Leistungen der Rehabilitationsträger informieren und aufklären. Trotzdem kann sich der Betroffene wie bisher auch an die jeweiligen Rehabilitationsträger mit ihren Auskunfts- und Beratungsstellen wenden. Für besondere Hilfen für schwerbehinderte Menschen sind weiter die **Integrationsämter** (früher Hauptfürsorgestellen) zuständig. Durch die Zielrichtung des SGB IX sollen nun auch die Sozialhilfe und die öffentliche Jugendhilfe von Beginn an in den Beratungs- und Entscheidungsprozess einbezogen werden. Diese Frage wird künftig unter den Rehabilitationsträgern geklärt.

Hohe Bedeutung der Beratung

Derjenige Rehabilitationsträger (z. B. Rentenversicherer), bei dem ein Antrag auf Leistungen gestellt wird, muss nun schnellstmöglich einen **Bescheid**, in aller Regel bereits nach zwei Wochen, erlassen, was bedeutet, dass ein Leistungsträger spätestens zwei Wochen nach Antragseingang geklärt haben muss, ob er für die Leistung zuständig ist. Schon nach einer weiteren Woche wird über die **Leistung** dann auch entschieden, wenn der Antrag nicht unverzüglich an einen anderen Rehabilitationsträger weitergeleitet wurde. Dieser entscheidet innerhalb von drei Wochen, nachdem der Antrag bei ihm eingegangen ist. Sollte ein Gutachten zur Ermittlung des Rehabilitationsbedarfs nötig sein, muss das Gutachten nach zwei Wochen vorliegen und die Entscheidung bereits zwei Wochen später getroffen worden sein. Dies bedeutet, dass spätestens der zweite Rehabilitationsträger über den Antrag entscheiden muss.

Verfahren nach Antragstellung

Entscheidet der Rehabilitationsträger ohne zureichenden Grund nicht innerhalb der vorgeschriebenen **Fristen** über den Antrag, kann der behinderte Mensch nach § 15 SGB IX sich Leistungen selbst beschaffen. Der zuständige Rehabilitationsträger muss ihm dann notwendige Aufwendungen erstatten.

Für die Leistungen zur Teilhabe ist kein einheitlicher Träger zuständig. Vielmehr hat jeder Rehabilitationsträger neben seinen sonstigen Aufgaben seinen spezifischen Bereich der Rehabilitation und Teilhabe. Die **gesetzlichen Krankenkassen** erbringen für ihre Versicherten beispielsweise Leistungen zur medizinischen Re-

Kein einheitlicher Träger

habilitation, wenn andere Sozialversicherungsträger solche Leistungen nicht erbringen können. Aufgabe der **Rentenversicherung** ist es, ein vorzeitiges Ausscheiden der Versicherten aus dem Erwerbsleben zu vermeiden. Hierfür erbringt sie Leistungen zur medizinischen Rehabilitation und zur Teilhabe am Arbeitsleben. Die **Unfallversicherung** ist bei Arbeitsunfällen und Berufskrankheiten für Leistungen zur medizinischen Rehabilitation, zur Teilhabe am Arbeitsleben und zur Teilhabe am Leben in der Gemeinschaft verantwortlich. Die Bundesagentur für Arbeit mit ihren Arbeitsämtern übernimmt Leistungen zur Teilhabe am Arbeitsleben, soweit hierfür kein anderer Sozialversicherungsträger verantwortlich ist. Die **Sozialhilfe**, für die die Sozialämter der Städte und Landkreise oder die überörtlichen Träger der Sozialhilfe zuständig sind, tritt für alle Leistungen zur medizinischen Rehabilitation, zur Teilhabe am Arbeitsleben und zur Teilhabe am Leben in der Gemeinschaft ein, soweit kein anderer Träger zuständig ist. Die **öffentliche Jugendhilfe** mit ihren örtlichen Jugendämtern erbringt Leistungen zur Teilhabe für seelisch behinderte Kinder und Jugendliche, soweit kein anderer Träger zuständig ist. Für schwerbehinderte Menschen kann darüber hinaus das Integrationsamt begleitende Hilfe im Arbeitsleben erbringen.

Bei der Notwendigkeit eines **Gutachtens** nennt der Rehabilitationsträger drei möglichst wohnortnahe Sachverständige. Der Antragsteller kann dann einen auswählen.

5.3 Leistungen

5.3.1 Allgemeines

Das SGB IX setzt im Sozialrecht das **Benachteiligungsverbot** des Artikels 3 Absatz 3 Satz 2 GG um, d. h., dass niemand wegen seiner Behinderung benachteiligt werden darf.

Leistungen für behinderte Menschen

Für behinderte Menschen werden nach § 5 SGB IX erbracht:

- Leistungen zur **medizinischen Rehabilitation**,
- Leistungen zur **Teilhabe am Arbeitsleben**,
- **unterhaltssichernde** und andere ergänzende Leistungen und
- Leistungen zur **Teilhabe am Leben in der Gemeinschaft**.

Früherkennung und Frühförderung bei Kindern

Kinder brauchen bei drohenden oder bereits eingetretenen Entwicklungsstörungen oder Behinderungen so früh wie möglich eine Rehabilitation. Diese Leistungen der Früherkennung und Frühförderung sind besonders wichtig. Je früher eine Beeinträchtigung erkannt wird, desto besser kann man hier vorbeugen und helfen. Dafür steht ein Netz von etwa 120 **Sozialpädiatrischen Zentren** und ca. 1000 zum Teil auch ambulanter und mobiler interdisziplinärer **Frühförderstellen** bereit. Das SGB IX stärkt die Frühförderung von Kindern bei der medizinischen Rehabilitation. Früherkennung und Frühförderung werden nun als **Komplexleistung** erbracht, als ein interdisziplinär abgestimmtes System ärztlicher, medizinischer, therapeutischer, psychologischer, heilpädagogischer und sozialpädagogischer Leistungen. In der Regel soll es bei der Rehabilitation möglichst keine Trennung vom sozialen

Umfeld und zugleich möglichst eine integrative Betreuung geben. Heilpädagogische Leistungen für schwerbehinderte und schwerst mehrfachbehinderte Kinder werden, solange die Kinder noch nicht eingeschult sind, erbracht, ohne dass sie selbst oder ihre Eltern zu den Kosten herangezogen werden.

Eine besondere Belastung für Menschen mit Behinderungen und ihre Angehörigen ist die Überprüfung ihrer Einkommens- und Vermögenssituation. Nach dem SGB XII (Sozialhilfe) erhält derjenige keine Sozialhilfe, der sich selbst helfen kann oder die erforderliche Hilfe von anderen erhält. Das SGB IX macht bei den Leistungen zur medizinischen Rehabilitation und zur Teilhabe am Arbeitsleben (sowie bei den Leistungen im Arbeitsbereich anerkannter Werkstätten für behinderte Menschen) keinen Unterschied mehr zwischen denjenigen behinderten Menschen, die auf die Unterstützung durch die **Sozialhilfe** angewiesen sind, und denjenigen, die ihre **Leistungen von anderen Leistungsträgern** erhalten, etwa von den Krankenkassen oder den Trägern der gesetzlichen Unfallversicherung. Trotzdem sind die Leistungen der Sozialhilfe zur Teilhabe in der Regel weiterhin nur nach einer Prüfung der Bedürftigkeit möglich.

Überprüfung der Einkommens- und Vermögenssituation

Leistungen zur Teilnahme am Leben in der Gemeinschaft sind nach dem SGB IX insbesondere

Leistungen zur Teilnahme am Leben in der Gemeinschaft

- heilpädagogische Leistungen für Kinder, die noch nicht eingeschult sind,
- Hilfen zum Erwerb praktischer Kenntnisse und Fähigkeiten,
- Hilfen zur Förderung der Verständigung mit der Umwelt,
- Hilfen bei der Beschaffung, Ausstattung und Erhaltung einer Wohnung, die den besonderen Bedürfnissen der behinderten Menschen entspricht,
- Hilfen zum selbstbestimmten Leben in betreuten Wohnmöglichkeiten,
- Hilfen zur Teilhabe am gemeinschaftlichen und kulturellen Leben.

Rehabilitationsträger für diese Leistungen sind die Träger der Sozialhilfe und der öffentlichen Jugendhilfe sowie für ihre Versicherten die Träger der gesetzlichen Unfallversicherung.

Behinderte Menschen haben nach dem SGB IX außerdem einen **Anspruch auf den barrierefreien Zugang** zu Ärzten, Sachverständigen und Therapeuten, zu Berufsförderungs- und Berufsbildungswerken und zu Verwaltungs- und Dienstgebäuden der Sozialleistungsträger. Gegenüber den Sozialleistungsträgern wird es **hörbehinderten Menschen** nun ermöglicht, die Gebärdensprache zu verwenden. Die Kosten für notwendige Gebärdendolmetscher und andere Kommunikationshilfen werden von dem jeweils zuständigen Leistungsträger übernommen.

Durch das SGB IX wurde auch eine Neuregelung des so genannten Unterhaltsrückgriffs getroffen. Bisher mussten sich die Eltern für eine vollstationäre Betreuung ihrer erwachsenen behinderten Kinder einer Einkommens- und Vermögensprüfung unterziehen, dies beispielsweise bei der Betreuung in stationären medizinischen Einrichtungen und in Pflegeeinrichtungen. Die Eltern müssen

Neuregelung des Unterhaltsrückgriffs

nun nur noch einen monatlichen Betrag in der Höhe von 26,00 Euro bezahlen. Darüber hinaus haben Eltern von Kindern im Alter zwischen 18 und 27 Jahren die Möglichkeit, sich mit einem Antrag auf eine besondere Härte zu berufen.

5.3.2 Vergünstigungen im öffentlichen Leben

Beispiele Bei den Vergünstigungen im öffentlichen Leben sind die **Befreiung** von der Rundfunkgebühr, der Telefongrundgebühr und der Kraftfahrzeugsteuer sowie die **unentgeltliche Beförderung** im **Personenverkehr**, die Erhöhung des **Freibetrages beim Wohngeld** und verschiedene **Steuervergünstigungen** bei Lohn- und Einkommensteuer zu nennen. Die unentgeltliche Beförderung im öffentlichen Personenverkehr erfolgt nur dann, wenn der Schwerbehindertenausweis mit einer Wertmarke versehen ist und der Schwerbehinderte entweder das Merkzeichen

- **aG** für außergewöhnlich gehbehindert,
- **H** für hilflos,
- **Bl** für blind oder
- **B** für ständige Begleitung

im Ausweis eingetragen hat. Nur bestimmte Personengruppen, wie Blinde oder Empfänger von Sozial- oder Arbeitslosenhilfe oder Empfänger von Kriegsopferversorgung, erhalten eine kostenlose Wertmarke. Die **Vergünstigung der unentgeltlichen Beförderung**, gleichgültig ob mit oder ohne Zahlung des genannten Jahresbetrages, erhält somit **nur der Behinderte**,

- dessen Bewegungsfähigkeit im Straßenverkehr erheblich eingeschränkt ist,
- der blind oder
- gehörlos

ist (§ 146 SGB IX). In der Bewegungsfähigkeit eingeschränkt sind nicht nur behinderte Menschen, deren Gehfähigkeit vermindert ist, sondern auch Personen, die zu Anfällen neigen oder krankheitsbedingt keine ausreichende Orientierung haben.

5.4 Teilhabe am Arbeitsleben

5.4.1 Private Arbeitsverhältnisse

Ziel Die Arbeit ist auch für behinderte Menschen eine wichtige Voraussetzung für eine gleichberechtigte Teilhabe am Leben in der Gesellschaft. Ziel ist, die Erwerbsfähigkeit behinderter oder von Behinderung bedrohter Menschen entsprechend ihrer Leistungsfähigkeit zu erhalten, zu verbessern, herzustellen oder wiederherzustellen. Dabei soll ihre Teilhabe am Arbeitsleben möglichst auf Dauer gesichert werden. Generell gilt: Schwerbehinderte Menschen haben gegenüber dem Arbeitgeber Anspruch auf einen Arbeitsplatz, der ihrer Behinderung entsprechend ausgestattet ist. Dazu müssen die erforderlichen technischen Arbeitshilfen zur

Verfügung gestellt werden sowie Maschinen, Geräte und Gebäude behinderungsgerecht sein.

Soweit die Finanzierung für den **Arbeitgeber** nicht unzumutbar ist, trägt dieser die Kosten. Er wird aber finanziell von den Integrationsämtern, den Arbeitsämtern oder anderen **Rehabilitationsträgern** unterstützt.

Finanzierung

Eine wichtige Neuerung für schwerbehinderte Menschen ist ihr Rechtsanspruch auf notwendige **Arbeitsassistenz**. Sie bedeutet, dass der behinderte Mensch eine direkte, persönliche Hilfe am Arbeitsplatz erhält. Ist die Arbeitsassistenz notwendig, um einen Arbeits- oder Ausbildungsplatz zu erhalten, werden die Kosten bis zu drei Jahren von den Rehabilitationsträgern übernommen. Die Integrationsämter tragen die Kosten, wenn die Arbeitsassistenz zur Erhaltung eines Arbeitsplatzes notwendig ist.

Rechtsanspruch auf notwendige Arbeitsassistenz

Außerdem haben schwerbehinderte Menschen einen Anspruch auf Teilzeitbeschäftigung, wenn die kürzere Arbeitszeit wegen der schweren Behinderung notwendig und für den Arbeitgeber zumutbar ist und ihr sonstige rechtliche Regelungen nicht entgegenstehen. **Zusätzlich** kann ein **Anspruch nach dem Teilzeit- und Befristungsgesetz** bestehen. Auch zur Aufnahme einer selbstständigen Tätigkeit werden Leistungen gewährt durch das **Überbrückungsgeld**. Es soll dazu dienen, durch die Aufnahme einer selbstständigen Tätigkeit eine Arbeitslosigkeit zu beenden oder vermeiden. Das Überbrückungsgeld entspricht dem Arbeitslosengeld.

Anspruch auf Teilzeitbeschäftigung

Arbeitgeber mit mehr als 20 Arbeitsplätzen müssen nach § 71 Abs. 1 SGB IX auf 5 % der Arbeitsplätze schwerbehinderte Menschen beschäftigen. Dabei sind schwerbehinderte Frauen besonders zu berücksichtigen. **Bei Nichterfüllung** der Quote zahlen Arbeitgeber eine monatliche **Ausgleichsabgabe**, deren Höhe gestaffelt ist. Zum Ausgleich höherer Aufwendungen für die Beschäftigung schwerbehinderter Menschen können Arbeitgeber **Eingliederungszuschüsse** erhalten. Diese können zeitlich befristet bis zu 70 % des Lohnes einschließlich der Sozialversicherungsbeiträge betragen.

Quoten

Die Kündigung eines Schwerbehinderten ist **nur zulässig**, wenn zuvor die Genehmigung des Integrationsamtes beim zuständigen Landeswohlfahrtsverband oder Landschaftsverband eingeholt wird (§ 85 SGB IX). Die **Kündigungsfrist** beträgt dann mindestens vier Wochen (§ 86 SGB IX). Das Integrationsamt muss über den Antrag nach § 88 SGB IX innerhalb eines Monats entscheiden. Der entsprechende Bescheid kann mit Widerspruch (§ 118 SGB IX) und Anfechtungsklage angefochten werden.

Kündigung eines Schwerbehinderten

Schwerbehinderte sind **vorrangig einzustellen** (§ 81 SGB IX) und erhalten einen **Zusatzurlaub** von 5 Arbeitstagen je Urlaubsjahr (§ 125 SGB IX). Der Schwerbehinderte ist außerdem auf Wunsch von **Mehrarbeit** freizustellen.

Weitere Regelungen

5.4.2 Werkstätten für behinderte Menschen (WfbM)

Für Menschen, die wegen der Art oder Schwere ihrer Behinderung nicht, noch nicht oder noch nicht wieder auf dem allgemei-

Personenkreis

nen Arbeitsmarkt beschäftigt werden können, gibt es die Werkstätten für behinderte Menschen. Insoweit hat das SGB IX einige Verbesserungen gebracht.

Eingangsverfahren — Aufgabe dieses Verfahrens ist die Feststellung, ob der Behinderte für die Werkstatt **geeignet** und ob eine **Eingliederung** in das Arbeitsleben möglich ist. Dieses Eingangsverfahren dauert im Normalfall vier Wochen, und der Fachausschuss gibt danach eine Stellungnahme ab. Kommt der Fachausschuss zu dem Ergebnis, dass der Behinderte für die Werkstatt nicht geeignet ist, muss er eine Empfehlung für die anderweitige Unterbringung aussprechen.

Das Verfahren wird nach dem SGB IX nicht nur in Zweifelsfällen, sondern generell für eine Dauer von drei Monaten durchgeführt. Außerdem wird im Eingangsverfahren ein **Eingliederungsplan** aufgestellt, in dem die einzelnen Maßnahmen vorgelegt werden. Der nächste Schritt führt dann in den **Berufsbildungsbereich**, dem früheren Arbeitstrainingsbereich, für zwei Jahre. Die Namensänderung betont den Bildungsauftrag.

Voraussetzung für die Aufnahme in die Werkstatt ist, dass kein außerordentliches Pflegebedürfnis besteht, keine Gefährdung anderer oder der eigenen Person gegeben ist und nach der Durchführung der beruflichen Bildungsmaßnahmen im Berufsbildungsbereich wenigstens ein Mindestmaß an wirtschaftlich verwertbarer Arbeit geleistet werden kann (§ 136 SGB IX).

Arbeitsbereich — Dort soll ein möglichst breites Angebot an Arbeitsplätzen zur sinnvollen Beschäftigung der Behinderten vorhanden sein. Die Arbeitsplätze sollen in ihrer Ausstattung denen auf dem allgemeinen Arbeitsmarkt entsprechen. Sofern möglich, sollen Arbeitsversuche in der freien Wirtschaft durchgeführt werden.

Die **Größe** der Werkstatt soll gemäß § 7 SchwbWV mindestens 120 Plätze haben, um eine effektive Beschäftigung und ein breites Angebot zu ermöglichen. Bei der **baulichen Gestaltung** muss einerseits die Aufgabenstellung der Eingliederung Behinderter und andererseits dem notwendigen Arbeitsschutz Rechnung getragen werden.

Wichtige Voraussetzung einer Werkstatt für Behinderte ist die Ausstattung mit dem erforderlichen **Personal**, wobei der Gesetzgeber bestimmte Vorgaben festgelegt hat. Der Werkstattleiter muss einen Fachhochschulabschluss im kaufmännischen (z. B. Betriebswirt) oder technischen (z. B. Ingenieur) Bereich haben. Außerdem ist eine sonderpädagogische Zusatzausbildung notwendig. Zusätzlich ist eine erforderliche Anzahl von Fachkräften erforderlich. Diese sollen Facharbeiter, Gesellen oder Meister sein sowie über eine Zusatzausbildung, beispielsweise als Heilerziehungshelfer, verfügen (§ 9 Abs. 3 SchwbWV). Die Fachkräfte müssen im Arbeitsbereich im Verhältnis 1:12 stehen.

Im Arbeitsbereich selbst wird an den bisher guten Erfahrungen festgehalten. Die Arbeiten in der Werkstatt werden von pädagogischen, sozialen, psychologischen, medizinischen, pflegerischen und therapeutischen Fachkräften kontinuierlich **begleitet**.

Die in den Werkstätten beschäftigten behinderten Menschen haben ein **Recht auf Mitsprache**. Zu ihrer Interessenvertretung wählen sie Werkstatträte. Die Einzelheiten, insbesondere zu den Aufgaben und Rechten der Werkstatträte, sind in einer Mitwirkungsverordnung geregelt. Das SGB IX sieht nun auch die Einrichtung von Eltern- und Betreuerbeiräten vor. Angehörige und Betreuer der behinderten Menschen beraten und unterstützen hier gemeinsam die Werkstatt und den Werkstattrat bei ihrer Arbeit.

Die Werkstätten für behinderte Menschen haben als zusätzliche Aufgabe den **Übergang auf den allgemeinen Arbeitsmarkt** gezielt zu fördern. Die Fachausschüsse der Werkstätten werden bei der Planung und Durchführung der hierzu erforderlichen Maßnahmen beteiligt und schlagen geeignete Mitarbeiter vor.

- Wer ist Schwerbehinderter?
- Welche besonderen Rechte stehen ihnen im Arbeitsleben zu?
- Welche sonstigen Vergünstigungen erhalten sie?
- Welche Stufen sind bei der Aufnahme in eine WfB vorgesehen?
- Wer ist nicht werkstattfähig?

Wiederholungsfragen

6 Jugendhilferecht

Das Jugendhilferecht ist im Wesentlichen im **Kinder- und Jugendhilfegesetz** (SGB VIII) niedergelegt. Zweck der Jugendhilfe ist nach § 1 Abs. 3 SGB VIII, junge Menschen in ihrer Entwicklung zu fördern, Eltern zu beraten und zu unterstützen, Kinder und Jugendliche vor Gefahren für ihr Wohl zu schützen sowie einen Beitrag für positive Lebensbedingungen dieser Personengruppe zu leisten.

Aufgaben der Jugendhilfe

Im Rahmen der Jugendhilfe soll nach § 2 SGB VIII ein umfassendes Angebot der Jugendarbeit und von Tageseinrichtungen bzw. Tagespflege geschaffen werden. Die Träger der Jugendhilfe müssen außerdem Kinder und Jugendliche, die darum bitten oder deren Wohl gefährdet ist, in ihre Obhut nehmen (§ 42 SGB VIII).

Die vierzehnjährige C wächst mit vier Geschwistern und ihrer allein erziehenden Mutter auf. Die Mutter zwingt C, unter anderem mit Schlägen, vor und nach dem täglichen Schulbesuch nahezu die gesamte Hausarbeit zu verrichten und ihre Geschwister zu beaufsichtigen. Aus diesem Grund wendet sich C an das Jugendamt und bittet um Hilfe. Das Jugendamt veranlasst die Unterbringung in einer Wohngruppe und lässt der Mutter das Sorgerecht entziehen.

Praxisbeispiel

Das Kind oder der Jugendliche ist dann bei einer geeigneten Person (Pflegeeltern) oder einer geeigneten Einrichtung unterzubrin-

Entzug des Sorgerechts

gen. Der Sorgeberechtigte ist davon unverzüglich zu unterrichten. Sofern die Eltern oder der sonstige Sorgeberechtigte einer derartigen Maßnahme nicht zustimmen, das Wohl des jungen Menschen jedoch unter Berücksichtigung von § 1666 BGB gefährdet ist, muss ein **richterlicher Beschluss** hinsichtlich des Entzuges des Sorgerechts beim **Familiengericht** beantragt werden.

Weitere Aufgaben

Weitere Aufgaben sind:
- die **Überwachung** der **Pflegeeltern** und der **Kinderheime**,
- **Mitwirkung** im Verfahren des **Betreuungs- und des Familiengerichts** und die
- Errichtung vollstreckbarer Urkunden über den Unterhalt in **Unterhaltsverfahren**.

Öffentliche Träger der Jugendhilfe

Die öffentlichen Träger der Jugendhilfe sind die **Jugendämter** als örtliche Träger und die **Landesjugendämter** als überörtliche Träger (§ 69 SGB VIII). Es gibt dazu bei jeder kreisfreien Stadt ein **Stadtjugendamt** und bei den Landkreisen **Kreisjugendämter**. Zur Erfüllung ihrer Aufgaben sind die Jugendämter zur Zusammenarbeit mit den Trägern der **freien Jugendhilfe** (z. B. Caritas, Diakonie, Arbeiterwohlfahrt) gemäß § 4 SGB VIII verpflichtet. Die freie Jugendhilfe soll zur Erfüllung ihrer Aufgaben eine angemessene Förderung erhalten, wobei allerdings die Höhe der Förderung sich an den „verfügbaren Haushaltsmitteln" orientiert und nur im pflichtgemäßen Ermessen der Stadt bzw. des Landkreises oder des jeweiligen Bundeslandes steht (§ 74 Abs. 3 SGB VIII). Grundsätzlich soll die **Förderung** auch die Fortbildung der Mitarbeiter sowie die Errichtung und Unterhaltung von Freizeit- und Bildungsstätten für Jugendliche umfassen.

Träger der freien Jugendhilfe

Als Träger der freien Jugendhilfe werden Organisationen anerkannt, die **gemeinnützige Ziele** verfolgen und die die notwendigen **fachlichen** sowie **personellen Voraussetzungen** für eine sinnvolle und effektive Arbeit mit Kindern und Jugendlichen erfüllen (§ 75 SGB VIII). Als **Fachkräfte** dürfen in anerkannten Einrichtungen Personen eingesetzt werden, die über eine pädagogische und therapeutische Ausbildung (z. B. Heilerziehungspfleger) verfügen. Diese Voraussetzungen sind bei Verbänden der freien Wohlfahrtspflege, wie Caritas, Diakonie und Arbeiterwohlfahrt, erfüllt, so dass diese als Träger anerkannt sind.

Unterbringung von Kindern und Jugendlichen

Bei der Unterbringung von Kindern und Jugendlichen haben die **Eltern** nach § 91 Abs. 1 SGB VIII für die Kosten einen **angemessenen Beitrag** zu leisten, der sich insbesondere am jeweiligen Einkommen und Vermögen orientiert (vgl. § 6 LJHG-BW). Dies gilt auch für Kindergärten, Kinderhorte und Tagespflegestellen (§ 91 Abs. 2 SGB VIII). Bei geringem Einkommen der Eltern soll der öffentliche Träger der Jugendhilfe die Kosten selbst tragen. Die **Höhe** des Kostenbeitrages wird entsprechend den Vorschriften des Bundessozialhilfegesetzes über den Einsatz von Einkommen und Vermögen berechnet. Der Kostenbeitrag darf höchstens so hoch sein wie der Unterhaltsbetrag, den Eltern für ihre Kinder nach Bürgerlichem Recht, beispielsweise im Rahmen einer Scheidung (aufgrund der Düsseldorfer Tabelle) zahlen müssten. Die Eltern müssen zumindest in Höhe der ersparten Aufwendungen, den Kosten der Verpflegung zu Hause und den Leistungen, die von Dritten kommen, z. B. Kindergeld, ihren Beitrag zur Unterbringung des Kindes leisten. Ansprüche des Kindes und der Jugendlichen können im Wege der **Überleitung** nach § 94 SGB VIII geltend gemacht werden.

- Wer sind Träger der Jugendhilfe?
- Was sind deren Aufgaben?
- Wie werden die Eltern zu den Kosten herangezogen?

Wiederholungsfragen

7 Heimrecht

Das **Heimrecht** dient aufgrund seiner sozialpolitischen Zielsetzung dem **Schutz** der **Heimbewohner** und der Bewerber um einen Heimplatz. Die Interessen und Bedürfnisse der Bewohner sollen geschützt werden. Besonderen Schutz soll dabei die **Würde des Menschen** erfahren.[265] Dieser Schutz soll unter anderem durch folgende Instrumentarien erfolgen:

Ziel des Heimrechts

- vorbeugende Maßnahmen (z. B. Beratung, Anzeige zum Betrieb),
- Mindestanforderungen (Personal, bauliche und sachliche Ausstattung),
- Verbesserung der Rechtsstellung der Bewohner (Heimvertrag, Verbote, Information),
- Mitwirkung der Heimbewohner (z. B. Heimbeirat),
- Heimüberwachung mit Zwangsmitteln (z. B. Auflagen, Geldbußen).

Instrumentarien

Das Heimrecht wird aufgrund des zu erwartenden starken Anstieges des Anteiles älterer Menschen an der Gesamtbevölkerung und der sonstigen pflegebedürftigen Personengruppen (Schwerbehinderte, Pflegefälle aufgrund Krankheit) immer größere Bedeutung gewinnen.

Durch die Förderalismusreform im Jahr 2006 ist das Heimrecht, d. h. die Befugnis zum Erlass von Heimgesetzen, auf die Bundesländer übergegangen. Einzelne Bundesländer haben bereits eigene Heimgesetze beschlossen, andere noch nicht. Der Bundestag hat allerdings 2009 neu ein Wohn- und Betreuungsvertragsgesetz (WBVG) beschlossen. Dieses regelt wie auch das alte Heimgesetz in Teilen die Vertragsgestaltung bei Heimverträgen und ähnlichem.

Das neue Gesetz gibt älteren, pflegebedürftigen und behinderten Menschen bestimmte Rechte, wenn sie Verträge über die Überlassung von Wohnraum mit Pflege- oder Betreuungsleistungen abschließen. Zu den wichtigsten Vorschriften des Wohn- und Betreuungsvertragsgesetzes gehören:

---

[265] Goberg (1992), S. 1

- Verbraucherinnen und Verbraucher haben Anspruch auf vorvertragliche Informationen in leicht verständlicher Sprache über Leistungen, Entgelte und das Ergebnis von Qualitätsprüfungen.
- Verträge werden grundsätzlich auf unbestimmte Zeit und schriftlich abgeschlossen. Eine Befristung ist nur zulässig, wenn sie den Interessen des Verbrauchers nicht widerspricht.
- Das vereinbarte Entgelt muss angemessen sein. Eine Entgelterhöhung ist nur unter bestimmten Voraussetzungen möglich und bedarf der Begründung.
- Bei Änderung des Pflege- oder Betreuungsbedarfs muss der Unternehmer eine entsprechende Anpassung des Vertrages anbieten. Ausnahmen bedürfen der gesonderten Vereinbarung.
- Eine Kündigung des Vertrages ist für den Unternehmer nur aus wichtigem Grund möglich. Für Verbraucher gelten besondere Kündigungsmöglichkeiten.

Das neue Wohn- und Betreuungsvertragsgesetz trat am 1. Oktober 2009 in Kraft.

Das WBVG ist nach dessen § 1 Abs. 1 für Verträge anzuwenden, in welchem der „Unternehmer", also in der Regel der Heimträger, sich zur Überlassung von Wohnraum und zur Erbringung von Pflege- oder Betreuungsleistungen verpflichtet, die der Bewältigung eines durch Alter, Pflegebedürftigkeit oder Behinderung bedingten Hilfebedarfs dienen, er also einen Heimplatz oder ähnliches zur Verfügung stellt. Dabei ist unerheblich, ob die Pflege- oder Betreuungsleistungen nach den vertraglichen Vereinbarungen vom Unternehmer zur Verfügung gestellt oder vorgehalten werden. Das Gesetz ist allerdings nicht anzuwenden, wenn der Vertrag neben der Überlassung von Wohnraum ausschließlich die Erbringung von allgemeinen Unterstützungsleistungen wie die Vermittlung von Pflege- oder Betreuungsleistungen, Leistungen der hauswirtschaftlichen Versorgung oder Notrufdienste zum Gegenstand hat.

Das Gesetz gilt zusätzlich auch dann, wenn die vom Unternehmer zu erbringenden Leistungen Gegenstand verschiedener Verträge sind und

1. der Bestand des Vertrags über die Überlassung von Wohnraum von dem Bestand des Vertrags über die Erbringung von Pflege- oder Betreuungsleistungen abhängig ist,
2. der Verbraucher an dem Vertrag über die Überlassung von Wohnraum nach den vertraglichen Vereinbarungen nicht unabhängig von dem Vertrag über die Erbringung von Pflege- oder Betreuungsleistungen festhalten kann oder
3. der Unternehmer den Abschluss des Vertrags über die Überlassung von Wohnraum von dem Abschluss des Vertrags über die Erbringung von Pflege- oder Betreuungsleistungen tatsächlich abhängig macht.

Dies gilt auch, wenn die in den obigen Fällen vereinbarten Leistungen von verschiedenen Unternehmern geschuldet werden und diese rechtlich oder wirtschaftlich miteinander verbunden sind.

Der Gesetzgeber wollte mit dem Gesetz auch Umgehungsversuche der Heimträger etc. verhindern.

Nicht vom neuen Wohn- und Betreuungsvertragsgesetz erfasst werden Krankenhäuser, Vorsorge- und Rehabilitationskliniken, Internate sowie Einrichtungen für Kur- und Erholungsaufenthalte und Jugendhilfeeinrichtungen nach § 41 SGB VIII.

Die bereits erlassenen Landesheimgesetze regeln die für den Betrieb eines Heimes notwendigen Mindestanforderungen. Beispielhaft soll dazu das Heimgesetz Baden-Württemberg herangezogen werden.

Nach § 3 LHeimG ist der Heimträger dazu verpflichtet, seine Leistungen nach dem jeweils allgemein anerkannten Stand fachlicher Erkenntnisse zu erbringen. Dazu wird eine Rechtsverordnung erlassen, die Verordnung zur Verbesserung der Wohnqualität in den Heimen Baden-Württembergs (LHeimBauVO). Diese Verordnung regelt unter anderem folgendes:

In § 1: Die Gestaltung der Bau- und Raumkonzepte muss sich vorrangig an den Zielen der Erhaltung von Würde, Selbstbestimmung und Lebensqualität orientieren. Dies schließt das Recht auf eine geschützte Privat- und Intimsphäre der Bewohner mit ein. Dabei sollen die Heime so gestaltet werden, dass sie den Bestrebungen zur Normalisierung der Lebensumstände in stationären Einrichtungen entsprechen (§ 1 Abs. 3 LHeimBauVO).

In § 3: Soweit Heime keine Wohnungen zur individuellen Nutzung bereitstellen, muss für alle Bewohner ein Einzelzimmer zur Verfügung stehen. Bei Zimmern in Wohngruppen muss die Zimmerfläche ohne Vorraum mindestens 14 m² oder einschließlich Vorraum mindestens 16 m² betragen.

In § 4: Sofern nicht Wohnungen die Wohneinheiten im Heimbereich bilden, muss die Bildung von Wohngruppen möglich sein. In Wohnungen sollen nicht mehr als acht und in Wohngruppen höchstens 15 Bewohner aufgenommen werden. Es muss ein Gemeinschaftsbereich geschaffen werden, wo die Wohnfläche mindestens 5 m² pro Bewohner betragen muss. Die Heime sollen über einen ausreichend großen, geschützten und von mobilen Bewohnern selbständig nutzbaren Außenbereich (Garten, Terrasse oder Gemeinschaftsbalkon) verfügen.

Das Landesheimgesetz selbst sieht wie das bisherige Bundesgesetz vor, dass die Heimaufsicht auch die Aufgabe hat, die Bewohner sowie die Heimbeiräte sowie „Personen, die ein berechtigtes Interesse haben" und auf Antrag Träger zu beraten (§ 4 LHeimG). Wie bisher muss nach § 5 LHeimG zwischen dem Heimträger und den Bewohnern ein Heimvertrag abgeschlossen werden, in welchem die Rechte und Pflichten des Trägers und des Bewohners, insbesondere die Leistungen des Trägers und das von dem Bewohner insgesamt zu entrichtende Heimentgelt, geregelt werden müssen. Der Heimvertrag muss eine allgemeine Leistungsbeschreibung des Heims, insbesondere der Ausstattung, enthalten. Im Heimvertrag müssen die Leistungen des Trägers, insbesondere Art, Inhalt und Umfang der Unterkunft, Verpflegung und Betreuung einschließlich der auf die Unterkunft, Verpflegung und Betreuung entfallenden Entgelte angegeben werden. Außerdem müssen die weiteren Leistungen im Einzelnen gesondert beschrieben und die jeweiligen Entgeltbestandteile hierfür gesondert angegeben werden. In Verträgen mit Personen, die Leistungen der Pflegeversicherung in Anspruch nehmen diese Leistungen sowie die Entgelte dazu aufgeführt werden. Die Entgelte, also die vom Bewohner zu zahlenden Heimkosten, müssen im Verhältnis zu den Leistungen angemessen sein. Sie sind wieder für alle Bewohner eines Heims nach einheitlichen Grundsätzen zu bemessen.

Nach § 6 LHeimG muss der Träger seine Leistungen, soweit ihm dies möglich ist, einem erhöhten oder verringerten Betreuungsbedarf des Bewohners anpassen und die hierzu erforderlichen Änderungen des Heimvertrags anbieten. Sowohl der Träger als auch der Bewohner können die erforderlichen Änderungen des Heimvertrags verlangen.

Die Erhöhung des Entgelts kann vom Heimträger gefordert werden, wenn sich die bisherige Berechnungsgrundlage verändert und sowohl die Erhöhung als auch das erhöhte Entgelt angemessen sind. Der Bewohner muss der Erhöhung zustimmen (§ 7 LHeimG).

Der Heimvertrag ist auch entsprechend der alten Rechtslage unbefristet (§ 8 LHeimG). Eine Befristung ist nur möglich, sofern der Bewohner nur eine vorübergehende Aufnahme wünscht. Der Bewohner kann den Heimvertrag spätestens am dritten Werktag eines Kalendermonats für den Ablauf desselben Monats schriftlich kündigen (§ 8 Abs. 2 LHeimG). Er kann aus „wichtigem Grund" fristlos kündigen, wenn ihm die Fortsetzung des Heimvertrags bis zum Ablauf der Kündigungsfrist nicht zuzumuten ist. Der Heimträger hingegen kann den Heimvertrag nur aus wichtigem Grund kündigen. Ein wichtiger Grund liegt insbesondere vor, wenn

1. der Betrieb des Heims eingestellt, wesentlich eingeschränkt oder in seiner Art verändert wird und die Fortsetzung des Heimvertrags für den Träger eine unzumutbare Härte bedeuten würde,
2. der Gesundheitszustand des Bewohners sich so verändert hat, dass seine fachgerechte Betreuung in dem Heim nicht mehr möglich ist,
3. der Bewohner seine vertraglichen Pflichten schuldhaft so gröblich verletzt, dass dem Träger die Fortsetzung des Vertrags nicht mehr zugemutet werden kann, oder
4. der Bewohner
   a) für zwei aufeinander folgende Termine mit der Entrichtung des Entgelts oder eines Teils des Entgelts, der das Entgelt für einen Monat übersteigt, im Verzug ist oder
   b) in einem Zeitraum, der sich über mehr als zwei Termine erstreckt, mit der Entrichtung des Entgelts in Höhe eines Betrags in Verzug gekommen ist, der das Entgelt für zwei Monate erreicht.

Die Kündigung wegen Zahlungsverzuges wird unwirksam, sofern die Zahlung innerhalb zwei Monaten nach Eintritt der Rechtshängigkeit, also Klageerhebung, erfolgt. Die Kündigung durch den Träger muss in jedem Fall schriftlich erfolgen und begründet werden. Das Heimverhältnis endet allerdings automatisch mit dem Tod des Bewohners. Es kann jedoch schriftlich vereinbart werden, dass es bis zu zwei Wochen nach dem Sterbetag fortbesteht.

Nach § 10 LHeimG ist zur Mitwirkung der Bewohner ein Heimbeirat zu bilden, der bei der Wahrnehmung seiner Aufgaben und Rechte fach- und sachkundige Personen seines Vertrauens hinzuziehen kann.

Eine wichtige Vorschrift ist schließlich § 11 LHeimG. Danach darf ein Heim nur betrieben werden, wenn der Träger und die Leitung

1. die Würde sowie die Interessen und Bedürfnisse der Bewohner vor Beeinträchtigungen schützen,
2. die Selbstständigkeit, die Selbstverantwortung, die Selbstbestimmung und die gleichberechtigte Teilhabe am Leben der Gesellschaft der Bewohner wahren und fördern, insbesondere bei Pflegebedürftigen eine humane und aktivierende Pflege unter Achtung der Menschenwürde gewährleisten,
3. eine angemessene Qualität der Betreuung der Bewohner, auch soweit sie pflegebedürftig sind, in dem Heim selbst oder in angemessener anderer Weise einschließlich der Pflege nach dem allgemein anerkannten Stand medizinisch-pflegerischer Erkenntnisse sowie die ärztliche und gesundheitliche Betreuung sichern,
4. die Eingliederung behinderter und psychisch kranker Menschen fördern,
5. den Bewohnern eine nach Art und Umfang ihrer Betreuungsbedürftigkeit angemessene Lebensgestaltung ermöglichen und die erforderlichen Hilfen gewähren,
6. die hauswirtschaftliche Versorgung sowie eine angemessene Qualität des Wohnens erbringen,
7. sicherstellen, dass für pflegebedürftige Bewohner Pflegeplanungen aufgestellt und deren Umsetzung aufgezeichnet werden,
8. gewährleisten, dass in Einrichtungen für Menschen mit Behinderung oder psychischer Erkrankung für die Bewohner Förder- und Hilfepläne aufgestellt und deren Umsetzung aufgezeichnet werden,
9. einen ausreichenden Schutz der Bewohner vor Infektionen gewährleisten und sicherstellen, dass von den Beschäftigten die für ihren Aufgabenbereich einschlägigen Anforderungen der Hygiene eingehalten werden, und
10. sicherstellen, dass die Arzneimittel bewohnerbezogen und ordnungsgemäß aufbewahrt und die in der Pflege tätigen Mitarbeiter mindestens einmal im Jahr über den sachgerechten Umgang mit Arzneimitteln beraten werden.

Der Heimträger muss auch die notwendige Zuverlässigkeit zum Betrieb des Heims besitzen sowie sicherstellen, dass die Zahl der Beschäftigten und ihre persönliche und fachliche Eignung für die von ihnen zu leistende Tätigkeit ausreicht und dass betreuende Tätigkeiten nur durch Fachkräfte oder unter angemessener Beteiligung von Fachkräften ausgeführt werden; hierbei muss mindestens ein Beschäftigter, bei mehr als 20 nicht pflegebedürftigen Bewohnern oder mehr als vier pflegebedürftigen Bewohnern mindestens 50 % der Beschäftigten eine Fachkraft sein; in Heimen mit pflegebedürftigen Bewohnern muss auch nachts eine Fachkraft ständig anwesend sein; von diesen Anforderungen kann abgewichen werden, wenn dies für eine fachgerechte Betreuung der Heimbewohner erforderlich oder ausreichend ist.

Nicht zulässig ist auch durch das Landesheimgesetz, dort in § 14, dass Geldleistungen oder geldwerte Leistungen über das vereinbarte oder zu vereinbarende Entgelt hinaus versprochen oder gewährt werden. Dies gilt nach dessen Abs. 2 vor allem dann nicht, wenn geringwertige Aufmerksamkeiten gewährt werden.

Die Überwachung der Heime erfolgt nach § 15 LHeimG durch die Heimaufsicht und den medizinischen Dienst der Krankenversicherung (MDK). Diese haben zur Verhütung dringender Gefahren für die öffentliche Sicherheit und Ordnung sogar das Recht, Grundstücke und Räume jederzeit zu betreten. Es ist in § 15 Abs. 4 für jedes Heim im Jahr mindestens eine Prüfung vorgesehen.

In § 22 LHeimG sind bei Verstößen gegen die Vorschriften sogar Bußgelder vorgesehen.

In **personeller Hinsicht** müssen sowohl der Heimleiter als auch das sonstige Personal, wie Pflegepersonal oder Heilerziehungspfleger, geeignet und ausreichend qualifiziert sein. Die Heimpersonalverordnung soll diesen Mindeststandard sichern. Deren Grundgedanke ist bereits in § 3 HeimG festgelegt.

Hinsichtlich des Personals gilt trotz der Ländergesetze zumindest vorläufig weiter die Heimpersonalverordnung (HeimPersV), welche unter anderem die die Qualifikation des Heimleiters und der Beschäftigten festlegt. Nach § 5 Abs. 1 HeimPersV dürfen betreuende Tätigkeiten nur durch **Fachkräfte** oder unter angemessener Beteiligung von Fachkräften wahrgenommen werden. Hierbei muss mindestens einer, bei mehr als 20 nicht pflegebedürftigen Bewohnern oder mehr als vier pflegebedürftigen Bewohnern mindestens jeder zweite weitere Beschäftigte eine Fachkraft sein. In Heimen mit pflegebedürftigen Bewohnern muss auch bei **Nachtwachen** mindestens eine Fachkraft ständig anwesend sein. Fachkräfte im Sinne dieser Verordnung sind examinierte Gesundheits- und Krankenpfleger/innen und Altenpfleger sowie Heilerziehungspfleger. Nach § 5 Abs. 2 HeimPersV kann eine Ausnahmeregelung erteilt werden, sofern für eine fachgerechte Betreuung der Heimbewohner trotzdem gesorgt ist. Entsprechendes findet sich auch in § 11, Abs. 2 Ziff. 3 HeimG.

Wie bereits dargestellt, sieht das Heimrecht sieht als wesentliches Element die **Mitwirkung der Heimbewohner** in verschiedenen Bereichen vor. Der Heimbeirat kann unter anderem bei folgenden Angelegenheiten mitwirken:

- Aufstellung/Änderung der Musterverträge für Bewohner und der Heimordnung,
- Maßnahmen zur Verhütung von Unfällen,
- Änderung der Entgelte des Heims,
- Planung und Durchführung von Veranstaltungen,
- Alltags- und Freizeitgestaltung,
- Unterkunft, Betreuung und Verpflegung,
- Erweiterung, Einschränkung oder Einstellung des Heimbetriebes,
- Zusammenschluss mit einem anderen Heim,
- Änderung der Art und des Zweckes des Heims oder seiner Teile,
- umfassende bauliche Veränderungen oder Instandsetzungen,
- Mitwirkung bei Maßnahmen zur Förderung einer angemessenen Qualität der Betreuung und
- Mitwirkung nach § 7 Abs. 4 des Gesetzes an der LQV sowie an den Vergütungsvereinbarungen und nach § 7 Abs. 5 des Gesetzes an den Leistungs-, Vergütungs- und Prüfungsvereinbarungen.

Die Mitglieder des Heimbeirates sind **ehrenamtlich** tätig und dürfen weder **benachteiligt** noch **begünstigt** werden. Die Heimbeiräte sind hinsichtlich der Informationen, die ihnen in Ausübung ihres Amtes bekannt werden, zur **Verschwiegenheit** verpflichtet.

Die **Wahl** des Heimbeirates erfolgt in gleicher, geheimer und unmittelbarer Wahl. Alle Bewohner, die auf Dauer in der Einrichtung leben, sind **wahlberechtigt**. Nur diejenigen Bewohner, die bereits seit mindestens zwei Monaten im Heim leben, sind **wählbar** und können als Heimbeiräte kandidieren. Personen, die geschäftsunfähig sind, können trotzdem wählen, sofern sie ihren Willen noch erkennbar ausdrücken können.[266] Da die Mitwirkung interne Angelegenheiten betrifft, muss allen Personen ein Wahlrecht zugestanden werden.[267]

---

[266] Goberg (1992), § 3 HeimMitwirkV, Anm.2

[267] BR-Drucksache, Nr. 350/1976

Teil 6   Arbeitsrecht

1   Allgemeines

Die Pflegekräfte stehen einerseits im **Spannungsverhältnis** zwischen den Rechten der Bewohner, die sie aufgrund gesetzlicher Vorschriften und aus moralischen Gründen zu respektieren haben, sowie den Interessen der Einrichtung, die teilweise mit den Rechten der Bewohner kollidieren können. Das Arbeitsrecht andererseits zieht die Grenzen und regelt die Rechtsfolgen von Pflichtverletzungen im internen Bereich des Betriebes, was gleichfalls große Bedeutung hat.

Ziel und Inhalt des Arbeitsrechts

Die Vorschriften des Arbeitsrechts sollen einen gerechten Ausgleich zwischen den Interessen der Arbeitnehmer und dem Arbeitgeber unter Beachtung der besonderen Schutzwürdigkeit des Beschäftigten schaffen. Das Arbeitsrecht ist das Rechtsgebiet, das die Tätigkeit des **unselbstständigen Arbeitnehmers**, d. h. des **abhängig Beschäftigen**, umfasst. Es betrifft folglich die Personen, die aufgrund eines Arbeitsvertrages in einem Betrieb tätig und an Weisungen des Unternehmers gebunden sind. Das Arbeitsrecht ist damit nicht auf den Selbstständigen, wie beispielsweise den Arzt oder Rechtsanwalt, anwendbar. Eine Sonderstellung erhalten auch Beamte, Richter und Soldaten. Für sie gilt das öffentliche Dienstrecht.

Rechtsquellen des Arbeitsrechts

Rechtsquellen des Arbeitsrechts sind:
- Recht der Europäischen Union,
- Verfassung (Grundgesetz),
- Bürgerliches Gesetzbuch und
- Gesetze wie
  – Entgeltfortzahlungsgesetz,
  – Bundesurlaubsgesetz,
  – Arbeitsschutzgesetz,
  – Arbeitszeitgesetz,
  – Schwerbehindertengesetz,
  – Kündigungsschutzgesetz
- betriebliche Vereinbarungen,
- Tarifverträge und
- Arbeitsverträge.

Das **Verfassungsrecht** hat zusammen mit dem **Recht der Europäischen Union** den höchsten Rang. Es gilt im Einzelnen:

Grundgesetz

Das Grundgesetz garantiert in Art. 12 GG die **Freiheit der Berufswahl**, wobei zu den Einzelheiten auf die Staatsbürgerkunde verwiesen werden kann. Durch den **Gleichheitsgrundsatz** in Art. 3 GG soll die ungleiche Behandlung von Mann und Frau am Arbeitsplatz sowie die Ungleichbehandlung einzelner Beschäftigter verhindert werden. Darüber hinaus existiert mit § 611 a BGB ein einfachgesetzliches Diskriminierungsverbot.

Praxisbeispiel Ein privater Heimträger gewährt unterschiedliche Vergütungen ohne erkennbare Gründe. Dies gilt auch für Erhöhungen des Gehalts. Sofern die Vergütungen ohne erkennbaren Grund unterschiedlich sind, verstößt dies gegen den Gleichheitsgrundsatz und das Diskriminierungsgebot aus § 611 a BGB.

Dieser verfassungsrechtliche Grundsatz wirkt somit direkt auf die Gestaltung des Arbeitsverhältnisses. Beide Vorschriften sind jedoch auch allgemeiner Natur. Das Grundgesetz regelt speziell für das Arbeitsrecht die **Koalitionsfreiheit**, d. h. das Recht, die Interessen in Gewerkschaften zu vertreten (Art. 9 Abs. 3 GG).

Bürgerliches Gesetzbuch, Gesetze, und Rechtsverordnungen

Besondere Bedeutung kommt den zahlreichen Gesetzen als weitere Rechtsquellen des Arbeitsrechts zu. Das **Bürgerliche Gesetzbuch** regelt arbeitsrechtliche Probleme in den Vorschriften der §§ 611 ff. BGB im Bereich des Dienstvertragsrechts. Diese Vorschriften werden durch **Gesetze** wie das Entgeltfortzahlungsgesetz, das Arbeitszeitgesetz, das Arbeitsschutzgesetz, das Mutterschutzgesetz, das Kündigungsschutzgesetz, das Bundesurlaubsgesetz und das Tarifvertragsgesetz ergänzt sowie erweitert. Aufgrund eines Gesetzes können **Rechtsverordnungen** erlassen werden, die gleichfalls Regelungen im Arbeitsrecht betreffen, wie z. B. die Wahlordnung zum Betriebsverfassungsgesetz.

Tarifvertrag

Eine Rechtsgrundlage besonderer Art ist der Tarifvertrag. Durch den Tarifvertrag werden Rechte und Pflichten der Arbeitnehmer einerseits und der Betriebe andererseits durch eine **Vereinbarung zwischen Gewerkschaften und den Unternehmern bzw. deren Vertretungen** geregelt. Die Regelungen des Tarifvertrages gelten dann unmittelbar für die jeweiligen Arbeitsverhältnisse und werden Bestandteil des Arbeitsvertrags, sofern entweder die Vertragsparteien tarifgebunden sind oder der Tarifvertrag für allgemeinverbindlich erklärt wird oder im Arbeitsvertrag darauf Bezug genommen wird.

Dienst- und Betriebsvereinbarungen sowie Arbeitsvertrag

Durch **Dienst- und Betriebsvereinbarungen** können Arbeitnehmervertreter und Betrieb weitere Regelungen zum Arbeitsverhältnis treffen, soweit die Vereinbarung nicht gegen geltendes Recht verstößt. Bestimmte Bereiche, wie Löhne und Arbeitsbedingungen, können nur im Tarifvertrag vereinbart werden. Grundlage des Arbeitsverhältnisses ist als weitere, jedoch schwächste Rechtsquelle, der **Arbeitsvertrag**, in dem Arbeitgeber und Angestellte speziell die Ausgestaltung ihrer rechtlichen Beziehung regeln. Er kann auf gesetzliche bzw. tarifvertragliche Regelungen Bezug nehmen. Sofern sein Inhalt nicht gegen höherrangiges Recht verstößt, ist der vertragliche Inhalt für beide Seiten bindend.

Rangordnung

Zusammenfassend ist festzustellen, dass die Rechtsquellen die obige Rangordnung haben, wobei der Verfassung naturgemäß der höchste Rang und dem Arbeitsvertrag der niedrigste Rang zukommt. Dabei gilt, dass **höherrangiges Recht** die **unteren Rechtsquellen außer Kraft setzen kann**. Nur wenn das rangniedrigere Recht die Arbeitnehmer besser stellt, geht dieses nach dem **Günstigkeitsprinzip** vor.

Für alle Streitigkeiten, die im Zusammenhang mit dem Arbeitsrecht stehen, ist das **Arbeitsgericht** zuständig, in dessen Bezirk der Betrieb seinen Sitz hat.

2 Arbeitsvertrag

2.1 Abschluss und Inhalt

Grundlage jedes Arbeitsverhältnisses ist der Arbeitsvertrag. Zum Abschluss des Arbeitsvertrages ist grundsätzlich keine besondere Form erforderlich, so dass durch mündliche Absprachen ein Arbeitsverhältnis begründet werden kann.

Schriftliche Verträge sind allerdings überwiegend durch **Tarifverträge** vorgesehen. Sofern der Tarifvertrag die Schriftform vorschreibt, sind mündliche Verträge unwirksam. Dies gilt auch für mündliche Nebenabsprachen. Die Schriftform ist unabhängig davon aus **Beweisgründen** zu empfehlen, da mündliche Vereinbarungen zu einem späteren Zeitpunkt unter Umständen bestritten werden. Zum Schutz der Arbeitnehmer wurde durch das **Nachweisgesetz** vorgeschrieben, dass der Arbeitgeber innerhalb eines Monats nach dem vereinbarten Beginn des Arbeitsverhältnisses die wesentlichen Vertragsbedingungen dem Arbeitgeber schriftlich mitteilen muss. Durch das Nachweisgesetz wird der Arbeitgeber dazu verpflichtet, dem Arbeitnehmer schriftlich Folgendes mitzuteilen: Name der Vertragspartner, Beginn des Arbeitsverhältnisses, bei befristeten Arbeitsverhältnissen die Dauer, den Arbeitsort, die Bezeichnung und Beschreibung der Arbeitstätigkeit, die Zusammensetzung und Höhe der Vergütung (mit Eingruppierung), die Arbeitszeit, die Dauer des Urlaubs, die eventuell speziell vereinbarten Kündigungsfristen und ein Hinweis auf die eventuell geltenden Tarifverträge. Damit soll der Arbeitnehmer abgesichert werden. Die Mitteilung muss vom Arbeitgeber aus Beweisgründen unterzeichnet werden.

Schriftliche Verträge

Dem Abschluss des Arbeitsvertrages geht in der Regel das Einstellungsgespräch voraus. Beim Einstellungsgespräch können sich Probleme dahingehend ergeben, dass der zukünftige Arbeitgeber **Fragen** stellt, die zu weit in den persönlichen Bereich eingreifen. Die Rechtsprechung hat in Einzelfällen entschieden, welche Fragen zulässig sind. Sie sind grundsätzlich dann **zulässig, wenn** der **Arbeitgeber** an der Beantwortung ein **berechtigtes, billigenswertes** und **schutzwürdiges Interesse** hat. Er darf folglich Fragen zu folgenden Bereichen stellen:

Einstellungsgespräch

- dem beruflicher Werdegang,
- einer Berufskrankheit oder chronischen Erkrankung,
- dem bisheriger Verdienst und
- der Schwerbehinderteneigenschaft.

Zulässige Fragen

Dies Fragen müssen von dem Arbeitnehmer **wahrheitsgemäß beantwortet** werden. Die Frage nach einer **Schwangerschaft** ist selbst dann nicht mehr zulässig, sofern sich nur Frauen für den Arbeitsplatz bewerben oder in Betracht kommen. Diese Frage stellt nach der aktuellen Rechtsprechung des Bundesarbeitsgerichts eine Diskriminierung weiblicher Arbeitnehmer dar.[268] Der Arbeitgeber darf diese Frage nur dann stellen, sofern wegen der Art der Tätigkeit eine Beschäftigung von Schwangeren nicht möglich ist[269] oder die Besonderheiten des Arbeitsplatzes eine Gefährdung für das ungeborene Kind bedeuten.[270] Die Frage ist zulässig, da nach § 4 Abs. 1 MuSchG bereits bei der entfernten Möglichkeit einer Infektionsgefahr ein Beschäftigungsverbot besteht.[271] Sofern falsche Antworten auf zulässige Fragen erfolgen, ist der Betrieb später dazu berechtigt, den Arbeitsvertrag wegen **arglistiger Täuschung** anzufechten.

Praxisbeispiel

> Die Heilerziehungspflegerin H bewirbt sich um eine neue Stelle und verneint die Frage danach, ob sie wegen Diebstahls, insbesondere von Betäubungsmitteln, vorbestraft sei. Sie verschweigt damit, dass ihr bisheriger Arbeitgeber deshalb gekündigt und Strafanzeige erstattet hat. Der neue Arbeitgeber kann, sobald er davon erfährt, den Arbeitsvertrag anfechten, da arglistige Täuschung vorliegt.

Wird ein schwerbehinderter Bewerber auf eine freie Stelle ohne Mitteilung der Ablehnungsgründe nicht eingestellt bzw. beschäftigt, muss der Arbeitgeber gemäß § 81 Abs. 2 Nr. 3 SGB IX Schadenersatz leisten, der allerdings auf maximal das dreifache des monatlichen Nettoeinkommens begrenzt ist. Dies folgt daraus, dass dem Bewerber eventuelle sachliche Gründe für eine Ablehnung nach § 81 Abs. 1 S. 9 SGB IX mitgeteilt werden müssen.[272]

Unzulässige Fragen

Davon zu unterscheiden sind jedoch unzulässige Fragen, deren **falsche Beantwortung** auch **keine Folgen** hat. Der Arbeitgeber darf keine Fragen stellen zu

Hinweispflicht des Arbeitnehmers

- der Gewerkschaftszugehörigkeit,
- den allgemeinen Krankheiten,
- der Religionszugehörigkeit,
- der Parteizugehörigkeit,
- den Heiratsabsichten und der
- Schwangerschaft (Ausnahmen vgl. oben).

Eine **Ausnahme** gilt **bei kirchlichen Einrichtungen**, bei denen die Religionszugehörigkeit mitgeteilt werden muss.

Ohne ausdrückliche Frage muss der Arbeitnehmer auf bestimmte Tatsachen hinweisen, wenn der Arbeitgeber aufgrund von **Treu und Glauben** diesen Hinweis erwarten darf, weil die verschwiegenen Umstände eine **Ausübung der Tätigkeit unmöglich machen oder für den Arbeitsplatz von entscheidender Bedeutung** sind. Dies gilt beispielsweise für eine chronische Erkrankung, wie eine Schädigung der Wirbelsäule bei Pflegekräften oder eine Schwerbehinderung. Beim Einstellungsgespräch sind Fragen nach Vorstrafen und Vermögensverhältnissen zulässig, sofern die Aus-

---

[268] BAG, NJW 1993, 1154
[269] BAG, NJW 1989, 929; BAG, NJW 1993, 1154 (1155)
[270] BAG, NJW 1994, 148
[271] BVerwG, ArztR 1994, 278
[272] vgl. dazu BAG, NZA 2005, 870; LAG Hessen, NZA-RR 2006, 312 (Besprechung in NJW-Spezial 7/2006)

Abbildung 18:
Rechte und Pflichten aus dem Arbeitsvertrag

künfte für den Arbeitsplatz von Bedeutung sind. Die Frage nach den Vermögensverhältnissen ist nur bei leitenden Angestellten und Arbeitnehmern, für die besonderes Vertrauen erforderlich ist, zulässig.

Wird der Bewerber für einen Arbeitsplatz zum Vorstellungsgespräch eingeladen, ist der zukünftige Arbeitgeber in jedem Fall, selbst wenn keine Einstellung erfolgt, zur **Erstattung** der **Kosten**, beispielsweise der Reisekosten, verpflichtet.

Kostenerstattung

Durch den Abschluss des Arbeitsvertrages sind beide Parteien, Arbeitgeber und Arbeitnehmer, zu wechselseitigen Leistungen verpflichtet, die **Inhalt des Vertrages** sind.

Wechselseitige Leistungen

Die **Arbeitnehmer** sind zur vereinbarten **Tätigkeit** verpflichtet, die ordnungsgemäß ausgeführt werden muss.

> Der Altenpfleger M wurde ab 1.10.1999 eingestellt. Ab diesem Zeitpunkt ist er vertraglich verpflichtet, die Bewohner seiner Station nach modernen Grundsätzen zu versorgen und zu betreuen. Sofern er die Betreuung nicht ordnungsgemäß ausführt oder die Bewohner sogar misshandelt, stellt dies eine Verletzung des Arbeitsvertrages dar.

Praxisbeispiel

Er hat zusätzlich die so genannte **Treuepflicht**, die ihn dazu verpflichtet, über betriebliche Angelegenheiten Stillschweigen zu bewahren, den Arbeitgeber nicht anzuzeigen, das Direktionsrecht des Arbeitgebers zu beachten sowie die ihm anvertrauten Gegenstände sorgsam zu behandeln. Dies bedeutet, dass die Arbeitnehmer die Interessen des Betriebes wahren müssen. Die **Pflicht zur Verschwiegenheit** in dienstlichen Angelegenheiten geht so weit, dass der Arbeitnehmer eine Verletzung seiner vertraglichen Nebenpflichten begeht, sofern er gegen seinen Arbeitgeber eine unberechtigte Strafanzeige[273] oder ähnliches erstattet. Eine Kündi-

---

273 LAG Hessen, Urt. v. 10.04.2002, Az.: 15 Sa 411/01

gung ist dagegen nicht schon deshalb zulässig, weil der Arbeitnehmer gegen seinen Arbeitgeber im Ermittlungsverfahren aussagt.[274]

Der **Arbeitgeber** ist vertraglich dazu verpflichtet, regelmäßig, spätestens nach Ablauf eines Monats, die vereinbarte **Vergütung** zusammen mit den Sozialleistungen zu zahlen.

Vertragliche Nebenpflichten

Für beide Vertragsparteien ergeben sich darüber hinaus auch vertragliche Nebenpflichten. Die Arbeitnehmer sind im Rahmen ihrer Nebenpflichten zu **Überstunden** und **Bereitschaftsdienst** verpflichtet, sofern betriebliche Erfordernisse dies notwendig machen. Der Betrieb ist aufgrund der vertraglichen Nebenpflichten zur **Gleichbehandlung**[275] und zu **Arbeitsschutzmaßnahmen** sowie zur **Schaffung zumutbarer Arbeitsbedingungen** verpflichtet (näheres unter Teil 6, 2.3 Arbeitnehmerschutzrechte).

Personalakte

Der Arbeitgeber führt in der Regel für jeden Beschäftigten eine Personalakte. In diese Akte werden sämtliche Vorgänge, wie persönliche und familiäre Verhältnisse, Gehaltsnachweise und Bewertungen des Arbeitnehmers, gesammelt. Sofern der Beschäftigte Pflichtverletzungen begeht, wird eine daraufhin erfolgte **Abmahnung** gleichfalls zur Personalakte genommen. Der Arbeitnehmer hat das Recht zur **Einsicht** in die Personalakte (§ 3 Abs. 5 TVöD; § 4 AVR). Vor nachteiligen Einträgen muss er zuvor angehört werden und hat das Recht, im Wege der Klage eine **Berichtigung** oder **Entfernung** von unrichtigen Einträgen zu fordern.

2.2 Dauer des Arbeitsverhältnisses

Befristete Arbeitsverträge

Arbeitsverträge sind nach dem Gesetz (§ 620 Abs. 1 BGB) grundsätzlich **unbefristet**. Als Ausnahme sind in Sonderfällen befristete Arbeitsverträge möglich.[276] Dies gilt dann, wenn für die Befristung ein **sachlicher Grund** besteht. Ein derartiger sachlicher Grund liegt bei

- Schwangerschaftsvertretungen,
- Tätigkeiten im Rahmen eines Projektes,
- Urlaubsvertretungen oder
- Vertretungen bei Erkrankungen

vor. Ein sachlicher Grund für die Befristung liegt somit immer dann vor, wenn ein Arbeitnehmer vertreten werden soll, der vorübergehend abwesend ist.[277] In jedem Fall muss die Befristung schriftlich erfolgen (§ 623 BGB).

Durch das **Beschäftigungsförderungsgesetz** bzw. dessen Änderungen sind befristete Arbeitsverträge ohne sachlichen Grund bis zu 24 Monaten mit der Möglichkeit einer bis zu dreimaligen Verlängerung zulässig, allerdings mit der Höchstdauer von 24 Monaten. Eine Befristung ist nunmehr auch durch das **Teilzeit- und Befristungsgesetz** im Anschluss an ein Ausbildungsverhältnis oder Studium möglich (§ 14 TzBfG).

---

[274] BVerfG Az. 1 BvR 2049/00

[275] siehe auch unten, in Kapitel 2.3, dort Fürsorgepflicht

[276] BAG, NZA 1998, 419
[277] BAG, NZA 1998, 419

Bei der Beurteilung der Frage, ob ein sachlicher Grund für die Befristung vorgelegen hat, ist der **Zeitpunkt** des **Vertragsabschlusses entscheidend** und nicht der Ablauf der Frist. Eine wirksame Befristung kann nicht durch spätere Ereignisse unwirksam werden. Das Arbeitsverhältnis ist somit selbst dann wirksam befristet, wenn während des Verlaufes eine Schwangerschaft festgestellt wird.[278] Dies ist nur dann unzulässig, wenn der einzige Grund für die Ablehnung der Verlängerung die Schwangerschaft ist.[279]

Sofern der Betrieb den **Arbeitnehmer mehrfach hintereinander**, d. h. mehr als dreimal, mit befristeten Arbeitsverträgen beschäftigt, liegt ein Kettenarbeitsvertrag vor. Diese Form der Arbeitsverträge ist grundsätzlich **unzulässig**, da der Arbeitnehmer seinen Kündigungsschutz verliert. Der Arbeitnehmer hat daher das Recht, beim **Arbeitsgericht** die „Entfristung" und damit die Feststellung, dass das Arbeitsverhältnis unbefristet ist, zu beantragen. Dies muss jedoch innerhalb der Kündigungsschutzfrist von drei Wochen nach der Verlängerung erfolgen. In Ausnahmefällen sind auch mehrere Befristungen möglich. Nach der Rechtsprechung des Bundesarbeitsgerichts ist aber dann eine sehr strenge Prüfung möglich, ob die Befristung zulässig war, d. h. ein vernünftiger sachlicher Grund vorliegt.[280]

Kettenarbeitsvertrag

Praxisbeispiel

> Pflegekraft P wurde zunächst für sechs Monate im Rahmen einer Urlaubsvertretung eingestellt. Nach dem Ablauf dieser Zeit wird ihr wegen der guten Arbeitsleistung ein neuer befristeter Vertrag für ein Jahr angeboten. Danach noch dreimal ein befristeter Vertrag. Sie klagt daraufhin beim Arbeitsgericht auf Feststellung, dass das Arbeitsverhältnis unbefristet ist.

Nach der Rechtsprechung des Bundesarbeitsgerichts liegt kein Kettenarbeitsvertrag vor, wenn zwischen den Arbeitsverträgen eine Zeit von mehr als zwei Monaten liegt. Bei Befristungen nach dem Beschäftigungsförderungsgesetz gilt insoweit ein Zeitraum von vier Monaten.

Im Arbeitsvertrag kann eine Probezeit vereinbart werden. Während dieser Probezeit ist für beide Parteien, Arbeitgeber und Arbeitnehmer, eine **Kündigung** ohne Angabe von Gründen und unter Einhaltung der Frist von zwei Wochen nach § 622 Abs. 3 BGB möglich. Die Probezeit beträgt im **Normalfall sechs Monate**, kann jedoch auch für einen kürzeren Zeitraum festgelegt werden. Bei **Auszubildenden** gilt eine kürzere Zeit von drei Monaten (§ 13 BBiG), allerdings in der **Altenpflege** nunmehr sechs Monate. Streitig ist, welche Probezeit in Ausbildungsverhältnissen zum Altenpfleger und Heilerziehungspfleger gilt. Die Vereinbarung einer Probezeit ist nur bei der **erstmaligen Einstellung** des Arbeitnehmers zulässig und kann nicht verlängert werden. Nach dem Ende der Probezeit entsteht ohne anderweitige Vereinbarung ein **unbefristetes Arbeitsverhältnis**. Sofern eine Befristung seitens des Arbeitgebers behauptet wird, ist er dafür beweispflichtig. Ist ein

Probezeit

---

[278] BAG AP 16, 17, 20 zu § 620 BGB befristeter ArbeitsV

[279] BAG, AP 26 zu § 620 BGB befristeter Arbeitsvertrag; BAG, NJW 1964, 567

[280] BAG, NJW 1988, 1870

längerfristiges Probearbeitsverhältnis ausdrücklich vereinbart, kann der Arbeitgeber aufgrund seiner **Fürsorgepflicht** gezwungen sein mitzuteilen, dass eine **Verlängerung** nicht beabsichtigt ist.[281]

Praxisbeispiel

> Der Altenpfleger A macht die Ausbildung bei einem Altenheim des Caritasverbandes als Praxisstelle. Nach der Ausbildung, d. h. nach dem Examen, kann dieses Heim ihn zunächst befristet einstellen. Es gilt aber keine Probezeit.

2.3 Arbeitnehmerschutzrechte

Fürsorgepflicht des Arbeitgebers als Grundlage

Der Arbeitgeber hat gegenüber dem Arbeitnehmer eine Fürsorgepflicht. Aus der Fürsorgepflicht ergeben sich für den Arbeitgeber zahlreiche Pflichten, wie beispielsweise

- der Schutz vor vermeidbarer Gesundheitsgefährdung inklusive der Schutz vor aggressiven Heimbewohnern oder Patienten,
- die Vermeidung von Mobbinghandlungen,
- die Verhinderung einer Haftung durch Beachtung gesetzlicher Vorgaben,
- die Regelung der Zusammenarbeit zwischen den Berufsgruppen, insbesondere der Abgrenzung der Kompetenzen,
- eine Gleichbehandlung aller Arbeitnehmer[282]
- der Schutz der Nichtraucher.

Nichtraucherschutz

Ein wesentlicher Teil der Fürsorgepflicht ist der Nichtraucherschutz. Dieser Schutz ist bereits in gesetzlichen Vorschriften festgelegt. So regelt unter anderem § 5 ArbStättV:

(1) Der Arbeitgeber hat die erforderlichen Maßnahmen zu treffen, damit die nicht rauchenden Beschäftigten in Arbeitsstätten wirksam vor den Gesundheitsgefahren durch Tabakrauch geschützt sind.

(2) In Arbeitsstätten mit Publikumsverkehr hat der Arbeitgeber Schutzmaßnahmen nach Absatz 1 nur insoweit zu treffen, als die Natur des Betriebes und die Art der Beschäftigung es zulassen.

Der Arbeitgeber muss deshalb die nichtrauchenden Arbeitnehmer schützen. Dies wurde inzwischen mehrfach durch die Rechtsprechung bestätigt, unter anderem durch das Bundesarbeitsgericht.[283] Eine Einschränkung gilt nur dort, wo Publikumsverkehr besteht und es dadurch nicht möglich ist, den jeweiligen Mitarbeiter vor dem Tabakrauch zu schützen.

Der Nichtraucherschutz in § 5 ArbStättV wird durch § 14 ArbStättV ergänzt, wonach bei unzuträglich hoher Konzentration von Gasen, Dämpfen und Staub eine Absaugvorrichtung vor-

---

[281] LAG Bremen, BB 1963, 1136
[282] siehe auch unten Kapitel 2.3.10
[283] BVerwG, Urt. v. 13.09.1984, Az.: 2 C 33/82; BAG v. 17.02.1998, Az.: 9 AZR 84/97 (NJW 1999, 162)

handen sein muss. Außerdem muss der Arbeitgeber in Pausen-, Bereitschafts- und Liegeräumen die Nichtraucher vor Belästigungen durch Tabakrauch schützen (§ 32 ArbStättV). Da zuerst eindeutige gesetzliche Regelungen zum Schutz der Nichtraucher fehlten, mußte die Rechtsprechung durch „Richterrecht" Grundsätze festlegen. Nach einer Entscheidung des Bundesarbeitsgerichts vom 17.02.1998[284] kann der Arbeitnehmer einen tabakrauchfreien Arbeitsplatz fordern, wenn dies aus gesundheitlichen Gründen (im konkreten Fall wegen einer chronischen Atemwegserkrankung) geboten ist. Das Gericht hatte seinerzeit allerdings die Notwendigkeit, allgemein Arbeitsplätze für Nichtraucher bereitzustellen, offen gelassen. In einer Entscheidung aus dem Jahr 1996 hat das Bundesarbeitsgericht[285] noch ein generelles Rauchverbot (in Passagierflugzeugen) mit dem Argument abgelehnt, dass Maßnahmen nicht verlangt werden können, die den Unternehmer in seiner Betätigung einschränken.[286] Selbst aus der Anwendung der Vorschrift des § 618 BGB (Gesundheitsschutz am Arbeitsplatz) könne deshalb kein Anspruch auf Nichtraucherschutz hergeleitet werden. Das Bundesarbeitsgericht verwies auf die seinerzeit noch nicht eindeutigen europäischen Richtlinien[287], in denen noch keine entsprechenden Grenzwerte festgelegt waren. Die unteren Gerichte, unter anderem bereits das Arbeitsgericht Berlin mit Urteil vom 26.10.1988[288], argumentieren in richtiger Weise mit der Gesundheitsgefährdung und der Notwendigkeit des Schutzes der Nichtraucher. Spätestens seit Festlegung der Grenzwerte und Umsetzung der europäischen Richtlinien besteht inzwischen eine eindeutige Schutzpflicht, d.h. ein Anspruch auf Schaffung eines rauchfreien Arbeitsplatzes. Ein „Nebeneffekt" des Nichtraucherschutzes ist, dass die Umsetzung der von der Rechtsprechung geforderten organisatorischen Maßnahmen zur Verhinderung der Selbstschädigung eines Patienten, unter anderem durch Feuer (Streichhölzer, Feuerzeuge etc.),[289] erleichtert wird. Das unbeaufsichtigte Rauchen in allen Bereichen des Heimes oder Krankenhauses ist deshalb aus Gründen der Sicherheit der Patienten oder Bewohner ausgeschlossen.

Die Pflicht zum Schutz ergibt sich auch aus dem Arbeitsschutzgesetz, insbesondere dem § 5 ArbSchG:

(1) Der Arbeitgeber hat durch eine Beurteilung der für die Beschäftigten mit ihrer Arbeit verbundenen Gefährdung zu ermitteln, welche Maßnahmen des Arbeitsschutzes erforderlich sind.

Danach ist der Arbeitgeber dazu verpflichtet, die Gefährdung der Arbeitnehmer zu ermitteln und geeignete Schutzmaßnahmen zu ergreifen. Da der Tabakrauch mindestens 50 krebserregende Substanzen enthält, forderten zuerst unter anderem Abgeordnete des Europäischen Parlamentes ein Rauchverbot am Arbeitsplatz.[290] Eindeutige gesetzliche Regelungen existieren inzwischen

---

284 BAG, Az. 9 AZR 84/97
285 BAG, NJW 1996, 3028
286 BAG, a. a. O. S. 3029 (2 a)
287 EG-Richtlinie v. 28.06.1990, ABlEG Nr. L 196

288 ArbG Berlin, DB 1988, 2518 = BB 1988, 2389 = EzA GewO § 120 a Nr. 2
289 BGH, NJW 1994, 794

290 Dicke Luft am Arbeitsplatz, Süddeutsche Zeitung v. 22.12.1997

in den vorgenannten Vorschriften. Zusätzlich ausdrücklich auch für **werdende Mütter**. Nach § 5 Abs. 1 Nr. 3 MuSchRiV dürfen schwangere Arbeitnehmerinnen nicht in Kontakt mit krebserzeugenden Stoffen kommen.

Seit der Neuregelung der Arbeitsstättenverordnung ist das Gewerbeaufsichtsamt der Ansprechpartner für den Arbeitnehmer. Es kann eingeschaltet werden, wenn der Versuch einer internen Lösung gescheitert ist. Das Gewerbeaufsichtsamt wird dann den Arbeitgeber auffordern, die notwendigen Schutzmaßnahmen zu ergreifen und ggf. ein Bußgeld verhängen bzw. die Maßnahmen gerichtlich durchsetzen. Allerdings muss man sich darüber im Klaren sein, dass durch die Einschaltung des Gewerbeaufsichtsamts das Arbeitsklima in der Regel ernsthaft gefährden wird.

Durch eine Dienst- oder Betriebsvereinbarung kann ein Rauchverbot in bestimmten Bereichen des Betriebes vereinbart werden. Unabhängig vom Schutz der Nichtraucher kann der Arbeitgeber aus folgenden Gründen ein **Rauchverbot** einseitig im Rahmen seines Direktionsrechts festlegen:

- beim Umgang mit feuergefährlichen Produkten,
- in Bereichen der notwendigen erhöhten Aufmerksamkeit der Arbeitnehmer,
- zum Schutz der Patienten oder Bewohner,
- für die gesunde Gestaltung des Arbeitsumfelds.

Der Betriebs- oder Personalrat bzw. die Mitarbeitervertretung müssen im Rahmen der Mitbestimmung in jedem Fall einbezogen werden.

Bei Arbeiten, die erhöhte Aufmerksamkeit erfordern, kann das Rauchen als Fahrlässigkeit gewertet werden. Daraus kann ein **Regressanspruch** gegenüber dem Arbeitnehmer erwachsen, wenn dieser durch Rauchen einen Unfall mitverursacht hat. Insoweit dürfte jedoch dieser Anspruch wegen der Grundsätze der gefahrgeneigten Tätigkeit nur bei Fällen **grober Fahrlässigkeit** durchsetzbar sein. Besteht das Rauchverbot allerdings aus sachlichen Gründen, kann der Arbeitgeber bei mehreren Verstößen nach entsprechenden Abmahnungen trotz langjähriger Betriebszugehörigkeit eine Kündigung aussprechen.[291]

Mobbing

Im Rahmen der Fürsorgepflicht ist gleichfalls das leider weit verbreitete Mobbing zu verhindern. Soweit dies dem Arbeitgeber bzw. dem jeweiligen Vorgesetzten bekannt wird, sind geeignete Maßnahmen, beispielsweise Abmahnungen des Störers, zu treffen. Die Verhinderung von Mobbing dient schließlich auch den Interessen der Einrichtung bzw. des Krankenhauses, da durch diese Aktivitäten der organisatorische Ablauf einschließlich der Qualität der Betreuung erheblich gestört wird.

Beim Mobbing wird der einzelne Arbeitnehmer Gegenstand von Schikanen, Demütigungen, Verachtung und Kränkung seitens

---

[291] LAG Düsseldorf, Az.: 16 Sa 346/97

anderer Arbeitnehmer, es wird insbesondere sein Persönlichkeitsrecht verletzt. Nach der wegweisenden Entscheidung des Landesarbeitsgerichts Thüringen[292] ist der Arbeitgeber verpflichtet, das allgemeine Persönlichkeitsrecht der bei ihm beschäftigten Arbeitnehmer nicht selbst durch Eingriffe in deren Persönlichkeits- oder Freiheitssphäre zu verletzen, diese vor Belästigungen durch Mitarbeiter oder Dritte, auf die er einen Einfluss hat, zu schützen, einen menschengerechten Arbeitsplatz zur Verfügung zu stellen und die Arbeitnehmerpersönlichkeit zu fördern. Zur Einhaltung dieser Pflichten kann der Arbeitgeber als Störer nicht nur dann in Anspruch genommen werden, wenn er selbst den Eingriff begeht oder steuert, sondern auch dann, wenn er es unterlässt, Maßnahmen zu ergreifen oder seinen Betrieb so zu organisieren, dass eine Verletzung des Persönlichkeitsrechts ausgeschlossen wird. Das Gericht betont, dass das Persönlichkeitsrecht des Arbeitnehmers sowohl durch den Totalentzug der Beschäftigung als auch in einer nicht arbeitsvertragsgemäßen Beschäftigung liegt. Eine derartige Rechtsverletzung liegt danach vor, wenn diese Maßnahmen zielgerichtet als Mittel der Zermürbung eines Arbeitnehmers eingesetzt werden, um diesen selbst zur Aufgabe seines Arbeitsplatzes zu bringen. Das Landesarbeitsgericht definiert den Begriff „Mobbing" als „fortgesetzte, aufeinander aufbauende oder ineinander übergreifende, der Anfeindung, Schikane oder Diskriminierung dienende Verhaltensweisen, die nach Art und Ablauf im Regelfall einer übergeordneten, von der Rechtsordnung nicht gedeckten Zielsetzung förderlich sind und jedenfalls in ihrer Gesamtheit das allgemeine Persönlichkeitsrecht oder andere ebenso geschützte Rechte, wie die Ehre oder die Gesundheit des Betroffenen verletzen."[293] Zur Beurteilung sind sogenannte „falltypischen Indiztatsachen", d.h. eine mobbingtypische Motivation des Täters sowie ein mobbingtypischer Geschehensablauf und eine mobbingtypische Veränderung des Gesundheitszustands des Opfers von ausschlaggebender Bedeutung. Ein wechselseitiger Eskalationsprozess, der keine klare Täter-Opfer-Beziehung zulässt, schließt im Normalfall die Annahme von Mobbing aus.

In der Praxis hat das Mobbingopfer des Öfteren das Problem, die Mobbinghandlungen nicht nachweisen zu können. Dies, weil verbündete Kollegen fehlen oder das ganze Team an den Mobbinghandlungen beteiligt ist. Die dadurch entstehende Beweisnot des Betroffenen kann nach dem Urteil des Landesarbeitsgerichts durch eine Anwendung des Art. 6 Abs. 1 EMRK und damit den Grundsätzen eines fairen und auf Waffengleichheit achtenden Verfahrens sowie der entsprechenden Anwendung der §§ 286, 448, 141 Abs. 1 Satz 1 ZPO ausgeglichen werden. Dabei muss die im Zweifel erforderliche Anhörung einer Partei bei der gerichtlichen Überzeugungsbildung berücksichtigt werden, was bedeutet, dass das Mobbingopfer als Partei anzuhören ist und diese Aussage richterlich zu bewerten ist. Bei einer glaubhaften

---

[292] LAG Thüringen, Urt. v. 10.04.2001, Az.: 5 Sa 403/00 (NZA - RR 2001, 577 = DB 2001, 1783)

[293] LAG Thüringen a. a. O.

Aussage des Opfers muss das Gericht folglich die „unbewiesenen" Behauptungen zu dessen Gunsten bewerten, wie ein sonstiges Beweismittel (Zeugen, Urkunde).

Eine der wesentlichen Konsequenzen aus dem Urteil ist, dass der Arbeitgeber im Rahmen seiner Fürsorgepflicht dafür verantwortlich ist, dass die Arbeitnehmer vor Mobbinghandlungen geschützt werden. Falls er betroffene Arbeitnehmer nicht schützt, hat der Arbeitgeber unter Umständen Schadenersatz und Schmerzensgeld zu leisten.[294] Das Landesarbeitsgericht Baden-Württemberg hat zwar einen Schmerzensgeldanspruch verneint,[295] dies allerdings mit wenig überzeugenden Argumenten.

Zum Abschluss sei darauf hingewiesen, dass nicht jede Unverschämtheit oder jeder Streit bzw. sachliche Auseinandersetzung als Mobbing einzustufen ist.[296]

Zum Schutz der Arbeitnehmer existieren verschiedene **Schutzvorschriften**, die in speziellen Gesetzen niedergelegt sind. Grundlage des Schutzes des Mitarbeiters einer Einrichtung ist bereits die Fürsorgepflicht aus der Vorschrift des § 618 BGB. Danach ist die **Arbeitsstelle** so einzurichten, dass die Arbeitnehmer nicht gefährdet sind. Dieser Schutz umfasst die Gestaltung des Arbeitsplatzes und die Art der Ausführung der Arbeit. Dazu zählt auch der Schutz vor den Bewohnern, soweit dies möglich ist. Der Arbeitgeber hat im Rahmen seiner Möglichkeiten den Schutz der Heilerziehungs- und Altenpfleger vor **Übergriffen von Bewohnern oder dritten Personen** zu gewährleisten. Aus diesem Grund ist der Träger der Einrichtung zur Information über Gefährdungsmöglichkeiten und zur Verlegung der Bewohner oder Patienten verpflichtet, um eine Gefährdung des Pflegepersonals zu verhindern.

Neben dem Grundsatz in § 618 BGB existieren spezielle Schutzvorschriften. Dabei handelt es sich im Wesentlichen um folgende Gesetze bzw. Verordnungen:

- Mutterschutzgesetz,
- Jugendarbeitsschutzgesetz,
- Schwerbehindertengesetz,
- Arbeitszeitgesetz,
- Unfallverhütungsvorschriften,
- Gewerbeordnung,
- Arbeitsstättenverordnung,
- Arbeitsschutzgesetz,
- Allgemeines Gleichbehandlungsgesetz,
- Medizinproduktegesetz und
- Beschäftigtenschutzgesetz.

Die im Bereich der Alten- und Heilerziehungspflege sowie Krankenpflege bedeutsamen Schutzvorschriften sollen nachfolgend im Einzelnen dargestellt werden.

---

[294] LAG Rheinland-Pfalz, Urt. v. 16.08.2001, Az.: 6 Sa 415/01 (Schmerzensgeld 15.000.– DM)

[295] LAG Baden-Württemberg, Urt. v. 05.03.2001, Az.: 15 Sa 160/00

[296] LAG Schleswig-Holstein, Urt. v. 1.04.2004, Az.: 3 Sa 542/03

2.3.1 Mutterschutzgesetz

Ziel des Mutterschutzgesetzes ist es, der Frau für die Zeit vor und nach der Entbindung einen besonderen **arbeitsrechtlichen Schutz** zu gewährleisten. Das Mutterschutzgesetz wird ergänzt durch den **Erziehungsurlaub**, der die Erziehung des Kleinkindes gewährleistet und der Mutter den **Arbeitsplatz erhält**. Außerdem wird dadurch das höchste Gut der Gesellschaft, das Menschenleben (hier das ungeborene Leben), mit besondere Sorgfalt notwendig hat, geschützt. Wie Böhme[297] zutreffend ausführt, konkretisiert das Mutterschutzgesetz die **Fürsorgepflicht** des Arbeitgebers. Der Schutz der erwerbstätigen Mütter ruht auf drei Säulen, nämlich dem

- Gefahrschutz,
- Arbeitsplatzschutz und
- Entgeltschutz.

Schutz erwerbstätiger Mütter

Um die Anwendung der Schutzvorschriften auszulösen, soll die Schwangere dem Arbeitgeber unmittelbar nach Kenntnis die **Schwangerschaft mitteilen** (§ 5 Abs. 1 Satz 1 MuSchG). Eine zwingende Mitteilungspflicht besteht deshalb nicht.[298] Teilweise wird auch davon ausgegangen, dass es sich nur um eine „nachdrückliche Empfehlung" handelt.[299] Es wird jedoch übereinstimmend in Schrifttum und Rechtsprechung die Ansicht vertreten, dass die **Treuepflicht** eine Mitteilungspflicht entgegen dem gesetzlichen Wortlaut gebietet.[300] Dies soll zutreffend nur gelten, sofern berechtigte Arbeitgeberinteressen, beispielsweise Beschäftigungsverbote, bestehen.[301] Bei einer Verletzung der Treuepflicht kommt seitens des Arbeitgebers eine Abmahnung oder die Geltendmachung von Schadenersatzansprüchen in Betracht. Der Arbeitgeber kann zum Nachweis der Schwangerschaft die Vorlage eines **ärztlichen Attestes** fordern, trägt jedoch nach § 5 Abs. 3 MuSchG dessen Kosten. Die Mitteilung der Schwangerschaft darf nicht an Dritte weitergegeben werden (§ 5 Abs. 1 Satz 4 MuSchG). Dies gilt selbstverständlich nicht für die Weitergabe der Mitteilung an den unmittelbaren Vorgesetzten, die Personalstelle oder den ärztlichen Dienst.

Zeitpunkt der Mitteilung der Schwangerschaft

In § 2 MuSchG ist grundsätzlich die Gestaltung des Arbeitsplatzes für „werdende und stillende Mütter" geregelt. Am Arbeitsplatz müssen die erforderlichen **Vorkehrungen** und **Maßnahmen** sowohl zum Schutz der schwangeren Arbeitnehmerin als auch der stillenden Mutter getroffen werden (§ 2 Abs. 1 MuSchG). Nach einer von Böhme[302] zitierten Umfrage gelten für schwangere Beschäftigte unter anderem als unzumutbar: Betten und Umbetten, Heben von Patienten, Nachtdienst und Spätdienst, Pflege von Schwerkranken, Versorgung von Verstorbenen, Stress,

Gestaltung des Arbeitsplatzes

---

[297] Böhme a. a. O. F.2.3.4 (1998)
[298] Markus (1988), S. 94
[299] Sollmann, PflR 1997, 66; Böhme a. a. O. F.2.4.1 (1998)
[300] Markus (1988), S. 94; Böhme a. a. O. (1998); Schaub (1996), ArbR § 168, 2
[301] Schaub (1996), a. a. O.
[302] Böhme, a. a. O. F.2.4.8 (1998)

Assistenz bei Röntgenuntersuchung. Dazu ist jedoch festzustellen, dass § 2 MuSchG lediglich den Schutz fordert und in der Praxis eine völlige Freistellung der Pflegekräfte nicht möglich ist. Die Verpflichtung zum Schutz bedeutet aber, dass **Sitzgelegenheiten** zum Ausruhen bereitgestellt werden müssen und selbstverständlich auch die Gelegenheit gegeben werden muss, sich auszuruhen. Es ist sogar in § 31 ArbStättV vorgesehen, dass **Liegeräume** für werdende und stillende Mütter zur Verfügung gestellt werden müssen, wenn dies aus gesundheitlichen Gründen notwendig ist. Der Arbeitgeber hat das Recht zur **Umsetzung der werdenden Mutter** an einen anderen Arbeitsplatz.[303] Nur schwer wiegende Gründe ermöglichen es der Arbeitnehmerin, die Versetzung abzulehnen.[304]

Mutterschutz vor und nach der Entbindung

Werdende Mütter **dürfen** in den letzten **sechs Wochen vor der Entbindung und acht Wochen danach nicht beschäftigt** werden (§ 3 Abs. 2; § 6 Abs. 1 MuSchG). Bei einer Früh- oder Mehrlingsgeburt erhöht sich die letzte Frist auf zwölf Wochen. Eine Frühgeburt liegt bei einem Geburtsgewicht von weniger als 2.500 Gramm vor.[305] Es handelt sich insoweit zwar um ein **Beschäftigungsverbot**, jedoch besteht eine **Einschränkung** dahingehend, dass eine Tätigkeit der Schwangeren innerhalb der Schutzfrist **vor der Geburt** erfolgen kann, sofern die werdende Mutter sich zur „Arbeitsleistung ausdrücklich bereit erklärt" (§ 3 Abs. 2 Satz 1 2. Halbsatz MuSchG). Diese Bereitschaft kann jederzeit widerrufen werden.

Beschäftigungsverbote

Ein Verzicht auf das Beschäftigungsverbot nach der Geburt ist jedoch nicht möglich.[306] Es ist zusätzlich unzulässig, die Schwangere vor dieser Zeit, d. h. zwischen Kenntnis der Schwangerschaft und den sechs Wochen vor der Entbindung, zu beschäftigen, sofern aufgrund eines **ärztlichen Attestes** durch die Arbeitstätigkeit eine **Gesundheitsgefährdung** für sie selbst oder den Embryo eintreten könnte (§ 3 Abs. 1 MuSchG). Das Gesetz nennt darüber hinaus in § 4 MuSchG **weitere Beschäftigungsverbote,** wie

- das regelmäßige Heben von Lasten über 5 kg und gelegentlich über 10 kg (§ 4 Abs. 2 Ziff. 1 MuSchG),
- Arbeiten mit erhöhten Unfallgefahren (§ 4 Abs. 2 Ziff. 8 MuSchG),
- nach Ablauf des fünften Schwangerschaftsmonats Verrichtungen, bei denen die werdende Mutter ständig stehen muss, sofern die Arbeitszeit täglich mehr als vier Stunden dauert (§ 4 Abs. 2 Ziff. 2 MuSchG),
- Arbeiten in Zwangshaltung (Strecken, Hocken etc.; § 4 Abs. 2 Ziff. 3 MuSchG) und
- Tätigkeiten, bei denen die Schwangere der besonderen Gefahr einer Berufskrankheit für sich oder das ungeborene Kind ausgesetzt ist (§ 4 Abs. 2 Ziff. 6 MuSchG).

---

[303] BAG, AP Nr. 2 zu § 11 MuSchG 1968; AP Nr. 6 zu § 11 MuSchG 1968

[304] BAG, AP Nr. 2 zu § 11 MuSchG 1968

[305] BAG, NJW 1997, 2472

[306] Markus (1988), S. 95

Da die schwangere Arbeitnehmerin **vor Infektionen geschützt** werden muss, ist nur ein Umgang mit Krankheitserregern möglich, sofern nachgewiesen wird, dass die Arbeitnehmerin durch Immunisierung ausreichend geschützt ist. Entsprechend verhält es sich in der Behindertenhilfe bei Heimbewohnern, die mit Hepatitis- oder anderen Erregern infiziert sind. Auf diesen Wohngruppen bzw. Werkstätten dürfen keine schwangeren Mitarbeiterinnen arbeiten, die über keinen ausreichenden Impfschutz verfügen. In derartigen Fällen gebietet es die Fürsorgepflicht des Arbeitgebers, eine umgehende Versetzung zu veranlassen. Besonders in kirchlichen Einrichtungen ist die Einrichtung aufgrund von § 1 Abs. 4 AVR-Diakonie bzw. AVR-Caritas zu derartigen Schutzmaßnahmen verpflichtet. Für ein mutterschutzrechtliches Beschäftigungsverbot, mit dem der Gefahr einer Infektion mit Aids- oder Hepatitisviren vorgebeugt werden soll, genügt bereits eine sehr geringe Infektionswahrscheinlichkeit.[307]

Besteht ein **Beschäftigungsverbot**, muss nach § 11 MuSchG ein Mutterschutzlohn in Höhe der Durchschnittsverdienste der letzten dreizehn Wochen oder letzten drei Monate vor Beginn der Schwangerschaft gezahlt werden. Dieser Anspruch besteht aber nur bei einem Beschäftigungsverbot zum Schutz der Gesundheit von Mutter und Kind.[308] Ansonsten, d. h. bei einer Erkrankung mit der Folge der Arbeitsunfähigkeit, muss kein Mutterschutzlohn gezahlt werden, sondern es besteht lediglich ein Anspruch auf die (unter Umständen geringere) Entgeltfortzahlung.

Mutterschutzlohn

Schließlich ist bei werdenden Müttern die **Nachtarbeit** zwischen 20.00 Uhr und 6.00 Uhr (§ 8 Abs. 1 MuSchG) sowie die Tätigkeit an **Sonn-** und **Feiertagen** (§ 8 Abs. 1 MuSchG) untersagt. Im Bereich der **Pflege** darf aber gemäß § 8 Abs. 4 MuSchG eine Beschäftigung an Sonn- und Feiertagen erfolgen, sofern einmal in der Woche eine Ruhezeit von 24 Stunden gewährt wird. Hinsichtlich der Nachtarbeit besteht das Verbot selbstverständlich nur nach positiver Kenntnis des Arbeitgebers oder einer seiner Vertreter (Pflegedienst-, Stations- oder Wohnbereichsleitung).[309]

Zeitliche Beschäftigungsverbote

Für den Fall einer Schwangerschaft besteht zusätzlich ein besonderer Kündigungsschutz. Dieser Schutz gilt **unabhängig davon**, ob die betroffene Arbeitnehmerin beim Erhalt der Kündigung **von der Schwangerschaft wusste**.[310] Selbst wenn sie, allerdings unverschuldet, die Frist von zwei Wochen nach § 9 Abs. 1 Satz 1 MuSchG versäumt und danach unverzüglich dem Arbeitgeber die Schwangerschaft mitteilt, gilt der Kündigungsschutz noch. Dies gilt auch, wenn sie die Mitteilung erst nach einem zwischenzeitlich angetretenen Urlaub macht.[311] Kündigt die Arbeitnehmerin selbst, d. h. erfolgt eine **Eigenkündigung**, kann sie diese nicht mit dem Hinweis darauf wegen Irrtums anfechten, dass sie von der Schwangerschaft keine Kenntnis hatte.[312]

Besonderer Kündigungsschutz

---

307 BVerwG, NJW 1994, 401
308 BAG, NJW 1996, 1617
309 Kienzle (1998), S. 42 m. w. N.
310 BAG, NJW 1997, 610
311 BAG a. a. O.
312 BAG, NJW 1992, 2173

Die Kündigung ist **bis zum Ablauf von vier Monaten nach der Geburt** des Kindes **unzulässig** (§ 9 MuSchG). Dies gilt jedoch nur dann, sofern die Schwangerschaft dem Arbeitgeber bekannt war oder ihm innerhalb von zwei Wochen nach der Kündigung mitgeteilt worden ist. Die Arbeitnehmerin dagegen kann das Arbeitsverhältnis ohne Frist während der Schwangerschaft bis zur Schutzfrist von vier Monaten kündigen (§ 10 Abs. 1 MuSchG).

Die Schwangere kann trotz der ansonsten bestehenden erheblichen Fürsorgepflicht nicht die Festlegung des tariflichen **Urlaubs** wegen der Schwangerschaft fordern.[313]

2.3.2 Schwerbehindertengesetz

Personen, die an einer **körperlichen, geistigen** oder **seelischen Behinderung** leiden und deren Erwerbsfähigkeit dadurch gemindert ist, genießen besonderen sozialen Schutz, der auch im Bereich des Arbeitsrechts gilt. Der Schutz erfolgt allerdings inzwischen nicht mehr durch das Schwerbehindertengesetz, sondern durch das **Gesetz zur Rehabilitation und Teilhabe behinderter Menschen** (SGB IX).[314]

2.3.3 Arbeitszeitrecht

Die **regelmäßige Arbeitszeit** beträgt für Pflegekräfte aufgrund tarifvertraglicher Regelungen zur Zeit 38,5 Stunden in der Woche. Die **Pausen** sind dabei nicht enthalten (vgl. § 6 Abs. 1 TVöD).

Zur Arbeitszeit werden in vollem Umfang gerechnet:

Arbeitszeit
- die konkrete Arbeitstätigkeit,
- die Arbeitsbereitschaft und
- der Bereitschaftsdienst, sofern eine unmittelbare Prägung durch den Arbeitszusammenhang gegeben ist.

Abweichung von der Regelarbeitszeit
Die Arbeitszeit kann nach dem neuen Arbeitszeitgesetz (ArbZG) zwar über das normale Maß hinaus bis zu 10 Stunden täglich oder 60 Stunden wöchentlich (**Höchstarbeitszeit**) verlängert werden, jedoch ist in diesem Fall ein Ausgleich an anderen Tagen zu schaffen, so dass die durchschnittliche Wochenarbeitszeit von 48 Stunden über einen Zeitraum von 24 Wochen nicht überschritten wird (§ 14 ArbZG). Der Arbeitgeber kann den **Ausgleich des Arbeitszeitkontos** innerhalb einer Zeit von 6 Monaten durchführen, muss aber im Durchschnitt die Grenze von 48 Stunden wöchentlich beachten. Sofern erforderlich kann der Betrieb, insbesondere im Pflegebereich und in Krankenhäusern, auch die **Arbeitsleistung an Sonn-** und **Feiertagen** anordnen (§ 10 ArbZG). Es müssen nach § 11 Abs. 1 ArbZG mindestens 15 Sonntage jährlich arbeitsfrei sein. Bei der Beschäftigung an einem Sonntag

---

[313] BAG, NJW 1995, 1774. Näheres zum Mutterschutz ist im Fachbuch des Verfassers „Schutzrechte für Pflegekräfte" dargestellt.

[314] vgl. im Einzelnen unter Teil 5, 5

muss ein **Ersatzruhetag** innerhalb von zwei Wochen gewährt werden (§ 11 Abs. 3 ArbZG). Dies gilt ebenfalls für einen **Feiertag**, wobei hier jedoch der Ausgleichszeitraum acht Wochen beträgt. Die Sonn- und Feiertagsruhe sowie der Ersatzruhetag müssen den Beschäftigten im Zusammenhang, d. h. in unmittelbarer Verbindung mit der Ruhezeit, gewährt werden (§ 11 Abs. 4 ArbZG). Ein Arbeitsvertrag, in dem das Überschreiten der Höchstarbeitszeit vorgesehen ist, kann insoweit nichtig sein.[315] Dies lediglich dann nicht, wenn die Überschreitung nur geringfügig ist oder nur gelegentlich erfolgt.

Die Arbeitnehmer haben gemäß § 4 ArbZG Anspruch darauf, dass in angemessenem Umfang Pausen gewährt werden. Die Pausen betragen bei einer Arbeitszeit von sechs bis zu neun Stunden 30 Minuten (§ 4 Satz 1 ArbZG) und bei einer Tätigkeit über neun Stunden 45 Minuten. Länger als sechs Stunden darf der Arbeitnehmer nach § 4 Satz 3 ArbZG nicht ohne Pause arbeiten, so dass **spätestens nach sechs Stunden die erste Pause** zu gewähren ist. Die Praxis in einigen Krankenhäusern und Heimen, die Pause nach Schichtende, d. h. in der Regel nach sieben Stunden, zu gewähren, ist deshalb rechtswidrig. Die Pausen dürfen allerdings in Teilabschnitte von 15 Minuten aufgeteilt werden, so dass es möglich wäre, nach sechs Stunden eine erste Pause von 15 Minuten zu gewähren und später den „Rest". Davon lässt aber § 7 Abs. 1 Nr. 2 ArbZG wiederum eine Ausnahme dahingehend zu, dass der Arbeitgeber berechtigt ist, in Schichtbetrieben **Kurzpausen** zu gewähren. Das Gesetz legt dazu keine Dauer fest. Es muss jedoch davon ausgegangen werden, dass eine Dauer unter 10 Minuten keinen arbeitsmedizinischen Nutzen hat und folglich die Kurzpause nicht geringer sein darf. Die Beschäftigten können auf der Grundlage des Arbeitszeitgesetzes fordern, dass die Pausen im Voraus, d. h. spätestens zu Beginn des Arbeitstages, festgelegt werden.[316] Sie können gleichfalls fordern, dass während der Pause keinerlei Arbeit, auch nicht Bereitschaftsdienst oder ähnliches, geleistet wird. Sie müssen die Möglichkeit haben, ihren Arbeitsplatz während der Pause zu verlassen. Der Betrieb soll für die Pausenzeiten geeignete Räume zur Verfügung stellen. Hinsichtlich der Festlegung der Pausen hat der Betriebs- bzw. Personalrat ein Mitbestimmungsrecht (§ 87 BetrVerfG).

Pausen

Neben den Pausen stehen den Arbeitnehmern noch bestimmte Ruhezeiten zu.

Ruhezeiten

> Als **Ruhezeit** ist derjenige Zeitraum zu verstehen, der zwischen zwei Arbeitsperioden als Freizeit zu gewähren ist.

Praxisbeispiel

Dies bedeutet, dass als Ruhezeit der Zeitraum zwischen Ende der Arbeit und Wiederbeginn bzw. zwischen zwei Bereitschaftsdiensten gilt. Nur auf diese Weise kann eine Erholung gewährleistet werden. Es sind vom Gesetzgeber für die Ruhezeit Mindestzeiten festgelegt. Die Ruhezeit muss mindestens **11 Stunden** betragen (§ 5 Abs. 1 ArbZG). Der **Bereitschaftsdienst** ist von der Ruhezeit

---

[315] BAG, NJW 1959, S. 1746   [316] BT-Dr.12/5888, S. 24

abzuziehen. Dieser ist nunmehr wie die Arbeitszeit zu bewerten und mit einem Anteil von 15 % bis 55 % als Arbeitszeit anzurechnen. Auch die **Rufbereitschaft** zählt nun als Arbeitszeit und wird mit einem Anteil von 12,5 % als Arbeitszeit gerechnet. In Krankenhäusern, Heimen etc. ist es allerdings möglich, die Ruhezeit um eine Stunde auf 10 Stunden zu verkürzen. Diese **Verkürzung** muss aber innerhalb von vier Wochen durch eine Verlängerung der Ruhezeit auf 12 Stunden ausgeglichen werden (§ 5 Abs. 2 ArbZG). Durch die Neufassung des Arbeitszeitgesetzes 2004 ist in der Pflege nicht mehr zulässig, die Ruhezeit bis zur Hälfte mit Bereitschaftsdienst oder Rufbereitschaft zu belegen.

Arbeitszeit nach Urteil des Europäischen Gerichtshofs

Nach der neuen Rechtslage auf der Grundlage eines Urteils des Europäischen Gerichtshofs sind als Arbeitszeit zu werten:

- Arbeitstätigkeit,
- Bereitschaftsdienst und
- Rufbereitschaft.

Überstunden

Die Arbeitnehmer sind grundsätzlich zur Leistung von Überstunden verpflichtet, sofern eine **betriebliche Notwendigkeit** besteht.

Praxisbeispiel

> Überstunden sind Arbeitsstunden, die über die regelmäßige Arbeitszeit eines Vollbeschäftigten hinausgehen (§ 7 Abs. 7 TVöD, § 9 c AVR-Diakonie).

Die Überstunden sind vom Betrieb zu **dokumentieren**. Für besondere Arbeitsleistungen sind **Zeitzuschläge** vorgesehen. Die Festlegung von Überstunden bei einzelnen Beschäftigten stellt die Ausübung des Direktionsrechts dar. Der Arbeitgeber muss dabei jedoch nach billigem Ermessen diese festlegen und den **Grundsatz der Gleichbehandlung** beachten. Er darf deshalb ohne sachlichen Grund nicht einzelne Arbeitnehmer von der Leistung von Überstunden ausschließen, wenn vergleichbare Mitarbeiter durch die Überstunden eine erhebliche Lohnsteigerung erzielen können.[317]

Nacht- und der Schichtarbeit

Bei der Nacht- und der Schichtarbeit muss die Arbeitszeit nach gesicherten arbeitswissenschaftlichen Kriterien festgelegt werden (§ 6 ArbZG). Für besondere Arbeitsleistungen sind **Zeitzuschläge** vorgesehen, wobei zu den Einzelheiten auf die Ausführungen zur Vergütung (vgl. Teil 6, 6) verwiesen wird.

2.3.4 Unfallverhütungsvorschriften

Ziel

Die Unfallverhütungsvorschriften für bestimmte Berufsgruppen werden von den jeweiligen **Berufsgenossenschaften** festgelegt. Sie dienen dazu, den Arbeitnehmer vor vermeidbaren Gefährdungen infolge des Berufes zu schützen. Für den Bereich der Alten- und Heilerziehungspflege ist die Berufsgenossenschaft für Gesundheitsdienst und Wohlfahrtspflege zuständig. Die staatlichen und kommunalen Einrichtungen sind jedoch der Aufsicht eigener Unfallversicherungen unterstellt.

---

[317] LAG Köln 22.06.1994 - 2 SA 1087/93

Der Regelungsbereich der Unfallverhütungsvorschriften ist sehr weit. Es finden sich darin Richtlinien zur Entsorgung von Abfällen, zur Durchführung von Vorsorgeuntersuchungen, zur Auswahl der Mitarbeiter, zu Besonderheiten der Reinigung und Desinfektion sowie zur Benutzung von Schutzkleidung, wie z. B. spezieller Handschuhe. Die Vorschriften regeln jedoch auch den Umgang mit den Bewohnern, insbesondere deren Schutz, und den Schutz der Pflegekräfte vor Gesundheitsschädigungen, beispielsweise beim Heben und Umlagern. *Regelungsbereich*

Jeder Betrieb mit mehr als 20 Beschäftigten muss einen **Sicherheitsbeauftragten** bestellen, wobei das Recht des Betriebs- bzw. Personalrates zur Mitbestimmung zu beachten ist. Vorhandene Mängel, die gegen Unfallverhütungsvorschriften verstoßen, sind entweder durch die Beschäftigten selbst zu beseitigen oder dem Vorgesetzten zu melden. Dem Sicherheitsbeauftragten kommt dabei eine besondere Bedeutung zu. Sofern Mängel nicht beseitigt werden, kann die Berufsgenossenschaft dies durch Auflagen und/oder Bußgelder erzwingen.

2.3.5 Gewerbeordnung

Die Gewerbeaufsichtsämter sind nach der Gewerbeordnung dazu verpflichtet und berechtigt, besondere Anlagen und Einrichtungen, wozu auch Heime zählen, zu überwachen und gegebenenfalls Genehmigungen zu erteilen (§ 24 GewO). Bei schwer wiegenden **Verstößen gegen Sicherheitsvorschriften** kann eine Stilllegung der Anlage, beispielsweise des Aufzuges, oder bei Unzuverlässigkeit des Betriebsinhabers die Gewerbeuntersagung erfolgen. *Gewerbeaufsichtsämter*

2.3.6 Arbeitsstättenverordnung

Die Arbeitsstättenverordnung regelt die **Ausstattung** des **Arbeitsplatzes**, der **Arbeitsräume**, der **Pausen-** und **Sanitärräume** sowie von **Bereitschaftsräumen**. Die Arbeitsstättenverordnung regelt beispielsweise die Lichtverhältnisse am Arbeitsplatz und den Schutz von Nichtrauchern. Diese Verordnung dient damit dem Schutz der Arbeitnehmer vor Beeinträchtigungen durch den Arbeitsplatz. *Regelungsbereich*

2.3.7 Arbeitsschutzgesetz

Ziel des Gesetzes ist die Verbesserung der Sicherheit und des Gesundheitsschutzes der Arbeitnehmer durch Maßnahmen des Arbeitsschutzes (§ 1 Abs. 1 ArbSchG). *Pflichten des Arbeitgebers*

Der Arbeitgeber trägt die **Verantwortung** für den Arbeitsschutz im Betrieb (§ 3 ArbSchG). Er hat diese Pflichten selbst zu erfüllen, kann sie aber auch auf verantwortliche Personen, die den Ablauf der Arbeit bestimmen, übertragen (§ 13 Abs. 2 ArbSchG). Der Arbeitgeber muss nach § 3 Abs. 2 ArbSchG eine geeignete Organisation für den Arbeitsschutz schaffen. Außerdem muss er gemäß § 4 ArbSchG

- die Arbeit so gestalten, dass eine **Gefährdung** für die Gesundheit möglichst vermieden bzw. eine verbleibende Gefährdung soweit möglich verringert wird,
- Gefahren an ihrer Quelle bekämpfen,
- bei den Schutzmaßnahmen den aktuellen **Stand der Technik** sowie **Hygiene und Arbeitsmedizin** berücksichtigen,
- Schutzmaßnahmen so **planen**, dass Technik, Arbeitsorganisation, Arbeitsbedingungen, soziale Beziehungen und Einfluss der Umwelt optimal verknüpft werden,
- **allgemeine** Schutzmaßnahmen vorrangig vor individuellen Schutzmaßnahmen treffen,
- **spezielle Gefahren** für besonders schutzwürdige Beschäftigte berücksichtigen,
- den Mitarbeitern geeignete **Anweisungen** geben und
- **geschlechtsspezifische Maßnahmen** nur dort treffen, wo dies unbedingt notwendig ist.

Persönliche Schutzausrüstung

Hinsichtlich der persönlichen Schutzausrüstung gilt nach der PSA-Benutzungsverordnung, einer Verordnung zum Arbeitsschutzgesetz, Folgendes:

Praxisbeispiel

> Unter **persönlicher Schutzausrüstung** ist jede Ausrüstung zu verstehen, die getragen wird, um den Arbeitnehmer vor Gefährdungen zu schützen (§ 1 PSA-BV).

Unter den Begriff fallen folglich im Pflegebereich Handschuhe, Schürzen, Berufskleidung im weitesten Sinn, Mundschutz etc. Die Regelungen dazu werden **durch** die **Unfallverhütungsvorschriften ergänzt**, wodurch ein lückenloser Schutz der Beschäftigten gewährleistet werden soll. Der Arbeitgeber muss diejenigen Schutzausrüstungen auswählen, die tatsächlich Schutz vor den konkreten Gefahren bieten, für die Bedingungen geeignet sind, die am Arbeitsplatz herrschen sowie den ergonomischen und gesundheitlichen Anforderungen genügen (§ 2 PSA-BV). Die Schutzausrüstung muss individuell für den jeweiligen Beschäftigten angepasst sein und ist grundsätzlich für den Gebrauch einer Person bestimmt.[318] Der Arbeitgeber ist selbstverständlich auch für die **Pflege der Ausrüstung** zuständig, was auch den hygienisch einwandfreien Zustand einschließt (§ 2 Abs. 4 PSA-BV). Die Verordnung geht wie das Arbeitsschutzgesetz davon aus, das die persönliche Schutzausrüstung nur für einzelne Beschäftigte und spezielle Gefahrensituationen bestimmt sein kann (§ 4 Nr. 5 ArbSchG). Bei einer Gefährdung mehrerer Arbeitnehmer müssen die gesundheitlichen Gefahren oder hygienischen Probleme durch andere Schutzmaßnahmen verhindert bzw. beseitigt werden.

LasthandhabV

Nach der LasthandhabV muss jeder Arbeitgeber seinen Betrieb so organisieren, das die manuelle Handhabung von Lasten (Tragen, Heben) so weit wie möglich vermieden wird. Diese Verordnung gilt auch für den Gesundheitsdienst.[319] Ist das Bewegen von Lasten, beispielsweise eines Patienten oder Heimbewohners,

---

[318] Wlotzke, NJW 1997, 1469, 1471

[319] Wlotzke, a. a. O.

nicht zu vermeiden, müssen Maßnahmen getroffen werden, um die Gefahr für die Beschäftigten möglichst gering zu halten (§ 2 LasthandhabV). Müssen Lasten von Hand bewegt werden, hat der Arbeitgeber die körperliche Eignung der Beschäftigten besonders zu berücksichtigen.

Zur Abwehr bestehender Sicherheits- und Gesundheitsgefahren hat das neue Gesetz besondere Rechte für die Arbeitnehmer vorgesehen. Gemäß § 17 ArbSchG können die Beschäftigten aufgrund konkreter Gefahren beim Arbeitgeber **Beschwerde** erheben. Bleibt dies erfolglos, können sich die Arbeitnehmer an die zuständige Behörde wenden. Dabei müssen sie keine Nachteile, beispielsweise eine Kündigung, befürchten. Sowohl die Arbeitnehmer als auch der **Betriebs-** oder **Personalrat** oder die **Mitarbeitervertretung** sind über die Arbeitsschutzmaßnahmen zu unterrichten und anzuhören. Zu den Aufgaben des Betriebs- oder Personalrats bzw. der Mitarbeitervertretung zählt, die Einhaltung von Schutzvorschriften zu kontrollieren (§ 80 Abs. 1 Satz 1 BetrVerfG).

Durchsetzung der Schutzinteressen

2.3.8 Medizinproduktegesetz

Grundlage des Medizinproduktegesetzes sind verschiedene **Richtlinien des Rates der Europäischen Union**. Ziel ist deshalb die nationale Umsetzung von europäischem Recht zur Vereinheitlichung des Rechts im gesamten Gebiet der Europäischen Union. Zweck des Gesetzes ist die Schaffung einer höheren Sicherheit im Umgang mit **medizinischen Produkten**. Gleichgültig ist dabei, ob es sich um

Grundlage und Zweck

- Implantate
- medizinische Instrumente (z. B. Spritzen, Klemmen etc.)
- medizinische Geräte (Beatmungsgeräte, Inhalationsgeräte, Sauerstoffgeräte etc.)
- Hilfsmittel (Brillen, Hörgeräte, Prothesen etc.)
- Verbandstoffe
- Erste-Hilfe-Ausrüstungen oder
- Chemikalien (Desinfektionsmittel, Reinigungsmittel etc.)

handelt.

Wichtig für den Pflege- und Betreuungsbereich ist, dass nach § 8 MPG neue Geräte seit dem 1. Januar 1995 grundsätzlich nur noch mit dem so genannten **CE-Zeichen** in den Verkehr gebracht, d. h. verkauft werden dürfen. Dies hat selbstverständlich zur Folge, dass Heilerziehungspfleger, Altenpfleger, Gesundheits- und Krankenpflegepersonal und Erzieher neue Geräte lediglich dann im Umgang mit den Bewohnern oder Patienten verwenden dürfen, wenn die Produktsicherheit mit einem deutlich sichtbaren CE-Zeichen auf dem Gerät bzw. dem Instrument oder Hilfsmittel nachgewiesen ist. Eine Verwendung nicht gekennzeichneter Medizinprodukte kann deshalb verweigert werden.

Produktsicherheit

Eine besondere Form ist das „aktive Medizinprodukt".

Aktives Medizinprodukt

Definition

> Es handelt sich beim **aktiven Medizinprodukt** um ein Medizinprodukt, dessen Betrieb auf eine Stromquelle oder eine andere Energiequelle angewiesen ist.

Nach § 22 Abs. 1 MPG dürfen aktive Medizinprodukte nur ihrer Zweckbestimmung entsprechend nach den Vorschriften des Medizinproduktegesetzes und den allgemein anerkannten Regeln der Technik sowie den Arbeitsschutz- und Unfallverhütungsvorschriften errichtet, betrieben und angewendet werden. Sie dürfen nicht betrieben und angewendet werden, wenn sie Mängel aufweisen, durch die Patienten, Beschäftigte oder Dritte gefährdet werden können. Aktive Medizinprodukte dürfen nur von Personen angewendet werden, die aufgrund ihrer Ausbildung oder ihrer Kenntnisse und praktischen Erfahrungen die Gewähr für eine sachgerechte Handhabung bieten.

Dies hat selbstverständlich zur Folge, dass Pflegekräfte neue Geräte lediglich dann im Umgang mit den Bewohnern oder Patienten verwenden dürfen, wenn die Produktsicherheit mit einem deutlich sichtbaren CE-Zeichen auf dem Gerät bzw. dem Instrument oder Hilfsmittel nachgewiesen ist. Eine Verwendung nicht **gekennzeichneter Medizinprodukte** könnte den Vorwurf der Fahrlässigkeit rechtfertigen und eine Haftung zur Folge haben. Schließlich ist zu beachten, dass geprüfte Medizinprodukte auch der Sicherheit des Pflegepersonals dienen.

2.3.9 Beschäftigtenschutzgesetz

Vor allem Frauen sind **Belästigungen sexueller Art** am Arbeitsplatz ausgesetzt. Diese reichen nach § 2 Abs. 2 BeschG von „anzüglichen" Bemerkungen bis zur sexuellen Nötigung oder sogar Vergewaltigung:

(2) Sexuelle Belästigung am Arbeitsplatz ist jedes vorsätzliche, sexuell bestimmte Verhalten, das die Würde von Beschäftigten am Arbeitsplatz verletzt. Dazu gehören
1. *sexuelle Handlungen und Verhaltensweisen, die nach den strafgesetzlichen Vorschriften unter Strafe gestellt sind, sowie*
2. *sonstige sexuelle Handlungen und Aufforderungen zu diesen, sexuell bestimmte körperliche Berührungen, Bemerkungen sexuellen Inhalts sowie Zeigen und sichtbares Anbringen von pornographischen Darstellungen, die von den Betroffenen erkennbar abgelehnt werden.*

Die Definition der sexuellen Belästigung ist dabei bewusst weit gefasst. Unter sie fallen somit alle Handlungen mit sexuellem Bezug, wenn sie von den Betroffenen erkennbar abgelehnt werden.

Rechtsgrundlagen

Der Arbeitgeber ist zwar bereits im Rahmen seiner **Fürsorgepflicht** dazu verpflichtet, sexuelle Belästigungen zu verhindern und Schutzmaßnahmen zu treffen. Der Begriff der sexuellen Belästigung war jedoch bisher kaum bestimmt. Teilweise war zusätzlich der Vorgesetzte selbst „Täter", was den Schutz der Betroffenen erheblich erschwert und in der Praxis des Öfteren keinerlei Schutz geboten hat. Mit dem **Beschäftigtenschutzgesetz** wurde eine Rechtsgrundlage zum Schutz der Beschäftigten vor sexueller Belästigung am Arbeitsplatz geschaffen.

Für das Arbeitsrecht bedeutsam ist, dass sexuelle Belästigung am Arbeitsplatz gesetzlich als **Verletzung** der **arbeitsvertraglichen Pflichten** bzw. als **Dienstvergehen** bestimmt ist (§ 2 Abs. 3 BeschG). Damit ist die gesetzliche Basis für Maßnahmen gegenüber den Belästigern geschaffen, gleichgültig, ob es sich um andere Arbeitnehmer oder Vertreter des Arbeitgebers (Vorgesetzte) handelt. Als Maßnahmen sind nach § 4 Abs. 1 BeschG möglich:

- Abmahnung,
- Umsetzung,
- Versetzung oder
- Kündigung.

Maßnahmen

Die Rechte des **Betriebsrates** (§ 87 Abs. 1 Nr. 1, §§ 99, 102 BetrVerfG) und des **Personalrates** (§ 75 Abs. 1 Nr. 2–4 a, Abs. 3 Nr. 15, § 77 Abs. 2, § 79 BPersVG sowie die entsprechenden Vorschriften der Personalvertretungsgesetze der Länder) müssen berücksichtigt werden.

Der **Dienstvorgesetzte** muss nach § 4 Abs. 1 Nr. 2 BeschG die angemessenen, jedoch erforderlichen dienstrechtlichen und personalwirtschaftlichen Maßnahmen treffen. Dies bedeutet in schwer wiegenden Fällen, dass gegenüber dem Belästiger die außerordentliche, also fristlose Kündigung ausgesprochen werden muss. Liegt zusätzlich eine strafbare Handlung, beispielsweise eine sexuelle Nötigung oder Vergewaltigung, vor, kann der oder die Betroffene **Strafanzeige** erstatten. Liegt, was in der Mehrzahl der Fällen zu bejahen sein dürfte, eine Verletzung des Persönlichkeitsrechts der oder des betroffenen Beschäftigten vor, kann er oder sie **Schadenersatz** bzw. **Schmerzensgeld** fordern.

Weitere mögliche Konsequenzen

Die Betroffenen haben gemäß § 3 BeschG ein **Beschwerderecht**, wenn sie sich sexuellen Belästigungen vonseiten anderer Beschäftigter, von Vorgesetzten, vom Arbeitgeber oder von Dritten am Arbeitsplatz ausgesetzt fühlen. Problematisch kann in der Praxis die Frage der **Beweislast** sein. Zum Schutz der überwiegend betroffenen Frauen bleibt zu hoffen, dass die Rechtsprechung eine Glaubhaftmachung ausreichen lässt. Ohne diese Beweiserleichterung bleibt das Beschäftigtenschutzgesetz ein „stumpfes Schwert", da Situationen, in denen eine sexuelle Belästigung erfolgt, in der Regel ohne Zeugen vonstatten gehen. Der Arbeitgeber hat die Beschwerde zu prüfen und für Abhilfe zu sorgen. Er muss laut § 4 Abs. 1 Nr. 1 BeschG „angemessene" Maßnahmen ergreifen, die selbstverständlich dazu geeignet sein müssen, die Belästigung abzustellen. Werden keine geeigneten Maßnahmen getroffen, darf die Betroffene gemäß § 4 Abs. 2 BeschG ihre Leistung verweigern, d. h. die **Arbeit einstellen** bzw. dem Arbeitsplatz fernbleiben. Die **Vergütung** muss trotzdem weitergezahlt werden. Dies gilt aber nur dann, wenn das Fernbleiben vom Arbeitsplatz zum Schutz der betroffenen Arbeitnehmerin erforderlich ist. Außerdem kann sich die Arbeitnehmerin an den **Betriebsrat** wenden. Schließlich besteht die Möglichkeit, den Schutz vor dem **Arbeits-**

Rechte der Betroffenen

gericht durchzusetzen. Diejenige Arbeitnehmerin bzw. derjenige Arbeitnehmer, die/der von ihrem/seinem Beschwerderecht Gebrauch macht, darf deswegen **nicht benachteiligt** werden (§ 4 Abs. 3 BeschG).

Beispiel für eine Dienstvereinbarung

In erfreulicher Weise haben manche Einrichtungsträger, beispielsweise der Landeswohlfahrtsverband Hessen, den Schutz des Beschäftigtenschutzgesetzes sogar noch durch eine zusätzliche Dienstvereinbarung[320] umgesetzt. Als **Sanktionen** sind dort in § 5 DienstV vorgesehen:

- Persönliches Gespräch mit Hinweis auf das Belästigungsverbot,
- mündliche Belehrung bzw. Ermahnung,
- Aktenvermerk in der Personalakte,
- Abmahnung mit Ankündigung arbeitsrechtlicher Folgen,
- Versetzung oder Umsetzung,
- ordentliche oder außerordentliche Kündigung oder
- Strafanzeige durch die Dienststellenleitung.

Die Vorgesetzten sind dazu verpflichtet, die entsprechenden Vorwürfe unter Wahrung der notwendigen Verschwiegenheit und Vertraulichkeit zu überprüfen und die Kommission, die bei jeder Dienststelle gebildet werden muss, zu unterrichten. Der Beschuldigte ist ebenfalls zu unterrichten.

Sowohl in der vorgenannten Dienstvereinbarung als auch im Gesetz selbst ist vorgesehen, dass ein Belästiger nur dann in eine **Position als Vorgesetzter oder in eine sonstige höherwertige Tätigkeit** versetzt werden darf, wenn keine Wiederholungsgefahr besteht.

Nach einer aktuellen Entscheidung des Bundesverwaltungsgerichts[321] stellt die sexuelle Belästigung ein **Dienstvergehen** dar, das selbst bei Beamten Sanktionen (Disziplinarmaßnahmen) rechtfertigt. Die Rechtsordnung akzeptiert derartige Übergriffe folglich nicht mehr und gewährt den Betroffenen, insbesondere den Frauen, nunmehr Schutz.

2.3.10 Allgemeines Gleichbehandlungsgesetz

Das allgemeine Gleichbehandlungsgesetz (AGG), früher „Antidiskriminierungsgesetz" genannt, gilt neben verschiedenen anderen Rechtsbereichen nach § 6 AGG auch für Arbeitnehmer/innen, Auszubildende, Bewerber für einen Arbeitsplatz, Heimarbeiter sowie arbeitnehmerähnliche Personen.

Diskriminierungsgründe

Gemäß § 7 AGG dürfen Beschäftigte nicht wegen eines in § 1 AGG genannten Grundes benachteiligt werden. Derartige Diskriminierungsgründe sind nach § 1 AGG beispielsweise:

- die Rasse oder die ethnische Herkunft,
- das Geschlecht,
- die Religion oder Weltanschauung,

---

[320] Dienstvereinbarung Nr. 15 v. 13.12.1995

[321] BVerwG, NJW 1997, 958

- die Behinderung,
- das Alter und
- die sexuelle Identität.

Die nach dem Gesetz verbotenen Verhaltensweisen sind die

- unmittelbare Benachteiligung (§ 3 Abs. 1 AGG),
- die mittelbare Benachteiligung (§ 3 Abs. 2 AGG),
- die Belästigung (§ 3 Abs. 3 AGG) inkl. der sexuellen Belästigung (§ 3 Abs. 4 AGG) sowie
- die Anweisung zu Benachteiligungen (§ 3 Abs. 5 AGG).

Ein Verstoß gegen das Benachteiligungsverbot besteht nicht, sofern der Arbeitgeber auf Grund beruflicher Anforderungen Arbeitnehmer bzw. Bewerber unterschiedlich behandelt (§ 8 AGG) sowie auf Grund einer speziellen Rechtfertigung für Ungleichbehandlung wegen des Alters (§ 10 AGG). Nach § 8 AGG ist eine unterschiedliche Behandlung dann zulässig, wenn diese wegen einer wesentlichen und entscheidenden beruflichen Anforderung erfolgt. Derartige berufliche Anforderungen können wegen der Art der auszuübenden Tätigkeit oder der Bedingungen ihrer Ausübung gegeben sein.

> Frau B bewirbt sich auf eine freie Stelle in einem Pflegeheim. Zu der Tätigkeit der Frau B würde im Falle einer Einstellung auch die Versorgung der Schwerpflegefälle gehören. B ist aufgrund einer erheblichen Schädigung der Wirbelsäule mit einer GdB von 50 % schwerbehindert. Obwohl sie gegenüber den Mitbewerberbern die besten Zeugnisse hat und über Zusatzqualifikationen verfügt, wählt der Heimleiter eine andere Bewerberin aus. B überlegt, ob sie sich auf eine Diskriminierung wegen ihrer Behinderung berufen soll. Eine Klage dürfte aber keine Aussicht auf Erfolg haben, da der Heimleiter sie aus sachlichen Gründen nicht eingestellt hat, ihr wäre aufgrund der Wirbelsäulenschädigung ein Umbetten etc. nicht möglich gewesen.

Praxisbeispiel

Eine unterschiedliche Behandlung wegen des Alters ist nach § 10 AGG zulässig, wenn sie objektiv und angemessen und durch ein legitimes Ziel gerechtfertigt ist. Hierunter fallen z.B. Maßnahmen für die berufliche Eingliederung von Jugendlichen und älteren Beschäftigten, die Festlegung eines Höchstalters für die Einstellung „auf Grund der spezifischen Ausbildungsanforderungen eines bestimmten Arbeitsplatzes oder auf Grund der Notwendigkeit einer angemessenen Beschäftigungszeit vor dem Eintritt in den Ruhestand" (§ 10 AGG Satz 3) etc.

Das Gleichbehandlungsgesetz regelt bei Verstößen gegen das Benachteiligungsverbot folgende Rechtsfolgen:

- Nichtigkeit (§ 7 Abs. 2 AGG),
- Beschwerderecht (§ 13 AGG) und Maßregelverbot (§ 16 AGG),
- Leistungsverweigerungsrecht bei Belästigung (§ 14 AGG),
- Entschädigung und Schadenersatz (§ 15 AGG).

In der Praxis die größte Bedeutung hat die Sanktion gemäß § 15 AGG. Danach ist bei einem Verstoß gegen das Benachteiligungsverbot der Arbeitgeber dazu verpflichtet, den entstandenen Schaden zu ersetzen. Es besteht sogar ein Anspruch auf Schmerzensgeld.

3 Umfang der Tätigkeit und Direktionsrecht

Umfang der Tätigkeit

Die Arbeitnehmer sind grundsätzlich dazu verpflichtet, die **Arbeitsleistung persönlich** und **ordnungsgemäß** zu erbringen. Die Tätigkeit ist am vereinbarten Ort durchzuführen, jedoch kann eine Versetzung nach den Grundsätzen von Treu und Glauben erfolgen. Der Umfang der Tätigkeit ergibt sich zusammen mit den Nebenpflichten aus dem **Arbeitsvertrag**.

Direktionsrecht

Dem Arbeitgeber steht hinsichtlich der **Art der Ausführung** der Tätigkeit das Direktionsrecht zu. Er bestimmt die Art der Ausführung der Tätigkeit, die **Zeit** und den **Ort** der Arbeitsleistung. Arbeitnehmer sind grundsätzlich verpflichtet, die Anweisungen des Arbeitgebers bzw. Vorgesetzten zu befolgen. Der Arbeitgeber kann im Rahmen seines Direktionsrechts, unter Umständen mit Beteiligung des Betriebsrates, insbesondere Regelungen treffen zu:

Regelungsbereiche

- Dienstkleidung,
- Meldungen bei Krankheit und Sicherheitsmängeln,
- Arbeitszeitkontrolle,
- Regelungen zum Arbeitsschutz,
- Vertretungs- und Bereitschaftsregelungen,
- Rauch- und Alkoholverbot und
- Fortbildungsmaßnahmen.[322]

Beschränkungen des Direktionsrechts

In bestimmten Fällen gilt das Direktionsrecht nicht oder ist eingeschränkt. Diese Grenzen werden nachfolgend besprochen.

Eine **Versetzung** des Arbeitnehmers an einen anderen Ort ist nur zulässig, sofern dieses im Arbeitsvertrag vorgesehen ist oder die Versetzung innerhalb einer Stadt, z. B. in eine andere Filiale, erfolgt und mit keinen besonderen Beschwernissen verbunden ist. Eine Versetzung ist grundsätzlich nur dann möglich, wenn es dem Arbeitnehmer zuzumuten ist, den bisherigen Arbeitsplatz zu verlassen. Wird jedoch der Betrieb an einen anderen Ort verlegt, ist das Weigerungsrecht der Arbeitnehmer stark eingeschränkt. Sofern nicht schwer wiegende Gründe entgegenstehen, ist der Ortswechsel zumutbar. Die Anordnung des Betriebes ist arbeitsgerichtlich nachprüfbar. Die Mehrkosten sind in jedem Fall zu erstatten.

Das Direktionsrecht darf nicht zu einem **Verstoß gegen Gesetze** führen. Anordnungen des Arbeitgebers, die eindeutig gegen gesetzliche Vorschriften verstoßen, beispielsweise Strafgesetze, datenschutzrechtliche Vorschriften oder Arbeitsschutzgesetze, müssen nicht befolgt werden.

---

[322] ArbG Bonn, NJW 1991, 2168

> Der Altenpfleger A soll eine Bewohnerin ohne richterlichen Beschluss regelmäßig fixieren. Da dies eine Freiheitsberaubung gemäß § 239 StGB darstellt, kann er die Ausführung verweigern, da ihm ein Verstoß gegen gesetzliche Vorschriften nicht zuzumuten ist.

Praxisbeispiel

> Die Pflegedienstleitung ordnet an, dass die Auszubildende A in zwei Fällen bei Bewohnern allein i.m.-Injektionen durchführen soll. Dies kann wegen der Gefahr einer Schädigung der Bewohner und damit einer fahrlässigen Körperverletzung verweigert werden.

Praxisbeispiel

Die Anweisung des Arbeitgebers darf außerdem nicht zu einer **Verletzung des Tarifvertrages** führen. Regelungen im Tarifvertrag sind grundsätzlich zu beachten und können nicht durch einzelne Anordnungen beseitigt werden, sofern im Heim oder Krankenhaus ein derartiger Tarifvertrag gilt. Dies gilt gleichfalls für die **Rechte des Betriebsrates, Personalrates** oder der **Mitarbeitervertretung**. Sofern der Gesetzgeber in bestimmten Bereichen die Mitbestimmung vorgesehen hat, muss vor der Erteilung einer Weisung die Mitarbeitervertretung eingeschaltet werden.

Das Recht zur Erteilung von Anordnungen ist auch durch die Regelungen im **Arbeitsvertrag** begrenzt. Der Arbeitnehmer ist nur verpflichtet, die Tätigkeiten auszuführen, die zum arbeitsvertraglichen Aufgabenbereich zählen. Dies bedeutet, dass Nebenarbeiten nur auszuführen sind, sofern deren Übernahme der Verkehrssitte entspricht. Derartige zulässigerweise übertragbare Arbeiten sind beispielsweise das Herbeiholen der Medikamente sowie das Aufräumen und Säubern des Arbeitsplatzes. Nur in Ausnahmefällen, insbesondere in Notfällen, dürfen andere Arbeiten übertragen werden. Selbst wenn die geforderte Tätigkeit in den Aufgabenbereich fällt, können unzumutbare Tätigkeiten hingegen verweigert werden, insbesondere solche mit „schikanösem Charakter".

Bei **Anordnungen, deren Zulässigkeit zweifelhaft** ist, sollte vor einer Weigerung zuerst beim Betriebs- oder Personalrat oder bei der Mitarbeitervertretung um Beratung oder, falls sinnvoll, der Vorgesetzte um Erläuterung gebeten werden. Eindeutig unzulässige Anordnungen können zwar verweigert werden, jedoch sollte eine schriftliche Stellungnahme erfolgen. Hilfreich ist dabei die Bestätigung der unzulässigen (z. B. gesetzeswidrigen) Anordnung durch einen anderen Mitarbeiter als Zeugen. Vor einer Arbeitsverweigerung ohne vorherige Beratung kann nur gewarnt werden, da diese unter Umständen arbeitsrechtliche Konsequenzen bis zur Kündigung haben kann.

4 Tarifverträge

Der Tarifvertrag wird zwischen den Vertretern der Arbeitnehmern, d. h. den **Gewerkschaften**, einerseits und den Arbeitgebern

Wirkung des Tarifvertrags

bzw. deren **Verbänden** andererseits ausgehandelt. Es handelt sich um einen **schriftlichen Vertrag**, der dann unmittelbar für die Arbeitsverhältnisse zwischen Mitgliedern der Gewerkschaft und Mitgliedern der Arbeitgeberverbände gilt (§ 4 Abs. 1 TVG). Die Anwendung der tarifvertraglichen Vereinbarungen erfolgt in der Praxis für gewerkschaftlich organisierte und nicht organisierte Arbeitnehmer gleich. Im Bereich des öffentlichen Dienstes erfolgt die Aufnahme in den Arbeitsvertrag durch Formulierungen wie „in Anlehnung an TVöD" oder „es gelten die Bestimmungen des TVöD", so dass dieser Tarifvertrag Bestandteil des Arbeitsvertrages wird.

Regelungsbereiche In Tarifverträgen erfolgen Regelungen zu verschiedenen Bereichen wie der Höhe der **Löhne** bzw. **Gehälter**, der Dauer des **Urlaubes**, der **Arbeitszeit** einschließlich der Überstunden sowie der Ausgestaltung des **Arbeitsplatzes** und der **Mitbestimmung**. Es wird dabei unterschieden zwischen:

Arten
- Mantel- oder Rahmentarifverträgen und
- Tarifverträgen für Lohn/Gehalt.

Für den Pflegebereich ist der **Tarifvertrag öffentlicher Dienst** (TVöD) am bedeutendsten.

Kirchlicher Bereich Im Bereich der Heilerziehungs- und Altenpflege dürfte bei kirchlichen Einrichtungen in der Regel der AVR Diakonie bzw. AVR Caritas gelten. Aufgrund der besonderen Rolle, die den Kirchen in der Deutschland zukommt, insbesondere wegen des in Art. 140 GG i. V. m. Art. 137 Abs. 3 WRV festgelegten Rechts der Religionsgesellschaften, ihre Angelegenheiten selbstständig zu ordnen und zu verwalten, gelten für kirchliche Einrichtungen **besondere arbeitsrechtliche Regelungen**. In diesem Bereich werden von speziellen Kommissionen so genannte **Arbeitsvertragsrichtlinien** (AVR) vereinbart. Da dem Deutschen Roten Kreuz gleichfalls eine Sonderrolle zukommt, gelten dort die AVR/DRK als eigene Regelungen. Da in Bayern das Deutsche Rote Kreuz eine Körperschaft des öffentlichen Rechts ist, gilt dort der Tarifvertrag für den öffentlichen Dienst (TVöD). In den kirchlichen Einrichtungen sind die Rechte der **Arbeitnehmer** gegenüber den staatlichen bzw. kommunalen Einrichtungen wegen des besonderen christlichen Auftrages **eingeschränkt**. Dies gilt selbst für den Bereich der Mitbestimmung und den Kündigungsschutz..

5 Betriebliche Mitbestimmung

5.1 Grundlagen

Formen der betrieblichen Mitbestimmung Der **Betriebsrat**, der **Personalrat** und die **Mitarbeitervertretung** sollen den Arbeitnehmern die Mitbestimmung in den Angelegenheiten ermöglichen, die Interessen der Arbeitnehmer berühren. Diese betriebliche Beteiligung umfasst den sozialen, personellen und wirtschaftlichen Bereich. Der Umfang der Mitbestimmung ist im **Betriebsverfassungsgesetz** (BetrVerfG) bzw. in den **Personal-**

vertretungsgesetzen (PersVG) sowie der **Mitarbeitervertretungsordnung** (MAVO) geregelt.

Die drei Formen der betrieblichen Beteiligung können wie folgt unterschieden werden:

- Personalrat: für Mitarbeiter des öffentlichen Dienstes,
- Betriebsrat: sonstige Betriebe ohne kirchliche Einrichtungen und
- Mitarbeitervertretung: nur kirchliche Einrichtungen.

In Betrieben mit mindestens fünf Arbeitnehmern müssen Betriebsräte gewählt werden. **Wahlberechtigt** sind dabei alle Beschäftigten nach Vollendung des 18. Lebensjahres und **wählbar** sind diejenigen Arbeitnehmer, die zumindest **sechs Monate** beschäftigt sind (§ 1 BetrVerfG). **Leitende Angestellte**, somit die Beschäftigten, die zur Einstellung und Entlassung von Arbeitnehmern befugt sind sowie eigenverantwortliche Arbeiten wahrnehmen, fallen **nicht** unter die Regelungen des Betriebsverfassungsgesetzes (§ 5 Abs. 3 BetrVerfG). Sie sind daher weder wahlberechtigt noch wählbar.

Betriebsrat

Für diejenigen **Betriebsteile**, die **räumlich weit** vom Hauptbetrieb entfernt sind oder durch Aufgabenbereiche bzw. Organisation **selbstständig** sind, müssen **eigene Betriebsräte** gewählt werden, sofern dort mindestens fünf Arbeitnehmer, davon drei wählbar, ständig im Betrieb beschäftigt sind (§ 4 BetrVerfG; § 2 MAVO).

5.2 Rechte der Arbeitnehmervertretungen

Als Interessenvertretung der Arbeitnehmer hat der Betriebs- bzw. Personalrat das Recht, seine Tätigkeit **ungehindert auszuüben**. Der Arbeitgeber hat zur Durchführung der Arbeit der Mitarbeitervertretung die **sachlichen Mittel** wie

- Räume,
- Telefon,
- Schreibgeräte und
- Gesetzesmaterialien

Pflichten des Arbeitgebers

zur Verfügung zu stellen (§ 40 BetrVerfG). Die **Kosten** für die Tätigkeit sind in diesem Zusammenhang in angemessenem Umfang zu tragen. Das jeweilige Betriebs- oder Personalratsmitglied ist gegebenenfalls ohne Lohn- bzw. Gehaltsabzug von der **Arbeit zur Wahrnehmung seiner Aufgaben freizustellen**. Dies gilt unter anderem für Sitzungen und Sprechstunden.

Die Mitwirkung des Betriebs- und Personalrates gliedert sich in **drei Bereiche**:

Mitwirkung des Betriebs- und Personalrates

- soziale,
- personelle und
- wirtschaftliche Angelegenheiten,

wobei der Schwerpunkt auf dem sozialen Bereich liegt.

Die **soziale Mitwirkung** umfasst nach §§ 87 ff. BetrVerfG

- Arbeitszeit und Arbeitsbedingungen,
- Urlaubsplanung,
- Arbeitsschutz,
- Ordnung des Betriebes und Verhalten der Arbeitnehmer,
- Einführung von technischen Einrichtungen,
- Form und Ausgestaltung von Sozialeinrichtungen sowie
- Gestaltung der Entlohnung.

Zur **Ordnung des Betriebes** zählen dabei alle Maßnahmen, die die äußere Ordnung des Betriebes betreffen, wie Geheimhaltungsverpflichtungen und die Einführung von Arbeitszeitkontrollen, z. B. Stechkarten. Dazu zählen auch so genannte Betriebsbußen und Ordnungsstrafen. Die Regelung der **Arbeitszeit** umfasst deren Beginn und Ende, Pausen sowie Verteilung der Arbeitszeit in der Woche (§ 87 BetrVerfG, § 32 MAVO). Zu den mitbestimmungspflichtigen **Arbeitsbedingungen** zählen Änderung der Arbeitsplätze, der Arbeitsabläufe sowie der Arbeitsumgebung.

Mitbestimmung in Personalangelegenheiten

In Personalangelegenheiten betrifft die Mitbestimmung nach §§ 92 ff. BetrVerfG:

- Ausschreibung von Stellen,
- Einstellung der Arbeitnehmer,
- Fortbildung und
- Kündigung.

Der Betriebs- oder Personalrat ist vor jeder **Kündigung** anzuhören, wobei der Arbeitgeber ihm die Kündigungsgründe mitzuteilen hat. Erfolgt diese Anhörung nicht, ist die Kündigung aus diesem Grund unwirksam (§ 102 Abs. 1 BetrVerfG). Das Mitbestimmungsorgan hat die Bedenken gegen die Kündigung schriftlich innerhalb einer Woche mitzuteilen (§ 102 Abs. 2 BetrVerfG). Sofern der Betriebsrat innerhalb dieser Frist keine Bedenken mitteilt, gilt seine Zustimmung als erteilt.

Mitbestimmung in wirtschaftlichen Angelegenheiten

Der Betriebs- bzw. Personalrat ist zuletzt auch in **wirtschaftlichen Angelegenheiten** zu unterrichten, wobei in Betrieben mit mehr als 100 ständig Beschäftigten sogar ein **Wirtschaftsausschuss** zu bilden ist.

Mitbestimmung bei kirchlichen Einrichtungen

Das Betriebsverfassungsgesetz findet wegen der verfassungsrechtlich garantierten Selbstständigkeit bei Einrichtungen der Kirchen keine Anwendung (§ 118 Abs. 2 BetrVerfG). Für Einrichtungen der Religionsgemeinschaften gelten deshalb nur deren **Mitarbeitervertretungsordnungen** (MAVO). Die Rechte der Arbeitnehmer sind außerdem in so genannten **Tendenzbetrieben** eingeschränkt. Dazu zählen Betriebe, die unmittelbar oder überwiegend karitativen Zwecken dienen (§ 118 Abs. 1 BetrVerfG). Zu den Tendenzbetrieben zählen unter anderem Einrichtungen der freien Wohlfahrtspflege. Die Beteiligung des Betriebsrates ist dort ausgeschlossen, wo die karitative Zielrichtung unmittelbar berührt wird. Das Mitbestimmungsrecht ist außerdem bei der Einstellung oder Entlassung von Arbeitnehmern eingeschränkt, wenn besondere Grundsätze des Trägers zu beachten sind. Ansonsten genießt die Mitarbeitervertretung ähnliche Rechte wie in sonstigen Betrieben.

5.3 Betriebsvereinbarungen

Innerhalb des Betriebes ist der Abschluss von Betriebs- oder **Dienstvereinbarungen über nicht tarifvertraglich geregelte Bereiche** möglich (§ 77 BetrVerfG). Dazu zählen der Freizeitausgleich, die Nutzung von betriebseigenen Freizeiteinrichtungen und Arbeitszeitregelungen.

6 Vergütung und Entgeltfortzahlung

6.1 Grundlagen

Der Arbeitgeber ist im Rahmen der Erfüllung seiner vertraglichen Pflichten zur Zahlung der vereinbarten Vergütung (§ 611 Abs. 1 BGB), zumindest zur **angemessenen (üblichen) Vergütung** verpflichtet (§ 612 BGB). Die Zahlung hat jeweils nach Ablauf eines Zeitabschnittes, bei monatlichem Gehalt nach Ablauf des jeweiligen Monats, zu erfolgen (§ 614 BGB). Der Arbeitnehmer kann selbst dann die Zahlung des Lohnes oder Gehaltes fordern, wenn der Betrieb trotz wirksamem Arbeitsvertrag eine Arbeitsleistung nicht zulässt, sich somit in Annahmeverzug befindet (§ 615 BGB).

Pflichten des Arbeitgebers

Die Vergütung im **Pflegebereich** erfolgt des Öfteren nach **TVöD** oder in dessen entsprechender Anwendung. Diejenigen Pflegekräfte, die im kirchlichen Bereich beschäftigt sind, erhalten die Zahlung in Anwendung der jeweiligen **AVR**. Die Vergütung ist die Summe verschiedener tarifvertraglich vereinbarter Bestandteile.

TVöD und AVR

Der neue Tarifvertrag für den öffentlichen Dienst regelt die Höhe der Vergütung zukünftig wie folgt:

Zukünftig gilt eine einheitliche Entgelttabelle für alle Arbeiter, Angestellte und sonstigen Beschäftigten. Es gelten 15 Entgeltgruppen (1–15) sowie 2 Grundstufen (1–2) und 4 Entwicklungsstufen (3–6). Der Aufstieg in die nächsthöhere Stufe erfolgt dabei in der Regel nach der Dauer der Berufserfahrung beim gleichen Arbeitgeber. So ist der Aufstieg von Grundstufe 1 auf 2 nach 1 Jahr, von Stufe 2 auf 3 nach weiteren 2 Jahren, von Stufe 3 auf 4 nach weiteren 3 Jahren etc. vorgesehen. Die Dauer der Zeiten des Aufstiegs ab Stufe 3 kann leistungsbezogen verlängert oder verkürzt werden. Ein nach dem 1. Oktober 2005 neu eingestellter Mitarbeiter benötigt 15 Jahre, um von Grundentgeltstufe 1 in Erfahrungsstufe 6 zu kommen.

Familienbezogene Entgeltbestandteile, wie der Verheiratetenzuschlag sowie die Kinderzuschläge im Ortszuschlag und der Erhöhungsbetrag im Weihnachtsgeld, fallen zukünftig weg. Das Weihnachtsgeld und Urlaubsgeld werden zukünftig als reduzierte Jahressonderzahlung ausgezahlt. Für bestehende Arbeitsverhältnisse wird aus der im September 2005 gezahlten Grundvergütung, der allgemeinen Zulage, dem Ortszuschlag und der Funktionszulage das Vergleichsentgelt für Oktober 2005 gebildet. Ein Arbeitnehmer hat daher nach der Überleitung zunächst keine Einkommensverluste zu verzeichnen.

Ziel der Tarifparteien war die Einführung einer leistungsorientierten Entlohnungskomponente. 8% der Lohnsumme sollen nach einer gemeinsamen Erklärung zukünftig als Leistungsbezahlung ausgeschüttet werden.

6.2 Entgeltfortzahlung

Eine besondere Form der Vergütung ist die Entgeltfortzahlung (**Lohnfortzahlung**). Der Arbeitnehmer kann für die Dauer von bis zu sechs Wochen die Entgeltfortzahlung beanspruchen (§ 1 EFZG). Dies gilt jedoch nicht bei **befristeten Arbeitsverhältnissen** bis zu einer Dauer von vier Wochen. Bei **Teilzeitarbeitsverhältnissen** ist der Anspruch zwischenzeitlich durch das Bundesarbeitsgericht aus Gründen der Gleichbehandlung gleichfalls anerkannt.[323] Voraussetzung des Entgeltfortzahlungsanspruches ist eine **unverschuldete Arbeitsunfähigkeit**. Die Arbeitsunfähigkeit ist beispielsweise verschuldet bei[324]

Fälle verschuldeter Arbeitsunfähigkeit

- grob fahrlässigem Verhalten im Straßenverkehr (Fahren ohne Gurt, Trunkenheit),
- schwerer Verletzung von Unfallverhütungsvorschriften,
- aktiver Teilnahme an einer Schlägerei oder
- unkontrollierter Einnahme von Medikamenten.

Entgeltfortzahlung bei verschiedenen Gründen einer Arbeitsunfähigkeit

Wird ein Arbeitnehmer im Angestelltenverhältnis innerhalb eines Zeitraumes von einem Jahr wegen derselben Erkrankung, d. h. einer **Fortsetzungskrankheit**, nochmals arbeitsunfähig krank, besteht insgesamt nur eine Entgeltfortzahlungsdauer von sechs Wochen. Dies bedeutet, dass der Arbeitnehmer zur Entstehung eines neuen Anspruches auf Entgeltfortzahlung wegen derselben Krankheit vor der neuen Arbeitsunfähigkeit mindestens sechs Monate gearbeitet haben muss, damit er wieder Entgeltfortzahlung beanspruchen kann (§ 3 Abs. 1 Nr. 1 EFZG). Dasselbe gilt, wenn seit Beginn der ersten Arbeitsunfähigkeit infolge derselben Krankheit eine Frist von zwölf Monaten abgelaufen ist, unabhängig von einer Arbeitstätigkeit (§ 3 Abs. 1 Nr. 2 EFZG).

Der Entgeltfortzahlungsanspruch besteht auch im Falle einer **Sterilisation** und eines **legal** durchgeführten **Schwangerschaftsabbruches**. Die Zahlung kann jedoch nicht während des Bezuges von Mutterschaftsgeld beansprucht werden.

Pflichten des Arbeitnehmers

Der Arbeitnehmer ist dazu verpflichtet, die Arbeitsunfähigkeit **unverzüglich** dem Arbeitgeber **anzuzeigen**. Dies bedeutet, dass die

---

[323] BAG, NJW 1992, 1125   [324] Markus (1988), S. 61

Mitteilung ohne schuldhaftes Zögern einschließlich der **voraussichtlichen Dauer** mitgeteilt werden muss. Es ist dabei spätestens nach dem dritten Kalendertag, d. h. am vierten Kalendertag, eine **ärztliche Bescheinigung** vorzulegen (§ 5 EFZG). Solange die Bescheinigung nicht vorgelegt wird, kann der Arbeitgeber die Entgeltfortzahlung verweigern, bei Verletzung der vorgenannten Pflichten schriftlich abmahnen und unter Umständen die Kündigung aussprechen. Eine einmalige Nichtvorlage rechtfertigt allerdings nicht die Kündigung.[325] Der Arbeitgeber hat nach dieser Vorschrift das Recht, die Arbeitsunfähigkeitsbescheinigung bereits am ersten Tag zu verlangen. Es muss aber der **Gleichbehandlungsgrundsatz** beachtet werden. Dies bedeutet, dass in gleich gelagerten Fällen gleich zu verfahren ist.[326] Wird von einem Arbeitnehmer die Bescheinigung bereits am ersten Tag gefordert, muss dies bei anderen auch verlangt werden. Der **Arbeitsunfähigkeitsbescheinigung** kommt ein hoher **Beweiswert** zu. Zweifelt der Arbeitgeber an der Arbeitsunfähigkeit, muss er ernste Zweifel darlegen und glaubhaft machen. Diese Zweifel bestehen unter anderem, wenn Fehler bei der Erstellung der Arbeitsunfähigkeitsbescheinigung bewiesen werden können.[327]

Die Höhe der Entgeltfortzahlung richtet sich nach dem **durchschnittlichen Arbeitsverdienst** der zurückliegenden Zeit mit Zulagen und sonstigen Vergütungsbestandteilen, wobei jedoch keine Schmutzzulagen oder ähnliches mitgerechnet werden, da diese im Falle der Arbeitsunfähigkeit nicht gerechtfertigt sind (§ 4 EFZG). Kommt keine anderweitige Regelung im Tarifvertrag (z. B. BAT) zur Anwendung, beträgt die Entgeltfortzahlung inzwischen wieder 100 % des durchschnittlichen Arbeitsverdienstes (§ 4 Abs. 1 Satz 1 EFZG).

Höhe der Entgeltfortzahlung

7 Urlaub

Dem Arbeitnehmer steht jährlich eine bestimmte Anzahl von **bezahlten Urlaubstagen** zu. Dieser im Bundesurlaubsgesetz (BUrlG) festgelegte Anspruch von **mindestens 24 Werktagen** wird durch manche Tarifverträge noch erhöht. Regelungen des TVöD besteht ein Mindestanspruch von 26 Arbeitstagen (bis zum vollendeten 30. Lebensjahr). Die günstigere Regelung im Tarifvertrag hat dann Geltung und geht damit vor. Der Urlaubsanspruch **entsteht** erst nach einer Beschäftigung von sechs Monaten. Tritt der Arbeitnehmer im Verlauf eines Jahres in den Betrieb ein oder scheidet im Verlauf des Jahres aus, ist der **anteilige Urlaub** zu gewähren.

Urlaubsanspruch des Arbeitnehmers

---

[325] BAG, Urt. v. 16.08.1991, Az. 2 AZR 604/90

[326] Giller, NJW 1994, 1690

[327] BAG, Urt. v. 15.07.1992, Az. 5 AZR 312/91

Praxisbeispiel

> Der Gesundheits- und Krankenpfleger M beginnt die Tätigkeit zum 1. Juli des Jahres auf der Basis des TVöD. Er hat deshalb Anspruch auf die Hälfte der Urlaubszeit, somit mindestens 13 Arbeitstage.

Bei der Festlegung des Urlaubszeitpunktes sind die **Wünsche des Beschäftigten**, aber auch die dringenden **betrieblichen Belange** zu berücksichtigen. Zu berücksichtigen hat der Arbeitgeber selbstverständlich auch Urlaubswünsche anderer Arbeitnehmer, die unter **sozialen Gesichtspunkten** zuerst zu berücksichtigen sind. Dabei handelt es sich beispielsweise um schulpflichtige Kinder. Dies bedeutet in der Praxis, dass der Arbeitgeber eine **innerbetriebliche Abstimmung** der Urlaubswünsche fordern kann, so dass nicht die Mehrzahl der Mitarbeiter in demselben Zeitraum Urlaub beansprucht. Bedenklich ist die Festlegung des Urlaubs seitens des Betriebes auf die Zeit zwischen Weihnachten und Neujahr.

Rechte des Arbeitgebers

Ein eigenmächtiger Urlaubsantritt der Beschäftigten kann zur **Kündigung** führen. Eine Kündigung ist auch dann möglich, sofern der Arbeitnehmer sich „krank meldet", tatsächlich aber einen Urlaub verbringt.[328]

Da der Urlaub der Erholung dienen soll, ist die dem Zweck widersprechende **Erwerbstätigkeit** in dieser Zeit **nicht zulässig** (§ 8 BUrlG), und der Arbeitgeber ist dazu berechtigt, die Zahlung des Urlaubsentgeltes zu verweigern bzw. es wieder zurückzufordern. Der Urlaubsanspruch ist in diesem Fall verwirkt. Zusätzlich kann eine **Abmahnung** oder in Extremfällen eine **Kündigung** erfolgen.

Vergütungen für den Urlaub

Das Gesetz unterscheidet drei Arten von Vergütungen für den Urlaub:

- das Urlaubsentgelt,
- das Urlaubsgeld und
- die Urlaubsabgeltung (Urlaubsabfindung).

Die Höhe des **Urlaubsentgeltes**, d. h. des weitergezahlten Gehaltes bzw. Lohnes, wird aus dem durchschnittlichen Arbeitsverdienst der letzten 13 Wochen berechnet, sofern eine wöchentliche Zahlung erfolgt (§ 11 Abs. 1 BUrlG). Bei der Abrechnung nach Monaten ist vom Durchschnittsverdienst der letzten drei Monate auszugehen. Zu berücksichtigen ist dabei die gesamte Vergütung ohne die Vergütung für Überstunden.

In der Regel wird, insbesondere aufgrund tarifvertraglicher Regelungen, ein zusätzliches **Urlaubsgeld** bezahlt. Die Zahlung kann als Pauschale oder als prozentualer Aufschlag erfolgen. Sofern der Urlaub von dem Arbeitnehmer nicht in Anspruch genommen wird, kann ein finanzieller Ausgleich, d. h. die **Urlaubsabgeltung**, erfolgen. Diese Abgeltung erfolgt jedoch nur nach der Beendigung eines Arbeitsverhältnisses oder nach Ablauf des nachfolgenden Urlaubsjahres bei Erkrankung des Arbeitnehmers. Im Verlauf des Urlaubsjahres ist eine Abgeltung zum Schutz der Arbeitnehmer

---

[328] BAG, Az.: 2 AZR 343/92

unzulässig. Nicht in Anspruch genommener Urlaub kann grundsätzlich **auf das folgende Urlaubsjahr übertragen** werden, sofern dringende betriebliche oder in der Person des Arbeitnehmers liegende Gründe dies rechtfertigen (§ 7 Abs. 3 Satz 2 BUrlG).

> Der Altenpfleger A kann aufgrund längerer Personalknappheit durch eine Schwangerschaft und mehrerer Erkrankungen verschiedener Kollegen seinen Urlaub nicht im laufenden Jahr nehmen. Deshalb kann er ihn auf das neue Jahr in Absprache mit der Heimleitung übertragen.

Praxisbeispiel

Der Arbeitnehmer muss, sofern die Voraussetzungen für Übertragung vorliegen, den „alten" Urlaub innerhalb der ersten drei Monate des folgenden Jahres nehmen, sofern keine anderweitige Vereinbarung zu Stande kommt. Er muss aber die Übertragung nicht besonders geltend machen.[329] Im Tarifvertrag ist eine günstigere Regelung getroffen. Danach kann aus besonderen Gründen (Krankheit etc.) der Urlaub bis zum 30.09. des Folgejahres genommen werden.

Für besondere Anlässe können Arbeitnehmer eine Arbeitsbefreiung beanspruchen. Dies gilt nur in besonderen Fällen, wenn die außerbetriebliche Tätigkeit nur während der Arbeitszeit zu erledigen ist. Der Arbeitnehmer hat dabei Anspruch auf die Zahlung der vereinbarten Vergütung, wenn es sich um eine **Verhinderung zur Erfüllung der Arbeitsleistung** handelt, die der Arbeitnehmer nicht verschuldet hat (§ 616 BGB). Derartige **Gründe**, die den Betrieb zur Arbeitsbefreiung verpflichten, sind:

Arbeitsbefreiung

- Wahrnehmung gerichtlicher Termine,
- Ausübung politischer, religiöser oder staatsbürgerlicher Pflichten,
- unaufschiebbare Arztbesuche,
- besondere familiäre Ereignisse wie Geburt, Tod, Begräbnisse oder Hochzeit,
- Erkrankung naher Familienangehöriger, insbesondere von Kindern,
- gewerkschaftliche Tätigkeit oder
- Stellensuche.

In Tarifverträgen (z. B. § 29 TVöD, 11 AVR) können zusätzliche Befreiungsgründe vereinbart sein.

---

[329] BAG, NZA 1988, 245; NZW 1989, 426

8 Beendigung des Arbeitsverhältnisses

Arten der Kündigung Es ist möglich, laufende Arbeitsverhältnisse auf verschiedene Arten zu beenden. In Betracht kommen dabei:

- die ordentliche Kündigung,
- die außerordentliche Kündigung,
- der Aufhebungsvertrag,
- die Zahlung einer Rente und
- die Befristung bzw. der Eintritt des vereinbarten Beendigungszeitpunktes,

wobei der Kündigung des Arbeitnehmers durch den Arbeitgeber aufgrund der sozialen Schutzwürdigkeit der Arbeitnehmers Schranken gesetzt sind. In jedem Fall muss die Kündigung nach § 623 BGB **schriftlich** erfolgen.

8.1 Ordentliche Kündigung

Definition

> Eine **ordentliche Kündigung** liegt dann vor, wenn die gesetzliche, tarifvertragliche oder die im Arbeitsvertrag unter Umständen besonders vereinbarte Kündigungsfrist eingehalten wird.

Kündigungsfristen Es gelten nach § 622 BGB folgende Kündigungsfristen:

(1) Das Arbeitsverhältnis ... kann mit einer Frist von vier Wochen zum Fünfzehnten oder zum Ende eines Kalendermonats gekündigt werden.
(2) Für eine Kündigung durch den Arbeitgeber beträgt die Kündigungsfrist, wenn das Arbeitsverhältnis in dem Betrieb oder Unternehmen
  1. *zwei Jahre bestanden hat, einen Monat zum Ende ... Kalendermonats,*
  2. *fünf Jahre ..., zwei Monate zum Ende eines Kalendermonats,*
  3. *acht Jahre ..., drei Monate zum Ende eines Kalendermonats,*
  4. *zehn Jahre ..., vier Monate zum Ende eines Kalendermonats,*
  5. *zwölf Jahre ..., fünf Monate zum Ende eines Kalendermonats,*
  6. *fünfzehn Jahre ..., sechs Monate zum Ende eines Kalendermonats,*
  7. *zwanzig Jahre ..., sieben Monate zum Ende eines Kalendermonats.*

Der Arbeitnehmer ist grundsätzlich mit einer Frist von **vier Wochen** zum Ende des Monats oder zum 15. eines Monats kündbar (§ 622 Abs. 1 **BGB**). Die Kündigungsfristen verlängern sich nach § 622 Abs. 2 BGB dann, wenn das Arbeitsverhältnis längere Zeit besteht, dies bis zu einer Kündigungsfrist von sieben Monaten bei einer Beschäftigungsdauer von zwanzig Jahren.

Unabhängig davon ist im TVöD und in den AVR die Kündigung mit einer Frist von einem Monat zum Ende des Monats (§ 34 Abs. 1 TVöD, § 30 AVR) bei einer Beschäftigungsdauer bis zu einem Jahr vorgesehen. Diese Frist erhöht sich ebenfalls bei längerer Beschäftigungsdauer bis zu sechs Monaten zum Schluss des Kalendervierteljahres im Falle einer Beschäftigung von 12 Jahren.

Aufgrund der jeweiligen Regelungen über die Mitbestimmung ist der **Betriebs- bzw. Personalrat** vor einer Kündigung anzuhören. Wird die Kündigung ohne seine Anhörung ausgesprochen, ist sie unwirksam (§ 102 Abs. 1 BetrVerfG; 33 MAVO).

Mitbestimmung

Bei größeren Betrieben, d. h. denjenigen mit mehr als 10 ständig beschäftigten Arbeitnehmern[330], gilt das Kündigungsschutzgesetz[331]. Danach muss die ordentliche Kündigung durch **besondere Gründe** gerechtfertigt sein. Derartige Gründe sind nach § 1 Abs. 2 KSchG:

Kündigungsschutzgesetz

- personenbedingte Kündigungsgründe,
- verhaltensbedingte Kündigungsgründe oder
- betriebsbedingte Kündigungsgründe.

Die Kündigung ist **sozial gerechtfertigt**, d. h. zulässig, wenn sie durch einen der obigen Gründe begründet werden kann.

Personenbedingte Kündigung:

Die personenbedingte Kündigung ist dann möglich, wenn die Kündigungsgründe in der Person des Arbeitnehmers liegen. Dazu zählen **mangelnde körperliche oder geistige Eignung** sowie unter bestimmten Voraussetzungen auch **Erkrankungen**. Grundsätzlich ist die Krankheit des Arbeitnehmers kein Kündigungsgrund.[332] Die Kündigung ist jedoch trotz der Arbeitnehmerschutzrechte möglich, sofern eine sorgfältige **Interessenabwägung** zwischen den Interessen des Betriebes und des Arbeitnehmers erfolgt und nach dieser Abwägung eine Fortsetzung des Arbeitsverhältnisses für den Arbeitgeber nicht mehr zumutbar ist. Bei der **krankheitsbedingten Kündigung** können **drei Fallgruppen** unterschieden werden. Die Kündigung wegen

Personenbedingte Kündigung

- häufiger kurzzeitiger Erkrankungen,
- Langzeiterkrankung oder
- Leistungsminderung infolge der Erkrankung.

Zur Feststellung, wann eine Kündigung wegen Krankheit gerechtfertigt ist, hat die Rechtsprechung ein Prüfungsschema entwickelt. Es müssen zuerst **objektive Tatsachen** vorliegen, die dafür sprechen, dass wie in der Vergangenheit auch in der Zukunft krankheitsbedingte Fehlzeiten oder Leistungsminderungen zu erwarten sein werden. Wichtiger Anhaltspunkt sind dabei frühere Erkrankungen und deren jeweilige Dauer. Es kann daraufhin,

Prüfungsschema

---

330 für Arbeitsverhältnisse nach dem 31.12.2003: über 10 Arbeitnehmer (§ 23 KSchG)

331 vgl. auch Teil 6, 8.4
332 Schaub (1996), S. 1033

d. h. bei mehreren früheren Erkrankungen bzw. längerer früherer Krankheitsdauer vermutet werden, dass zukünftig ähnliche Krankheiten vorliegen. Eine **Krankheitsquote** von mehr als 14 % im Zeitraum von drei Jahren ist daher ein wichtiges Indiz für weitere längere Erkrankungen und rechtfertigt damit in der Regel die Kündigung[333]. Der Beschäftigte kann jedoch den Beweis dafür erbringen, dass zukünftig längere Erkrankungen nicht mehr zu erwarten sind. Bei Arbeitsunfällen als Ursache der krankheitsbedingten Fehlzeiten fehlt jegliche Wiederholungsgefahr, so dass in der Regel selbst bei einer längeren Krankheitsdauer keine Kündigung zulässig ist. **Zusätzlich** zu den erheblichen Vorerkrankungen muss entweder

- eine **Störung des Betriebsablaufs** oder
- eine **unzumutbar hohe wirtschaftliche Belastung**

durch die hohe Krankheitsrate ausgelöst worden sein[334]. Die wirtschaftliche Belastung kann dabei in der notwendigen Einstellung von Aushilfskräften oder in außergewöhnlich hohe Entgeltfortzahlungskosten bestehen.[335] Erst wenn diese Voraussetzungen vorliegen, muss das Arbeitsgericht in einem eventuellen **Kündigungsschutzprozess** im Wege der **Interessenabwägung** prüfen, ob die Belastungen vom Arbeitgeber hinzunehmen sind oder er dazu berechtigt ist, die Kündigung auszusprechen.

Betriebliches Eingliederungsmanagement nach SGB IX

Durch das neue Gesetz zur Rehabilitation und Teilhabe behinderter Menschen (SGB IX) wird der Arbeitgeber im Falle einer längeren Krankheit zu besonderen Maßnahmen verpflichtet. Nach § 84 Abs. 2 SGB IX muss ein Betriebliches Eingliederungsmanagement erfolgen. Ist ein Beschäftigter innerhalb eines Jahres mehr als sechs Wochen ununterbrochen oder wiederholt arbeitsunfähig, muss der Arbeitgeber ein Verfahren durchzuführen, das im Gesetz als BEM bezeichnet wird. Der Arbeitgeber hat zu klären, „wie die Arbeitsunfähigkeit möglichst überwunden werden und mit welchen Leistungen oder Hilfen erneuter Arbeitsunfähigkeit vorgebeugt und der Arbeitsplatz erhalten werden kann" (§ 84 Abs. 2 SGB IX).

Fraglich ist derzeit noch, welche rechtliche Bedeutung das Eingliederungsmanagement für die Kündigung wegen Krankheit hat. Die Rechtsprechung geht derzeit wohl davon aus, dass ein fehlendes betriebliches Eingliederungsmanagement nicht zur Unwirksamkeit einer Kündigung führt. Teilweise wird aber vertreten, dass durch die Verpflichtung zum Eingliederungsmanagement noch stärker betont wird, dass die Kündigung immer nur das letzte Mittel sein darf.[336] Der Arbeitgeber muss substanziiert darlegen, dass trotz fachkundiger Überprüfung und Beratung des Falles durch die in § 84 Abs. 2 SGB IX genannten Experten die Kündigung unvermeidbar ist. Gelingt dem Arbeitgeber dies nicht, scheitert die Wirksamkeit der Kündigung. Der Arbeitgeber kann

---

[333] BAG AP 4 zu § 1 KSchG 1969 Krankheit; AP 10 a. a. O.

[334] BAG in NJW 1989, 3299 m. w. N.

[335] BAG a. a. O.

[336] LAG Berlin, Urt. v. 27.10.2005, Az.: 10 Sa 783/05

sich nicht darauf berufen, dass er davon keine Kenntnis hatte.[337] Zu dem vom Arbeitgeber zu fordernden Sachvortrag gehört auch, darzulegen, ob und gegebenenfalls inwieweit die betrieblichen Gegebenheiten (mit)ursächlich für die Arbeitsunfähigkeit sind, dass der Arbeitsplatz den arbeitsschutzrechtlichen Mindestanforderungen genügt und warum durch Leistungen externer Stellen (Rehabilitationsträger, Integrationsamt) keine Abhilfe geschaffen werden konnte.

Unabhängig von der Durchführung eines betrieblichen Eingliederungsmanagements ist die Kündigung wegen Krankheit unzulässig, sofern der Arbeitnehmer an einem anderen Arbeitsplatz in demselben Betrieb oder in einem anderen Betrieb des Unternehmens weiterbeschäftigt werden kann (§ 1 Abs. 2 Ziff. 1–2 KSchG).

Eine besondere Form der personenbedingten Kündigung ist der **Alkoholismus** des Arbeitnehmers. Da dieser sowohl nach medizinischen Erkenntnissen als auch nach der Rechtsprechung des Bundesarbeitsgerichts[338] an einer Krankheit, der Alkoholabhängigkeit, leidet, kann grundsätzlich deshalb nicht gekündigt werden. Der Betrieb kann jedoch auf eine Kur hinwirken. Verweigert der Arbeitnehmer diese, ist er folglich nicht therapiebereit und es kann eine Kündigung wegen der sich daraus ergebenden negativen Prognose gerechtfertigt sein[339]. Entsprechendes gilt bei einer erfolglosen Kur, d. h. bei weiterem Alkoholmissbrauch nach der Kur.

Alkoholismus des Arbeitnehmers

Liegt **keine Alkoholabhängigkeit** vor, kann der Arbeitgeber zum Mittel der verhaltensbedingten Kündigung greifen.[340] Dies insbesondere dann, wenn der Alkoholmissbrauch, insbesondere derjenige innerhalb der Arbeitszeit oder kurz vorher, einerseits zu Beeinträchtigungen führt und andererseits nicht auf eine Abhängigkeit, damit nicht auf eine Krankheit zurückzuführen ist.[341] Zuvor muss allerdings wieder eine **Abmahnung** erfolgt sein.

Verhaltensbedingte Kündigung

Verhaltensbedingte Kündigung:

Die verhaltensbedingte Kündigung kommt bei der **Verletzung arbeitsvertraglicher Pflichten**, bei Umständen aus dem **Verhältnis zu den Arbeitskollegen** oder dem **außerdienstlichen Verhalten** in Betracht. Vor einer verhaltensbedingten Kündigung muss grundsätzlich eine **Abmahnung** erfolgen. Die Kündigung muss immer das letzte Mittel sein. Die Abmahnung hat sowohl eine **Dokumentationsfunktion** als auch eine **Warnfunktion**.[342] Durch die Abmahnung soll dem Arbeitnehmer verdeutlicht werden, dass er seinen Arbeitsplatz gefährdet. Nur in Ausnahmefällen muss keine Abmahnung erfolgen; dies dann, wenn der Beschäftigte eindeutig

---

[337] BAG, Urt. v. 4.10.2005, Az.: 9 AZR 632/04

[338] BAG in NZA 1987, S. 811 = NJW 1987, S. 2956

[339] BAG, Urt. v. 13.12.1990 - EzA § 1 KSchG Krankheit Nr. 33

[340] BAG in NJW 1983, S. 700; BAG, NJW 1995, 1852

[341] BAG in NJW 1983, S. 700 und NJW 1995, S. 1852

[342] BAG in NJW 1991, S. 1906 und BAG in NZA 1995, S. 65

nicht gewillt ist, sich vertragstreu zu verhalten, die Abmahnung voraussichtlich ohne Erfolg bleibt.[343]

Erhält ein Arbeitnehmer wegen eines Fehlverhaltens ein mit „Abmahnung" überschriebenes Schreiben, so verzichtet der Arbeitgeber damit aber nicht auf sein Kündigungsrecht. Ein derartiger Verzicht ist nur anzunehmen, wenn der Arbeitgeber unzweifelhaft und deutlich zum Ausdruck bringt, dass er das Fehlverhalten mit dem Schreiben als ausreichend sanktioniert ansieht. Er kann folglich zusätzlich zur Abmahnung in bestimmten Fällen kündigen.[344]

Praxisbeispiel

> Der Gesundheits- und Krankenpfleger K war seit 1989 im Krankenhaus (Psychiatrie) P beschäftigt. Durch eine Betriebsvereinbarung war der Genuss von Alkohol während der Arbeitszeit untersagt. Trotzdem musste im Jahr 1992 eine Verwarnung in einem Gespräch mit der Pflegedienstleitung ausgesprochen werden. Im Jahr 1994 erfolgte eine Abmahnung wegen erneut festgestellter Alkoholisierung. Sechs Monate später war dasselbe Fehlverhalten zu beobachten. Deshalb wurde das Arbeitsverhältnis fristgemäß gekündigt. Da K nicht alkoholabhängig ist und die vorangegangenen Gespräche und die Abmahnung keine Wirkung gezeigt haben, war die Kündigung als verhaltensbedingte Kündigung rechtmäßig.

Kündigungsgründe für eine verhaltensbedingte Kündigung können sein:

- Misshandlung von Heimbewohnern bzw. Patienten,
- Diebstahl am Arbeitsplatz[345],
- Anzeige des Arbeitgebers,
- Arbeitsverweigerung,
- Beleidigungen von Kollegen oder Vorgesetzten,
- Annahme von Schmiergeldern oder Geschenken,
- Krankfeiern,
- mehrfache Unpünktlichkeit,
- Manipulation einer ärztlichen Bescheinigung[346],
- wiederholte Nichtvorlage von Arbeitsunfähigkeitsbescheinigungen,
- sexuelle Belästigung[347],
- bei kirchlichen Einrichtungen die Verletzung von Loyalitätspflichten oder
- Manipulationen bei der Arbeitszeiterfassung[348].

Das „**Krankfeiern**" kommt als Kündigungsgrund in Betracht, unter Umständen sogar ohne vorherige Abmahnung als außerordentliche Kündigung, wenn der Arbeitnehmer schichtweise einer Nebenbeschäftigung bei einem anderen Arbeitnehmer nachgeht.[349]

---

[343] BAG in NJW 1995, S. 1853
[344] BAG, Urt. v. 6.03.2003, Az.: 2 AZR 128/02
[345] BAG, Az: 2 AZR 36/03
[346] LAG Hessen, Az.: 9 Sa 658/02
[347] BVerwG, NJW 1997, 958 (Beamte)
[348] LAG Rheinland-Pfalz, Az.: 9 Sa 493/02
[349] Hess. LAG, ArztR 1998, 145

Bei kirchlichen Einrichtungen kann die **Verletzung der Loyalitätspflichten** ein Kündigungsgrund sein. Den Kirchen ist verfassungsrechtlich in Art. 140 GG i. V. m. Art. 137 Abs. 3 WRV die Möglichkeit eingeräumt, ihre inneren Angelegenheiten frei zu regeln. Auf dieser Grundlage geht die Rechtsprechung davon aus, dass es bei Verletzung der so genannten Loyalitätspflichten, wie beispielsweise

- Austritt aus der Kirche[350],
- Durchführung eines Schwangerschaftsabbruchs und
- Ehescheidung bzw. erneute Heirat oder Lebensgemeinschaft mit einem/r Geschiedenen[351]

das Recht zur Kündigung des Arbeitnehmers in derartigen Fällen gibt, wobei unter Umständen sogar eine außerordentliche Kündigung möglich ist. Dies wird unter anderem damit begründet, dass der Mitarbeiter einer kirchlichen Institution auch zur Glaubwürdigkeit christlicher Grundsätze beitragen muss.

Die Bedeutung der **sexuellen Belästigung** wurde vom Gesetzgeber im neuen Beschäftigtenschutzgesetz (BeschG) berücksichtigt.[352] Dort sind ausdrücklich arbeitsrechtliche Folgen bei sexueller Belästigung vorgesehen. Als **Maßnahmen** sind nach § 4 Abs. 1 BeschG möglich:

- Abmahnung,
- Umsetzung,
- Versetzung oder
- Kündigung.

Die Kündigung des Arbeitsverhältnisses ist folglich ausdrücklich bei schwereren Fällen vorgesehen.

Eine betriebsbedingte Kündigung ist möglich, sofern dringende betriebliche Erfordernisse sie rechtfertigen. Im öffentliche Dienst entspricht dem Begriff des Betriebes die jeweilige Dienststelle. Eine betriebsbedingte Kündigung ist beispielsweise möglich bei Rationalisierungsmaßnahmen oder gar Schließung des Betriebes.

Betriebsbedingte Kündigung

8.2 Außerordentliche Kündigung

Diese Kündigung erfolgt **ohne Einhaltung einer Frist** und ist allerdings nur bei einem **wichtigen Grund** möglich (§ 626 Abs. 1 BGB). Sie ist möglich, wenn eine Fortsetzung des Arbeitsverhältnisses aufgrund **schwer wiegender Vertragsverletzungen** bis zum normalen Kündigungszeitpunkt nicht mehr zumutbar ist. Die Kündigung muss jedoch innerhalb einer **Frist** von **zwei Wochen** seit dem jeweiligen Ereignis erfolgen (§ 626 Abs. 2 BGB). Danach ist sie verfristet und daher nicht mehr möglich.

---

[350] BAG, NJW 1985, 2781 (str.)

[351] LAG Hannover, NJW 1983, S. 2603

[352] Einzelheiten in Teil 6, 2.3.9

Praxisbeispiel

> Die Pflegekraft P hat Kenntnis davon, dass ihr Arbeitgeber die Einnahmen aus dem Betrieb des Heimes nur teilweise in der Steuererklärung nennt. Sie erstattet daher Anzeige beim Finanzamt. Der Arbeitgeber kündigt daraufhin, nachdem er davon erfahren hat, lässt jedoch vorher vier Wochen verstreichen. Die Kündigung ist dann nicht mehr möglich, obwohl grundsätzlich ein wichtiger Grund bestanden hätte.

Die Parteien des Arbeitsvertrages sind nicht wegen jeder Verletzung des Arbeitsvertrages zur außerordentlichen Kündigung berechtigt. Die fristlose Kündigung muss wegen der sofortigen Beendigung des Arbeitsverhältnisses den Ausnahmefall darstellen. Derjenige, der die Kündigung ausspricht, ist dazu verpflichtet, den Kündigungsgrund zu nennen, damit der Gegner zur Überprüfung in der Lage ist (§ 626 Abs. 2 BGB).

Gründe für die außerordentliche Kündigung können sein:

Gründe für die außerordentliche Kündigung

- Anzeige gegen den Arbeitgeber,
- beharrliche Arbeitsverweigerung,[353]
- grobe Beleidigungen, ausländerfeindliche Äußerungen,
- Annahme von Geschenken oder Schmiergeldern,
- Spesenbetrug und andere Straftaten, wie beispielsweise Diebstahl am Arbeitsplatz[354],
- private Telefongespräche (nach Abmahnung),
- Verstoß gegen die Verschwiegenheitspflicht,
- Androhung von Krankheiten,
- Tätlichkeiten gegen Kollegen[355],
- eigenmächtiger Urlaubsantritt[356],
- Manipulation ärztliche Bescheinigung[357],
- Cannabiskonsum innerhalb der Einrichtung trotz Drogenverbots,[358]
- sexuelle Belästigung[359] oder
- Misshandlung von Bewohnern oder Patienten.

Aus dieser Aufzählung ist ersichtlich, dass **nur besonders schwere Verletzungen des Arbeitsvertrages** zur Begründung einer Kündigung ausreichend sind. Bei Straftaten, bei Körperverletzungsdelikten oder Tötungsversuchen gegen Kollegen ist eine fristlose Kündigung auch möglich, wenn der Arbeitnehmer bei Ausführung der Straftat **schuldunfähig** war.[360]

---

[353] LAG Rheinland-Pfalz, Az.: 16 U 113/03
[354] BAG, Az: 2 AZR 36/03
[355] z. B. LAG Köln, Urt. v. 17.04.2002, Az.: 6 Sa 1334/01 (Messerangriff); ArbG Ffm, Az.: 4 Ca 8574/00 (Morddrohungen)
[356] LAG Rheinland-Pfalz, Urt. v. 10.04.2002; Az: 4 SA 1097/01
[357] LAG Hessen, Az.: 9 Sa 658/02
[358] BAG, Urteil v. 18.10.2000, Az.: 2 AZR 131/00
[359] § 4 BeschSchG; LAG Rheinland-Pfalz, Az: 9 Sa 853/01 (Sex-SMS an Azubi)
[360] LAG Köln, Urt. v. 17.04.2002, Az.: 6 Sa 1334/01

8.3 Aufhebungsvertrag

Zur Beendigung eines Arbeitsverhältnisses ist auch der Abschluss eines Aufhebungsvertrages möglich. Dabei wird der Arbeitsvertrag im gegenseitigen Einvernehmen unabhängig von Kündigungsfristen aufgelöst.

Der Aufhebungsvertrag kommt in Betracht, wenn der Arbeitnehmer baldmöglichst eine neue Stelle antreten möchte oder der Arbeitgeber das Arbeitsverhältnis vorzeitig kündigen will. Im letzteren Fall werden in der Praxis vom Betrieb **Abfindungen** angeboten. Da es sich um eine einvernehmliche Aufhebung handelt, sind behördliche Genehmigungen wie bei Schwangeren (§ 9 MuSchG) oder bei Schwerbehinderten (§ 14 SchwbG) nicht erforderlich.

Der Abschluss des Aufhebungsvertrages muss inzwischen **schriftlich** erfolgen (§ 623 BGB). Er kann zu **öffentlich-rechtlichen Nachteilen** wie die Sperrfrist beim Bezug von Arbeitslosengeld führen. Dies gilt auch für den Bezug von Mutterschaftsgeld nach § 13 MuSchG.

8.4 Befristung

Grundsätzlich ist jedes Arbeitsverhältnis unbefristet. Ein Arbeitsvertrag kann jedoch in besonderen Fällen in der Weise geschlossen werden, dass das Arbeitsverhältnis nach Ablauf einer bestimmten Zeit von selbst, d. h. ohne Kündigung, endet. Es handelt sich dann um einen **befristeten Arbeitsvertrag**.

Die Befristung muss ausdrücklich vereinbart werden, ansonsten wird das Arbeitsverhältnis auf unbestimmte Zeit geschlossen. Die Voraussetzungen einer Befristung des Arbeitsvertrages sind seit dem 1.01.2001 im **Teilzeit- und Befristungsgesetz (TzBfG)** geregelt. Nach § 3 Abs.1 TzBfG werden zwei Arten von befristeten Arbeitsverträgen unterschieden:

Teilzeit- und Befristungsgesetz

- der kalendermäßig befristeter Arbeitsvertrag (Zeitbefristung) und
- der zweckbefristeter Arbeitsvertrag (Zweckbefristung).

Bei der Zeitbefristung ist die Dauer des Arbeitsverhältnisses kalendermäßig bestimmt, beispielsweise „bis zum 31.12.2006" oder „für 12 Monate". Bei der Zweckbefristung bestimmt sich die Dauer des Arbeitsverhältnisses nach Art, Zweck oder Beschaffenheit der Arbeitsleistung. Anstatt der Zweckbefristung kann auch eine auflösende Bedingung vereinbart werden.

Nach § 14 Abs. 1 TzBfG ist die Befristung nur zulässig, wenn sie durch einen sachlichen Grund gerechtfertigt ist. Dort sind als Gründe für die Befristung genannt. Danach kann befristet werden, wenn

- der betriebliche Bedarf an der Arbeitsleistung nur vorübergehend besteht,

- die Befristung im Anschluss an eine Ausbildung oder ein Studium erfolgt, um den Übergang des Arbeitnehmers in eine Anschlussbeschäftigung zu erleichtern,
- der Arbeitnehmer zur Vertretung eines anderen Arbeitnehmers beschäftigt wird,
- die Eigenart der Arbeitsleistung die Befristung rechtfertigt,
- die Befristung zur Erprobung erfolgt,
- in der Person des Arbeitnehmers liegende Gründe die Befristung rechtfertigen,
- der Arbeitnehmer aus Haushaltsmitteln vergütet wird, die haushaltsrechtlich für eine befristete Beschäftigung bestimmt sind, und er entsprechend beschäftigt wird, oder
- die Befristung auf einem gerichtlichen Vergleich beruht.

Die Befristung ist nur zulässig, sofern sie schriftlich erfolgt (§ 14 Abs. 4 TzBfG).

Es besteht zusätzlich die Möglichkeit der Befristung **ohne sachlichen Grund**, allerdings nur bis **höchstens zwei Jahre** (§ 14 Abs. 2 TzBfG). Sie darf innerhalb dieser zwei Jahre nur höchstens dreimal verlängert werden.

Die Befristung ist unzulässig, wenn der Arbeitnehmer schon einmal bei demselben Arbeitgeber beschäftigt war (§ 14 Abs. 2 Satz 2 TzBfG). Auf die Art und Dauer der vorherigen Beschäftigung kommt es dabei nicht an.

Nach § 30 Abs. 2 TVöD sind kalendermäßig befristete Arbeitsverträge mit sachlichem Grund höchstens für die Dauer von fünf Jahren zulässig. Ein befristeter Arbeitsvertrag ohne sachlichen Grund soll in der Regel zwölf Monate nicht unterschreiten und muss mindestens sechs Monate betragen. Vor Ablauf des Arbeitsvertrages hat der Arbeitgeber zu prüfen, ob eine unbefristete oder befristete Weiterbeschäftigung möglich ist (§ 30 Abs. 3 TVöD). Bei befristeten Arbeitsverträgen ohne sachlichen Grund gelten die ersten sechs Wochen und bei befristeten Arbeitsverträgen mit sachlichem Grund die ersten sechs Monate als Probezeit. Innerhalb der Probezeit kann der Arbeitsvertrag mit einer Frist von zwei Wochen zum Monatsschluss gekündigt werden (§ 30 Abs. 4 TVöD).

8.5 Kündigungsschutz

Kündigungsschutzklage

Die Rechtmäßigkeit einer ordentlichen oder außerordentlichen Kündigung kann gerichtlich mit einer Kündigungsschutzklage überprüft werden. Die Klage muss innerhalb einer **Frist** von drei Wochen beim Arbeitsgericht schriftlich eingereicht oder dort zu Protokoll bei der Geschäftsstelle erklärt werden (§ 4 KSchG). Für Arbeitsverhältnisse, die bereits sechs Monate dauern und bei denen im Betrieb mehr als fünf Arbeitnehmer beschäftigt sind, ist die Kündigung daraufhin nachprüfbar, ob sie **sozial gerechtfertigt** war (§ 1 KSchG).

Besonderer Kündigungsschutz

Ein besonderer Kündigungsschutz kommt nach § 15 KSchG Betriebsräten, Personalräten, Schwangeren, Schwerbehinderten und im öffentlichen Dienst sowie im kirchlichen Dienst Mitarbeitern nach Vollendung des 40. Lebensjahres und einer Beschäftigungszeit von 15 Jahren zu.

Der Betriebsrat ist vor der Kündigung anzuhören und es besteht ein **Weiterbeschäftigungsanspruch**, wenn er der Kündigung widerspricht. Dies gilt nach § 102 Abs. 5 BetrVerfG dann, wenn der Arbeitnehmer Klage beim Arbeitsgericht erhebt und vom Arbeitgeber eine Weiterbeschäftigung bis zum Ende des Arbeitsgerichtsverfahrens fordert. Der Arbeitgeber kann beim Arbeitsgericht einen Auflösungsantrag stellen. Bei fehlender Anhörung des Betriebsrates ist die Kündigung unwirksam.

Anhörung des Betriebsrats

8.6 Berufs- oder Erwerbsunfähigkeit

Tritt bei einem Arbeitnehmer die Berufs- oder Erwerbsunfähigkeit ein, so **endet das Arbeitsverhältnis** zum Ablauf des Monats, in dem der entsprechende Bescheid des Rentenversicherungsträgers zugestellt wird (§ 33 Abs. 2 TVöD, 35 AVR). Der Beschäftigte hat den Arbeitgeber unverzüglich davon zu unterrichten.

Dasselbe gilt bei Vollendung des 65. Lebensjahres, der Voraussetzung für die Gewährung der Altersrente (§ 33 Abs. 1 a) TVöD).

8.7 Arbeits- und Dienstzeugnis

Zum Ende des Arbeitsverhältnisses hat der Arbeitnehmer Anspruch auf die Ausstellung eines Arbeitszeugnisses.[361] Es werden dabei zwei Arten unterschieden:

- ein einfaches Zeugnis und
- ein qualifiziertes Zeugnis.

Arten des Arbeitszeugnisses

Es besteht ein **Wahlrecht** des Arbeitnehmers zwischen beiden Zeugnissen, aber das Wahlrecht ist nach Ausstellung erloschen. Für beide gilt die **Schriftform** mit der Unterschrift des Vorgesetzten bzw. des Arbeitgebers.

Das **einfache Zeugnis** enthält lediglich die Personalien, die Art der Tätigkeit, die Dauer des Arbeitsverhältnisses und das Aufgabengebiet.

Das **qualifizierte Zeugnis** enthält die obigen Angaben und zusätzlich die Beurteilung der Arbeitstätigkeit, wobei folgende Grundsätze gelten:

Grundsätze

- Gesamtbild der Arbeitstätigkeit,
- objektive, wohlwollende Formulierung,
- Wahrheitspflicht.

---

361 Einzelheiten in Kienzle (1998), 1.2.6

Zeugnisformulierungen und ihre Bedeutung — In der Praxis wurde für die Beurteilung eine Formulierungsskala entwickelt, wobei verschlüsselte Aussagen zum Arbeitsverhältnis gemacht werden. Beispiele für derartige Wertungen sind:

- „Für die Belange der Belegschaft bewies er immer Einfühlungsvermögen" = Er suchte sexuelle Kontakte im Kollegenkreis,
- „Er verfügt über Fachwissen und hat ein gesundes Selbstvertrauen" = Überspielt mit Arroganz sein mangelndes Fachwissen
- „Er trat engagiert für die Interessen der Kollegen ein" = Er war Mitglied des Betriebsrats,
- „Er machte sich mit großem Eifer an die ihm übertragenen Aufgaben" = Trotz Fleiß hatte er keinen Erfolg,
- „Er koordinierte die Arbeit seiner Mitarbeiter und gab klare Anweisungen" = Er beschränkte sich auf Anweisen und Delegieren,
- „Wegen seiner Pünktlichkeit war er stets ein gutes Beispiel" = Aber nicht wegen seiner Leistung,
- „Er führte konsequent" = Autoritärer Führungsstil.

In besonderen Fällen (z. B. Stellensuche) kann der Arbeitnehmer ein **Zwischenzeugnis** fordern (§ 35 Abs. 2 TVöD). Der Zeugnisanspruch gilt auch bei **Probearbeitsverhältnissen**. Der grundsätzliche Anspruch auf Ausstellung eines Dienstzeugnisses ergibt sich tariflich aus § 35 TVöD (§ 37 AVR-Diakonie). Bei absehbarer Beendigung des Arbeitsverhältnisses muss im Geltungsbereich des Tarifvertrages des öffentlichen Dienstes ein vorläufiges Zeugnis ausgestellt werden (§ 33 Abs. 3 TVöD). Das endgültige Zeugnis muss unverzüglich zum Ende des Arbeitsverhältnisses ausgestellt werden (§ 33 Abs. 4 TVöD).

Das Zeugnis muss auf einwandfreiem Papier mit Briefkopf erstellt werden und die Originalunterschrift tragen.[362]

Sofern der Arbeitnehmer mit dem Inhalt des Zeugnisses nicht einverstanden ist oder der Arbeitgeber dieses nicht fristgemäß ausstellt, kann Klage vor dem Arbeitsgericht erfolgen.

8.8 Verjährungs- und Ausschlussfristen

Im Arbeitsrecht und sonstigen Bürgerlichen Recht sind **Fristen für die Geltendmachung von Ansprüchen** vorgesehen, um zu vermeiden, dass eine Vertragspartei auch nach Ende des Arbeitsverhältnisses oder Ereignisses mit Forderungen konfrontiert wird.

Verjährungsfristen — Bei den Fristen sind zuerst die Verjährungsfristen zu nennen. Die regelmäßige Verjährungsfrist beträgt inzwischen 3 Jahre (§ 195 BGB), auch beim Anspruch auf die Zahlung des rückständigen Lohnes bzw. Gehaltes.

---

[362] LAG Bremen, NZA 1989, 848

Im Arbeitsrecht werden in der Regel Ausschlussfristen vertraglich oder tarifvertraglich vereinbart. Nach § 37 TVöD verfallen Ansprüche jeglicher Art, die mit dem Arbeitsverhältnis zusammenhängen, nach dem Ablauf von 6 Monaten. Die Fälligkeit und damit der Beginn der Ausschlussfrist erfolgt mit der Kenntnis.[363] Bei schwierigen Sachverhalten kann der Arbeitgeber abwarten, die Frist wird folglich verlängert.[364] Eine entsprechende Regelung enthält die Vorschrift des § 45 AVR.

Ausschlussfristen

- Was sind die rechtlichen Grundlagen des Arbeitsrechts?
- Welche Ansprüche hat der Beschäftigte?
- Wann können Überstunden angeordnet werden?
- Was bedeutet die Entgeltfortzahlung in der Praxis?
- Wie ist der Urlaubsanspruch geregelt?
- Welche Möglichkeiten der Beendigung des Arbeitsverhältnisses gibt es?
- Wie kann Kündigungsschutz erreicht werden?

Wiederholungsfragen

---

[363] BAG, AP Nr. 33, 55 zu § 4 TVG Ausschlussfristen

[364] BAG, AP Nr. 71 zu § 4 TVG Ausschlussfristen

Literatur

Anstalt Stetten (Hrsg.), Sexualität und Partnerschaft im Zusammenleben geistig behinderter Menschen, Sexualpädagogische Konzeption der Anstalt Stetten (1992)

Arbeitshilfe, Pflegerische Aspekte und rechtliche Anforderungen beim Umgang mit verwirrten und psychisch kranken Menschen im Heim, Ministerium für Arbeit, Gesundheit, Familie und Frauen, Baden-Württemberg (1991)

Berlit, Fachstellungnahme zu den Gesetzesentwürfen zur Zusammenlegung von Arbeitslosenhilfe und Sozialhilfe, info also, Heft 5/2003

Birk/Brühl/Conradis u.a., Lehr- und Praxiskommentar Bundessozialgesetz, 4. Auflage, Nomos-Verlag Baden-Baden (1994)

Böhme, Das Recht des Krankenpflegepersonals, Teil 2: Haftungsrecht, Verlag W. Kohlhammer Stuttgart (1991)

Böhme, Arbeitsrecht in der Pflege, 3. Auflage, Verlag W. Kohlhammer Stuttgart (1998)

Brenner, Rechtskunde für das Krankenpflegepersonal, Gustav-Fischer-Verlag Stuttgart (1992)

Damrau/Zimmermann, Betreuungsgesetz, Verlag W. Kohlhammer Stuttgart (1995)

Dank, Denkanstöße zur Sexualität schwerstbehinderter Menschen, In: Geistige Behinderung, Heft 2/1993

Dodegge, Anwendung unterbringungsähnlicher Maßnahmen, Monatsschrift für Deutsches Recht, 1992, S. 437

Dreher/Tröndle, Strafgesetzbuch mit Nebengesetzen, 50. Auflage, C. H. Beck-Verlag München (2001)

Eckert, Wenn Kinder Schaden anrichten. Deutscher Taschenbuchverlag München (dtv-Rechtsberater) (1990)

Finzen, Asmus, Qualität (der Arbeit) in der Psychiatrie, Kerbe, 1994, Heft 3, S. 4 ff.

Geiß, Arzthaftpflichtrecht, C. H. Beck-Verlag München (1989)

Diller, Krankfeiern seit 1.6.1994 schwieriger? Das neue Entgeltfortzahlungsgesetz, Neue Juristische Wochenschrift, 1994, S. 1690 ff.

Goberg, Heimgesetz, Vincentz Verlag Hannover (1992)

Gropp, Zur rechtlichen Verantwortlichkeit des Klinikpersonals bei Suizidhandlungen hospitalisierter Psychiatriepatienten, Medizinrecht, 1994, S. 127 ff.

Helle, Medizinrecht, 1989, 133

Jürgens/Kröger/Marschner/Winterstein, Das neue Betreuungsrecht, C. H. Beck-Verlag München (1994)

Hellmann, Das neue Betreuungsgesetz - Bedingungen für die Umsetzungen in der Praxis, Geistige Behinderung 1991, S. 311 ff.

Hofmann, Neu und hilflos? Einführung neuer Mitarbeiterinnen auf geriatrischen Pflegestationen, Altenpflege 1992, S. 252 ff.

Juchli, Krankenpflege, Georg Thieme Verlag (1987)

Kellnhauser/Schewior-Popp/Sitzmann u.a. (Hrsg.), Thiemes Pflege, 10. Auflage, Georg Thieme Verlag Stuttgart (2004)

Kienzle/Paul-Ettlinger, Aggression in der Pflege, 2. Auflage, Verlag W. Kohlhammer Stuttgart (2006)
Kienzle, Schutzrechte für Pflegekräfte, Verlag W. Kohlhammer Stuttgart (1998)
Kirchhof, Betreuungsgesetz, Forum Altenhilfe, Evangelische Heimstiftung Stuttgart (1992)
Klauß, Qualität pädagogischer Arbeit für Menschen mit geistiger Behinderung entwickeln und sichern, Verband evangelischer Einrichtungen Stuttgart (1995)
Küng, Deutsches Sonntagsblatt vom 10.03.1995
Landkreistag/Städtetag Baden-Württemberg (Hrsg.), Sozialhilferichtlinien Baden-Württemberg, Stand: 1994
Laufs, Arztrecht, C. H. Beck-Verlag München (1993)
Linnhoff, Das Betreuungsgesetz als Chance, Altenpflege, 1992, S. 391 ff.
Markus, Rechtskunde, Band I, Dümmler-Verlag Bonn (1988)
Münchener-Kommentar zum BGB, Familienrecht (1992)
Palandt, Bürgerliches Gesetzbuch, 59. Auflage, C. H. Beck-Verlag München (2000)
Rieger, Deutsche Medizinische Wochenschrift, 1977, S. 585
Rothkegel, Bedarfsdeckung durch Sozialhilfe – ein Auslaufmodell?, ZFSH/SGB Sozialrecht in Deutschland und Europa, Heft 11, 2003
Ruthmann, Aggression und Gewalt im Altenheim – Verständnishilfen und Lösungswege für die Praxis, Basel 1993
Schach, Der Amtsvormund, 1989, S. 123
Schaub, Arbeitsrechtshandbuch, C. H. Beck-Verlag München (1996)
Schell, Arbeits- und Arbeitsschutzrecht für die Angehörigen der Gesundheitsberufe von A bis Z, Brigitte-Kunz-Verlag Hagen (1993)
Schell, Handbuch des Betreuungs- und Unterbringungsrechts für die Angehörigen der Gesundheitsberufe, Brigitte-Kunz-Verlag Hagen (1992)
Schell, Injektionsproblematik aus rechtlicher Sicht, Brigitte-Kunz-Verlag Hagen (1991)
Schmidt-Bleibtreu/Klein, Kommentar zum Grundgesetz, Luchterhand-Verlag (1977)
Schmidt/Böcker, Betreuungsrecht, Verlag Jehle-Rehm München (1993)
Schneider, Rechts- und Berufskunde für medizinische Assistenzberufe, Springer-Verlag Heidelberg (1990)
Schönke/Schröder, Strafgesetzbuch, 26. Auflage, C. H. Beck-Verlag München (2001)
Schröder, Schwerstbehinderte Menschen und ihre Sexualität, In: Lebenshilfe für geistigbehinderte Landesverband NRW e.V., Annehmen und Verstehen - Förderung von Menschen mit sehr schweren Behinderungen, Band 2 (1992)
Schwab in Münchener-Kommentar zum BGB, Familienrecht (1992)
Sollmann, Pflegerecht 1997 S. 66 ff.
Wolfslast, Neue Zeitung für Strafrecht 1984, S. 96
Wolfslast, Recht & Psychiatrie 1986, S. 128
Vater, Zur Orientierung 1993, S. 13

Stichwortverzeichnis

A

Abhängigkeitsverhältnis 202
Abkömmlinge 159
Abmahnung 270, 298, 303
Abtretung 145
Adoptivkinder 160
AGBG 136
Akten 119
Alkoholismus 303
Alkoholverbot 290
Alleinerziehende 239, 240
Alterstestament 55
Altersvorsorge 241, 245
Amputation 53
Amtsermittlungsgrundsatz 215
Amtsgericht 23
Anfechtung 147
Angelegenheit, geringfügige 46
angemessenes Mittel 182
Anhörung, persönliche 44, 67
Anklage 187
Anordnung, einstweilige 71
Anordnungsverantwortung 110
Anscheinsbeweis 91
Antidiskriminierungsgesetz 288
Anwartschaftszeit 230
Arbeitsassistenz 253
Arbeitseinkommen 46
Arbeitsgericht 23, 267, 271, 308
Arbeitsleistung 189
Arbeitslosengeld 230
Arbeitslosenversicherung 229
Arbeitsschutz 283, 290
Arbeitsschutzgesetz 273
Arbeitsschutzmaßnahme 270
Arbeitsstätten 272
Arbeitsstättenverordnung 283
Arbeitsunfähigkeit 296
– Bescheinigung 297, 304
Arbeitsunfall 222
Arbeitsvertrag 153
– befristeter 307
Arbeitsvertragsrichtlinien 292
Arbeitsverweigerung 304
Arbeitszeit 280, 294
Arbeitszeitkonto 280
Arbeitszeugnis 309
Arzneimittelversuch 106
Arztbesuch 299
ärztliche Eingriffe, schwer wiegende 49
Atemwegserkrankung 273
Aufenthaltsbestimmung 49
Aufhebungsvertrag 307
Aufklärung 51, 100, 135
Aufklärungspflicht 148
Auflage 170
Aufnahme, fürsorgliche 72
Aufrechnung 143
Aufsichtsbedürftigkeit 123, 124
Aufsichtspflicht 122, 130, 132
Aufsichtspflichtverletzung 41
Aufwendungsersatz 215
Ausbildung 244
Ausbildungsstand 106
Ausgleichsabgabe 253
Auskunft 30, 157, 208
Auskunft, Recht auf 120
Ausschlagung 162
Aussetzung 176
Auszubildende 106, 271
Autoaggression 79, 123

B

Barbetrag 38, 46, 241, 246
Bauchgurt 56
Bedarfsverordnung 102
Bedürftigkeit 231, 242
Begräbnis 299
Behandlungsabbruch 196, 197
Behandlungspflege 112
Behandlung, stationäre 220
Behinderte
– Benachteiligung 27
– Grad der 248
– Rehabilitation und Teilhabe 248
– Teilhabe am Arbeitsleben 244
Beistand 43, 45
Beiträge 218

Bekleidung 242
Belange, betriebliche 298
Belästigung 275, 289
– sexuelle 286, 304, 305
Beleidigung 304
Benachteiligung 289
Benachteiligungsverbot 250
Beratungshilfe 216
Beratungspflicht 215
Bereitschaftsdienst 281
Berliner Testament 162, 168
Berufsausbildung 155, 157
Berufsbildungsbereich 254
Berufsgenossenschaft 224
Berufshaftpflichtversicherung 85, 127
Berufskrankheit 223, 278
Berufsverbot 186
Berufswahlfreiheit 29
Berufung 172, 187, 193
Beschäftigtenschutzgesetz 286
Beschäftigungsverbot 278, 279
Bescheid 216
Beschluss, richterlicher 62
Beschwerde 45, 50, 54, 69, 71, 285
Bestattungskosten 241
Betäubungsmittel 103
Betreuer
– Antrag 43
– Aufgabenbereiche 49
– Auswahl neuer 49
– Berufs- 48
– ehrenamtliche 48
Betreuten, Wohl 50
Betreuungsbehörde 48
Betreuungsverein 48
Betriebsrat 292
Betriebsvereinbarungen 266, 295
Bettgitter 56
Beurkundung, notarielle 137, 150
Bevollmächtigter 216
Bewährung 185, 191
Beweisführung 111
Beweislast 90, 287
– Umkehr 90
Bewohnerakte, Verlust 91
Bewohner
– Schutz 134
– Übergriffe von 276
– weglaufgefährdete 66

Bewusstlosigkeit 40
Billigkeit 41
Bote 139
Briefgeheimnis 210
Brief-, Post- und Fernmeldegeheimnis 28
Bundesärztekammer 107
Bundesgerichtshof 23
Bundeskanzler 22
Bundesländer 23
Bundespräsident 19, 22
Bundesrat 20
Bundesverfassungsgericht 22
Bürgerinitiative 25

C
CE-Zeichen 285

D
Datenschutzgesetze 119
Delegation 100, 110
Delegationsfähigkeit 106
Delegationsverschulden 81, 126
Deliktsfähigkeit 40, 123
– beschränkte 41
Deliktsunfähigkeit 40
Demokratie 17
Desinfektionsmittel 285
Diagnose 111
– persönliche 104
– Telefon- 104
Diebstahl 174, 304
Dienstkleidung 290
Dienstreise 222
Dienstvertrag 152
Direktionsrecht 290
Diskriminierung 27, 288
Diskriminierungsverbot 265
Dokumentation 65, 92, 103, 111, 113, 115, 124, 207
– Lücken 90
Dokumentationspflicht 104
Drittschäden 126
Drohung 138, 179
Durchführungsverantwortung 110

E
Ehefähigkeit 46, 158
Eheschließung 46
Ehe und Familie, Schutz von 28
Eigengefährdung 63, 70, 72

Eilfall 69
Eingangsverfahren 254
Eingliederung in das Arbeitsleben 254
Eingliederungshilfe 238, 246
Eingliederungsmanagement 302
Eingliederungsplan 254
Eingliederungszuschuss 253
Eingriff
– gefäßchirurgischer 52
– radikaler 52
Einrede 144
Einrichtung, geschlossene stationäre 66
Einschließen 66
Einsichtsfähigkeit 39, 51, 58
Einspruch 187
Einstellung, geringe Schuld 192
Einstellungsgespräch 267
Einwilligung 51, 58, 63, 73, 79, 100, 110, 112, 182, 211
– mutmaßliche 100
Einwilligungsfähigkeit 39, 51, 183
Einwilligungsvorbehalt 39, 45, 158
Elektrokrampftherapie 53, 74
Embryo, Schutz 34
Entgeltfortzahlung 296
Entgelttabelle 295
Erbschaft 159
Erbschein 167, 170
Erbvertrag 162, 171
Erfüllung 142, 146
Erfüllungsgehilfe 126, 139, 147
Erfüllungs Statt 142
Erkrankung 301
Ermessen 29, 238
Ernährung 118
Ersatzerbe 170
Ersatzfreiheitsstrafe 185
Ersatzruhetag 281
Erwerbsminderung 238, 242
Erwerbsunfähigkeitsrente 225
Erziehungsmaßnahme 155
Erziehungsmaßregel 188
Erziehungsrente 228
Ethik 19
Europäischer Gerichtshof 282
Exekutive 19, 20, 29
Existenzminimum 24, 214

F
Fachkräfte 106, 233, 235, 254, 256, 262
Fahrlässigkeit 81, 130, 147, 180
Fahrlässigkeit, grobe 83, 88, 274
Familiengericht 102, 154, 156, 256
Familienversicherung 219
Festnahme 80
Feuerzeug 128, 273
Fixierung 56, 61
Forderung, unpfändbare 143, 145
Fortbildung 118
Fortbildungsveranstaltung 113
Fortsetzungskrankheit 296
Foto 210
Freiheitsberaubung 57, 65, 105, 118, 129, 131
Freiheitsbeschränkungen 56
Freiheitsrecht 27, 57, 129, 133
Freiheitsstrafe 185
– lebenslange 185
Freistellung 87, 88, 89
Freizeit 155
Fremdaggression 123
Fremdgefährdung 70, 72
Fremdschädigung 125
Frühförderstellen 250
Fürsorgepflicht 104, 153, 272, 277, 286

G
Gabe, orale 107
Garantenstellung 134, 175, 199
Gebärdendolmetscher 251
Geburt 299
Gefährdung 109, 110
Gefahrensituation 99
Gefahr in Verzug 72, 73
Geheimhaltung 207
Geistestätigkeit, krankhafte Störung 37
Geistliche 210
Geldbuße 185
Geldstrafe 185
Gemeinde 24
Genehmigung, betreuungsgerichtliche 105

Gerichtsbarkeit, ordentliche 23
Gerichtskosten 172
Gesamtplan 244
Gesamtschuldverhältnis 86, 126, 145
Gesamtverantwortung 102
Geschäftsbedingungen 136
Geschäftsfähigkeit 36
– beschränkte 38
Geschäftsführung ohne Auftrag 60, 78, 208
Geschäftsunfähigkeit 37, 138, 158
Geschlechtskrankheit 134
Gesetzgebung 20
Gesundheitsamt 71
Gesundheitsgefährdung 272
Gesundheitsrecht 31
Gewährleistung 148
Gewalt 118, 179
– Pflege 135
Gewaltenteilung 19
Gewerbeordnung 283
Gewerkschaftszugehörigkeit 268
Gift 178
Gleichbehandlung 270, 272, 282
Gleichbehandlungsgesetz 288
Gleichbehandlungsgrundsatz 297
Gleichheitsgrundsatz 27, 265
Grund
– therapeutische 130
– sachlicher 307
– übergeordneter 208
Grundbedarf 240
Grundrechte 26
Grundsicherung
– für Arbeitssuchende 230
– für das Alter 237
– im/für das Alter 237, 242, 247
Grundstücksverträge 49
Günstigkeitsprinzip 266
Gutachten 215, 250
Güterstand 160
Gütertrennung 161

H
Haftung
– aus Delikt 76
– des Trägers 95
– zivilrechtliche 74

Haftungsausschluss 224
Haftungsbereiche 99
Haftungsfreistellung 87
Halbwaisenrente 229
Handlung, autoaggressive 60
Handlungsfähigkeit 36
Härtefall 235, 236
Hauptverhandlung 187
Hausbesuche 104
Hausgrundstück 246
Haushaltsgemeinschaft 240
Haushaltshilfe 220
Haustürgeschäfte 147
Heilbehandlung 51, 73
Heimbeirat, Wahl 263
Heimkosten 157
Heim, Schenkung 151
Heimvertrag 121, 153
– Kündigung 146
Heirat 158
Hilfeleistung, unterlassene 104, 179
Hilfe zur Pflege 238, 246
Hilfe zur Überwindung sozialer Schwierigkeiten 238
Hilfsmittel 219, 285
Hinterlegung 143, 171
HIV-Infektion 134
Höchstarbeitszeit 281
Hochzeit 299
homosexuelle Kontakte 133
Hörbehinderte 251

I
Infektionsschutzgesetz 208
Informationen, Weitergabe 207
Injektion
– intramuskuläre 107, 108
– intravenöse 108
Instandhaltungspflicht 151
Insulin 107
Integrationsamt 249
Interessenabwägung 182
Interessenkonflikt 48
Intimsphäre 118
Irrtum 138

J
Judikative 19, 22
Jugendamt 189
Jugendarrest 189, 190
Jugendgerichtshilfe 192
Jugendhilferecht 255

Jugendlicher, sexueller Missbrauch 204
Jugendstrafe 190
Jugendstrafrecht 188
– Verfahren 192

K
Kassetten 211
Katheterisierung 109
Kaufvertrag 149
Kettenarbeitsvertrag 271
Kind 36, 40, 184, 234
– behindertes 170
– nichteheliches 162
– sexueller Missbrauch 204
– Unterbringung 157
– volljähriges 157
Kindererziehungszeiten 226
Klage 172
Klassenfahrt 242
Koalitionsfreiheit 266
Koma 199
– Patienten 57
Kommunalwahl 18
Komplikationen 111
Kontakt, persönlicher 50
Kontrolle 108
Körperverletzung 52, 65, 100, 110, 112, 132, 136, 177
– fahrlässige 180
Kostenbeitrag 247
Krankenakte, Verlust 91
Krankengeld 220
Krankenhauspersonal 128
Krankenhausvertrag 126
Krankenversicherung 219
Krankfeiern 304
Krankheiten 268
Kumulieren 18
Kündigung 122, 298, 300
– außerordentliche 305
– fristlose 146, 306
– Fristen 300
– Gründe 301
– verhaltensbedingte 303
– wegen Krankheit 303
Kündigungsschutz 248, 308
Kündigungsschutzgesetz 301
Kündigungsschutzklage 308
Kurzpausen 281
Kurzzeitpflege 234, 236

L
Lage, hilflose 177
Lähmung 53
Landesarbeitsgericht 23
Landessozialgericht 23
Landgericht 23, 172
Lasten 278, 284
Lebensgemeinschaft, nichteheliche 161
Lebenspartnerschaftsgesetz 162
Lebensqualität 115, 117, 119
Lebensschutz, Embryo 34
Lebensunterhalt 238
– Hilfe zum 238, 239, 245
Legislative 19
Leihe 150
Leistung
– heilpädagogische 251
– heilpädagogische, für Kinder 251
– vorläufige 215
Leistungsstörung 140
Liegeraum 273, 278
Loyalitätspflicht 305

M
Magensonde 107, 109
Mahnung 140
Mangel 151
– baulicher 97
Maßnahme
– freiheitsbeschränkende 135
– freiheitsentziehende 27
– medizinische 51
– prophylaktische 99
Maßregel 186
– der Besserung und Sicherung 188
Medien 25
Medikamente 117
Medizinischer Dienst 234
Medizinprodukte 285
Mehrarbeit 253
Mehrbedarf 240
Mehrheitswahl 18
Menschenrechte 26
Menschenwürde 26, 59, 65, 119, 123, 129
Merkzeichen 252
Miete 151, 241
Minderjährige 165
Minderjährigkeit 125

Minderung 149
Missbrauch, sexueller 204
Misshandlung
– Schutzbefohlener 178
– von Heimbewohnern 304
Misstrauensvotum 22
Mitarbeitervertretung 292
Mitbestimmung 292, 301
Mitteilungspflicht 148
Mitwirkung 262
Mitwirkungspflicht 214
Mobbing 274
Mobbinghandlung 272
Monopolstellung 137
Mord 176
Mutterschutz 277

N
Nacherbe 170
Nacherfüllung 149
Nachlass 247
Nachlassgericht 167
Nachranggrundsatz 237, 242
Nachtarbeit 279
Nachtpflege 236
Nachtwache 262
Nachweisgesetz 267
Neigung, schädliche 190
Neuroleptika 53
Nichtraucher 272, 283
Notariat 163
Notfälle 110
Nötigung 118, 135, 179
– sexuelle 201, 287
Notsituation 183
Notstand 58, 59, 63, 78, 182, 208
Nottestament 168
Notwehr 78, 181
Notwehrrecht 61

O
Oberverwaltungsgericht 23
Obhutspflicht 98, 99, 148
öffentliches Recht 31
ordentliche Gerichtsbarkeit 23
Organisation 128
Organisationsverschulden 96, 97

P
Panaschieren 18
Partei 25
Parteifähigkeit 35

Partnerschaft 133, 162
Passivität 175
Patiententestament 55, 197
Pausen 281
Person, widerstandsunfähige 203
Personal 96
Personalakte 270, 288
Personalauswahl 94
Personalrat 292
Personensorge 154
Persönlichkeit, freie Entfaltung 213
Persönlichkeitsrecht 26, 59, 119, 120, 123, 129, 136, 194, 206, 275
Petitionsausschuss 25
Pflege, häusliche 234, 244
Pflegebedürftigkeit 234
Pflegeeltern 256
Pflegefamilie 155
Pflegegeld 233
Pflegehilfe 235
Pflegekurs 234
Pflegesachleistung 233, 234
Pflegesatzvereinbarung 245
Pflegestufen 234
Pflegeversicherung 232
Pflichtteilsanspruch 162, 164
Pflichtverletzung 111, 113
Pflichtversicherung 218, 233
Pflichtwidrigkeit 81
Pförtner 56
Polizeirecht 31
Post 211
Privatrecht 31
Privatsphäre 121, 122, 206
– Schutz 119
Probezeit 271
Prozessfähigkeit 39
Prozesskosten 172
Psychopharmaka 53, 64, 105
Publikumsverkehr 272

Q
Qualifikation 106, 108
Qualität, Pflege 112
Qualitätssicherung 114, 245

R
Rahmenvertrag 245
Rasse 288
Rauchverbot 273, 274
Rechtfertigungsgrund 77

rechtliche Betreuung, Voraussetzung 42
Rechtsanwalt 172, 216
Rechtsfähigkeit 33, 34
Rechtsgebiete 31
Rechtsmittel 187
Rechtsprechung 22
Rechtsstaat 19
Rechtsstaatsgebot 213
Rechtswidrigkeit 180
Regelaltersrente 226
Regelsätze 238, 240
Regress 87, 88, 89
Regressanspruch 274
Rehabilitation 27, 243, 250
Rehabilitationsmaßnahme 223, 225
Rehabilitationsrecht 215
Reinigungsarbeiten 98
Reinigungsmittel 285
Religion 288
Religionszugehörigkeit 268
Rente 223, 224
- wegen Alters 225
- wegen Erwerbsminderung 226
Rentensplitting 228
Rentenversicherung 225
Republik 18
Restrisiko 131
Revision 187, 193
Risiko, erlaubtes 83
Rollstuhl 56
Rückforderung bei Verarmung 150
Rücktritt 146, 149
Rufbereitschaft 282
Ruhezeiten 281
Rundfunkgebühr 252

S
Sachleistungen 233
Sachverständigengutachten 44
Schadenersatz 84, 120, 121, 125, 126, 131, 134, 141, 142, 210, 224, 276, 287, 289
Schadenswiedergutmachung 189
Scheidung 160, 168
Schenkung 47, 149, 164
Schmerzensgeld 84, 113, 121, 125, 126, 131, 134, 210, 224, 276, 287

Schmerzmittel 195
Schriftform 137
Schubladen 211
Schuldfähigkeit 184
Schuldunfähigkeit 185
Schutzausrüstung, persönliche 284
Schutzbefohlene 201
Schutzgesetz 76
Schutzmaßnahmen 99, 124, 129, 274, 284
Schutzvorschriften 276
Schwangerschaft 54, 134, 267, 268
Schwangerschaftsvertretung 270
Schweigepflicht 35, 117, 206
Schwerbehinderte 226, 252, 267
Schwerbehinderung 248
Schwimmbad 99
Sedativa 56
Sehfähigkeit 53
Selbstbestimmung 27
- sexuelle 133
Selbstbestimmungsrecht 118, 131, 132, 197
Selbsthilfe 80
Selbstschädigung 67
Selbstverwaltung 24
Servicestellen 249
Sexualität 132, 201
Sicherheitsbeauftragter 283
Sicherungsmaßnahmen 98
Sicherungsmittel, elektronische 67
Sittenwidrigkeit 138
Sitzgelegenheit 278
Solidaritätsprinzip 218
Sorgerecht 154
Sorgfaltsmaßstab 81, 115
Sorgfaltspflicht 105, 125, 128, 148
Sozialdatenschutz 121
Sozialgericht 23, 217
Sozialgesetzbuch 213
Sozialhilfe 24, 157, 237, 250
Sozialmündigkeit 39
Sozialstaat 24
Sozialstaatsgebot 213
Sozialverfahren 29
Sozialversicherung 24, 217
- von Behinderten 232
Staatsanwaltschaft 187

Stadt 24
Stellensuche 299
Stellvertretung 139
Sterbehilfe 193
– indirekte 195
– passive 196
Sterilisation 49, 54, 134
– Minderjährige 156
Strafantrag 186
Strafanzeige 269, 288
Strafbefehl 187
Strafgesetzbuch 173
Straftat 173
Straßenverkehr 252
Streichhölzer 128, 273
Sturz 98, 112
Suizid 60, 82, 123, 129, 199
– Beihilfe 199
Suizidversuch 79

T
Tagebuch 210
Tagespflege 236
Tagessatz 185
Tarifvertrag 291
Taschengeld 38, 46, 118
Tatbestand 173, 174
Tätigkeit, gefahrgeneigte 87, 127
Täuschung, arglistige 138, 268
Teilhabe 243
Teilzeit- und Befristungsgesetz 253, 270
Tendenzbetrieb 294
Termine, gerichtliche 299
Testament 47, 166
– gemeinschaftliches 167, 169
– notarielles 167
– öffentliches 165, 169
– Widerruf 169
Testamentsvollstrecker 170
Testierfähigkeit 165, 167
Totschlag 176
Tötung 132
– auf Verlangen 194
– durch Unterlassen 199
– fahrlässige 180
Trainingskurs 189
Transplantation 52
Treppen 99
Treuepflicht 153, 269, 277
Treu und Glauben 268

U
Überbrückungsgeld 253
Übergangsgeld 223
Überleitung 257
Übernahmeverschulden 81, 103, 110
Überstunden 270
Über-/Unterordnungsverhältnis 31
Überwachung 94, 111
Unfallgefahr 278
Unfallverhütungsvorschriften 282, 284
Unfallversicherung 34, 218, 221, 250
– gesetzliche 221
Ungleichbehandlung 289
Unmöglichkeit 141
Untätigkeitsklage 215
Unterbringung 131, 185, 188
– durch den Betreuer 67
– geschlossene 64
– Kind 156, 157
– vorläufige 69
Unterbringungsdauer 68
Unterbringungsgesetz 69
Unterhaltspflicht 156
Unterhaltsrückgriff 251
Unterkunft 239, 241
Unterlassen 174, 177, 196, 199
Untersuchungsgrundsatz 29
Unversehrtheit 136
– körperliche 27
Urkunde 92
Urlaub 297
Urlaubsabfindung 298
Urlaubsgeld 298
Urlaubsvertretung 270
Urteile 144

V
Venenpunktion 109
Verantwortung 107
– ethische 194
Verantwortungsbereiche 110
Verfahrensbetreuer 54
Verfahrenseinstellung 192
Verfahrensfähigkeit 44
Verfahrenspfleger 44, 71
Verfügbarkeit 230
Vergewaltigung 201, 287
Vergütung 295
Verhältnismäßigkeit 60, 68, 129, 181

Verhältnismäßigkeitsgrundsatz 70, 83, 208
Verhältniswahl 18
Verhütung 134
Verjährung 86, 95, 144, 145, 149
Verjährungsfrist 310
Verkehrssicherungspflicht 97, 99
Verlängerung 74
Verletztengeld 223
Vermächtnis 169
Vermeidbarkeit 180
Vermittlungsausschuss 20
Vermögen 245
Vermögensfreibetrag 247
Vermögensgegenstand 171
Vermögenssorge 38, 49
Vermögensverhältnis 157
Verordnung 102
– ärztliche 64
Verrichtungsgehilfen 94, 96, 109, 113
Verschulden 80
Verschwiegenheit 269
Verschwiegenheitspflicht 122
Versetzung 290
Vertrag 137
Vertragsabschluss 148
Vertragsfreiheit 137
Vertrauensfrage 22
Vertreter, gesetzlicher 43, 45, 47, 139
Verwahrungsmöglichkeiten 86
Verwaltungsgericht 23
Verwaltungsgerichtshof 23
Verwaltungsverfahren 213
Verwandte 159
Verzug 140
Vollmacht 42, 139, 171
Vollwaisenrente 229
Voraus 160
Vorerbe 170
Vorgesetzte 93
Vorhersehbarkeit 82, 180
Vorsatz 176
Vorschuss 215
Vorsorgevollmacht 55
Vorstellungsgespräch 269

W
Waffe 178
Waffengleichheit 275
Wahlgrundsätze 17
Wartezeiten 225
Waschen 136
Wegeunfall 222
Weigerungsrecht 110
Werdegang 267
Werkstatt für Behinderte 232, 244, 251, 254
Werkstatträte 255
Werte, christliche 19
Wertmarke 252
Widerruf 147
– bei grobem Undank 150
Widerspruch 216
Widerspruchsbescheid 217
Wille, mutmaßlicher 79, 183, 199
Willenserklärung 137, 139
Wirtschaftlichkeitsgebot 219
Witwenrente 227
Wohl 133
– des Betroffenen 42
– des Bewohners 62
– des Kindes 154, 198
Wohngeld 252
Wohnqualität 115
Wohnung 151, 251
– Auflösung 49
– Unverletzlichkeit der 29
Wünsche 50

Z
Zahnersatz 220
Zeitraum, längerer 62
Zeugen Jehovas 156
Zeugnis 309
Zeugnisverweigerungsrecht 209
Zuchtmittel 188, 189
Zugang, barrierefreier 251
Zugewinngemeinschaft 160
Zumutbarkeit 50, 133
Zurückbehaltungsrecht 144
Zurückhaltung 72
Zusatzqualifikation 111
Zusatzurlaub 253
Zuzahlung 219
Zwang 118, 135
Zwangsbehandlung 65
Zwangshaltung 278
Zwangssterilisationen 54
Zwischenzeugnis 310

Barbara Birkner

Sozial- und Gesundheitswesen

Lehrbuch für Pflegeberufe

2008. 200 Seiten, 23 Abb., 20 Tab., 7 Übers. Kart. € 24,90
ISBN 978-3-17-020044-9

Wer in der Pflege eine Weiterbildung absolviert, muss sich mit Fragen der Sozial- und Gesundheitspolitik sowie den rechtlichen Grundsätzen des Staates Deutschland beschäftigen. Das Buch beschreibt, bezogen auf Sozial- und Gesundheitspolitik, Grundrechte und Staatsprinzipien der Bundesrepublik. Sozialpolitik wird in ihrer Entstehung historisch kurz skizziert und in ihren spezifischen Ausprägungen dargestellt. Diskutiert werden gegenwärtige und künftige Probleme des Sozialstaates Deutschland. Den Schwerpunkt bildet die Gesundheitspolitik. Die weit reichende Reform durch den Gesundheitsfonds wird ebenso erläutert wie die Debatte der großen Parteien im Vorfeld. Weitere Kapitel widmen sich der Rolle der Pflegeberufe und den Einrichtungen des Gesundheitswesens.

Dr. Barbara Birkner, Dipl.-Volkswirtin mit Schwerpunkt Gesundheitsökonomie; Dozentin in München und an der Universität Bielefeld, Fakultät Gesundheitswissenschaften, Fachbuchautorin.

 www.kohlhammer.de

W. Kohlhammer GmbH · 70549 Stuttgart
Tel. 0711/7863 - 7280 · Fax 0711/7863 - 8430 · vertrieb@kohlhammer.de